厦门体育资料选编

【1909—1949】

洪卜仁 ◎ 主编
厦门市图书馆 ◎ 编

图书在版编目(CIP)数据

厦门体育资料选编：1909—1949/洪卜仁主编；厦门市图书馆编. —厦门：厦门大学出版社，2018.7
(厦门市图书馆馆藏旧报刊资料丛书)
ISBN 978-7-5615-7046-3

Ⅰ.①厦… Ⅱ.①洪…②厦… Ⅲ.①体育运动史-史料-厦门-1909—1949 Ⅳ.①G812.757.3

中国版本图书馆 CIP 数据核字(2018)第 151292 号

出 版 人	郑文礼
责任编辑	薛鹏志
封面设计	蒋卓群
技术编辑	朱 楷

出版发行　厦门大学出版社

社　　址	厦门市软件园二期望海路 39 号
邮政编码	361008
总 编 办	0592-2182177　0592-2181406(传真)
营销中心	0592-2184458　0592-2181365
网　　址	http://www.xmupress.com
邮　　箱	xmup@xmupress.com
印　　刷	厦门集大印刷厂

开本	720 mm×1 000 mm　1/16
印张	32.75
插页	2
字数	540 千字
印数	1~2 000 册
版次	2018 年 7 月第 1 版
印次	2018 年 7 月第 1 次印刷
定价	98.00 元

本书如有印装质量问题请直接寄承印厂调换

厦门大学出版社
微信二维码

厦门大学出版社
微博二维码

厦门市图书馆馆藏旧报刊资料丛书
编委会

顾　问：洪碧玲　叶重耕
主　任：上官军
副主任：林朝晖　张　萍　林聪明　林书春
　　　　罗才福　封斌林　李云丽　叶细致
委　员：闫纪榕　汪金铭　黄天福　洪卜仁　林丽萍

《厦门体育资料选编(1909—1949)》
编辑组

主　编：洪卜仁
副主编：林丽萍
编　辑：付　虹　陈　峰　叶雅云　池莲香　李　冰
　　　　张元基　马小勇　吴辉煌　杨心宁　杨白璇
　　　　孟海雯　黄燕妮　许瑞霞　柳丽莎　洪毅玲
　　　　李跃忠　刘东方　曾淑慧　方卫东　孔文群
　　　　黄　纯　李　茜　刘惠英　袁桂英　鄢　雷
　　　　黄雪梅　唐梅霞　林荔芳　刘　欢　陈素真
　　　　谢艳虹　黄海英　张　萍　何　娟

总　序

厦门碧海环抱,人杰地灵,自唐代中叶开始有文献记载的历史以来,英才辈出,享有"海滨邹鲁"之誉,文化积淀深厚。近代,厦门是最早对外开放的五个通商口岸之一,中外文化交融,是中国最早有报纸的城市之一。

厦门第一份报纸,是1872年传教士创办的《厦门航运报道》,随后传教士又在厦门创办了《厦门钞报》《厦门新报》《鹭江报》等。

清末,厦门地方爱国人士和海外爱国华侨,出版了《鹭江日报》《福建日日新闻》《福建日报》《厦门日报》《南声日报》等,反映了要求发展工商业和提高国民素质的社会思潮。辛亥革命后,厦门市面上相继出现《民钟日报》《江声报》《厦声日报》《思明日报》等。1921年起,厦门的新兴报刊不断涌现,到1925年达到极盛。《厦门商报》《时潮日报》《厦门晚报》《厦门晨报》等,你方唱罢我登场。1929年爆发第一次资本主义世界经济危机,许多闽南籍华侨回国,投资工商业、房地产和报业。至1935年,《华侨日报》《星光日报》等相继创刊。《江声报》和《星光日报》是新中国成立前厦门发行量、影响力较大的两份报纸。

昨天的新闻,就是今天的历史。

厦门历史上的这些报纸,记载了当年这座城市经济、社会的变化,记录了这座岛上的人民生活、奋斗、抗争、进取的重大事件,是我们认识先辈思想观念、生活方式的一条时光隧道。

习近平总书记在福建工作期间曾说过:要了解一个地方的重要情况,就要了解它的历史。了解一个地方的山川地貌、乡情民俗、名流商贾、桑麻农事,可以从中把握很多带有规律性的东西。只有加深对历史的掌握和理解,才能"以古为鉴,鉴古知今",不重复历史上的错误。

"治天下者以史为鉴,治郡国者以志为鉴。"为地方治理提供经验和智慧,是方志文献"存史、育人、资政"重要作用的具体表现。历史上的地方报刊资料,因为它的材料丰富、涵盖面广,是地方史志的重要组成部分。

据《人民日报(海外版)》(2015年10月26日第7版)报道,习近平总书记过去在地方任职期间,就十分重视方志文献的作用。1985年6月,即将任职厦门市副市长的习近平,通过同学向时任厦门市方志办副主任洪卜仁借阅地方志,以了解厦门的历史和民俗风情。2006年,在中共浙江省委书记任上的习近平,赴温州苍南考察台风"桑美"灾后重建工作时,调阅了《苍南县志》,并在与当地领导座谈时大段朗读书中关于台风的记载,告诫地方干部要以史为戒,科学决策。他在担任中共上海市委书记期间,还专门要求报送《上海通志》,以备查阅。

厦门市图书馆成立于1919年,有近百年的历史,馆藏大量旧报刊。日军侵略厦门时,一炬成灰。后经过几代人的搜集、整理,目前厦门市图书馆收藏的旧报刊,有清末的《鹭江报》《厦门日报》,抗战前的《江声报》《民钟日报》,抗战胜利后的《江声报》《星光日报》《立人日报》等,以及厦门出版的一些杂志。开发整理旧报刊资料,不仅可以为地方修志提供基础资料,也可为厦门经济建设和文化发展提供有益的借鉴。

但是,因年代久远,旧报刊已经纸质发黄,字迹模糊,如不及时抢救整理,不仅不利于保存,也不利于研究、利用,为现实服务。

为此,厦门市图书馆请来福建文史馆馆员洪卜仁,由老先生主持,带领馆内的同志,对这部分旧报刊资料进行抢救性整理。历时5年,他们从旧报刊中辑录有关近代厦门地区经济、教育、文化、华侨、外事、城市建设、社情等方面的相关新闻报道和文章,分册选编,计划出版《厦门市图书馆馆藏旧报刊资料丛书》,公诸社会。

编纂系统化的厦门近代旧报刊资料,工作量巨大,费时耗力。如今成果已现,可喜可贺。厦门市图书馆的同志在此丛书出版之际,索序于我,本人仅将所知一二,略述于此,权作序言。希望地方文史工作者像李克强总理要求的那样:力学笃行,直笔著信史,彰善引风气,为当代提供资政辅治之参考,为后世留下堪存堪鉴之记述。

让我们一起努力!

中共厦门市委常委、宣传部长 **叶重耕**
2016年9月

前　言

厦门体育活动源远流长,传统的民间体育多姿多彩。及至近代,西方体育项目相继传入并得到迅速发展,厦门成为中国近代体育较发达的地区之一。厦门体育人才辈出,运动员参加全国乃至国际运动会;体育交往频繁,体育团体蓬勃兴起。近代厦门体育不仅在竞技体育上得到很大发展,而且民间体育推广也成为当时重要的社会活动。

厦门体育人才济济,20世纪20—30年代,涌现出一批名将,如连续获得三届全运会的高栏冠军、全国高栏纪录保持者林绍洲;400米跑全国纪录创造者戴淑国;远东跳高冠军余怀安;破全国女子铁饼纪录的陈荣棠;著名田径运动员刘领赐;连续三届取得全运会50米、100米自由泳冠军的陈振兴;我国著名体育教育家马约翰,闻名东南亚的华侨体育家陈掌谔,也是从厦门走上世界体坛的。

体育交往接二连三,交往对象遍及全国各地以及东南亚、欧美等地区。出访和来访形式多样,篮球、足球、排球等球类比赛成为主要的交流方式。其中国内交流如晋江培元球队;上海福华篮球队、厦声足球队;广东汕头体育队、广州华南队;香港中南篮球队等队多次与厦队进行体育交流。国际交流以与菲律宾、新加坡等国的来往交流最多,菲黑白篮球队、群声篮球队多次来厦切磋。

民间体育运动发展蓬勃,其中包含了武术、射击、赛马、风筝、登高等各类型的运动形式,全市范围内的大型单项比赛时常举行,市民参与热烈,成为当时体育运动推广的重要形式。

体育团体蓬勃兴起,生机盎然。近代以来,尤其是20世纪30—40年代,厦门新兴成立了多个体育团体,如厦门竞强体育会、厦门精武会、厦门市体育协会、白马体育会、闽南军民体育会等,它们或综合体育团体,或单项运动协会。这些体育团体举办了各类运动赛事,如厦门竞强体育会历年举办的游泳比赛;厦门体育协会举办的球类运动会等。与此同时,它们亦重视相关体育设施的建设,如竞强体育会建了胡里山海滨游泳池。体育赛事和体育设施的举办和建设,团体会员制度的制定和实行,都使厦门体育的发展呈现出更加规范化和多元化。

近代厦门体育赛事中,运动会成为主要形式之一。运动会不仅包括各级政府组织的全市运动会、全省运动会、全国运动会,还有各类组织举办的其他运动会,如学校运动会、区县运动会等。厦门运动员积极参加各类运动会,并取得了骄人的成绩。

单项体育运动也是厦门竞技体育的主要形式之一。近代厦门的单项体育运动发展呈现出运动门类多,比赛专业化的特点。主要包含了田径运动、球类运动(足球、篮球、排球、乒乓球、网球)、水上运动(游泳、帆船、划龙舟)和棋类运动。田径运动以厦门"马拉松"的长跑比赛为主;各类球类比赛经常举办,篮球、足球成为市民体育运动的主要形式;水上运动中的游泳发展成熟,各类横渡厦鼓游泳竞赛、环鼓游泳比赛数次举行;棋类运动以象棋比赛为主,各专业象棋社团也在比赛中产生。

近代的厦门,中西文化交融繁荣,体育在文化社会发展的推动下也呈现出各种融合的特点,很多赛事在在当时社会产生了很大的舆论影响并留下了大量报刊资料档案。本书从馆藏旧报刊物中,选取了体育相关的报道和论述,汇编成册,希冀为广大读者提供一份研究近代厦门体育发展的史料。

编 者

2017年12月

编辑说明

一、本书辑录的资料，选自厦门市图书馆收藏的旧报刊，时间起自1909年，止于1949年厦门解放前夕。

二、本书辑录的资料，先按专题分类，后各类内容再按原报纸报道先后顺序编排。

三、本书辑录的资料，一般以一篇报道或文章为一标题，标题基本上原文照录。

四、竖排文中之"左"、"左列"字样，均作"下"、"下列"字样注明。

五、为保存历史原貌，选编的资料一般原文照录，但改用现代汉语简化字和规范用字。数字用法，除了数量的统计数据，公元纪年、月份和日期改用阿拉伯数字，其他一概保留原文的汉字用法。

六、民国纪年保留原文的汉字表述，缺省"民国"两字的，予以补加"（民国）"字样，不再加括注公元纪年。

七、原文不分段、无标点者，编者一律进行分段、标点。凡有残缺不全、字迹不明者，用□取代，大段残文以"（下缺）"字样注明。原文中有错别文字，由编者径予改正，或后加（ ）符号，并将正字置其中。脱漏文字经补正后以（ ）表示，存疑之处以（?）表示。

目　　录

第一章　体育管理 …………………………………………… 1
　　一、管理机构 …………………………………………… 1
　　二、体育设施 …………………………………………… 5
　　三、体育经费 …………………………………………… 13

第二章　运动会 ……………………………………………… 17
　　一、市运动会 …………………………………………… 17
　　二、省运动会 …………………………………………… 53
　　三、全国运动会 ………………………………………… 105
　　四、其他运动会 ………………………………………… 131

第三章　单项体育运动 ……………………………………… 171
　　一、球类运动 …………………………………………… 171
　　　（一）篮球 …………………………………………… 171
　　　（二）排球 …………………………………………… 234
　　　（三）足球 …………………………………………… 246
　　　（四）网球 …………………………………………… 255
　　　（五）乒乓球 ………………………………………… 260
　　二、水上运动 …………………………………………… 264
　　　（一）游泳 …………………………………………… 264
　　　（二）划龙舟 ………………………………………… 303

三、民间运动 ··············· 314
  （一）登高 ············· 314
  （二）射击 ············· 321
  （三）赛马 ············· 324
  （四）风筝 ············· 327
  （五）武术 ············· 330
四、田径运动 ··············· 332
五、棋类比赛 ··············· 339

第四章 体育交流 ············· 346
  一、来访 ················· 346
  二、出访 ················· 433

第五章 体育人才和体育团体 ······ 441
  一、体育名人 ············· 441
  二、体育团体 ············· 450

第六章 体育纪闻 ············· 502

后　　记 ··················· 511

第一章

体育管理

一、管理机构

工作的剖说

前段曾经说过教育行政制度,时常更改,既乏一贯政策,自无工作可言。所幸过去二年的教育行政机关、负责人员未随制度而更易,施政方针和一切计划尚能联络衔接,努力进行。兹谨择其重要的工作,分别叙述如下:

1.关于健康教育方面

在过去二年中,本市教育行政机关,对于健康教育确极重视,且有显著的工作:

(一)民国二十三年9月间,(在思明县时)本人曾率全县选手150余人前往福州参加(民国)二十三年全省运动大会。各种项目都有选手,比赛结果凯旋而归,博了人们不少的赞许。

(二)同年12月间,举行全县小学运动大会,参加选手计达700余人,盛极一时,得未曾有。

(三)民国二十四年5月起至7月止,在本市分别举行王市长杯和贞文杯排球比赛。市长杯系民众业余运动,贞文杯系本市中等学校教职员业余运动,性质虽殊,要皆以强身强国为主旨。比赛结果,市长杯男子组冠军为健群队所夺,女子组为毓德队所夺;贞文杯冠军为中华中学,亚军为厦大附中,殿军为养元小学。在比赛期内,熙攘了2个月左右,的确引起了市民对于体育的兴趣。兹将参加单位,表列明之。

杯别	贞文杯	市长杯
队名	1.中华队　2.厦大附中队 3.养元队　4.厦大实小队 5.双十队　6.慈勤队 7.同文队　8.普育队 9.树人队　10.福民队 11.大同队	1.双十队　2.鼓精武 3.海红队　4.海白队 5.健群队　6.慈勤队 7.厦教队　8.厦生队 9.同文队　10.英华队
日期	5月25日起至7月15日止	

（四）同年9月11日至14日,主办(民国)二十四年全省运动大会,事前省府分别函令市长王固磐等17人为筹备员,筹备一切,如期竣事。参加单位计有厦门、龙溪、闽侯、晋江、建瓯、永春、德化、同安、莆田、海澄、漳浦、长泰、金门、南安、诏安、仙游、福清等17市县,职员选手744人,打破过去历届纪录。在会期内,秩序极佳,各市县选手的运动道德和技能都见进步,轰轰烈烈,实树民族复兴之先机。

（五）(民国)二十五年5月间,本人复领全市选手赴泉州参加第三绥靖区军民联合运动会。时历5日,选手100余人,均极奋勇与赛,结果男女两组,本市均获总优胜。

（下略）

《厦门教育》第1卷第1期,1936年11月1日

福州厦门为体育试验区

省运会九月在省举行　厦市举办体育训练班

福州6日夜12时电　教区体育委员会,今开本年度第一次全体委员会议。议决:一、今年全省运动会,定9月间在省举行。二、划定省厦为本省体育试验区。三、在厦举办暑期体育训练班,或即设于厦大内。

《江声报》1937年3月7日

本市体育会昨告成立

市长杯篮排球赛定下月1日开始

本报讯 厦门市国民体育委员会成立大会,昨下午假市府会议厅举行。由叶书德主席(持),讨论事项如下:一、关于本会组织章程修正通过。二、推选洪蒲华任本会秘书,王悉荆、李如竹任总务,吴金声、陈洵阳任设计,庄文潮、叶维德任推行。三、增聘黄谦若、林素端等27人为本会委员。四、市长杯男女篮排球比赛应分开举行,报名时间5月25日起至29日止,30日、31日编队,1日开始比赛。报名地点,教育局及中山路新的书店。五、端午节举行厦鼓横渡龙舟比赛。六、本季各种活动经费数目预定5万万元,推选黄市长天爵、吴主任秘书春熙、黎局长书德、张述等委员为募捐委员,叶局长为召集人,分别向各界筹募云。

《星光日报》1946年5月18日

市体育会决议筹备参加省运

市长杯锦标赛今举行

市国民体育委员会第一次常务委员会22日假市府举行,出席庄文潮等6人,主席叶书德讨论,议决如下:

(一)关于参加省运会,应成立厦门参加第八届省运会筹备会。

(二)关于筹备会组织,分设总务、训练两部及选拔财务委员会。部设正副主任各一人,会设常务委员一人,下层委员若干人。其组织如下:1.总务部下分设文书、事务、出纳、会计、保管5组,各设组长一人,组员若干人,由部主任报会函聘;2.训练部下分设田赛、径赛、游泳、国术、男排、女排、男篮、女篮、足球、网球等10组,各设组长一人,组员若干人,由郭主任报会函聘之。

(三)关于各部会负责人筹备会主任委员呈请市座担任,副主任委员推本会主任委员担任之。

(四)关于筹备会委员,暂定25人,其名单如下:市长、教育局长、吴主任秘书、贺秩、徐君棠、严焰、吴金声、骆萍踪、廖超然、丁玉树、陈文麟、丁锡荣、沈觐康、黄其华、黄谦若、郭薰风、陈烈甫、杨绪宝、庄文潮、叶书德、马丕显、蔡如川先生等,由兼市长聘任之。

(五)总务部推王悉荆、陈洵阳等二人担任正副主任,训练部推杨树宝、蔡如川等2人担任之,选拔委员会推庄文潮担任,常务委员推杨绪宝、马丕显、蔡如川、叶维德、石振、杜申达、陈洵阳、张锡熙等8人担任之。财务委员会,推吴春熙为常务委员,委员若干人,由常委报请主任委员聘定。至于各部内各组人选,由各该部主任提请筹备会主任委员聘定之。

(六)关于各部会工作计划及经费预算,由部会妥拟提请筹备会决议通过。

(七)关于第一次筹备会开会日期案。定本6月28日下午3时(夏令时间)在市府会议厅举行云。

(八)关于市长杯排球赛日期,订定本(6)月27日下午夏令时间五时截止报告,28日编排,29日举行之。

(九)关于菲侨金盾篮球赛(略),市国民体育委员会举办市长杯排球锦标赛秩序,业经安排完竣,定6月29日下午四时在公园举行。各队实力相当雄厚,届时定有一番恶战,而使有球迷者,获大献(显)身手机会。参加计有全青、龙友、英华、龙师,共四队云。

《星光日报》1947年6月29日

王禄丰发起组织闽南军民体育会

闽南师管区司令王禄丰近为联络军民感情,提倡业余运动,特发起组织闽南军民体育会。昨据师区检察长兼该会总干事杨建民告记者称:本会活动将依季节性质或天气关系,适时举行球类、田径、划船等竞赛,经常作国术、骑术、射击、游泳、音乐、戏剧及器械运动等表演,函聘体育专家指导,设纠察救护人员襄助之。为从速扩展业务起见,已尽先构筑最完备之射击场、游泳场(内设更衣室、自来水浴室、休息室等)、跑马场各一所,以备锻炼体魄、练习骑射及游泳之用,并就游泳场附近择海滨风光优美地方,定期举行音乐演奏或转播各种乐曲,以为本会会员运动后憩息欢聚之所。

本会总会会址及健身室、骑术练习场,经择定厦门大生里。游泳场在鼓浪屿港后路菽庄花园,射击场在虎溪岩麓。现一切已筹备就绪,着手征求会员,凡居住闽西南之中华民国国民,年龄在14岁以上,不分性别,均得加入。本会为便利会员运动起见,特备交通船十余艘,停泊厦门中正码头,装载会员至港后游泳场。(宋)

《江声报》1948年6月21日

军民体育会扩大征求会员
游泳场定明日正式开幕

本市讯 闽南军民体育会,自王禄丰中将发起组织以还,并得社会之赞助,会务蒸蒸日上。闻射击场除于虎溪岩麓设一所外,另在鼓浪屿筹设一所,以利鼓方会员之用。游泳场方面虽未正式开幕,但连日天气酷热,到场游泳男女(颇)为踊跃,对该会所设之雨霖淡水冲身皆称便利。今日星期□,该场先行开□,明日正式开幕,届时并请各界名流参加。记者昨访该会总干事杨建民氏,承告该会为使军民增加健康机会,特决定扩大征求会员,聘请各机关首长为征求长云。

《中央日报》1948年6年27日

(军民体育会奉准备案)

又讯 该会成立情形,曾报请国防部备案,已于本月28日奉总长顾以敦济字第1275号代电,复准备查。该会即将积极扩展业务,除举行渡海比赛外,并将定期举行环岛游泳、跳水、象棋、乒乓(球)等康乐运动。(闽)

《江声》1948年7月31日

厦门应筹建民众体育场的建议

黄炳坤

自"健康的精神,寓于健康的体魄"的学说风行以来,谁都知道体育的重要,火般热烈地提倡着,老是跟在人家的尾巴的中国也照样提倡。但那不过是官样文章,不然,为什么提倡了10多年的体育,到现在还是不能普遍化,引不起民众的兴趣而一洗病夫的耻辱。反之,历次的远东运动会都每况愈下,老是红着脸,背包袱回来,这岂不是很奇怪的事吗?

只要稍微留心中国体育界的,谁也会明白这是事实,一点儿也没有奇怪的地方。因为中国政府向来只会口头提倡,并没有具体的办法,虽曾开着运动会,但多数是由一般的学生包办,其他民众参加的是很少的。这并不是说限制民众参加,是因民众没有多余运动的地方,从哪里训练出运动的人才来呢?而且参加运动会的学生也不过是学校中的少数人,因经济的限制,学校对于运动的设备多是因陋就简,致学生也不能个个有运动的机会以锻炼身体。而那班喜欢运动的学生出校后,又因缺乏公共运动的地方,便不能够继续从事运动。这种情形不只是厦门的现象,全中国也是如此。

所以欲使运动能够普遍化、社会化,使民众于业余时都有锻炼身体的机会,民众体育场的设备更是不能少了。厦门虽于近来有联青社、教育局等的提倡,社会对于体育好像很感有兴趣,然而如不从根本着手筹建民众体育场,使民众有参加运动的机会、练习的地方,我想所谓兴趣,怕会昙花一现。民众于业余已没有正当娱乐身心的地方,不知不觉中会跑到花天酒地去。这样说起来,筹建民众体育场更有社会的意义了。

吾厦人士对于运动既咸有特殊的兴趣,筹建民众体育场自是刻不容缓了。所以最好是由教育局与社会民众团体出而筹备,从速计划建立一个完全的民众体育场,要有跑道,田赛沙坑,各种球类场所,并规定开放时间,派人前往指导。

在完全的民众体育场未建立以前,教育局要先收管中山公园的公共运动场,整理和保护它。一方面责成各区区民,把各区寺院的旷地辟为简便的运动场。这么一来,运动不但会普遍化,同时运动的技术、运动的道德也会有相当的进步,而为吾厦门,不,中国争光!

然而只顾筹建成人的民众体育场,而忽略将来社会的主人的小朋友们也是不可的。因为康健的身体,运动的兴趣,最好要从小孩子的时代养成起来。所以在每个公共体育场,或民众体育场,一定要划一部为儿童游乐园,把小孩们所喜欢玩的运动(器)购置完备。小孩们好动,既有完善的运动场给他们玩,那么街头巷尾就不致再有天真烂漫的小孩们在做那可怜无谓的游戏、野蛮的运动而讨人厌。

话虽如此,但不知我们厦岛的市民,肯否热心地起来干,同心协力来实现这个计划,为厦门市的将来计?厦门人对于完成这种计划的责任是义不容辞的。不知道吾厦市民亦以鄙见为然吗？

十二月十二日于厦大

《江声报》1932年12月14日

鼓屿拟辟公共体育场

鼓浪屿工部局为筹建延平公园，拟再划辟一公共体育场。地点在公园边，港仔后田地。查该地，系黄奕住与林尔嘉业产。现巡捕长巴士主张向黄、林磋商，将该地皮估价若干，譬如估价几千元，黄、林则为捐出之数。如不敷，由工部局可负责筹备。此事董事会开会时，提出讨论后，即与黄、林当面磋商办法。倘得采纳，将于最近开始开掘。场内栽草，场外围墙。筑成后，不限国别，均可入场。

《江声报》1933年4月22日

胡里山游泳池工程将行告竣　先后收到奖品

厦门竞强体育会建辟游泳池，于本市胡里山海滨，日内工程将行告竣，定8月10日至12日举行厦门各界游泳竞赛大会，及泳池开幕式，派陈掌谔赴港，邀请杨秀琼女士等前来参加表（比）赛，各情经迭志本报。

查该会开始为参加比赛，泳员报名期间，系于7月17日起，至7月21日截止。闻该会先后已收到陈仪银杯一尊，蒋鼎文银盾一座，王固磐匾额一方，李默庵银盾一座，王成章银杯一对，郝更生中堂联一幅，江亚醒银盾一座，戴恩赛银杯一尊，厦门中国银行银杯一尊，厦门通兴银行银盾一座，厦门交中银行银盾一座，同文中学校校长陈瑞清银盾一座，国华银盾礼品公司银盾一座，大罗公司银盾一座，广东兄弟树胶公司银盾一座。各奖品尚有张之江匾额，及各界奖品亦陆续将到。又闻该会拟于开幕日出版特刊，已蒙蒋委员长，及孙哲生、王世杰、张之江、陈仪、蒋鼎文、马超俊、刘纪文、王固磐、郝更生、林荫雨、沈嗣良、李禧等，分别书赠题词多件云。

《江声报》1935年7月30日

竞强会跑马场夜球场设备状况

记者昨访陈文麟氏,于探询江鹊、江鹏两机消息之外,承陈氏导往参观竞强会之跑马场。场周围一匝,计长2500尺,阔度40尺,转角处55尺。跑马场之中央为球场,其纵横不亚于中山公园司令台前之球场。

据陈氏言,该球场将来拟于夜间比赛。因各学校下午4时散课,如于散课后来场比赛,已日落西山,未免有"夕阳虽好易黄昏"之憾。故为学生着想,拟卜夜而不卜昼。昨黄超群、黄天恩亦在跑马场跑马,由骑师俄国人为教练。陈氏言,该骑师于欧战前曾充白俄骑兵团长,骑术极精。现每月由会供给薪水及食宿等费约五百元。副教练亦俄人,月薪百余元。竞强经费全月约千余元,以骑术部开支为巨。现由黄超群负担大部分云云。

最后,陈氏复导观马栅,栅凡30格,可畜30匹,现已有18匹。马之种类不一,有欧种,有华欧混合种,有北种。欧种面削,足长,毛色纯一,鼻端多生白毛,状如笏,谓之白鼻驹。混合种,体壮而色不纯,脚稍短。北种,面多臃肿,鸣声亦异。所食皆刍豆,每包至厦值价9元余,价与米无甚上下。而一马之所食,可超过5人而有余也。竞强会现设有骑术部,加入练习者,已有14人。开幕礼原订双十节,现拟于明年元旦举行云。

《江声报》1935年10月13日

紫云岩游泳池聘张佩珍女士为指导员

紫云岩游泳池,自由市府社会科雇工赶修,除蓄水池及休息亭仍未竣工外,游泳池池堤,及池底积土,昨经赶修完竣,定今开幕。该池聘前参加菲律宾游泳竞赛冠军张佩珍女士为游泳指导员,本市爱好游泳女士们,得此领导,当获益不浅。

《星光日报》1946年6月23日

公园篮球场另辟新阵地

前菲侨黑白篮球队来厦义赛,所卖票资190余万元,经国民体育会议决,充为建筑新篮球场之用。经规定,将中山公园原始篮球场旷地建造,为时至今,仍未实现。盖其净得之 190 万元,因物价影响而变小。此次福华、厦声球队来厦,所卖票资,数达 400 余万元。经决定,加添为建筑篮球场之用。惟公园旧场场面软土过多,基层非多量洋炭,难以久持。现经体育界人士建议,决择定同文中学之篮球场修建,非但修建费不成问题,且看台则仍存一座,如再添一座,则可成为一理想之篮球场。刻经杨绪宝、陈昆山等开始进行云。

《江声报》1947 年 6 月 14 日

胡里山游泳池定期举行开幕

本报讯 厦港区农会自组织以来,对于会员福利事业,力图推进,除成立农民福利社、农业运锁合作社及附设国术馆外,近该会因鉴于夏令已届,游泳一项,足以发育身心及健全体魄。经择定胡里山附近为游泳场,现已布置就绪,并定本月 22 日下午 2 时举行开幕。昨已柬请各社团参观,届期当有一番盛况云。

《中央日报》1947 年 6 月 19 日

海滨游泳场明日开幕

本报讯 厦港区农会附设之海滨游泳场,定明下午 2 时开幕。是日已征并请厦禾汽车公司派车,行驶自轮渡码头经中山路以迄游泳场一带,并请黄市长千金易小姐主持剪彩。届时举行游泳表演捉鹅及厦港平剧社唱戏,救护工作亦经商请海港检疫所派定汽艇负责。

《中央日报》1947 年 6 月 21 日

海滨游泳场今举行开幕

本报讯 厦港区农会以盛夏来临,特在胡里山修创海滨游泳场。原定 12 日开幕,嗣为飓风所阻,乃改定本日下午 4 时举行。经请黄市长千金易小姐剪彩,并由虎鲨、波浪等队队员表演游泳及音乐演奏节目,欢迎各界莅临参观。

《中央日报》1947 年 6 月 25 日

昨海滨游泳场补行开幕典礼
黄市长莅临演诲

本报讯 厦港区农会主办胡里山海滨游泳场,于昨下午3时补行开幕典礼。到市府黄市长及来宾等达数千人,首由市长第三女公子黄易小姐举行剪彩礼,继由黄市长当场演诲。旋即由各游泳队员下水表演。游泳节目,有团体游泳,水球游戏,长短码自由式表演,蛙式、仰式表演及游泳员蔡和裕个人跳水表演,同时海面举行捉海鸭游戏,沙滩上搭台唱戏,锣鼓声喧,情况至为热烈。

《中央日报》1947年6月26日

碧云岩游泳池充实各种设备

本报讯 碧云岩游泳池自本市收复后乏人管理,以是沙泥污塞,池水污秽。去年5月间,由陈清慕等集资雇工清洁,以供游泳。本年初暑,因陈等无暇顾及,乃由波浪队负责再事整理,并加盖凉棚。经订定今(15)日开始办事,内设教练、呼吸救急法,种种设备极为安全,一般嗜好练习者,定必不绝路上云。

《立人日报》1948年5月15日

海滨游泳场昨周年纪念

本市讯 厦港区农会提倡国民体育,创设胡里山海滨游泳场,于昨(13)日下午2时举行周年纪念。大会主席施振华,报告过去办理情形,来宾有黄委员谦若、阮参议员玉田等相继演说,即由该场负责人纪乃文致谢辞。会毕开始游泳表演及厦港平剧社清唱助兴,当时有海港检疫所被邀参加,并派艇监护。且汽车满客往来不绝,观众人数如山似海,热闹情形盛极一时。

《星光日报》1948年6月14日

军民体育会游泳场不日开幕

闽南师管区司令王禄丰发起组织闽南军民体育会,已志前报。查该会经数月之筹备,大体就绪。最近工程可告完竣者为游泳场,该场借用鼓浪屿港仔后路菽庄花园废地修建,工程颇为浩大。如淡水冲身之装设方面,单水管长用千尺以上,日来加紧筑造,预定本月底即可正式开放。

内部设有男女会员淡水雨霖(淋)冲身室、更衣室、寄物间、乒乓球室、音乐厅、露天咖啡座。一楼设有图书室、播音台、中西餐厅、摄影部。海上安全设备特请有救生员若干人,设救生艇、警钟台及安全浮标、竹界、救生圈等。水上运动除备男女游泳衣数十件外,另设洋舢艇十余只,丁斯浮水板数十件及水球,并备有鱼钩用具。各种用具将酌收费,作为经常开支用。交通方面加设路灯及指路牌外,并特约民船十余只。

规定价格,由中正码头直航本场,晚间9时后并特备夜候电船,12时半由鼓回厦,使会员一切皆感便利。该场主任已委杨培生主持。闻该会总会址及健身室设大生里,一连数间。小足球场及骑术初级练习场则设在思明南路广场,中级跑场则暂借厦门大学田径场,并特备马三匹,聘骑科人才教授男女会员。射击场设虎溪岩麓,备有步枪十余支,以便练习及比赛之用。(宋)

《江声报》1948年6月24日

游泳场今天开幕　王绥宁小姐剪彩

闽南体育会鼓浪屿菽庄花园游泳场,修建月余,陆上工程全部竣工,水上设备亦大部分完成。该会以天气炎热,为应会员需要起见,特决定今(28)日下午2时开幕,昨已分函各界参加。届时并由王禄丰中将大小姐王绥宁主持开幕剪彩礼,会后并有闽南著名游泳名家波浪队及虎鲨队健将参加精彩表演。晚上举行音乐晚会,有名媛小姐表演歌唱。该会为便利会员及亲友起见,特备男女游泳衣、洋艇供应,并有完备之雨浴淡水冲身及饮食设置。闻今天该会公开欢迎市民参观,届时必热闹非常,厦门中正码头并有该会小艇迎客云。

《立人日报》1948年6月28日

军民体育会游泳场开幕

鼓浪屿菽庄花园军民体育会创设游泳场,昨举行开幕典礼,机关首长莅场者有滕云、康肇祥等暨各界来宾数百人。虎鲨、波浪两游泳队亦出席参加。下午3时50分鸣炮开会,由王禄丰女公子行剪彩礼并献花篮,时掌声如雷。礼毕,王会长报告该会此次成立目的在于"军事体育化,体育应用化"。继总干事杨健民报告筹备经过。来宾演说有陈烈甫、康肇祥、提仁辅、张澜溪等。成礼后,刘长泗、谢桂成、滕云等均下海游泳,波浪队作跳水表演。晚9时,举行军民联欢会,盛况热烈,至11时始告散场。(默)

《江声报》1948年6月29日

市体育协会计划建体育馆

市体育协会于4日下午7时假广州酒家举行第一次理监事联席会议,出席理监事叶书德等10人,推举庄友让为临时主席。讨论事项:一、略。二、理事会票选庄友让、吴春熙、杨绪宝等3人为常务理事,并互推庄友让为理事长,监事会互推施维熊为常务监事。三、聘请庄文潮为总干事,叶维德、郭尚霖、陈昆山、曾子铭为干事,刘如羲为秘书,郭尚霖为财政。四、征求赞助会员,由理监事每人负责征求五人以上,于本(10)月底前完成报会(赞助会员常年会费金圆100元以上)。五、拟建体育馆,推举庄友让、马丕显、陈昆山、施维熊、叶维德、郭尚霖等为设计委员,负责设计。六、常务理事杨绪宝在台养疴,以理监事会名义致函慰问云。

《江声报》1948年10月6日

市体育协会筹修篮球场

又市体育协会对于修筑同文篮球场事,颇为积极进行,四周看台大体筑就,可容2000人左右。惟东面巨石一方,阻断看台地位,欲除去该石,经召匠估计,须米30担,但前筹款项已告罄。闻待此次女子进入夺标赛时,拟售入场券,藉筹的款,但有人建议向市建协会请拨附加建设捐者。体育会将采

何种步骤,尚未确定。(邵)

《江声报》1948年12月15日

全运会教育厅募捐选手费用

思明县政府奉教育厅令,本届运动会如有捐赠费用,可以日内送府。县府昨特函致县商会,附募捐启一份。略谓,客岁第一届全国运动会举行于杭州,今年双十节复定于首都举行第二届全国运动会,本省选手第一次预选会已于福州举行,第二次预选会亦将于9月间在厦门举行。拟定本省选手数十人,预计男女运动员并率领人员等往返川资、食宿、工役以及一切费用,极办撙节,应需5000元之谱。本届举行第二届预选会,拟不向外征集奖品,请即以各机关团体所节省奖品之费移作本届全国运动会及本省选手与赛之用,除向省政府请予特别辅助外,所望各团体机关踊跃相助,俾壮此行。

《江声报》1931年9月22日

省运会经费预算需五千元

本届省运会在厦举行,期间迫至。其经费预算,计需5000元,细目如下:改造跑道增筑球场1500元,购置运动器200元,职员餐费400元,搭司令台、国术台150元,围场栏杆100元,搭运动员休息所100元,搭看台200元,会场美术结彩及布置150元,奖章奖品300元,装置播音机300元,宣传100元。外县运动员招待费100元,印刷150元,摄影50元,国术比赛50元,游泳比赛50元,文具、纸张、邮电100元。号码布、徽章、别针、石灰70元,丁役工资80元,杂支200元。慰劳大会职员暨各单位职员250元,结束报告特刊200元,临时费200元。合如上数。

《江声报》1935年9月4日

全运选手规定津贴

省运选拔委(员)会昨决议,参加全国运(动会),每人津贴限53元,制服费在内(全省数七八十名)。职员每人贴40元(限10人)。至选拔标准,亦已分别推委员起草。

《江声报》1935年9月11日

省运大会收票资二千余元

省运大会结束,其财政收支,亦已结核,不日正式公布。查大会四日中,11日收门票550元6角。又田径场14元,篮球场2元9角,合计567元5角。12日门票525元5角。又田径场11元9角,篮球场3元1角4分,网球场6角6分,合计541元7角。13日门票收入361元1角8分。又田径排球、篮球、游泳四场收19元1角,合计385元2角。14日门票收578元3角。田径、篮球、排球、足球收150元,合计728元3角。统计收入2222元7角,支出印票26元,贴党部杂役7元,市府杂役2元。商会雇员2人,津贴8元,永乐车费3元。计开支40元。闻收支对抵,可剩千余元云。

《江声报》1935年9月17日

参加全运会拟增至百人
经费请市长筹补省运会收支相抵

省运大会选拔委员会,前日选拔男女选手,以备参加全运。现参加全运职员,亦已大体决定,计职员10人。拟定总领队吴德懋,又教厅1人,厦门4人,闽侯1人,莆田2人,同安1人。男女排球各11人,男女篮球各10人。国术单双打邱思志、邱行王2人,足球15人,连同男女游泳及田径选手,计约100人。

惟原定旅费,仅按七八十人,省府仅准拨给3200元。职员每名津贴40元,运动员每名30元至35元,船票缮宿杂费在内。因此如增加至百名,则制服、旗帜等费,皆归无着。选拔委员邓世熙,昨特向市府第二科科长郑永祥妥商,拟请市长设法捐筹补助。又省运会经费收入,计为财厅拨助3500

元,门票收入2100元,名誉赞助券除银行界售出700元,其他尚未汇集。苟拟定为700元,则总计收入为6000元。

开出方面,原预算4700元,播音台超出300元,运动场设备及改造超出600元,运动器具超出150元,伙食超出250元,统计支出亦须6000元,惟确实数目尚在核结。该会昨续接各省寄到奖品一批,计军委会大洋30元,嘱为代制奖品。另铁道部、考试院银盾各一,河南省府银杯一,上海市府银盾二小箱,南京市府奖旗二面,七区专署奖旗一面,行政院长汪精卫银盾一面。陕西省府因路途遥远,函请大会代制发给云。

《江声报》1935年9月18日

球赛券资二百万充作建修运动场

查此次菲律宾黑白篮球队莅厦,市府为筹集体育基金,商由该队举行义赛,各情已志前报。现收入已结算清楚,计比赛4天,8日收入门票520500元,9日441500元,10日422500元,11日384500元,共收入门票国币1769000元。此外名誉券已收款者计180000元,合计1949000元。尚有一部分名誉券未收齐,大约可达200万左右。俟全部收齐后,即详细公布数目。至该款除应支费外,余全部充作修理体育场费用云。

《星光日报》1946年12月18日

福华菲侨门票充修球场

又讯 昨日球赛门票收入计普通票854000元,特别票1900000元,合共1044000(2754000)元。前(24)日门票收入计普通票1442500元,特别票150000元,名誉票760000元,合共2352500元。四天所收,悉充修建球场之用。又本日战程为福华对同余,主军洪水祥等曾为本市盛极一时之赫赫风云人物,在(再)番沙场重赴,咸信当有精彩演出云。

《星光日报》1947年5月26日

球赛义卖捐款　市府事务保管　教育科的声明

菲侨黑白篮球队于去年冬来厦举行义赛,所得门票180余万元,据市府教育科负责人表示,该款系交事务股负责保管,曾于第二次联席会议议决,全数拨充修建篮球场之用,并推举陈昆山、杨绪宝、杜申元三委员共同负责。但修建费用浩繁,该款不敷应用,乃函行总厦处,请求工赈。嗣以该处奉令停止举办工赈,时适物价波动甚剧,该委员乃将该款全数向农林公司购置洋灰 47 包(该洋灰现仍寄存该处,以候其他用途)。篮柱篮环图表一项,亦未送交存教育科保管。刻该会委员正加紧测计,不日包工建造,于月底或可告竣。到时寂静已久之同文球场,又可见健将云集,而新生军将由此生云。(扬)

《星光日报》1947 年 7 月 14 日

第二章

运动会

一、市运动会

市运会筹委昨发表竞强开会议定本年各项活动

厦门全市运动大会订下月举行,日期尚未确定,大约必在下月之下旬。现一切事宜,亟待筹备。昨经由市府主管科签准聘派17人为筹备员,以市府二科长郑永祥为筹备主任,沈觐康、周敬瑜、刘元瓒、陈式锐、李少白、沈志中、陈掌谔、蔡如川、叶文炳、杨绪宝、黄其华、杨贻清、王世铨、徐素凤、陈壶冰、杨渭溪等16人为筹备委员。筹委会组织规程及大会竞赛规程,经市府二科拟定草案,候一次筹委会议,即可提出通过。

本市竞强体育会昨开常务理监会议,决定本年度体育活动,计为:一、通过(民国)二十五年度竞强暨全厦各项游泳纪录。二、聘请厦市体育界为该会体育指导。三、聘请谭培棨、马大勋为法律顾问,章茂林、王振修、林镜辉为医生。四、优待竞强二届游泳大会首列3名者入场券。五、本年夏令设游泳暨西洋拳术训练班。六、举行各项比赛:5月射击,6月赛艇,7月网球,8月游泳,9月足球。七、该会游泳池定5月1日开放。

《江声报》1937年4月14日

市运动会昨确定会期
聘定审判审查委员　表演项目分为四类

厦市运动会昨首次筹委会议,到22人,主席郑永祥。

一、通过筹委会组织规程。二、通过大会规程。三、推进体育事业用费,由大会劝募赞助券及售入场券,券资定5元及□角两种。四、各单位旗由会代办,以资划一。五、组织审判委员会,由会函请廖超照、马大庆、陈掌谔、陈式锐、蔡如川、沈志中、卢逯(达)仑7人为委员,廖超照为主任。六、组织资格审查委员会,由会函请吴昆仑、杨绪宝、黄其华、叶文炳、徐素凤、陈景苏、杨渭溪7人为委员,吴昆仑为主任。七、大会团体操,由市府派定全市小学生参加。所操项目,推举陈掌谔、杨绪宝、陈壶冰、杨渭溪4人负责起草,提交下会讨论。八、大会组织设总务、竞赛、警卫三部,总务部下设文书、会计、庶务、布置、招待、宣传、卫生七股,推举郑永祥、李少白为总务部正副主任。竞赛部下设场地、注册编配、器械、裁判、记录、奖品六股,推举陈掌谔、杨绪宝为正、副主任。警卫部下设童子军及警察两股,推举沈觐康、林光焕为正、副主任。九、运动项目,规定团体表演、田径赛、国术、自由车四项。其项目及组别如下:甲、团体表演:1.大会操。2.团体表演。乙、田径赛:1.业余组,分男女组。2.中学组,分男女各甲乙两组。3.小学组,分男女各甲乙两组。丙、国术表演组。丁、自由车,分比赛组、表演组。

筹备会开会时间:每星期举行1次,定星期六下午3时。大会日期,定5月20日起至22日止举行。至大会规程及筹委会组织规程,尚须由会呈请市长核准,方可公布施行。

《江声报》1937年4月18日

市运动会筹委会组织规程

本市运动大会订5月20日起举行3天,其大会规程经已公布,载于昨日《厦门大报》。兹节录筹备会组织规程如下:

一、本会定名为厦门市第一届运动大会筹备委员会。二、本会委员定为17人至23人,由市府聘派。三、本会会所设于市府,开会期间移设公园体育场。四、本会职掌(略)。五、本会设总务部,下分文书股、会计股、庶务股、布置股、招待股、宣传股、卫生股。竞赛部下分场地股、注册编配股、器械股、裁判股、记录股、奖品股。警卫部下分警察股、童子军股。六、本会各部设主任1人,副主任1人,各股设股长1人,遇必要时设副股长1人。七、各股得配设股员若干人,由各股长决定提出人选,由本会聘任之。八、本会设资格审查委员会,审查参加运动员之资格。

《江声报》1937年4月22日

厦市运动会下月首报名

补充大会规程　聘请名誉会长

市运动会昨二次筹委会议,到20人,主席郑永祥,讨论:一、聘请市党部特派员陈联芬、海军厦门要港司令部司令林国赓、陆军第一五七师师长黄涛为大会名誉会长。二、聘请大会赞助员,由陈式锐、沈志中、郑永祥负责办理。三、组织票务委员会,负责售募赞助券及入场券,推请市党部、警察局教练所、财政局、市政府第一科、妇女会为委员,并推请市府第一科负责召集开会。四、各股长人选:文书股长吴昆仑,会计股长沈淦、陈心雄,庶务股长赖仰明、吴昆仑、李维修,布置股长李少白、林则善,招待股长黄其华、沈志中,宣传股长陈泰、林克恭,卫生股长陈昭宗、马克熙,场地股长郭景村、谢汉光,注册编配股长蔡如川,器械股长赖仰明、吴雅纯,纪录股长叶文炳、李少白,裁判股长杨绪宝,奖品股长赖风薰、沈志中,警卫股长丁超、邱铮,童子军股长赵邦彦、孙世赏。五、各股职员人数由会限定人选,由各股长决定,提会聘请。裁判员由裁判股拟定,提会聘请。六、报名时间:限定5月1日起至10日止,逾限无效。七、报名时应用本会所制印报名表格填写,否则无效。八、各单位选手报名时应缴各选手个人半身不戴帽2寸相片1张,粘贴选手报名册上,连同报名表送会报名。九、选手报名册由会印发,内注明姓名、性别、组别、参加项目及体高、体重等项。十、各组各项决赛时,应由裁判股核对各选手相片及报名册上相片。十一、聘请厦门救护队为大会卫生股救护队。十二、各小学参加入会操办法修正通过。十三、大会操项目照所拟定通过。十四、业余组男女各分设甲乙两组,乙组项目照中上男乙组项目。十五、中上男甲组800公尺接力改1600公尺接力,中上女乙组、男小乙组立定跳远改为跳远。十六、每项比赛录取名次改为6名,分数以七五四三二一计算。十七、大会规程补充一条,其条文如下:凡参加本会之优胜选手,均须接受本市参加省运选手之挑选。凡经挑选后,不得代表本省其他单位参加省运。

《江声报》1937年4月27日

市运会采用国花为会徽

厦市运动会昨4次筹备会议,议决:一、大会会徽,采用国花图式,外五瓣书"第一届全运",花心书"厦市",字体篆体,绘就图式。修正通过。二、大会会旗,标帜用会徽,旗料用蓝色绸纺,白色绒徽。三、大会会场平面图,修正通过。四、大会操乐谱及操列平面图,修正通过。五、筹备会组织规程竞赛部下增设国术股一股,负责办理国术表演事宜,请刘金泉为股长。六、拟函请电话、电灯两公司,优待免费装置大会会场电灯及电话,以利交通。七、大会乐队,双十中学未能全队出席。推请黄其华、杨绪宝、陈掌谔负责组织成队。八、大会操第一次预操日期,定12日下午3时,在公园举行,各单位均须准时参加。九、各股办公时间,由本月15日起,下午2时至4时,在市府内联合办公,各股长遇必要时均须出席。十、凡非本国国民,不得挑选为参加省运选手。

《江声报》1937年5月9日

市运动会今首次预操　选手国籍问题曾引起剧烈争议

市运动会定今(12)日下午3时,在公园首次预操,各项设备,昨经分别知照。应到公园预操之参加单位,计为大同小学《向前冲》,组织游戏。民立花圈操,毓德国花图案、健身操。厦大实小亲爱舞、国难表演。竞存扫帚操、防毒表演。崇实小学大会操、国术、全民健身操,侨南三人舞、棍棒。维正万字徒手操、《快乐儿童》,福民团体操、《小白兔》,崇德女子手巾操、柔软操,普育游戏,蒙泉《农家乐》,助产职业学校担架操练法,双十《桥与车》,大中大中国旗操、海滨国术、团团操,厦门救护队救护表演。

又筹备会议决,凡非本国国民,不得挑选为参加省运选手。当讨论时,争议颇烈,缘某筹委知某中学有台湾学生数人,故提议此事。而争议者之理由,谓马来亚选手,多数为英籍,又为华人侨生子,大会并无拒绝不许参加。争议结果,采用折衷,市运会中学选手准予参加,业余组则不得参加,并不得为省运选手。案已通过,而双方争议者似尚不能释然。

《江声报》1937 年 5 月 12 日

厦市运动会各部股主任职员姓名一览

本市一届运动大会,定 20 日举行。其开幕礼秩序,昨经拟定,各部各股职员,亦已分别聘任,计大会名誉会长陈联芬、林国庚、黄涛,会长李时霖,副会长郑永祥,总指挥沈觐康、陈掌谔,筹委会主任委员郑永祥。

其余委员 22 人,总务部主任郑永祥、李少白,文书股长吴昆仑、赖仰明,会计股长沈涂、陈心雄,庶务股长吴昆仑、李维修,布置股长李少白、林则善,招待股长沈志中、黄其华,宣传股长陈泰、黄绿萍、林克恭,卫生股长马克熙、陈昭宗,奖品股股长赖风薰、沈志中,竞赛部主任陈掌谔、杨绪宝,场地股股长郭景村、谢汉光,注册编配股股长蔡如川,器械股股长赖仰明、吴雅纯,裁判股长杨绪宝,成绩股长李少白、叶文炳,田赛裁判长蔡如川、廖超照,径赛裁判长杨绪宝,计时长李锡爵,记录长叶文炳、李少白,田赛记录员李秀治等,径赛记录员杨文昭等,径赛检录员杜申元等,发令员廖超照等,报告员马育才,会场助理员任飞龙等,团体表演评判长陈式锐,评判员市长夫人、□□凡、谢心铭、王郁、叶伯孚、赖风薰、沈觐康,国术评判长沈扬德、国术股长刘金泉,团体表演股长陈式锐,干事郭薰风等,警卫部主任沈觐康、林光换(焕),警卫股长丁超、邱铮,童子军股长赵邦彦、孙世赏,资格审查主任委员吴昆仑,审判主任委员廖超照,票务主任委员郭薰风,大会会操设计委员陈掌谔、杨绪宝、叶文炳、杨渭溪、陈壶冰,音乐设计兼音乐导唱黄心存。其余各部各股委员干事等,多载前报,从略。

《江声报》1937 年 5 月 17 日

市运会开幕在即　促指导员来厦
贩卖部分配职务　贩卖员规定制服

市运动会开幕在即,教厅所派指导员庄文潮,尚未到厦,李市长昨已电促,并拟请庄为名誉总裁判。另请教厅转知民教处派员到厦,摄制活动电影。

又大会贩卖部委员会,昨分配职务,司库赖风薰,记账朱鸣岗、李维修,征集李维修。贩卖由毓德、慈勤、中华负责。贩卖人数每天 24 人,由毓德、慈勤、中华各派 8 人,指导员一人担任。贩卖员制服及托盘,制白布帡裙及托盘各 24 件,帡裙上书"赈灾"两字,由毓德女中办理。需费若干,由会拨还。关于招集商店入场义务贩卖,推赖风薰、陈泰接洽。

《江声报》1937 年 5 月 18 日

市运会日期只有天晓得　今夕不雨
明日开幕　比赛程序已预定

本市一届运动大会,原订今(20)日开幕。因连夜下雨,新修会场,泥泞不堪,昨乃通告,改订明(21)日举行,即昨日之会操预习,亦因是受阻。惟期间虽已改订,仍须今明日不再下雨,乃可准期举行,否则又须改期矣。至大会逐日比赛项目,昨已分别订定,兹录如下:

第一日下午 2 时起,旗语表演花花絮絮、女子柔软操、扫帚操、三人舞、万字徒手操、锄头操。径赛:一、50 公尺预赛,二、110 公尺高栏预赛,三、100 公尺预赛,四、1500 公尺决赛,五、400 公尺接力预赛,六、400 公尺接力决赛。田赛:一、撑竿跳决赛,二、推铅球决赛。

第二日上午 8 时,大中国旗操、国难表演、《向前锋》《桥与车》《醉卧沙场》、担架操练法、《农家乐》。径赛:一、100 公尺高栏决赛,二、50 公尺次赛,三、110 公尺复赛,四、3000 公尺决赛,五、50 公尺复赛,六、800 公尺预赛,七、400 公尺预赛。田赛:一、跳高决赛,二、垒球决赛。下午 2 时团体操、花圈操、《快乐儿童》、短棒操、亲爱舞。径赛:一、50 公尺决赛,二、100 公尺决赛,三、800 公尺决赛。田赛:一、二级跳远决赛,二、跳高决赛。

第三日上午,棍操、国术、救护表演、彩花舞、女子手巾操、《小白兔》。径赛:一、400 公尺中栏预赛,二、5000 公尺决赛,三、100 公尺预赛,四、5000 公尺决赛,五、200 公尺预赛,六、200 公尺接力预赛。田赛:一、跳远决赛,二、铁饼决赛。下午,国术表演、连步操、和平团团舞、练步操。径赛:一、400 公尺中栏决赛,二、300 公尺预赛,三、十大项 100 公尺决赛,四、1 万公尺决赛,五、100 公尺复赛,六、100 公尺决赛,七、1600 公尺接力决赛,八、十大项 400 公尺决赛,九、800 公尺接力预赛,十、200 公尺接力预赛。田赛:一、跳远决赛,二、十大项跳远决赛,三、十大项推铅球决赛,四、十大项跳高决赛。

第四日上午,健身操、《纺织游》、健美操、国花图案健康操。径赛:一、十大项高栏决赛,二、400公尺复赛,三、100公尺复赛,四、100公尺决赛,五、十大项1500公尺决赛,六、五大项200公尺决赛,七、200公尺复赛,八、200公尺接力决赛,九、400公尺接力决赛,十、100公尺复赛,十一、200公尺决赛。田赛:一、标枪决赛,二、五大项跳远决赛,三、五大项标枪决赛。下午,徒手操、《群星灿烂》、少林拳、潭腿、小战斗。径赛:一、100公尺决赛,二、400公尺决赛,三、200公尺复赛,四、五大项1000公尺决赛,五、80公尺低栏决赛,六、100公尺决赛,七、1万公尺决赛,八、200公尺接力决赛,九、800公尺接力决赛,十、400公尺接力决赛。田赛:一、十大项铁饼决赛,二、五大项铁饼决赛,三、十大项撑竿跳决赛,四、十大项标枪决赛。

第五日,自由车比赛:一、100公尺比慢预赛,二、万公尺比快决赛,三、表演,四、100公尺比慢决赛,五、万公尺比快决赛,六、100公尺比慢决赛,七、表演,八、100公尺比慢决赛。至国术表演,则于每日下午分配表演。

票务部委员干事,昨联席会议,议决:一、售票验票工作,分四组,一组:徐□、赵承义、傅乞成、王素望、邱玉心、徐□为组长;二组:高惠英、戴祺兰、陈庆瑞、洪雪娇、吴淑贞、高惠英为组长;三组:翁桂英、许祖芬、郑朝溪、林蕙珍、许锦霞、翁桂英为组长;四组:钱惠卿、余宜、陈启栋、许锦云、陈心引、钱惠卿为组长。单数负责上午,双数负责下午。验票由童子军负责,收票由教练所负责。二、推销拟设之售票代理处及推销处。三、略。四、本会临时办公处,请筹委会函警察局,借用南门特别岗。

各学校,市府二科昨函全市各小学,各校此次参加市运会,教职员学生准告假三天。又赛员参加资格之限制,中上组须在校继续肄业一年以上者,方得参加。小学组规定须在校肄业□学期以上者,方得加入。同时大会资格审查委员会议决,凡参加之各校,如未呈报校务状况,一概不准参加。闻此次参加小学组有一中学及数小学,未经正式立案,且学期亦无呈报校务状况,实与大会规程及议案有所抵触。中华、群惠、竞存、毓英、启明、紫阳、崇实等校,将向大会提出检举。

《江声报》1937年5月20日

厦运动会今可如期举行
李育培代表黄涛　今晨参加开幕礼

本市运动会期,昨幸无雨,今(21日)晨应可如期开幕。筹备会已通知各选手,应于今晨8时以前,在虎园路集合。8时正,由各单位总领队,依序导入公园运动场。开幕式秩序,规定如下:一、鸣炮开会,二、奏乐,三、职员运动员进场绕场一周,四、全体肃立,五、唱党歌,六、向党国旗及总理遗像行最敬礼,七、主席(大会会长)恭读总理遗嘱,八、展开大会会旗(唱奏会歌),九、主席致开会词,十、运动员宣誓,十一、摄影,十二、职员运动员退场,十三、礼成(奏乐),十四、大会操开始。

又讯 一五七师长黄涛,受本市运动大会敦请,为名誉会长。黄师长现因公赴粤,特电派该师参谋长张光、政训处长李育培,届时代表参加。张、李二氏,于昨晨自漳到厦,寓大千旅社。但市运会系因雨改订今(21)日举行,故张氏昨晨赴公园参加本市二期社训队毕业典礼后,即日遄返漳州。李处长则留厦,于今晨参加市运会开幕典礼。李市长昨午特设宴于虎头山寓次,宴请张、李二氏,陪席者市府秘书长陈宏声、秘书蒋恺生等云。

《江声报》1937年5月21日

市运会昨开幕

赈款总收百四十余元　门票三百余元
蔡子显撑竿跳　洪琼珠推铅球　两项成绩均破省纪录

厦门市第一届运动大会,业于乍雨乍晴之昨日启幕。是日上午9时起至10时止,仅举行开幕礼及团体会操。到场选手、来宾、大会职员及观众约万余人。下午2时起至6时半止,节目较多,故观众视上午激增,致折树塌台,连续数次,共压伤13人。以六二妪王氏葵伤最剧,盖腿骨已断也。是日团体表演,慈勤最佳。掷12磅铅球,洪琼珠破省纪录,洪亦慈勤高材生。撑竿跳男选手蔡子显,亦破省纪录。门票收入327元,贩卖部收入145元7角,可谓不多不少。兹将详情,分志如下:

会场布置,大会主席台在园之东边,台前矗总理遗像及蒋委员长油画像,台柱植楹联三对:一、"仗此精神扶持国运,凭他身手打破危机。"二、"集群贤齐来与会,看大家共献所长。"三、"日无怠月毋荒百炼身心成铁汉,胜戒骄败成(戒)怯更藉精锐作干城。"楣帛书:"厦门市第一届运动大会。"台下遍置盆花,左右翼室置各界赠送之优胜旗及银盾等品,职员、警察、童军、裁判员休息处在台之右,新闻记者及宣传、卫生、招待等股在台之左,从左而下皆为选手集中地。

参加团体,有厦大、同文中、同文小、厦中、闽南、中华、大同中、英华中、英华小、双十中、双十小、毓德中、毓德小、慈勤中、慈勤小、怀仁中、怀仁小。业余男甲，普育、养元、龙山、竞存；业余男乙，渔民、桃源、紫阳、吉祥、大同小。业余女组，厦大实小、侨南、福民、集友、宗文、群惠、明德、维正、大中、崇实、蒙泉、全民、东村、明道、粤侨、鳌岗、海滨、群志。共四十七单位，

大会揭幕，是晨到会者，除大会全体职员外，来宾有英领马尔定，及其秘书丁锡荣，暨海关监督乔义生等，职员来宾及参加团体暨观众约万余人。团体操学生最先入场者为龙山，玉紫，大同次之。9时钟鸣，全体职员及童军、警察、救护队等，由大会会长李时霖领导，导以大同铜乐队，绕会场周行一匝，首尾衔接，适成一月形。于时海军航空处江鹊机，低飞会场数匝，散放各色传单，会场群众，可举手而接也。绕行毕，唱歌、行礼、读嘱、展旗、致词、宣誓，一切如仪。宣誓者，厦门大学林趁作总代表。

大会会长李时霖，致开会词。文云：各位来宾、选手，此次本大会承各界莅临赞助，惠赐奖品，本席代表致敬谢忱。兹有数点，请各位选手注意：一、提倡运动，是救国中重要工作，所以你们的总锦标，是复兴民族的急先锋；二、须严守纪律，服从命令；三、胜勿骄，败勿馁；四、须有运动道德，争之以礼，各位责任重大，希望努力一致，努力夺取锦标。完了，举行团体会操。参加团体四十四单位，每单位40人，总数1600（1760）人。由大会操指挥沈文炳登立指挥台示范，计8节，每节32动，另加64踏步。操间，雨下益紧，诸生步调整齐，精神焕发，绝不因雨而畏缩，博得全场掌声不少。是日大会最出锋（风）头者，上午当推团体会操，下午到让慈勤女中之国术操演，为更进一筹。团体会操毕，已钟鸣十下，即宣告散会。

午后2时，分别举行田径预决赛及团体表演。团体表演原定7项，即：一、厦中童军旗语；二、毓英《花花絮絮》；三、崇德女子柔软操；四、竞存扫帚操；五、侨南三人舞；六、维正田字徒手操；七、明德锄头操。后临时复增加慈勤女中国术操，表演次序，亦略有更动，最先改毓英之《花花絮絮》，最后殿以崇德柔软操。

国术操法，慈勤国术操演，由国术家刘金至教授，全体共90人，皆白衫青裤、白鞋。先短跑入场，继操演，饶有丈夫气，全场视线为之集中，可佩也。此外，厦中之旗语亦佳。其余则平平，评判次第：慈勤第一，厦中第二，三竞存，四维正，五明德，六崇德。

以下纪各组预、决赛成绩：

一、100公尺预赛，业余男甲第一组：俞文彪，个人；欧阳贤，精武；邱延

亨,鹭光。成绩12秒。第二组:林丹平,鹭光;郑谋□,中华;黄金城,个人。成绩12.10秒。第三组:李颜英,精武;侯晁,个人;张清尚,个人。成绩12.10秒。第四组:黄大山,个人;郭金陵,鹭光;陈登元,精武。成绩12秒。第五组:李建伟,个人。王全和,鹭光;何添筹,个人。成绩12.10秒。

业余男乙第一组:叶振南,中华;郭联盛,个人;徐景辉,个人。成绩13.10秒。第二组:陈玉龙,华星;黄基礼,大同;黄清猜,厦中。成绩13.10秒。第三组:庄友恭,厦中;杨溪水,华星;吴□民,双十。成绩12.10秒。第四组:邓荣茂,鹭光;陈国瑞,双十;孙志雄,厦中。成绩13秒。第五组:洪茂荣,鹭光;王明阳,厦中;李永辛,个人。成绩13.1秒。

二、100尺高栏预赛,业余男甲第一组:王飞廉,中华;陈国栋,华星;黄添梓,中华。成绩20.10秒。

三、中上男甲100公尺预赛,第一组:杨元勋,同文;魏景茂,英华;苏清琦,双十。成绩12秒。第二组:陈祥瑞,同文;林趁,厦大;吕水标,英华。成绩12.10秒。第三组:林英杰,双十;叶振承,大同;张约翰,厦中。成绩12秒。第四组:林璧辉,厦中;胡清良,中华;庄瞻瀛,英华。成绩12秒又十分之四。

中上男乙100公尺预赛,第一组:林永镜,同文;黄江淮,双十;车世杰,英华。成绩12.10秒。第二组:林伯溢,厦中;巫玉连,厦中;张尚义,英华。成绩13.10秒。第三组:苏振源,英华;陈根,同文;魏守信,大同。成绩13.10秒。第四组:白敬实,同文;何瑞霖,大同;吴如山,厦中。成绩13秒。

四、110高栏,中上男甲第一组:□□□,厦中;黄承欢,厦大;林普林,英华;吴迪元,双十。成绩19秒又十分之八。郑伯琦,厦大;谢霆,中华。成绩20秒又十分之六。

五、铅球决赛,业余女甲组:王双游,毓德;林神燕,中华;林淑贞,精武;虞碧瑛,双十;杨双凤,双十;许锦霞,中华。成绩7.35公尺。业余女乙组:叶幼屏,中华;陈希史,双十;詹金珠,个人。成绩6.75公尺。

六、1500公尺决赛,中上男甲组:陈长庚,中华;□□□,□□;□□□,厦中;叶中和,厦大;叶宗祥,同文;叶永健,同文。成绩5分2秒五分之三。中上男乙组:庄镇来,同文;吴其才,厦中;陈耀礼,同文;林溪,厦中;许火石,大同;王递甫,中华。成绩5分16秒。

七、推12磅铅球决赛,中上女甲组:洪琼珠,慈勤;林素卿,双十;纪素珠,毓德。成绩9.23公尺,破全省纪录。中上女乙组:杨玛利,毓德;黄月华,慈勤;张真意,毓德。成绩8.40公尺。

八、撑竿跳高决赛,中上男甲组:□□□,晋金,苏亚干。成绩3.34公尺。中上男乙组:黄江淮,双十;游孔衡,厦中;黄志义,大同;白南阳,英华;何标赐,中华;吴任良,双十。成绩2.72公尺。

九、铁球决赛,业余男甲组:傅余庆,华星;吴水德,精武;黄维宽,鹭光;王飞廉,中华;郑茂调,中华;侯晃,个人。成绩10.29公尺。业余男乙组:庄友恭,厦中;张舜谟,大同;庄联辉,厦中;甘振坤,双十;黄清猜,厦中;吴师亨,厦中。成绩7.75公尺。

铅球决赛,中上男甲组:林□海,厦大;林趁,厦大;黄成□,厦大;林惜鉴,同文;颜宏荣,大同;丁永祥,英华。成绩9.02公尺。

十、50公尺预赛,中上女甲第一组:林素卿,双十;林智惠,双十;王明瑜,慈勤。成绩7.4秒。第二组:林智勤,双十;叶佩珍,慈勤;林雪玉,慈勤。成绩7.7秒。中上女乙第一组:曾谷芳,中华;黄月华,慈勤;骆嘉美,双十。成绩7.7秒。第二组:杨玛利,毓德;徐如碧,双十。成绩8秒。第三组:叶清芬,厦中;林毓芬,双十;□□芬,大同。成绩8秒。业余女甲第一组:曾淑慎,中华;郑东英,中华。黄素月,精武。成绩7.8秒。第二组:叶锦标,大同;黄瑞芳,大同;何素珍,精武。成绩8.5秒。业余女乙第一组:陈希史,双十;许嘉贤,中华;陈瑜玉,个人。成绩7.8秒。第二组:纪瑞琨,个人;詹金珠,个人;叶幼屏,中华。成绩8.1秒。

十一、1500公尺决赛,业余男甲:陈添进,中华;温树榛,警局;徐文龙,精武;张鹤武,个人;詹宝琛,个人;徐炳辉,联强。成绩□□□□□又十分之四。业余男乙:丁垂影,个人;杨溪水,厦中;吴绵佛,大同;胡仲匏,大同;吴师荣,鹭光。

十二、50公尺小学男组预赛,第一组:曾仲生,福民;邢天祥,海滨。成绩7.7秒。第二组:蔡莫元,大同;林锦泉,竞存。成绩7.1秒。第三组:陈国琛,双十;周再量,普育。成绩7.2秒。第四组:周仲远,玉紫;林子义,个人。成绩7秒。第五组:颜永烈,个人;雷文沙,个人。成绩7.07秒。第六组:宋天庆,福民;廖兴邦,集友。成绩7.7秒。第七组:施瑞章,普育;黄长柏,英华。成绩1分。

小学女甲第一组:黄倪仙,群惠;翁秀贤,大同。成绩8.2秒。第二组:李月华,双十。成绩8.5秒。第三组:林玉治,慈勤;柯瑞珠,怀仁。成绩8.5秒。第四组:李谦纯,怀仁;王吉治,慈勤。成绩8秒。第五组:徐锦华,玉紫。成绩8.1秒。第六组:王玉珠,全民;吴玉莲,紫阳。成绩8秒十分之三。第七组:叶淑珠,海滨;张香,大中。成绩8.7秒。第八组:林义伟,个人;吴淑英,中华。成绩8.1秒。

小学男乙第一组:吕大展,福民;许申智,英华。成绩7.7秒。第二组:杨汉朝,紫阳;陈金炎,吉祥。成绩7.9秒。第三组:蒋金华,大同;庄友敬,明道。成绩7.9秒。第四组:林锦裕,蒙泉;许惠元,大中。成绩8秒。第五组:施仪琛,英华;叶联煌,厦大。成绩8秒。第六组:纪水龙,蒙泉;黄宽裕,个人。成绩7.7秒。第七组:蓝壬良,大中;林炳煌,崇实。成绩7.8秒。第八组:张福耀,群惠;吴乃景,玉紫。成绩7.8秒。第九组:叶福连,蒙泉;陈贞厚,桃源。成绩7.7秒。第十组:李万琨,双十;叶逊福,福民。成绩7.6秒。第十一组:曾国泡,双十;林维寿,大同。成绩7.7秒。第十二组:吕学良,全民;郭强民,厦大实小。成绩7.9秒。第十三组:蔡天培,大中;杨乃京,福民。成绩7.7秒。

小学女乙第一组:叶石治,慈勤;洪锦燕,紫阳。成绩8.4秒。第二组:叶淑莲,海滨;黄素卿,竞存。成绩9.1秒。第三组:黄昭汉,大同。成绩9秒。第四组:郑清□,竞存;于□□,群惠。成绩□□□□。第五组:郭金骚,群惠;王雅意,大同。成绩8.9秒。第六组:林美珠,成绩8.4秒。第七组:蒋乙娘,慈勤;黄弈球,普育。第八组:叶淑英,毓德;张佩珊,怀仁。成绩8.7秒。第九组:林贞玉,怀仁;陈宝卿,紫阳。成绩8.5秒。

十三、6磅铅球决赛,小学男乙组:蓝壬良,大中;郭注南,紫阳;林锦裕,蒙泉;黄木楫,维正;张亚成,蒙泉;叶连福,蒙泉。成绩8.65公尺。

十四、8磅铅球决赛,小学男甲组:邱约瑟,福民;林炳耀,吉祥;杨再坤,双十;石君裕,竞存;杨海山,蒙泉;杨鹭冰,大同。成绩10.15公尺。

十五、空拳表演,男:第一名杨青峰,二、予金福,三、吴文英,四、徐成顺,五、何恩典,六、陈水霖。女:一、陈亚红,二、陈亚难,三、林雪娇,四、曾翠珍,五、黄素月,六、林素贞。

大会鳞爪:市运筹会原拟昨晚假通俗社放映电影,招待各单位选手,以筹备不及改期。童子军维持秩序,昨日颇觉不敷分配,累得孙士赏大喊赵先生,喊到哑声。大会径赛发令员概用新脚色,惯任发令员之陈掌谔,却高高坐在总指挥的高椅上。

昨男子乙组100公尺预赛,厦中一选手起步即"偷吃内",中途被同文选手"篡过",发令员曰:"糟糕。"中上男甲组100公尺径赛时,双十一运动员起步较迟,至司令台前,竟居殿军。一检录员随后赶至,大加其油,台上裁判员喝止方休。

下午4时许,忽天公变脸,一片片黑云罩住会场。俄而疏雨卜漱(扑簌)而下,场中职员群争躲避,叶沧洲独坐不动。

下午比赛停止后,司令台下有人议论,谓有某某等中学,决向大会抗议,请径赛发令员等人回避。查大会发令员,有好几个,系在各中学任体育教员之职。

男子业余1500公尺决赛时,有人以为温树榛定又包办,岂知结果竟落中华陈添进十余尺,老温说:"我因昨日感冒,不然是不至这样的。"

男甲1500公尺决赛时,双十王逢元本极有把握。然当比赛途中,王与297号争骅,至第三圈时,油即告竭。第三圈以后,297号即表示放弃,而同一单位之288号突然□□□□□□,□□□□。

《江声报》1937年5月22日

市运会田赛昨开始
严肃会场秩序　停止贩卖赈灾

全市运动大会昨为次日,天晴,观者益众,秩序亦较第一日为佳。上午,各项顺序比赛,情形紧张。贩卖部以售款系为赈济川灾,由各校女生,分任贩卖员,连日均见努力。第一日总售140余元,昨上午总售60余元,惟下午忽全部停止贩卖。据部长郭薰风云,因各校女生参加演赛,故暂停止,实则此中另有原因也。

昨晨起,会场秩序特加严肃,孙世赏指挥童军,毫不放松,沈警局长亦亲到场维持。故秩序之佳,远胜第一日。时女贩员欲上司令台兜售,被沈局长喝退,返诉于贩卖部委员。委员据诸生之诉,谓司令台上皆官长及太太、社会闻人、官绅巨贾,到此贩卖,较有成绩。当曾商诸沈局长,沈曰秩序要紧,未获许准。女生一片热诚,至此如沃冷水,因即结束交账。下午场中,遂不见白衣姑娘为四川灾民捐赈矣。

大会证章颜色多种,昨晨起,限制非有绿色布章(者)不许入场。维持秩序之童军,秉承大会规定执行,自是忠于职守。间有报馆记者持大会所赠之黄色布章前往,不得入场。该记者等以为大会所赠,当系准许入场之证章,否则何必有此。又见承印大会特刊之印刷店职员,皆佩绿色证章入场,而被请负责宣传之记者与获赐"宣传股员"持有黄色证章,竟不得入场。当曾质诸大会主持人郑永祥,郑允换给绿色证章,各记者亦不愿多说,唯唯而退。

发令员叶文炳,昨于女子50公尺决赛时,奔至终点,照料厦中选手,径赛总裁判杨绪宝止之。终点裁判员中,有各校体育教员繁言诸多,且与第一二三名,所差或仅半步,或觉齐到,非老有经验,极难分辨,故争执极多。总指挥陈掌谔昨乃亲自发令,以息争端。

国术评判员妙月师,昨在会场请李市长留字,市长许之。妙月师雀跃三百,竟在南门跌倒,众为失笑。

昨日男甲400米接力决赛,双十成绩破省纪录,以犯规取消,颇有争议。

昨赛各项成绩分志如下:

100公尺复赛,业余男甲一组:一名黄大山,二名王全和(鹭光),成绩12秒十分之二。二组:一名俞文彪,二名侯晃,三名李建伟,成绩12秒十分之一。业余男乙:一名陈玉龙(华星),二名邓荣茂(鹭光),三名陈国瑞(鹭光),成绩13秒。中上男甲一组:一名杨元勋(同文),二名林璧辉(厦中),三名苏清琦(双十),成绩12秒又十分之三。二组:一名林英杰(双十),二名魏茂林(英华),三名胡济良(中华),成绩12秒又十分之二。中上男乙复赛,一组:一名林伯温(中华),二名车世杰(英华),三名白敬贤(同文),成绩13秒又十分之三。二组:一名林永镜(同文),二名黄江淮(双十),三名苏振源(英华)。

100公尺决赛,业余男甲:一名黄大山,二名俞文彪,三名侯晃,四名王全和,五名李建伟,成绩12秒又十分之三;业余男乙,一名陈玉龙,二名叶振南,三名郑荣茂,四名洪茂荣,五名庄友恭,六名林溪水,成绩12秒又十分之八。中上男甲组:一名林英杰(双十),二名杨元勋(同文),三名林璧辉(厦中),四名魏景茂(英华),五名王清琦(双十),六名胡清良(中华),成绩12秒又十分之二。中上男乙组:一名黄江淮(双十),二名白敬贤(同文),三名车世杰(英华),四名苏振源(英华),五名林永镜(同文),六名林伯温(中华),成绩13秒。

高栏决赛,110尺高栏业余男甲组:一名王威廉,二名黄添梓,三名陈国栋,成绩19秒又十分之六。中上男甲:一名黄承欢(厦大),二名郑伯琦(厦大),三名林普林(英华),四名谢霆(中华),成绩20秒又十分之四。

50公尺决赛,中上女乙组:一名曾谷芳(中华),二名黄月华(慈勤),三名杨玛利(毓德),四名庄芬(慈勤),五名叶清芬(厦中),六名林毓芬(双十),成绩7秒又十分之八。小学女甲组:一名李谦纯(怀仁),二名林玉治(慈勤),

三名林贞伟(毓德),四名柯瑞珠(怀仁),五名王翠治(群惠),六名郑松卿(侨南),成绩8秒又十分之三。小学女乙组:一名叶石治(慈勤),二名林贞玉(怀仁),三名蒋乙娘(慈勤),四名叶淑英(毓德),五名陈宝卿(紫阳),六名李玉安(慈勤),成绩8秒又十分之四。

50公尺决赛,业余女甲组:一名曾淑慎(中华),二名郑东英(中华),三名黄素月(精武),四名黄瑞芳(大同),成绩7秒又十分之九。业余女乙组:一名陈希史(双十),二名许嘉贤(中华),三名陈瑜玉,四名纪瑞琨,五名詹金珠,六名叶幼屏(中华),成绩7秒又十分之九。小学男甲决赛,一名蔡英元(大同),二名周再量,三名林锦泉(竞存),四名施瑞章(普育),五名杨海生(蒙泉),六名颜永烈(竞存),成绩7秒又十分之六。小学男甲一组竞赛,一名施瑞章(普育),二名蔡英元(大同),成绩6秒又十分之四。

小学男乙一、二、三、四、五组决赛已载昨晚《大报》。

小学男乙复赛,一组:一名杨汉朝(紫阳),二名纪水龙(蒙泉),三名李其琨,成绩7秒又十分之七。二组:一名曾国泡(双十),二名叶运福(蒙泉),三名蒋金华(大同),成绩7秒又十分之八。

小学女甲复赛,一组:一名林贞伟(毓德),二名柯瑞珠(怀仁),成绩7秒又十分之八。二组:一名李谦纯,二名郑松卿,成绩8秒。三组:一名林玉治,二名王翠治,成绩8秒。

小学女乙组复赛,一组:一名蒋乙娘,二名陈宝卿,成绩8秒又十分之八。三组:一名李玉安,二名叶淑英(毓德),成绩□秒又十分之五。

小学男甲预赛,四组:一名洪在坤(蒙泉),二名陈荔生(吉祥),成绩18秒又十分之五。五组:一名黄同仁(吉祥),二名吴志川(大同),成绩18秒又十分之二。六组:一名陈景新(蒙泉),二名□□□(双十),成绩19秒又十分之二。七组:一名林瑞利(英华),二名黄荣良(双十),成绩15秒又十分之五。

400公尺预赛,中上男甲组,第一组:一名陈长庚(中华),二名田雪峰(英华),三名叶振家(大同),成绩59秒又十分之六。二组:一名林英杰(双十),二名梁木荣(中华),三名叶□元(闽南),成绩15(55)秒十分之五。三组:一名杨绪志(同文),二名叶道庆(大同),三名林泽松(厦中),成绩15(55)秒十分之五。四组:一名苏清松(双十),二名林俊元(厦中),三名欧申丰(中华),成绩59秒又十分之六。

中上男乙组,一组:一名蔡士英(英华),二名吴兴才(厦中),三名李衍

(中华)。二组：一名林永镜(同文)，二名林伯温(中华)，三名郭连忠(厦中)，成绩15(55)秒又十分之六。三组：一名白敬贤(同文)，二名陈天培(大同)，三名巫玉连(厦中)，成绩14(54)秒又十分之一。

业余男甲预赛，一组：一名李彦英(精武)，二名叶昭侯(鹭光)，三名李建伟，成绩57秒二十分之九。二组：一名俞文彪，二名陈国栋(华星)，三名苏松添(中华)，成绩58秒又十分之五。

业余男乙预赛，一组：一名官松龄，二名庄宝藏(厦中)，成绩15(55)秒。二组：一名郑荣茂(鹭光)，二名郑祥富(双十)，成绩14(54)秒又十分之四。

400公尺接力决赛，中上女甲组，一名双十，二名厦中，三名慈勤，四名怀仁。小学男甲400公尺预赛，一组：一名周再量(普育)，二名陈□传(竞存)，成绩18(58)秒又十分之二。二组：一名何肇坤(双十)，二名戴□威(维正)，成绩16(56)秒又十分之五。三组：一名杨永泰(英华)，二名施瑞章(普育)，成绩16(56)秒。

800公尺决赛，中上男甲组，一名陈长庚(中华)，二名阮德里(厦中)，三名叶中和(厦大)，四名郑在纯(同文)，五名王逢元(双十)，六名林英杰(双十)，成绩2分11秒又十分之四。

中上男乙组，一名林伯温(中华)，二名吴兴才(厦中)，三名林溪(厦中)，四名陈耀礼(同文)，五名李衍(中华)，六名谢宏奇(双十)，成绩3分29秒又十分之一。

业余男甲组决赛，一名陈添进(中华)，二名温树榛(市警)，三名黄添梓(中华)，四名徐文龙(精武)，五名徐炳辉(联强)，六名张清尚，成绩2分19秒又十分之五。

业余男乙组，一名官松龄，二名庄宝藏(厦中)，三名吴绵佛(大同)，四名吴天锡(华星)，五名黄卓璜(厦中)，成绩2分29秒。

业余男甲组800公尺预赛，一组：一名温树榛(警局)，二名徐文龙(精武)，三名黄添梓(中华)，四名张尚清，五名黄媚(鹭光)，六名詹宝琛。二组：一名陈添进(中华)，二名林瑞年，三名徐炳辉(联强)，四名黄狮(鹭光)，五名黄驰，六名叶启火(中华)，成绩2分22秒又十分之一。

3000公尺决赛，业余男乙组，一名官松龄，二名丁垂影，三名庄宝藏(厦中)，四名杨必敏(英华)，五名胡仲匏(英华)，六名王少国，成绩11分10秒又十分之二。

中上男乙组决赛，一名林泽(厦中)，二名庄镇东(同文)，三名陈辉礼(同文),四名许火石(大同),五名王通甫(中华),六名叶贻鹏(英华),成绩11分39秒又十分之三。

三级跳远决赛,中上男甲组,一名杨文勋(同文),二名徐高(厦大),三名洪维标(厦中),四名阮玉田(中华),五名叶道庆(大同),六名许扬三(英华)。业余男甲组,一名陈显荣(健群),二名任成水(鹭光),三名黄大山,四名苏文佑,五名郑谋调(中华),六名王威廉(中华),成绩12.78公尺。

撑竿跳高决赛,中上男甲组,一名陈振文(厦中),二名阮玉田(中华),三名叶道庆(大同),四名杨绪志(同文),五名廖永明(同文),成绩3.24公尺。小学男甲组,一名林绵泉(竞存),二名阮振英(集友),三名郑勋钟(英华),四名沈金木(集友),五名林品基(蒙泉),六名王盛伦(竞存),成绩2.29公尺。业余男乙组,一名叶振南(中华),二名陈国瑞(双十),三名甘振坤(双十),成绩2.72公尺。

跳高决赛,中上男甲组,一名阮玉田(中华),二名林晋林(英华),三名郑在纯(同文),四名黄社范(英华),五名洪维标(厦中),六名徐耀清(大同),成绩1.60公尺。中上男乙组,一名游孔衡(厦中),二名林连生(英华),三名高天造(闽南),四名陈聪明(双十),五名马锡金(英华),六名余水州(大同),成绩1.575公尺。业余男甲组,一名陈显荣,二名任成水(鹭光),三名苏文佑,四名张明,五名蔡子显,六名张谦益(市警),成绩1.755公尺。业余男乙组,一名郭联盛,二名林国扬,三名郑祥富(双十),四名周修田(大同),五名方英钦(厦中),六名何金龙,成绩1.50公尺。中上女甲组,一名林智勤(双十),二名傅俊德(中华),三名纪素珠(毓德),四名叶子霖(大同),五名林爱治(中华),六名林锦妙(慈勤),成绩1.26公尺。中上女乙组,一名黄月华(慈勤),二名杨玛利(毓德),三名谢丽华(怀仁),四名谢淑美(毓德),五名林毓芬(双十),六名邱娟娟(大同),成绩1.18公尺。

业余女甲组,一名陈金璇(华昌),二名王双游(毓德),成绩1.20公尺。业余女乙组,一名许嘉贤(中华),成绩1.20公尺。小学男甲组,一名陈贞翰(双十),二名吴川甫(集友),三名何璧坤(双十),四名吴锦修(福民),五名陈公益(养元),六名吴永火(龙山),成绩1.435公尺。小学男甲组,一名陈世昌(英华),二名吴鼎爵(侨南),三名李国宗(全民),四名黄万忠(吉祥),五名□杰生(英华),六名王盛业(双十),成绩1.26公尺。小学女甲组,一名林玉铮(慈勤),二名龚□华(慈勤),三名王淑礼(怀仁),四名卢(秀)珍(群惠),五名吴淑英(双十),六名王丽卿(群惠),成绩1.15公尺。

垒球决赛业余女甲组,一名林神燕(中华),二名柯秦珍(精武),三名虞碧瑛(双十),四名张玉贤,五名杨双凤(双十),六名黄素月(精武),成绩34.2□公尺。业余女乙组,一名曾碧珍,二名陈瑜玉。

垒球掷远决赛,中上女乙组,一名张真意(毓德),二名黄秀英(毓德),三名庄芬(慈勤),四名叶清芬(厦中),五名柯淑珍(厦中),六名白碧如(中华),成绩29.30公尺。小学女甲组,一名白碧玳(侨南),二名卢秀珍(群惠),三名王锡兰(全民),四名黄锦如(慈勤),五名杨亚治(毓德),六名颜锦英(群惠),成绩29.71公尺。小学男甲组,一名邱约瑟(福民),二名江志远(海滨),三名张鸿松(吉祥),四名陈景新(蒙泉),五名杨永泰(英华),六名蔡英元(大同),成绩59.31公尺。

12寸垒球掷远决赛,中上女甲组,一名纪素珠(毓德),二名洪琼珠(慈勤),三名许纯欣(毓德),四名王罗绮(厦大),五名林群端(毓德),六名翁宝珍(双十),成绩40.25公尺。

铅球决赛,小学女甲组,一名颜锦英(群惠),二名黄锦如(慈勤),三名林玉簪(慈勤),四名万真真(群惠),五名洪礼娇(群惠),六名杨翠华(慈勤),成绩7.36公尺。

团体表演,上午成绩,双十中学93,大同幼稚园88.4,助产学校84.2,明德小学81.6,大中小学76.4,厦大实小71.8。下午成绩,福民幼稚班82,玉紫小学80,维正小学80.6,民立小学79.6,厦大实小77.2。

国术表演,前昨两日总成绩,女选手空拳及器械,陈亚红甲上,陈亚难甲上,林雪娇甲下。男选手杨青峰甲上,予金福甲上,徐成顺甲上,何恩典甲上,吴文英甲中,陈永林甲中。总结分数,男单位,杨青峰一名,予金福二名,徐成顺三名,何恩典四名,吴文英五名,陈永林六名;女单位,陈亚红一名,陈亚难二名,林雪娇三名。

《江声报》1937年5月23日

市运会铁饼跳远破全省纪录
陈显荣二得冠军　万公尺今日激争

全市运动会昨第三日,田径比赛项目甚多。成绩亦远胜第一二日,业余男甲组急行跳远,陈显荣以成绩6.59公尺取得冠军,而破全省纪录(省纪录为6.42公尺)。业余男甲组铁饼,傅余庆以成绩32.43公尺破省纪录(省纪录为31.3公尺）。中上女甲组铁饼决赛，首名洪琼珠，成绩24.64公尺；二名林智勤，成绩24.20公尺。首、二两名均破全省24.07公尺之纪录。其他比赛亦多有声有色，会场□气，至为紧张，秩序则甚整肃。

3日来观众数万，门票总收千余元，惟贩卖物品赈济川灾，昨仍停止，殆已取消。至征求名人书画助赈，据说陈仪、陈树人等均曾寄赠书画，但司令台上，始终未见陈列。而所陈列之书画数十幅，至昨始有屠智颖者，以3元购画一幅，故屠君亦破一纪录也。昨午范中常以蝴蝶兰一盆陈列于司令台，亦将售资助赈。是兰非寻常兰，开价值须数十元，但欣赏者众多，问津则尚无人也。

团体表演，昨参加者十单位，上午，崇德之手巾操，救护队之救护表演，为最精彩。下午则海滨小学得分最多。国术表演，昨原订精武等七单位，后临时参加信义堂、捷□、渔民等组，所演具见特色。

陈显荣除昨日取得急行跳远冠军，前日之跳高、三级跳远，冠军亦被所夺。陈体高足长，宜其善跳也。长距离赛跑，常由温树榛包办，此次800公尺、1500公尺、5000公尺均被陈添进占先，颇为懊恼。今日1万公尺决赛，预备拼个汝死我活，然陈三胜余威，亦正有其把握。

昨日比赛开始，有陈乃蒙，冒充赛员，身挂296号码，混场参赛，为总指挥沈觐康侦悉。查明296号，系为中华陈亚馨。陈乃蒙冒充属实，当令保安队，将其押往音乐亭边，处罚站立1小时。昨晨8时许，妓女两人，均着鸟花纱旗袍，裸露下腿，欲晋（进）场参观。门警以其裸腿止之，令其穿着长袜再来，二妓粉面发红，喃喃而去。

下午径赛短跑，发令员叶文炳鸣枪发令。枪多不响，叶生性燥急，辄曰："倒霉、倒霉。"

运会至昨3日，参观人众，形形色色，妇女服装多见艳异。昨日有乡下二八姑娘，长辫缠足，轻移莲步，进场参观，群众为之注目，其风头正不让取得的铁饼观景之洪林二女士也。昨日各项成绩分志如下：

铁饼决赛，业余男甲组，一名华星傅余庆，成绩32.43公尺，破全省最高纪录。二名鹭光林学奎，成绩27.22公尺。三名鹭光黄维宽，四名厦中蔡添芳，五名精武吴水法，六名鹭光张德祥。业余女甲组，一名华昌陈金璇，二名中华林神燕，三名双十虞碧瑛，四名华昌李美珠，五名精武曾翠珍，六名大同吴彩治。中上男甲组，一名同文廖永明，成绩24.86公尺。二名大同颜宏荣，三名中华陈云龙，四名同文陈祥瑞，五名大同曾锦芳，六名厦中许春辉。

中上女甲组铁饼,一名慈勤洪琼珠,成绩24.64公尺,破全省女子最高纪录;二名双十林素卿,成绩24.20公尺,破全省女子最高纪录(省纪录为24.07公尺)。洪原籍南安,生长厦门,现年18,体格健美,肄业慈勤女中,现为初中二年下。在小学时,曾参加思明县小学运会,亦获个人田赛四大项冠军。(民国)二十四年被选赴省,铁饼、标枪均获冠军。又第三名为厦大王罗绮,四名双十黄宝彩,五名大同吴碧珍,六名中华苏雪华。

5000公尺决赛,业余男甲,一名中华陈添进,成绩18分55秒。二名精武许文龙,三名永安成记薛承庆,四名个人刘海乜,五名联强徐炳辉,六名个人张鹤武。中上男甲,一名厦大叶中和,成绩21分16秒又十分之七。二名厦中阮德星,三名同文叶宗祥,四名英华刘德恩,五名双十陈添福,六名大同曾锦芳。

400公尺中栏决赛,中上男甲组,一名中华陈长庚,成绩1分6秒又十分之四。二名大同叶振家,三名英华刘德恩,四名厦大黄承欢,五名双十林火寿,六名中华陈存义。400公尺中栏预赛,业余男甲第一组,一名华昌陈国栋,成绩1分6秒又十分之五。二名鹭光陈万益,三名个人黄福宗。业余男甲二组,一名中华黄添梓,成绩1分8秒。二名鹭光盖明芳,三名华星陈城壁。中上男甲第一组,一名中华陈长庚,成绩1分7秒又十分之二。二名厦中郑章府,三名英华刘德恩。中上男甲第二组,一名厦大黄承欢,成绩1分11秒又十分之二。二名双十林火寿,三名成华陈存义。

跳远决赛,业余男甲组,一名个人陈显荣,成绩6.59公尺,破全省最高纪录。二名鹭光林丹平,成绩6.19公尺。三名中华郑谋调,四名个人黄大山,五名个人蔡子显,六名个人郑文佑。业余男乙组,一名中华叶振南,成绩□.35公尺。二名个人郭联盛,三名厦中业余张明星,四名华星杨溪水,五名鹭光洪茂荣,六名厦中业余黄清猜。业余女甲组,一名中华业余曾淑慎,成绩4.20公尺,二名中华郑东英,三名华昌陈淑叶,四名华昌叶育琼,五名大同吴彩治。业余女乙组,一名中华许嘉贤,二名个人陈瑜玉,三名个人曾碧珍,四名个人吴如英,五名个人洪丽贞。中上男甲组,一名同文杨元勋,成绩□.55公尺。二名厦中洪维标,三名厦大林趁,四名中华阮玉田,五名厦中林礼辉,六名厦大徐高。中上男乙组,一名厦中游孔衡,成绩5.50公尺。二名大同陈天培,三名大同余永州,四名双十黄江淮,五名厦中庄汉卿,六名大同黄志义。中上女甲组,一名双十林素卿,成绩4.30公尺。二名大同叶子霖,三名慈勤林碗(婉)如,三名怀仁黄月霞,四名中华戴白霞。中上女乙组(下缺)

《江声报》1937年5月24日

市运会今收入赈灾
集最精彩重演　团体换十九幕

全市运动会,原订昨日开幕,以各项演赛未完,今(25)日延长一天,并宣布是日所收券资,概充赈济川灾。范中常赠赈蝴蝶兰一盆,昨经中和植物园主任购去,价为30元。大会总收赈款,因第二日即已停止贩卖,故至昨日为止,仅得二百四五十元。而大会券资所收,第一二三日计千余元。昨第四日天气浩烈,观客转淡,竟日所收,仅210余元,可谓破四日来之最低纪录。今(25)日券资,即将悉数赈灾。而演赛节目,有万公尺、自由车表演等项,团体操有全厦最精华之十九幕,皆甚可观。大会以此额外收入拨赈,市人极当踊跃赴之也。

团体操凡40余项,4日来分别表演完毕,选择最精华者十九幕,今日重再表演。计为中学组厦中旗语表演,双十《桥与车》,毓德《国花图案》、健康操,慈勤练步操;小学组竞存扫帚操,大同《向前锋》,蒙泉《农家乐》,福民团体操、《小白兔》,维正《快乐儿童》,厦大实小短棒操。

《江声报》1937年5月25日

陈添进万公尺冠军　五大项林丹平破前年省纪录
拟下星期一举行给奖式

市运会昨已闭幕,万公尺冠军为中华学校陈添进所获。五大项决赛,业余组林丹平,名列榜首,其成绩破(民国)二十四年省纪录。中上男甲五大项,同文杨元勋,取得第一。总观五日来各项比赛,单位总优胜或属双十。惟中华成绩,亦殊不弱,该校陈添进一人,得800公尺、1500公尺、5000公尺、万公尺四项冠军;曾淑慎一人,亦取得500公尺、跳远、百公尺、80公尺低栏四项冠军。其余陈长庆、许嘉贤、叶振南,亦各有所获。该校参加中上业余各组之男女选手,计得有22项冠军。

大会经费,据说支出约在3000元。收入方面,则此会发售赞助券、助赈券,售出若干,尚未公布。闻社训部派票400余元,收场租90元,门票第一日至第四日,售得1800元左右,总上已2300余元。昨第五日仅收190余元,系经宣布,拨充赈灾。而赈款除此一笔以外,贩卖部得240余元,面包得利五六十元,美南茶室捐20元,大东酒楼捐30元,除助赈券不计,总得赈款500余元。

5日来会场上比赛受伤及中暑者,第一日14人,第二日5人,第三日12人,第四日14人,第五日12人,总计57人。第一日场台压伤之老妇,尚在中山医院就医。

闭幕典礼于昨晚7:30举行,由李市长主席,下旗鸣爆闭会。拟下星期一另行给奖礼,市长闭会词云:各位来宾,及各位亲爱的选手,这一回各位热心参加运动,所以得到很好的成绩,本席觉得非常欣慰。本大会承各界赞助及各位选手的奋斗,使得我们能够永久维持厦门固有的运动荣誉,这是我们非常感激的。我们希望闭会后,胜者勿骄,仍须继续研究,精益求精。败者勿馁,须再加刻苦的锻炼,力求进取,自强不息。现在四川、贵州的灾民,因各位的努力,受惠不少,本席附带代表致谢。最后,仍希望大家一致努力,尽快夺最后的复兴民族的总锦标云。

又昨日各项决赛成绩如下:

1万公尺决赛,中上组,一名中华陈添进,成绩40.36分又十分之七。二名个人刘海乜,三名个人薛承爱,四名个人张鹤武,五名精武叶子青,六名个人叶德成。

5项决赛,业余男甲,一名鹭光林丹平,成绩1754分,破(民国)二十四年省纪录。二名华星傅余庆,成绩1735.5分。三名精武吴水法,1716.0分。四名华星陈国栋,1470分。五名个人黄金城,1463分。六名华星陈荣铭,1421.5分。中上男甲,一名同文杨元勋,成绩1711分。二名同陈祥瑞,1674分。三名大同颜宏荣,1660分。四名厦大黄承欢,1562分。五名厦中郑章府,1522分。六名双十苏清琦,1497.5分。

400公尺决赛,中上男乙,一名同文白敬贤,成绩80秒又十分之九。二名厦中郭连忠。三名厦中吴兴才。四名中华林伯温。五名蔡士英。小学男甲,一名英华杨溪川,成绩63秒又十分之七。二名英华林瑞利,三名双十黄荣良,四名普育周怀德,五名蒙泉陈景新,六名大同(吴)志川。

400公尺接力决赛,中上男甲,一名同文,成绩49秒又十分之八。二名厦中,三名双十,四名英华,五名大同。

自由车赛,100公尺比快决赛,一名厦中,郑天赞,成绩6.4秒又十分之四。二名个人谢聪顺,三名双十郭非文,四名大同吴在芬,五名个人杨金城,六名个人曾世希。万公尺比快决赛,一名个人武倚,成绩21.14秒又十分之七分。二名个人林三福,三名厦中钟继隆,四名个人陈政和,五名个人标(杨)金城,六名大同徐耀清,七名个人刘金排,八名个人黄钟岳,九名精武吴必昌,十名大同孙文炳。

50公尺小学男乙决赛,一名双十李其琨,二名蒙泉纪水龙,三名紫阳杨汉朝,四名双十曾国泡,五名蒙泉叶连福,六名大同蒋金华,成绩7秒。

200公尺决赛,业余男乙组,一名华昌陈玉龙,成绩27秒又十分之八。二名鹭光邓荣藏,三名个人郭连盛,四名华星杨溪水,五名厦中孙志雄,六名个人杨恩德。业余女甲组,一名中华林丽英,成绩35秒又十分之二。二名精武林淑贞,三名华昌李美珠,四名大同黄瑞芳,五名精武曾翠珍,六名中华郑东英。中上男甲,一名双十林英杰,成绩25秒又十分之三。二名同文杨元勋,三名双十苏清琦,四名大同叶振家,五名中华胡清良,六名厦中林璧辉。中上男乙组,一名同文白敬贤,成绩20秒又十分之二。二名同文林永镜,三名双十陈聪明,四名中华李衍。中上女甲组,一名双十林智勤,成绩31秒又十分之四。二名中华陈玉针,三名双十陈玉珍,四名慈勤叶佩珍,五名慈勤林雪玉,六名怀仁叶丽月。小学男甲第一组,一名大同陈为水,成绩29秒又十分之八。二名英华杨溪川,三名玉紫周仲连,四名英华林得利,五名蒙泉陈景新,六名玉紫林汉昌。小学男乙,一组,一名普育曾宗基,成绩30秒又十分之二。二名双十李其琨,三名蒙泉纪水龙,四名蒙泉陈火林,五名大中蓝壬良,六名福民吕大展。二组:一名双十李其琨,二名普育曾宗基,三名大中蓝壬良。

200公尺接力决赛,中上女甲组,一名双十,成绩30秒又十分之一。二名慈勤,三名怀仁。小学男甲,一名英华,成绩28秒又十分之五。二名双十,三名大同,四名玉紫,五名蒙泉,六名大中。小学女甲组,一名怀仁,成绩32秒又十分之二。二名群惠,三名毓德,四名慈勤,五名双十,六名大同。

《江声报》1937年5月26日

市运动会订明日给奖
团体个人锦标公告

市运会结束,订明(30)日给奖,各项成绩,经筹会结算公告,计破历来省纪录,及破(民国)二十四年省纪录者凡23项,均经志载前报,兹不再录。其

团体及个人总分,结核如下:

各组锦标团体总分纪录,中上男甲组田赛,同文中学42,厦大38,中华中学22,厦门中学21。径赛双十中学35,中华33,厦大32,英华32,全能同文28,双十15,厦中12,英华12。中上男乙田径赛,厦中54,同文45,双十40,英华25。中上女甲田径赛,双十30,慈勤49,中华31,毓德21。中上女乙田径赛,慈勤40,毓德38,厦中22,双十12。男小甲田径赛,英华小学31,大同小学27.5,普育小学22,双十小25。男小乙田径赛蒙泉小29,双十小19,普育小17,英华小17。女小甲田径赛慈勤小57.5,怀仁小38.5,群惠小23,双十小10。女小乙田径赛慈勤小33,怀仁小27,群惠小11,毓德小8。

个人锦标总分纪录,业余男甲田径全能,一名陈添进28,二名傅余庆26,三名林丹平22,四名陈显荣21,五名蔡子显18,六名陈国栋18。男乙田径全能,一名官松龄27,二名叶振南19,三名邓荣茂19,四名庄宝藏17,五名郭联盛16,六名陈玉龙14。

女甲田径,一名曾淑慎28分,二名林神燕21,三名林淑贞16,四名陈金璇14,五名郑东英14,六名林丽英13。女乙田径,一名许嘉贤23,二名陈希史19,三名陈瑜玉17,四名曾碧珍16,五名叶幼屏9,六名詹金珠8。

中上男甲田径全能,一名同文杨元勋31,二名厦大黄承欢,三名中华陈长庚二十□,四名厦中阮德里21,五名中华阮玉田18,六名厦大叶中和17。男乙田径,一名双十黄江淮22分,二名厦中游孔筹、同文白敬贤均19分,三名厦中林溪14,四名厦中吴兴才14,五名同文庄镇东12,六名中华林伯温11。

女甲田径,一名慈勤洪琼珠、双十林智勤,均26分。二名双十林素卿24,三名双十林智慧18,四名双十黄宝彩17,五名毓德纪素珠15,六名中华陈玉针12。女乙田径,一名慈勤黄月华21分,二名毓德杨马利16,三名慈勤庄芬15,四名厦中叶清芬14分,五名毓德张真意11,六名双十骆嘉美10。

小学男甲田径,一名福民邱约瑟14,二名玉紫周仲达13,三名英华杨溪川12。四名竞存林锦泉、英华杨瑞利,均10。五名普育曾金水9。男乙田径,一名蒙泉纪水龙16,二名双十林其琨15,三名普育□宗荃14,四名大中蓝壬良9,五名中华陈世昌、陈英真、吉祥黄万忠,均7分。女小甲组田径,一名怀仁李□□□,二名慈勤林玉治14,三名慈勤林玉铮13分,四名慈勤杨翠英11分,五名慈勤王吉治9,六名慈勤龚舜华、群惠卢秀珍,均8分。

女乙田径,一名慈勤叶石治21,二名怀仁林贞玉15,三名怀仁林梅英8,

四名群惠叶文治、慈勤蒋乙娘均 7 分,五名毓德叶淑英 6。国术男组,一名杨青峰,二名予金福,三名徐顺,四名何恩典,五名吴文英,六名陈水林。女子组,一名陈亚红,二名陈亚难,三名□雪娇,四名曾翠珍,五名林秀贞,六名黄素月。

《江声报》1937 年 5 月 30 日

厦门市第一届运动大会筹备委员会组织规程

第一条　本会定名为厦门市第一届运动大会筹备委员会。

第二条　本会委员定为 17 人至 23 人,由市政府聘派之。

第三条　本会会所设于市政府,在开会期间移设中山公园体育场。

第四条　本会之职掌如下:

(一)筹备开会一切事宜;

(二)办理开会时会场上一切事宜;

(三)办理开会后挑选及训练选手参加省运事宜;

(四)办理开会后结束报告事宜。

第五条　本会设下列各部股,其职务如下:

(甲)总务部

(一)文书股　一、办理会议纪录;二、撰拟文稿;三、收发文件;四、保管印信案卷;五、编辑报告。

(二)会计股　一、编造大会经费收支预决算书;二、经理大会经费收支账目之登记。

(三)庶务股　一、分发证章符号;二、定制徽章纪念章;三、办理会场贩卖;四、办理大会摄影;五、办理职员膳宿;六、协会各股办理庶务应办事宜。

(四)布置股　一、协同场地股计划并监督修理运动场;二、办理大会会场之司令台、职员运动员休息所暨来宾招待所等一切布置;三、办理场内外排楼结彩事宜。

(五)招待股　一、招待大会来宾职员及选手;二、招待职员膳宿事宜。

(六)宣传股　一、编辑大会特刊;二、披露大会消息及运动成绩;三、管理会场播音;四、摄制大会新闻影片。

(七)卫生股　一、办理运动员身体之检查;二、办理运动员急救看护及卫生清洁事宜。

(乙)竞赛部

(一)场地股　一、设计各项运动场所；二、修葺及增筑各项比赛场；三、绘制大会会场平面图；四、协同布置股布置运动场所。

(二)注册编配股　一、办理运动员报名注册；二、调制报名应用表册；三、编定运动员号码并发给号码布；四、编定各项运动比赛程序。

(三)器械股　一、计划购置或筹借应用器械及运动用品；二、保管大会应用运动品；三、经收分发大会运动器具。

(四)裁判股　一、主持各项运动比赛时间；二、支配各项运动比赛时之裁判人员；三、判决各项运动之成绩及名次等项。

(五)纪录股　一、制订各项比赛成绩纪录表格；二、纪录并公布各项比赛成绩名次等项；三、保管各项比赛成绩及纪录表。

(六)奖品股　一、计划订购大会奖品；二、经收及登记保管各方赠送奖品；三、陈列奖品；四、拟定奖品分配方法等。

(丙)警卫部

(一)警察股　一、办理会场纠察及卫警；二、维持会场秩序。

(二)童子军股　一、分配各校童子军服务时间、地点；二、维持会场秩序。

第六条　本会各部主任1人、副主任1人，各股设股长1人，遇必要时设副股长1人，由本会推定筹备员兼任或另聘之。

第七条　各股得配设股员若干人，由各股长决定提出人选，由本会聘任之。

第八条　本会设资格审查委员会，审查参加运动员之资格，其人选定7人，由本会另聘之。

第九条　本会设审判委员会，审判大会期间运动场上一切纠纷事宜，其人选定7人，由本会另聘之。

第十条　各部于必要时得开部务会议，召集该部各股长、股员讨论一切事宜。

第十一条　本会各项办事细则另定之。

第十二条　本规程如有未尽事宜，由本会修改之。

弟十三条　本规程经市政府核准后公布施行。

《厦门市政府公报》第25期，1937年

厦门市第一届运动大会规程

第一条　本会由市政府主办,以普及市民体育,推进全市各级学校体育并挑选参加省运选手为宗旨。

第二条　本会分业余、中学、小学三组举行,除业余组以个人为单位外,其他各组均以学校为单位。其参加资格规定如下:

(一)业余组　凡现住本市境内之国民,男子年龄满18岁,女子年龄满16岁,身体健全,品行端正,不违背业余运动之资格及精神者,均可报名参加。

(二)中上组　凡本市公立及已立案暨核准开办之私立中等以上学校,在校肄业学生,会前须在该校继续肄业一年以上成绩及格者,方可报名参加,以学校为参加单位。

(三)小学组　凡本市市立及已立案暨核准开办之私立小学,在校肄业学生,在一学期以上,成绩及格者,均可报名参加,以学校为参加单位。

第三条　本会开会日期,自(民国)二十六年5月20日起至22日止,遇必要时,得由本会会长决定变更之。

第四条　本会在市中山公园体育场举行。

第五条　本会设会长1人,由市长担任之。副会长1人,由市政府第二科科长担任,主持一切会务。

第六条　本会设名誉会长及名誉赞助员各若干人,由筹备会聘请之。

第七条　本会为办事便利起见,另组筹备委员会负责筹备一切,所有大会一切职员,均由筹备会分别聘任之。

第八条　本会一切进行事宜,由筹备委员会集议决定之。

第九条　运动项目规定:团体表演、田径赛,及国术、自由车四项。其组别及项目如下:

甲、团体表演

(一)大会操　以小学为单位,各小学参加之人数,由会加以指定。其项目另行之。

(二)团体表演　分团体、中学、小学三组。如柔软操、游戏、器械健身舞、国术、走步、军事操及童子军表演等项。

乙、田径赛

(一)业余组

一、业余男甲组(身高5尺3寸,体重110磅以上)

  田赛 跳高 撑竿跳 跳远 三级尺 推16磅铅球 掷铁饼 掷标枪

  径赛 100公尺 200公尺 400公尺 800公尺 1500公尺 5000公尺 10000公尺 110公尺高栏 400公尺中栏

  全能 五项 十项

二、业余男乙组(身高5尺3寸,体重110磅以下)

  田径赛 跳高 撑竿跳 跳远 推12磅铅球 100公尺 200公尺 400公尺 800公尺 1500公尺 3000公尺

三、业余女甲组(身高5尺,体重95磅以上)

  田径赛 跳高 跳远 推8磅铅球 掷铁饼 掷标枪 12寸垒球掷远 50公尺 100公尺 200公尺

四、业余女乙组(身高5尺,体重95磅以下)

  田径赛 跳高 跳远 推6磅铅球 12寸垒球掷远 50公尺 100公尺

(二)中上组

一、男甲组(身高5尺3寸,体重110磅以上)

  田赛 跳高 撑竿跳 跳远 三级跳 推16磅铅球 掷铁饼 掷标枪

  径赛 100公尺 200公尺 400公尺 800公尺 1500公尺 5000公尺 10000公尺 115公尺高栏 400公尺中栏

  全能 五项 十项 400公尺接力 1600公尺接力

二、男乙组(身高5尺3寸,体重110磅以下)

  田径赛 跳高 撑竿跳 跳远 推12磅铅球 100公尺 200公尺 400公尺 800公尺 1500公尺 3000公尺

三、女甲组(身高5尺,体重95磅以上)

  田径赛 跳高 推8磅铅球 掷铁饼 掷标枪 12寸垒球掷远 50公尺 100公尺 200公尺 800公尺低栏

  接力赛跑 200公尺接力 400公尺接力

四、女乙组(身高5尺,体重95磅以下)

  田径赛 跳高 跳远 推6磅铅球 12寸垒球掷远 50公尺

100公尺

(三)小学组

一、男小甲组(身高4尺10寸,体重90磅以上)

　　田径赛　跳高　撑竿跳　跳远　推8磅铅球　12寸垒球掷远　50公尺　100公尺　200公尺　400公尺

　　接力赛跑　200公尺接力　800公尺接力

二、男小乙组(身高4尺10寸,体重90磅以下)

　　田径赛　跳高　跳远　推6磅铅球　50公尺　100公尺　200公尺

三、女小甲组(身高4尺7寸,体重80磅以上)

　　田径赛　跳高　跳远　推6磅铅球　12寸垒球掷远　50公尺　100公尺　200公尺

　　接力赛跑　200公尺接力

四、女小乙组(身高4尺7寸,体重80磅以下)

　　田径赛　跳高　50公尺　100公尺

丙、国术表演

(一)表演组　个人或团体均可参加　拳术　团体操　器械操

丁、自由车

(一)比赛组　以个人为参加单位　100公尺慢车　10000公尺快车

(二)表演组　个人或团体均可参加各项表演。

　　第十条　田径赛运动员除接力赛跑外,每一运动员至多参加4项,每一单位除业余组外,每项至多加入运动员3人。

　　第十一条　每项比赛录取6名,其分数以七、五、四、三、二、一计算。

　　第十二条　田径赛团体锦标除业余组不设外,中上、小学两组分设十锦标如下:中上男甲组田赛锦标,中上男甲组径赛锦标,中上男甲组全能锦标,中上男乙组田径赛锦标。中上女甲组田径赛锦标,中上女乙组田径赛锦标。男小甲组田径赛锦标,男小乙组田径赛锦标。女小甲组田径赛锦标,女小乙组田径赛锦标。

　　第十三条　田径赛团体锦标,以任何单位得分最多者得锦标,其得分次多之三单位,分亚军、第三、第四之名位。如遇两个以上单位得分数相等时,以所得各种项目第一名多寡判分之,余类推。

　　第十四条　各项运动成绩优胜者,前6名给予个人奖品。各团体成绩优良者,前4名给予团体产品,以资鼓励。

第十五条 各项比赛之运动员有不合资格或冒名顶替者,一经证实,应即取消其个人及该参加单位比赛资格暨其个人及单位已得或应得之分数与奖品。

第十六条 关于选手资格之抗议,应由各单位总领队于该项比赛终了后12小时内,签字盖章,用书面向审判委员会正式提出之。

第十七条 正式抗议,每次应缴保证金5元,审判委员会判决该项抗议为理由不充分者,得没收之。

第十八条 凡参加本会之优胜选手,均须接受本市参加省运选手之挑选。凡挑选后,不得代表本省其他单位参加省运。

第十九条 比赛规则悉依大会及第六届全国运动大会暨中华全国体育协进会所订各项比赛规则办理。

第二十条 本规程如有未尽事宜,得由筹备委员会随时补充之。

第二十一条 本规程经市政府核准后公布施行。

《厦门市政府公报》第25期,1937年

厦门市第一届运动大会成绩表

(甲)破全省最高纪录一览				
组别	项目	姓名	成绩	附注
业余男甲组	撑竿跳高	蔡子显	3.55公尺	省纪录系蔡本人保持 成绩3.31公尺
	跳远	陈显荣	6.59公尺	省纪录系林嘉扬保持 成绩6.42公尺
	掷铁饼	傅余庆	32.43公尺	省纪录系王先登保持 成绩31.13公尺
中上女甲组	推八磅铁球	洪琼珠	9.23公尺	省纪录黄淑卿保持 成绩8.73公尺
	同上	林素卿	8.99公尺	同上
	掷铁饼	洪琼珠	24.64公尺	省纪录系吴姗保持 成绩24.07公尺
(乙)破(民国)二十四年省运纪录一览				
组别	项目	姓名	成绩	附注
业余男甲组	跳高	陈显荣	1.755公尺	省纪录吴锦棋保持 成绩1.72公尺

续表

	三级跳远	陈显荣	12.78公尺	省纪录王先登保持成绩12.67公尺
	掷标枪	傅余庆	43.48公尺	省纪录林仁心保持成绩43.15公尺
	400公尺	李彦英	57秒又十分之六	省纪录王明午保持成绩57秒又十分之七
	1500公尺	陈添进	4分46秒又十分之四	省纪录王逢元保持成绩4分48秒
	10000公尺	陈添进	40分36秒又十分之二	省纪录陈炳煌保持成绩41分25秒
	400公尺中栏	陈国栋	1分5秒	省纪录胡训奎保持成绩1分6秒又十分之六
	五项	林丹平	1754分	省纪录陈鸿筹保持1750.8分
	十项	蔡子显	4198分	省纪录吴锦棋保持3733.1分
	十项	任成水	3976分	同上
业余女甲组	跳远	曾淑慎	4.42公尺	省纪录唐瑞媛保持成绩4.27公尺
中上男甲组	撑竿跳高	陈振文	3.24公尺	省纪录蔡子显保持成绩3.17公尺
	100公尺	林英杰	12秒又十分之二	省纪录邱光华保持,成绩12秒又十分之二。本届平之
	400公尺中栏	陈长庚	1分6秒又十分之四	省纪录胡训奎保持成绩1分6秒又十分之六
	1600公尺接力	双十中学	4分5秒	省纪录厦门队6分51秒
中上女甲组	跳远	林素卿	4.30公尺	省纪录唐瑞媛保持成绩4.27公尺
	掷标枪	洪琼珠	20.58公尺	省纪录朱得利保持成绩18.165公尺
	十二寸垒球掷远	纪素珠	40.25公尺	省纪录洪琼珠保持成绩39.925公尺

合计 破全省最高纪录5项 破(民国)二十四年省纪录17项(内平一项)

《厦门市政府公报》第27期,1937年

厦门市第一届运动大会各组锦标总分一览表

组别	锦标种类	第一名	总分	第二名	总分	第三名	总分	第四名	总分
中上男甲组	田赛	私立同文中学	42	私立厦门大学	38	私立中华中学	22	省立厦门中学	21
	径赛	私立双十中学	35	私立中华中学	33	私立厦门大学	32	私立英华中学	32
	全能	私立同文中学	28	私立双十中学	15	厦立厦门中学	12	私立英华中学	12
中上男乙组	田径赛	省立厦门中学	54	私立同文中学	49	私立双十中学	40	私立英华中学	25
中上女甲组	田径赛	私立双十中学	90	私立慈勤女中	49	私立中华中学	31	私立毓德女中	21
中上女乙组	田径赛	私立慈勤女中	40	私立毓德女中	38	省立厦门中学	22	私立双十中学	12
男小甲组	田径赛	私立英华小学	33	市立大同小学	27.5	市立普育小学	27	私立双十小学	25
男小乙组	田径赛	市立蒙泉小学	29	私立双十小学	19	市立普育小学	17	私立英华小学	17
女小甲组	田径赛	私立慈勤小学	57.5	私立怀仁小学	38.5	私立群惠小学	23	私立双十小学	10
女小乙组	田径赛	私立慈勤小学	33	私立怀仁小学	27	私立群惠小学	11	私立毓德小学	8

《厦门市政府公报》第27期，1937年

厦门市运动会

厦门市第一届运动会5月21日在中山公园开幕，会期5日，参加中小学及业余共四十七单位，选手1084人。竞赛结果，成绩优良，破省纪录者3项：

（一）撑竿跳高决赛业余甲组第一名蔡子显，成绩3.34米，打破其本人（民国）二十五年5月在泉州第三绥靖区运动会造成之3.31米纪录。

（二）女子铅球决赛，中上甲组第一名洪琼珠，成绩9.23米；第二名林素卿，8.99米。均破8.73米之省纪录。

（三）女子400米接力决赛，中上甲组第一名双十中学，成绩59秒3，破60秒之省纪录。

《勤奋体育月报》第4卷第10期，1937年

市运会筹备会召开一次会议筹备员经聘定

本报讯 厦市府拟于本年度举行全市运动会,已定本月24日下午4时,在市府会议厅召开第一次筹备会议,讨论进行。其筹备员已就本市各公私立中等以上学校校长及富有体育经验之教职员分别聘定,其名单如次:陈永康、叶书德、崔钟英、吕仲驹、吴厚沂、许扬三、李文立、周连元、陈赞美、黄嘉穰、黄静竹、吴春熙、周马岱、庄文潮、杨绪宝、杜申元、吴金声、刘有志、陈昆山、叶维德、马丕显、潘约翰等。

《中央日报》1947年4月24日

全市运动大会六月三日举行
同日举行千人大会操

本报讯 市运动大会第二次筹备会,于昨下午4时在市府教育科举行,出席者周马岱、杨绪宝、陈昆山、叶维德、庄文潮、吕伴驹、吴春熙等16人。由黄天爵(叶书德代)主席,讨论事项:

一、关于大会预算7600万元,应如何措筹案?议决由市库拨资500万元,不敷之数,由大会向地方各界筹募。其原则如下:(一)大会门票每张定价国币1000元(学生、儿童半票),每日平均观众以1万人计算,四日票资收入估约1600万元。(二)会场内部应用食品由大会统筹专卖,必要时得估价公开投标,包商经营,又大会纪念特刊或手册,并征求广告。以上两次收入预算约300万元。(三)函聘大会赞助员,由赞助员捐□补助金分甲乙丙三种,甲种每张50万元,乙种20万元,丙种10万元(赞助员详细名单及应酬补助金数量另定)。(四)函聘党团商会及各法团首长为大会名誉赞助员,协助筹募。

二、关于大会中等学校参加单位,是否应增加初中组案?议决增加初中男女组,高中以上学生参加公开男女组。

三、关于大会运动场,应如何积极修建设计案?议决推选庄文潮、杜申元、杨绪宝三位委员负责设计及修建。

四、关于大会举行期时间,前定于6月上旬开始,现确定自6月3日至7日止,为大会举行期间。

五、关于大会举行千人大会操,应如何筹备案?议决由教育科定期召集各公私立小学体育教员讨论办理下列事项:(一)拟定大会千人操动作教材,(二)派定大会千人操□□及口令总指挥,并推选庄文潮委员为顾问。

《星光日报》1947年5月1日

厦市二届运动会改订6月16日起举行
昨日召开第五次筹备会

本报讯 本市第二届全市运动会昨举行第五次筹备会议,出席委员崔钟瑛等12人,列席沈昆南、刘如曦等,主席叶书德。讨论事项:(一)关于市运动大会前经决议6月3日举行,现期间已届,是否展期举行,以便充分筹备,而昭慎重,请公决案。议决展期举行,大会时间改订自6月16日起于18日止,并定6月4日起至10日止,为参加各单位报名时期。(二)关于各中等学校奉令提前放假,大会竞赛规程初中男女组应否取消案?议决初中男女组照案取消,以符实际。(三)关于本市运动员拔选委员会委员应推选何人负责,以便积极进行案?议决推陈昆山、刘有光、庄文潮、杜申元、杨绪宝、潘约翰、崔钟瑛、吴春熙、陈文麟、廖超照、叶维德、庄吉甫、刘如曦、石其华、李森等15人为委员,由庄文潮定期召集讨论,并推黄市长为主任委员,叶科长为副主任委员。(四)关于大会驻会委员应推选何人负责,以便常川驻会办公,请公决案。议决推刘如曦、潘约翰、李森为驻会委员。(五)关于大会经费,应推何人实际积极收集案。议决推叶科长、陈昆山、朱为满等负责积极收集。(六)关于游泳比赛及拔选,因游泳池整理需时颇久,应否改期举行案?议决改期举行。(七)关于竞赛委员会委员应推何人负责案?议决推庄文潮、刘有光、陈昆山、杜申元、杨绪宝、潘约翰、崔钟瑛、叶维德、陈文麟、廖超照、吴春熙、刘如曦、庄吉甫、石其华、李森、吴有恩、黄锡爵等17人负责。

《江声报》1947年6月1日

市运会一再展期
大会改订七月一日举行

本市第二届市运会,昨午6时召开第六次筹备会议,出席庄文潮、叶维德等七委员,主席叶书德。讨论:(一)大会日期,因值各校季考时间抵触,改于7月1日起举行,报名日期至6月20日截止;(二)大会场址建设,俟天晴即雇工修整;(三)大会经费由各委员分头催请赞助员暨热心人士积极劝募催收;(四)大会游泳场址,假紫云岩游泳池举行,并推潘约翰负责筹划该址设备。

《江声报》1947年6月7日

厦市运动会日期尚难定

海外社讯 本市运动大会原拟于本月16日举行,嗣因事未能如期举行。顷据教育科息,大会经费预算3000万元,已在筹措中。近因天雨连绵,体育场浸湿,拟改7月1日举行,惟各中学已奉令提前放假,将仅由小学及公开组参加。如届时天雨不停,或将俟下学期举行。另据黄市长表示,市运会之举行与否,当以省运会为准,省运会则以全运会为准。盖以此逐层选拔选手也。目前全国运动大会已经因事停顿筹备工作,故省运会亦陷在停顿中。以此观之,则市运会之举行与否,迄似尚属疑问也。

《中央日报》1947年6月18日

全市运动大会七月一日举行

本报讯 本市第二届全市运动大会经市府筹备完毕,并订于7月1日起假中山公园体育场举行。昨经由市府函知各界惠赠奖品,以资鼓励云。

《江声报》1947年6月19日

市运会再告延期
已募款项留举行时应用

本报讯 本市第二届市运会,昨下午5时在教育科召开第六次筹备会议,出席者庄文潮、陈昆山、刘有光、王连元、陈永康等,主席黄天爵(叶书德代)。讨论事项:一、运动大会日期,原定7月1日举行,现值各大中学奉令提前放假,学生多数回籍,运动大会之举行,应改于下学期(其日期另定之)。二、本会经向外界募得现款,截至昨日止,计集友银行贺副经理经募110万元,中央银行朱经理募10万元,直接税局经募25万元,陈丙丁20万元,民生布厂20万元,华侨航业公司10万元,电话公司25万元,酒业公司30万元,参药公会30万元,共280万元,已制就栏架75只,付出286万元。至其他设备所需款项:(一)认募款项应继续催收,备作设备场地及器具之用,免受未来物价影响。(二)发出募捐簿及收据,限至月底收回,所募款额,再行公告。(三)未认募者,暂行停止劝募,俟下学期再行办理云。

《江声报》1947年6月21日

市运动会延下学期举行

本报讯 本市运动大会原展期至7月1日举行,昨筹委会假市府开会讨论进行事宜,以市大中各学校咸奉令提前放假,故决定下学期举行,日期另订。其已收捐款,为280万元,已认捐者仍继续募集,俾继续为运动器具及修理场所之用。未进行者停止劝募,募册限月底一律收回。

《星光日报》1947年6月21日

市运会明春举行

全国运动会经中央发表于明年5月5日在沪举行,该会为未雨绸缪,经决议,建议市政府:一、向省方电调全省运动会期间;二、本市运动会应在全省运动会前三星期举行;三、本市运动会势在(民国)三十七年度(1948年)举行,唯运动场之设备修葺等费用,请由(民国)三十六年度(1947年)有关款项拨用云。

《中央日报》1947年12月11日

市体育协会建议举行全运　提倡运动道德

本报讯 市体育协会,于昨(20)日下午2时,召集本市大中学校体育教员,暨体育人士,举行体育座谈会。到会者有黄少良等30余人,讨论关于推进本市体育事宜,兹探得讨论结果于下:

(一)本市自复员后迄已4年,因环境经济及其他条件限制,全市运动会迄未举行,然实有举行之必要。结论:为市运动会以经费为最大问题,如修理场地跑道等工程浩大,费用颇巨。现应先造具预算,拟定竞赛规程,向市府建议。

（二）本市裁判会之组织,素付缺如,每遇比赛,都有裁判员荒之感,实应及早组织,以利工作。结论:以组织裁判会系独立性质,应与市体育协会密切联系。该会定名为厦门市运动裁判会委员,暂定9人,推举钱一勤、庄文潮、马丕显、杜申元、周马岱、吕长庚、邵友云、杨绪（宝）、田春澜等为委员,互推马丕显为召集人。

（三）提倡运动员运动道德及精神至为重要,拟在此次由甲组联赛中挑选一标准运动员（个人）,一标准篮球队（团体）,并选拔本市篮球代表队。结论:标准运动员（个人）,应具有技术道德均佳之条件;标准篮球队（团体）,应具有运动道德及精神均佳之条件。并组织挑选委员会,推举黄少良、叶文炳、庄友让、杜申元、叶维德等五人为挑选委员云。

又讯 市运动裁判会,继体育座谈会后举行第一次委员会议,讨论结果:一、关于本会会员资格,订定如下:甲组:（一）非体育专科学校毕业者,须经本会口试、笔试、实习。（二）曾经担任全省或全国运动会裁判员,经本会审查认可者。乙组:体育专科学校以上毕业者,得不必考试。二、规定裁判员、计时员、记录员之车马费,以厦门大学至比赛地点,并视当时车价为发给标准。三、推举钱一勤、庄文潮、邵友云等3人负责起草本会章程。四、订于3月27日（星期日）下午4时,假体育协会举行第二次会,并函各裁判员、职员参加。五、临时动议:本会裁判人才缺乏,黄少良先生光临本市,拟由本会举办篮球裁判座谈会,请黄少良先生担任讲师。决议通过,订于3月27日下午2时假市体育协会举行,除本会会员参加外,欢迎非会员旁听。

《星光日报》1949年3月21日

全省预赛选手联欢会

全省二次预选会在厦大举行后,田径球类各选手大致已决定,福州选手、集美选手以及本地各校选手,日来均努力练习,并由黄炳坤、杨绪宝、苏行三、庄文潮、张奇清等加紧监督。晚上8时聚齐点名,即不准外出,盖恐偷看电影也。晨早6时即起操练,操后,下午4时半起又聚集足排篮球队,分头训练,日夜加油,连日来厦大球场尽是男女英雄矣。

集美男女选手数十人,前日亦已来厦会齐,准备出发前战。预选筹备会黄炳坤等以全省好健儿难得均集一堂,乃于昨晚8时假厦大礼堂开选手联欢大会,并临时表演各种游艺以助兴。

是晚月色如水,正欢乐之良辰,记者亦参与晚会。抵地时9时许,踏入礼堂,一望男女选手七八十人欢聚一堂,来宾到者亦不少。时值黄炳坤君登台表演,黄君曰:"我现在是卖老青春,我来唱支爱情歌。"乃与洪启明君先表情而后舞蹈,观众无不拍掌。继为洪永明、赵邦俊二君琴笛双奏,亦颇清哲动人。

其次为张奇清、林荫南两君唱闽腔,极尽滑稽之能,女选手笑痛肚皮矣。再次为张世雄君唱京调,唱八月十五月光明,薛大哥在月下修书文……一面唱,一面自己口中制造锣鼓拍子,的是有趣。

继杨绪宝君唱本地歌,此为杨君特长,可惜未登台。黄炳坤君提议蔡如川、叶茂发合演《铁公鸡》,两君俱系本届代表篮球选手,蔡有儒将之誉,叶有赛张飞之称,两人登台必有一场厮杀,惟以未肯登台为惜耳。时已10时许,乃由黄炳坤提议说:"来宾与男选手合唱 Goodnight Lady,看女选手们有何表示。"结果女选手们是微微地笑着相偕出场。记者归时已11时许,坐于车上,此中乐意固尚绕脑海中也。

《江声报》1931年9月26日

全运会预赛报名百人
经费暂定千五百元　筹委一次会议

参加全省运动会筹委会,昨开一次会议。主席黄至元。讨论:

一、田径选手选择标准,应否规定案。议决:推举林绍裘、陈掌谔、叶清华、邓世熙四委员,负责酌定。

二、经费筹措案。议决:暂定1500元,由筹备委员会向地方热心人士募捐。

三、本会评判员及纠察员,应如何聘定案。议决:除现任筹委为评判员外,加聘沈志中、陈能方、蔡镜波、章华国、庄文潮、林鸿飞为纠察长,王宗世、谭培棨为纠察员。

查至昨日报名参加此次运动会预赛，跳远7名，三级跳6名，跳高4名，撑篙7名，铁球6名，铁枪8名，铁饼4名，百米11名，二百米6名，四百米5名，八百米9名，千五米13名，万米5名，中栏2名，十项运动杨水龙1名，警察参加者6名。

《江声报》1933年9月2日

参加省运会　本市昨举行田径预赛
标枪　铅球　铁饼　百米　万米　均市局夺魁
同文赢三跳　双十千五百米　英华四百米　赛毕六项今日继赛三项

参加省运会本市预选会，昨（2）日起，假公园开始举行。计田赛举行标枪、铁球（16磅）、铁饼、跳高、跳远、撑竿跳，径赛举行100米、400米、1500米、万米，其余200米、800米、三级跳远3项。今（3）日下午2时，继续举行。同时警界运动二次预选会，前星期未完之项目，本日亦继续比赛。计有跳远、撑竿跳、标枪、200米、800米公开赛等。

今日预选各项比赛完结后，即将选赴全省运会之选手发表，惟须得标准成绩及格，始得赴省参加，非第一名者即有预选资格也。至足球、篮球两项，历届几为厦门包办，排球则让福州专美。

本市篮球　南游队现尚未返厦，而省运会报名期即截至本7日止。昨在会场，据邓世熙君告记者，南游队曾电厦，已定附本期芝沙丹尼归来，计程8日（星期五）可抵厦。关于此次球队不及早日返厦原桥，已由市处函省全运预选会声明云云。

昨日结果

田赛：

标枪　第一名王盛因，市公安局，成绩42.27米；第二名朱殿臣，市公安局，成绩35.57米；第三名王文灿，英华中学，成绩32.98米。

16磅铅球　第一名王盛桥，市公安局，成绩9.74米；第二名朱殿臣，市公安局，成绩8.62米（仅两名）。

铁饼　第一名朱殿臣，市公安局，成绩25.49米；第二名王盛桥，市公安局，成绩25.02米；第三名薛领袖，英华中学，成绩20.94米。

跳高　第一名黄慰庭，同文中学，成绩1.61米；第二名陈华山，个人参加,成绩 1.56 米;第三名陈庆和,精武会,成绩未录。

远跳 第一名黄慰庭,同文中学,成绩 5.62 米;第二名陈庆和,精武会,成绩 5.55 米;第三名陈华山,个人参加,成绩 5.31 米。

撑竿跳 第一名黄慰庭,同文中学,成绩 2.95 米;第二名刘连福,市公安局,成绩 2.85 米;第三名陈元士,英华中学;林炳煌,精武会,成绩未录。

径赛:

100 米 第一名杨一鸣,市公安局,成绩 12 秒五分之二;第二名薛领袖,英华中学,成绩 12 秒五分之四;第三名郭金陵,精武会,成绩未录。

400 米 第一名田雪畔,英华中学,成绩 58 秒五分之一;第二名薛领袖,英华中学,成绩 61 秒五分之四;第三名蔡益华,精武会,成绩未录。

1500 米 第一名郑宗悟,双十中学,成绩 4 分 35 秒;第二名陈兴宇,英华中学,成绩 4 分 36 秒;第三名张辉渊,同文,成绩 4 分 39 秒。

万米 第一名陈浪中,市公安局,成绩 37 分 27 秒;第二名黄南萍(华南小学教员),个人参加,成绩 47 分 25 秒;第三名张赤生,市公安局,成绩 51 分。

《江声报》1933 年 9 月 3 日

省运会预选田径完结
晋省选手尚待一番评定 警运会预赛昨亦结束

参加省运会本市预选,昨(3)日下午 2 时许,在中山公园继续举行,各项田径赛均已结束,惟录取赴省参加者,尚未评定。昨举行结果,各项成绩如下:

200 米 第一名田雪畔,英华中学,成绩 25 秒 6;第二名薛领袖,英华中学;第三名郭金陵。

800 米 第一名陈兴宇,英华中学,成绩 2 分 11 秒 2;第二名郑宗悟,双十中学,成绩 2 分 13 秒,与第一名仅差 1 秒 8;第三名谢炳辉。

三级跳远 第一名黄慰庭,同文中学,成绩 11 米 215;第二名陈庆和,精武会,成绩 11 米 5;第三名张辉渊,同文中学,成绩 10 米 85。

撑竿跳 补赛一名陈木火,成绩 2 米 86,系市公安局。

警界运会 二次预赛于昨亦同时继续举行,□结束。其结果各项成绩如下:200 米,第一名□□国,警费课,成绩 20 秒;第二名刘连福,警费课;第三名刘铭芳,二分局;第四名黄庆维,市消防队。

标枪第一名朱殿臣,消防队,成绩10尺10寸;第二名周龙波,消防队;第三名王烈九,三分局;第四名陈震海,二分局。

撑竿跳,第一名刘连福,警费课,成绩9尺6寸;第二名张春鉴,四分局;第三名叶金水,教练所;第四名黄福佑,教练所。

800米公开比赛,第一名张德祥,精武会,成绩2分27秒2;第二名张赤生,四分局;第三名蔡鸿斌,中队部;第四名陈森,一分局。

《江声报》1933年9月4日

省运会同安之预选
田径比赛一二两日举行　女选手以十二届运会为标准

同安县参加全省运动预选会,本月一、二日举行田径赛。结果如下:
男赛
100米,第一名杜开成,成绩12秒。第二名黄茂葵,第三名林文盛。
200米,第一名杜开成,成绩26秒。第二名郑茂和,第三名陈锦芳。
400米,第一名谢有光,成绩57秒2。第二名刘国栋。
800米,第一名黄茂葵,成绩2分17秒2。第二名谢有光。
1500米,第一名黄茂葵,成绩4分46秒2。第二名陈笃佳。
5000米,温树榛,成绩18分36秒4。
标枪,第一名林绍洲,成绩44米;第二名陈锦芳,成绩39.13米;第三名谢有光,成绩28.30米。
铁饼,第一名林绍洲,成绩28.75米。第二名杜开成,第三名陈锦芳。
铁球(16磅),第一名林绍贤,成绩9.26米。第二名黄茂葵,第三名陈锦芳。
高跳,第一名林绍洲,成绩1.62米。第二名陈锡芳,第三名谢有光。
远跳,第一名陈锦芳,5.86米。第二名林绍洲。
高栏(110米),第一名林绍洲,成绩16秒十分之四。第二名陈锦芳。
400米中栏,第一名林绍洲,成绩61秒。第二名谢有光,第三名刘国栋。
结果,个人优胜林绍洲,团体除阳翟中学得3分外,余皆集美包办。
女赛
50米,第一名王金链,成绩7秒4。第二名陈锦香。

100米,第一名王金链,成绩15秒1。第二名陈锦香。

80米低栏,第一名陈锦香,成绩19秒。

此次参加者女子甚少,原因多数女将军皆参加厦门南游球队未返。其录取标准,将以最近所举行之十二届集美运会成绩,取其最优者选派赴省参加云。

《江声报》1933年9月4日

参加省运会田径游泳队选手揭晓
田径廿一名游泳十六名 球队待征星队归来决定

本市参加省运会预选筹委会,昨开会讨论田径、游泳、球类等各选手。田径、游泳两项选手标准已议决,根据最近全国纪录为标准限制。足篮排网球及女子篮球选手,须待厦门南游队返后,方能决定。

男子田径队选手已录取如下:黄慰庭、陈兴宇、刘连福、朱殿臣、田雪畔、陈庆和、王盛桥、杨一鸣、陈浪中、薛领袖、张辉渊、郑宗悟、陈木火、陈华山等14名。此外并由省运会预选等委会选出叶茂发、黄宗标、刘有土、吴义成、黄德心、叶文炳、黄锡爵等7名,合共21名。

男子游泳队选手如下:苏炳洋、王鸿龙、叶奋霄、陈元仕、雷仕基、黄奇聪、何桢祥、马宗瑟、李永炮、林惠添、邓重煌等11名;女子游泳队选手,林玉彩、王锦、卢淑璋、林海伦、周颖全等5名,合共游泳选手16名。

其录取标准系根据最近本市两次游泳之成绩优良者,并选拔两次皆未参加而确有成绩优异者为标准。盖以时间仓卒,不及举行预选也。其游泳选手已被选为本市代表者,须于5日至6日到市筹处报到,以便备询一切。至田径队选手,在未赴省以前,定每早5时半至7时,在中山公园运动场练习,由筹委陈掌谔担任指导之职云。

《江声报》1933年9月5日

参加省运会 市处呈报田径游泳选手

本市参加全省运动会选手,业经二三两日举行预赛。市筹备处昨将录取之选手名单呈报教厅,呈文云:呈为呈报事,案奉钧厅世电令开,本年全省运动会瞬届,仰即准备参加,并将参加锦标项目电复等因。奉此,本市于9

月二三日举行参加大会预赛会。理合将预赛录取田径选手单五纸,及球类名单四纸,具文呈报钧长察核,准予参加。再球队报名单未列选手姓名,系因该项选手尚在新加坡一带比赛。现据厦门体育会称,该队来电可本月8日抵厦,请准该选手等于到省补报姓名参加竞赛等情。理合具文一并呈请钧长察核,准予变通办理云云。

（各选手名单见昨报,故略）

《江声报》1933年9月6日

教厅电市处　省运会展期
所展何期　尚未有期

本届全省运动会,原定本月14日举行。兹以日期迫近,而多数县份运动员尚未抵省,省教育厅因此特延期举行。兹录教厅电市筹备处云:许处长鉴,本届全省运动为日期太迫,多数县份不及准备参加,特延期举行。（下略）

《江声报》1933年9月8日

省运会网球预选　聘定评判决十日起赛
单打双打加入已卅余人　比赛办法日程均已规定

思明市参加省运预选会,网球预选比赛一项,系假基督教青年会报名。兹查至昨日下午4时为截止期,加入双打者共九队十八人,单打者15人,由委会聘李锡爵、陈能方、林全盛、陈炳三、叶清华、曾华坛、林全庆、张福庆为评判,并决:一、定本月10下午3时起,在中山公园网球场比赛;二、赛员不得迟到,过15分即取消比赛资格;三、每场比赛规定,第一场下午3时,第二场下午4时半;四、比赛胜负以三赛两胜计;五、比赛规则依全运所规定为标准;六、如南游队队员欲参加者,不得过3人以上,恐与比赛秩序发生问题;七、单打比赛待双打决赛后举行之;八、单打采淘汰制,双打比赛预赛淘汰制。至复赛时,改为循环制。

兹先报告双赛秩序如下:10日下午3时,李国忠、许文炳对林全恩、郭文华。同时,曾华坛、叶超源对周英宝、黄祯周。优胜者11日下午3时再赛。10日下午4时30分,王盛桥、王有楣对姜绍勋、王盛鈖。同时,廖永廉、许炳煌对陈鹤鸣、庄望英。优胜负 11 日下午 1 时再赛。10 下午 1 时,陈其亨、许炳辉对李元璋、叶绵绵。该组优胜者 11 日下午 1 时对张似洋、刘远芝。11 日 3 队复赛后,12 至 13 日为最后决赛。胜负以三赛两胜计。

《江声报》1933 年 9 月 9 日

全运不改期　省运犹无期
厦门体育界将电询究竟

本届全运会已决定双十节在京举行,并经该筹委会再次声明决不改期,而省运预选会前日忽电厦,以时局关系,暂延期举行。兹查昨(10 日)晚市选筹委林绍裘、邓世熙、陈掌谔、沈志中、蔡镜波等,经作一度非正式讨论,佥以全运既决定如期举行,则举行之期距今不满一月。而省预选会之延期,究竟何日方得举行,尚无决定,稍再挨延,即有赴不及全运会之虞。林等因定今(11)日正式开会讨论,并拟呈请市处电省,叩询省运会行日期,同时并讨论足篮球队人选及一切问题云。

《江声报》1933 年 9 月 11 日

省运会网球预选　昨双打比赛五组
今日仍假公园复赛　单打比赛明日举行

省运会网球预选,昨(10 日)下午在中山公园举行第一次双打比赛,共赛五组,取三战两胜法。第一组:林全恩、郭文华对李国忠、谢文炳,评判章茂林,结果 6：4,6：2,林、郭胜。第二组:周英宝、黄祯周对曾华坛、叶超源,评判李锡爵,结果 6：3,6：3,周、黄胜。第三组:王盛桥、王有楣对姜绍勋、王盛鈫,评判林全盛,结果 6：5,9：7,两王胜。第四组廖永廉、谢炳煌对陈鹤鸣、庄英望,结果 6：4,6：4,廖、谢胜。第五组李元璋、叶绵绵对陈其亨、谢炳辉,结果 6：3,6：4,李、叶胜。以上两组评判曾华坛。今(11)日下午 3 时,在中山公园网球场,举行第二次。

双打复赛　第一组林全恩、郭文华对周英宝、黄祯周,第二组王盛桥、王有楣对廖永廉、谢炳煌。下午 4 时半,双打复赛,李元璋、叶绵绵对张似洋、刘远芝。

单打比赛　日期亦已定明(12)日下午 3 时,举行第一次初赛。如本午双打赛后,有余时间即接续举行单打。兹录单打秩序如下:第一次初赛,第一组张似洋对陈鹤鸣,第二组陈国埕(呈)对周英宝,第三组郭文华对李国忠,第四组林全恩对叶超源,第五组许炳煌对黄祯周,第六组王有楣对马锡命,第七组叶绵绵对廖永廉,叶、廖组优胜者复赛对八组王盛桥。第五、第六组优胜者复赛,第三、第四组优胜者复赛,第一、第二组优胜者复赛。举行复赛完后,第一、第二组之优胜者与第三、第四组之优胜者再复赛,第五、第六组之优胜者与第七、第八组之优胜者再复赛。至此,双方之优胜者,乃举行最后决赛。盖此次系采取淘汰制也。

《江声报》1933 年 9 月 11 日

省运网球预选　双打复赛毕
明日循环决赛　并单打预赛

省运会本市网球预选,昨(11)日下午 3 时,在中山公园举行双打复赛。第一组林全恩、郭文华(对)周英宝、黄祯周,评判曾华坛,结果 6:1,6:2,林、郭胜。第二组王盛桥、王有楣对廖永廉、谢炳煌,评判李锡爵,结果 7:5,6:2 两王胜。第三组张似洋、刘远芝对李元璋、叶绵绵,评判陈能方,结果 6:0,6:1,张、刘胜。双打复赛至此结束,定本星期二午 4 时半,举行双打循环决赛。计为林全恩、郭文华,王盛桥、王有楣,张似洋、刘远芝等 3 队。同日举行单打预赛,第一组下午 3 时,张似洋对陈鹤鸣。第二组下午 3 时,陈国埕(呈)对周英宝。第三组下午 4 时,谢炳煌对黄祯周。第四组下午 4 时,廖永廉对叶绵绵。

《江声报》1933 年 9 月 12 日

省运预选筹委会推定各项选手挑选员
探问省运日期并请拨款　加聘委员庄淑玉陈能方

参加省运预选筹委会昨开第二次会议,主席林绍裘,纪录叶清华。议决事项:一、推举邓世熙、陈掌谔、叶清华面向市筹处探问省运确实日期,以便定期进省。二、推举前案三代表同时请市筹备处拨款应用,以利进行。三、推举林绍裘、黄炳坤为足球选手挑选委员,推举林绍裘、邓世熙为篮球选手挑选委员,推举黄炳坤、杨绪宝为排球选手挑选委员,推举陈能方、陈掌谔为网球选手挑选委员,推举蔡镜波、叶清华为游泳选手挑选委员,推举陈掌谔、邓世熙为田径选手挑选委员。四、请市筹备处加聘陈能方、庄淑玉为本会委员。

《江声报》1933年9月12日

网球预选昨阻雨停赛　改今日举行

本市参加省运预选网球赛,昨原定举行单打预赛。其秩序前日已拟就,乃届时因阻雨,不能举行。所有秩序,改于今(14)日下午3时起举行。

《江声报》1933年9月14日

参加省运会篮排足球选手题名
网球预选昨续行比赛

本市参加省运足球排球篮球选手,已于昨日由挑选委员选出,被选者计:

　　足球员队　薛领袖、郭金陵、叶德茂、陈庆和、陈德福、谢仲仁、陈万益、孙晓星、廖永旭、容子华、赖庆林、庄友仁、徐成勋、叶茂发。

　　排球队员　黄宗标、杨天赐、李赓桓、张锡熙、林维爵、杜申裕、宋恩祥、杨(巡官)镇中、蔡文明、薛恰景、黄熙、叶怪德。

　　篮球队员　蔡如川、吴义成、王华庭、黄宗楼、林嘉扬、叶茂、刘有土、陈守谦、黄锡爵、叶文炳、宋恩祥、黄德心。

　　排球队正式练习,决定本日(16)下午4时半,在同文中学球场举行。凡属被选球员,均须准时到场。

　　网球预选　昨单打预赛,第一组:陈国呈胜张似洋,6∶0,1∶6,6∶0,评判员林全庆。第二组:郭文华胜林全恩,7∶5,1∶6,6∶2,评判员周英宝。第三组:王有楣胜马锡命,6∶0,6∶0,第四组:王盛桥胜廖永廉,6∶4,5∶7,6∶2。

　　本日(16)下午2时,单打比赛为第一组:谢炳煌对王有楣。第二组:陈国呈对郭文华。4时,第三组:谢炳煌或王有楣对王盛桥。同时,双打循环决赛,林全恩、郭文华对张似洋、刘远芝。17日下午3时,单打决赛,陈国呈或郭文华对炳煌或王有楣或王盛桥。

《江声报》1933年9月16日

参加省运会网球已选定郭文华等五人
双打赛结束

省运会网球预选,昨下午4时双打循环决赛,林全恩、郭文华胜张似洋、刘远芝,6:0,6:3,评判员林全庆。双打冠军为林全恩、郭文华,亚军王盛桥、王有楣。同日下午2时,单打复赛,第一组:陈国呈弃权,郭文华胜。第二组:王有楣胜谢炳煌,6:2,6:3,评判员陈掌谔。第三组5时续赛,王盛桥弃权,王有楣胜。本日下午3时,单打决赛为郭文华对王有楣。

又查参加省运网球选手,已由市委选定郭文华、林全恩、王有楣、王盛桥、陈国呈。

《江声报》1933年9月17日

参加省运会　本市选手明日登程
总领队林绍裘邓世熙副　全部职员均经分配完竣

本市参加省运预选会,各项选手业已选出。兹并决定明(18)日附轮上省,全队职员亦已委定,总领队为林绍裘、副领队邓世熙、秘书陈掌谔、财政叶清华、交际沈志中、总教练黄炳坤,足球指导员林绍裘、干事张世雄,篮球指导员杨绪宝、干事张世雄,排球指导员黄炳坤、干事王华庭,网球指导员陈能方、干事章华国,田径指导员陈掌谔、干事王华庭,游泳指导员蔡镜波、干事王宗世。

又筹委会函足、篮、排、网、田径、男女游泳各项选手云:"径启者,此次全省运动会业已决定本月21日举行,希本市所有选手及职员,务于本18日上午9时到小走马路青年会齐集,以便出发"云。

《江声报》1933年9月17日

参加省运警界选手　林鸿飞昨召集训话
特制西装一套刺绣警徽　市选全队今日进省

本市参加省运预选会,全队各项选手定今(18)日出发进省,已载本报。现该会分别通知,着于是日上午9时,在青年会取齐,即□登海阳轮进省。

昨(17)日下午 5 时许,市公安局长林鸿飞,召集警界参加省运田径选手训话,各选手特制灰色秋绒西衣一袭,胸左绣一警界徽章,颇为雅致。林氏训词多属勉励,计警界有田径及游泳选手,为章华国、朱殿臣、杨一鸣、陈浪中、陈木火、郑宗梧(悟)、洪元仕、王盛桥、苏炳洋、王鸿龙、刘连福、陈华山、林惠添、黄其昌等 14 名,并派王宗世、章华国率领参加云。

《江声报》1933 年 9 月 18 日

参加省运选手五十余人昨起程赴省
食物店大发利市　女同志失却荷包

本市参加省运预选会全队选手,昨(18 日)午已乘海阳轮进省。是晨,各选手均在青年会集合,提先购备杂物甚忙,面包、糖果、饼干、牛油等店,昨晨大发利市。全队职员计林绍裘、邓世熙等,共 13 人,昨即由林、邓等率领上省,选手除游泳有女选手外,余各球类田径等,皆男选手。计为蔡如川、吴义成、刘有土、陈守谦、薛领袖、叶茂发、叶文炳、林嘉扬、林维爵、黄宗标、黄德心、杜申裕、宋恩祥、王华庭、陈庆和、蔡文明、杨镇中、张锡熙、陈万益、张晓生、陈德福、叶德茂、谢仲和、郭金陵、廖永旭、容子华、赖庆林、徐成勋、庄友仁、杨天赐、李赓桓、吴三宝、薛怡景、叶贤德、黄熙、黄锡爵、郭文华、林全恩、王有楣、王盛桥、陈国呈、杨一鸣、章华国、朱殿臣、陈浪中、苏炳洋、王鸿龙、陈木水、郑宗悟、洪元仕、刘连福、陈华山、林惠添、黄其昌等 50 余人。计程今(19)日可抵福州,明日省运预选会即开幕,为时甚促也。

又查昨日同轮上省者,尚有集美男女选手多人,中女篮球队员陈荣棠,为中锋名将,向有高脚小姐之誉。昨中午未登轮前,偕二三友至海南聚餐,餐毕会钞出,甫行数武,忽忆银包一只置桌上忘取,急返即已不知去向。为时仅 5 分钟,询于店伙,皆曰未见。轮将行,遂迫不及究,惟有徒呼负负。计银包中有纸币 50 元,大洋 10 余元,共计 60 余元云。

《江声报》1933 年 9 月 19 日

参加省运本县订期预选
昨教局会议规定项目　今开首次委员会

教局昨集各中学代表,在该局开会,讨论参加全省运动会事宜。主席郑

永祥,议决:

一、经费依照去年办法筹募,至多以1500元为限。

二、省运预选委员会,由教局函请中等以上学校体育教员及青年会、精武体育会等团体组织之。

三、田赛、径赛、全能运动、游泳等项目如下:

(a)田径赛:甲、男子部,田赛、跳高、撑竿、跳远、三级跳远、推16磅铅球、掷铁饼、掷标枪。乙、男子部径赛,100米、200米、400米、800米、1500百米、10000米、110米跳栏。丙、女子部,田径赛、跳高、跳远、掷标枪、推8磅铅球、垒球掷远、掷铁饼、50米、100米、200米、400米接力赛跑、80米跳栏。

(b)全能运动:甲、五项运动,跳远、掷铁饼、掷标枪、200米、1500米。乙、十项运动,100米、跳远、推16磅铅球、跳高、400米、110米跳栏、掷铁饼、撑竿、掷标枪、1500米。丙、400米接力赛跑。丁、1600米接力赛跑。

(c)游泳赛:甲、男子部50米自由式、100米自由式、100米仰泳、200米俯泳、400米自由式、1500米自由式、200米接力自由式、入水比赛。乙、女子部50米自由式、100米自由式、100米仰泳、200米俯泳、200米接力、自由式游泳比赛。

四、报名日期,由10月3日起至29日止。

五、预选期,田径赛11月六七两日,球类自11月1日起至7日止举行。

六、思明县省运预选委员会第□次会议,定本日下午3时,仍在教育局举行。

《江声报》1934年10月23日

省运预选会规定国术项目　推选职员延聘会长

思明县省运预选委员会,昨首次会议。主席郑永祥,议决:

一、预选会职员,会长王固磐,总干事郑永祥,文书、庶务、会计由教局负责,宣传部郑秉德,纠察部赵邦彦、沈文炳,竞赛委员会主席邓世熙,竞赛委员黄炳坤、杨绪宝、吕雍夫、庄淑玉、沈文炳、刘铨泉、叶如川、徐素风、黄淑华、杨贻清、杜申祯、洪德胜、沈志中、叶文炳、张世雄、庄吉甫等17人。

二、竞赛委会,定25日在教局开第一次会议。

三、国术运动项目,分拳术、(斗)角、机械(枪、刀、剑、棍)、射箭、踢毽、测力等项。

五、国术选手,由精武体育会挑选。

六、游泳选手,由青年会挑选。

七、球类比赛地点,在中山公园。

八、田径赛地点,在中山公园或厦门大学,视参加人数多寡临时决定。

《江声报》1934 年 10 月 24 日

省运预选各项竞赛最低标准　29 日截止报名

本县省运预选定 29 日截止报名,竞委会昨假教局开首次会议,议决:

一、以竞委会名义通知本县男女国术界,准于 28 日在精武会开会,讨论国术竞赛。

二、各项竞赛最低标准。甲、男子部 100 公尺 12 秒,200 公尺 26 秒,800 公尺 2.25 分,150 公尺 4.40 分,10000 公尺 40 分,100 公尺高栏 18 秒,400 公尺跳栏 64 秒,跳高 1.6 公尺,撑竿 2.8 公尺,跳远 6 公尺,三级跳远 11 公尺,推 16 磅铅球 10 公尺,掷铁饼 27 公尺,掷标枪 40 公尺。乙、女子部跳高 1.2 公尺,跳远 4 公尺,掷标枪 19 公尺,推 8 磅铅球 8 公尺,垒球掷远 20 公尺,掷铁饼 20 公尺,50 公尺 8 秒,100 公尺 16 秒,200 公尺 34 秒,80 公尺低栏 18 秒。

《江声报》1934 年 10 月 26 日

参加省运国术预选　推定评判员订日报名

思明参加省运国术预选会,昨开会议。出席精武、益同人、国术馆、国术社等代表 13 人,由刘金泉主席。议决:

一、选择规定表演法。

二、评判员由本会推选刘金泉、傅点水、张乃便等,并函请公安局长王固磐、教育局长郑永祥充任,以邓世熙、翁朝言为候补。

三、报名时间,自 10 月 29 日起至 11 月 1 日止。

四、选择时间,自 11 月 4 日 9 至 11 时止。

五、报名地点,精武体育会。

《江声报》1934 年 10 月 29 日

省运预选报名四百余人　昨订球类比赛程序
国术表演假戏台举行

思明县省运预选会，昨开二次会议，主席邓世熙。议决：

一、国术表演台，由思明县省运预选会名义，函借戏台。以公安局汽车搬运，请郑永祥、邓世熙、张世雄事先接洽。

二、网球选手名额，决定单打、双打各两人。

三、各种球赛网球请沈志中主持，足球张世雄、杜申祯，女子排球徐素凤，男子排球杨贻清，篮球黄炳坤、叶文炳。

四、各种球类比赛程序，女子篮球群惠对双十，时间11月4日下午3时半，地点在省立厦中，评判员徐素凤、黄淑华。男子足球合强对健群，时间11月3日下午3时，地点在公园，评判员田渊添。女子排球毓德对鼓精武，时间11月1日下午3时，地点在慈勤女中，评判员黄淑华。男子排球健群对合强，11月4日下午4时，地点公园，评判员邓世熙、叶文炳。结果优胜队对双十，时间11月5日下午4时，地点及评判员同上。男子篮球同友对鼓精武，时间11月1日下午2时半，地点公园，评判员杨贻清、蔡如川。美（南）队对厦中，时间1日下午3时半，地点仍在公园，评判员张世雄、黄炳坤。结果优胜队对合强，时间11月2日下午3时半，地点在公园，评判员庄雍夫、沈文炳。结果优胜队对1日第1场（同友对鼓精武）优胜队，时间11月8日下午3时半，地点公园。

五、网球未定。

又省运预选会报告日期，定29日截止。现各项比赛已报名人数，田径赛女子组：100公尺19人，50公尺14人，200公尺9人，跳远及400公尺接力各8人，推8磅铅球7人，垒球6人，跳高4人，标枪1人，计9项76人。男子组：100公尺25人，200公尺20人，跳远14人，400公尺、1500公尺各12人，三级跳远10人，铁饼11人，跳高及800公尺各9人，标枪8人，10000公尺7人，推16磅铅球、全能运动、400公尺接力各4人，撑竿跳3人，400公尺跨栏及五大项2人，计17项152人。球类报名者，男子组：足球有合强队、鹭光队；篮球有鼓屿精武队、合强队、同文中学队、省立厦中队；排球有双十中学队、合强队、健群队；网球参加者有刘有土等18人，计10队，114人。女子组：篮球有群惠队、双十队，排球有毓德队、鼓屿精武队，网球有谢丽英等4人,计6队60人。以上各种运动员,凡400余人,国术及游泳在外。

《江声报》1934年10月31日

省运预选昨球类开赛
毓德胜精武　厦中胜英南　男子网球今日起赛

省运预选球类比赛,昨依规定程序分别举行男组篮球预赛,结果:一、同友对鼓精武35:21,同友队胜。二、厦中对英南24:23,厦中队胜。女子组排球,毓德对鼓精武,3:1,毓德队胜。

又男子组篮球定本日续赛,是日为厦中对合强。男子足球,则定本星期六下午2时举行。

又网球预赛昨由青年会邀体育界开会讨论,决定在中山公园及毓德校球场比赛,日期及赛员如次:2日男子双打,时间下午4时,赛员吕建元对叶新生,许摩西对李得胜;3日下午4时,赛员陈其亨对陈八景,林全恩对李罗山。同日同时,赛员廖永廉对成曦,谢炳煌对陆玉堂。11月2日下午4时男子单打,赛员林俊源对廖永廉。3日下午2时,赛员陈八景对刘有土,第二场陈枝荫对许摩西。同日上午11时,第一场,赛员陈久(其)亨对徐耀辉,第二场张似洋对洪云辉,下午4时第一场林全恩对吕建元。3日下午2时,女子网球双打,谢丽英对陈必省,陈纯华对王茜令(以上地点均在中山公园)。2日下午4时,女子网球单打,地点鼓屿毓德女中球场,赛员陈丽英对陈纯华。6日下午4时,地点中山公园,陈必省对王茜令。

《江声报》1934年11月2日

省运预选明日比拳
男女演员二十八名　网球昨赛三场今日继续比赛

省运预选网球昨日起赛,下午4时,女子单打在鼓屿鸡母嘴口林屋网球场举行,赛员谢丽英对陈纯华。结果第一局6:1,第二局6:2,陈纯华胜。男子网球赛系在公园,下午4时,双打在第二球场,赛员为吕建元、许摩西对叶新生、李得胜,结果2:0,吕、许得胜。同时单打在第一球场,赛员为林俊源对廖永廉,结果2:1,廖胜。本日下午2时,在公园第二球场举行男子单打,赛系叶新生对谢炳煌。同日同时在公园第一球场,女子双打,赛员系谢丽英、陈纯华对陈必省、王茜令。本日下午4时,男子双打在公园第一球场,赛员为陈其亨、林全恩对陈八景、陆玉堂,同时第二球场为廖永廉、谢炳煌对成曦、李罗山。

又国术预选赛于昨晚二次会议,其报名参加人数男女28人,比赛时间改为4日下午1时起,地点中山公园足球场。报名参加者如下:陈亚狮、张国梁、□□献、汪嘉献、陈文种、郭亚令、陈连生、陈其钦、□贯道、张炳辉、李青树、黄雪英、陈江宁、江明山、张秀芬、白标弟、蔡及明、杨青峰、陈允宽、黄池江、刘□骆、王元成、陈宗海、骆马益、王绵竹、陈世煌、陈章碧、张新花。又查男女预选员,中有精武女会员张秀芬,除参加表演,并聘赴省比赛云。

《江声报》1934年11月3日

省运预选会昨网球赛男女两打战绩

省运预选会昨网球赛,下午2时,女子单打谢丽英、陈纯华对陈必省、王茜令,结果2:1,谢、陈胜。判员陈季如,巡边员沈志中。同时男子单打叶新生对叶炳煌,结果2:0,谢胜。裁判员周宗庆,巡边员林全盛。下午4时,男子双打廖永廉、谢炳煌对成曦、李罗山。结果2:0,廖、谢胜。裁判员周宗庆,巡边员戴云峰、沈志中。同时男子双打陈其亨、林全恩对陈八景、陆玉棠,因林、陈弃权,陈、陆以2:0胜。本(4)日上午9时半,男单打陈八景对刘有土,裁判员林全盛。同时原有陈林(枝)荫对许摩西之单打,经改订明日上午9时半在厦大比赛,由黄炳坤担任裁判。本日上午11时,男子单打陈其亨对徐耀辉,裁判员裁判员林乃明(第一球场),同时张似洋对洪云辉,裁判员林全盛(第二球场)。本日下午2时,男子双打吕建元、许摩西对洪云辉、徐耀辉,裁判员陈李如(第二球场)。同时,陈八景、陆玉棠对廖永廉、谢炳煌,裁判员林乃明(第一球场)。本日下午4时,男子单打吕建元对陆玉棠,裁判员陈李如(第一球场)。同时,廖永廉对谢炳煌,裁判员邓德超(第二球场)。

兹据教育局报告,本县省运预选球赛,男子组足球合强队对鹭光队,于昨日下午3时,在中山公园举行,评判员为田渊添。结果为4:1,合强队大胜。

又前日男子组篮球,合强队对厦中队,评判员为沈文炳。结果为39:22,亦为合强队优胜云。

《江声报》1934年11月4日

省运预选国术组昨选定九人
球类昨比赛六场

省运预选昨继续球赛,是日女子组篮球,为群惠对双十,结果47:9,群惠大胜。男子组排球,昨仍合强对健华,因网柱折坏,不及修理,故本日仍在公园补赛。

又网球男子单打,昨陈八景对刘有土,结果2:1,陈胜。又陈其亨对徐耀辉,结果2:1,徐胜。又张似洋对洪云辉,结果2:1,洪胜。男子双打,陈八景、陆玉棠对廖永廉、谢炳煌,结果2:1,廖、谢胜。又男子单打吕建元对陆玉棠,结果2:0,陆胜。昨未及赛,改本日比赛者,计本日上午9时男子单打,许摩西对陈枝荫,在厦大举行。男子双打,吕建元、许摩西对洪云辉、徐耀辉,改本日上午10时半,亦在厦大举行。下午4时,男子单打徐耀辉对洪云辉。

国术预选会,昨下午2时,在中山公园举行,评判员刘金泉、何胜侯、柯剑峰、傅点水、张乃便、高信生均到场,公安局国术队及拳术家数十名亦参加表演,观者千余人。预选结果:男组正选6人,为刘福(辽),精武,85分半;陈章碧,益同人,81分半;白标弟,精武,75分半;杨青峰,精武,74分;江明山,仁和,72分;陈文种,益同人,71分。男子组候补3人:黄池江,仁和,70分;陈宗海,桃源,68分;陈美林,益同人,67分。女子组正选3人:张秀芬,精武,78分;黄雪英,婢拔团,78分;张新花,婢拔团,78分。

《江声报》1934年11月5日

省运预选田径赛延期举行

本县省运预选田径赛,因筹备不及,改定八九两日在厦大举行,教育局已编定选手姓名、号码对照表,即男组68号,女组32号。昨日排球,因网柱修补不及未赛,男组合强对健群,改本日举行。优胜队对双十,改明日举行。至竞赛职员,亦已分配完毕。

网球昨男子单打,陈枝荫对徐摩西,在厦大比赛,结果2:0,徐胜。双打吕建元、许摩西对徐耀辉、洪云辉,结果2:0,徐、洪胜。又男单打廖永廉对谢炳煌,在鼓屿英华中学比赛,结果2:1,廖胜。又中山公园男单打陈八景对许摩西,改本日比赛。徐耀辉对洪云辉,改日在厦大举行。男双打决赛,洪云辉、徐耀辉对廖永廉、谢炳煌,女单打陈必省对王茜令,均在公园比赛云。

《江声报》1934年11月6日

省运预选八九两日比赛秩序
昨球赛四场

本县省运预选,昨网球赛,上午9时半在公园男单打,陈八景对许摩西,结果2∶0,陈胜。下午4时,男双打决赛,洪云辉、徐耀辉对廖永廉、谢炳煌,采五局三胜制。赛至6时,因暮色苍茫,仅赛至2∶1,廖、谢占先。定本日下午4时,仍在公园续赛。单打预赛,林必省对王茜令,亦因同等情形,未及终局,亦改定今续赛。至原改昨早在厦大举行之男单徐耀辉对洪云辉,仍未举行,改本早在厦大比赛。

又昨日排球,合强对健群,在公园举行举行,结果3∶2,健群胜。本日之排球赛,双十队弃权,告一小结束。

又查八九两日预选运动大会,秩序如次:

8日上午,一、50米预赛,女子;二、100米预赛,男子;三、200米9项;四、标枪,女子;五、高栏,男子;六、100米预赛,女子;七、跳远,男子;八、铁饼,五项;九、400米男子。

8日下午,一、50米决赛,女子;二、100米决赛,男子;三、标枪,男子五项;四、撑竿跳,男子;五、八磅铅球,女子;六、100米决赛,女子;七、跳远,五项;八、1500米,男子五项;九、400米接力,男子。

9日上午,一、200百米预赛,男子;二、200米预赛,女子;三、掷铁饼,男子;四、跳远,女子;五、400米跳栏,男子;六、80米跳栏,女子;七、三级跳,男子;八、800米,男子;九、400米接力,女子。

9日下午,一、200米决赛,男子;二、200米决赛,女子;三、掷铁球,男子;四、掷铁饼,女子;五、跳高,男子、女子;六、垒球掷远,女子;七、400米,女子;八、万米,男子;九、1600米接力,男子。

《江声报》1934年11月7日

昨本县省运预选大会
男女田径赛之结果

本县省运预选大会，昨日在厦大体育场举行。上午 8 时，各参加预赛员到场，由会长王固磐主席，王氏报告开会宗旨。略谓：吾国积弱已久，致有病夫之讥，欲求强种强国，非注重体育不为功。本省朝野人士有见及此，特定于本月 18 日在省举行全省第三届运动会。本人奉命挑选本县选手，经向饬教育局从事筹备，历时旬日，始告就绪。本日特举行预选大会，极望获选之运动员，夺得锦标归来，以增吾厦体育界之光荣。尤望由此预选大会，引起全厦民众，注意体育，以达强种强国之目的云云。

次大会总干事郑永祥报告筹备经过。略谓：教育局于前月 23 日，奉县令挑拔选手赴省参与省运，当即组织筹备会，函请 17 人为委员。经开会 4 次，筹备完竣。此次预选大会及选手赴省费用，系以王县长和兄弟两人名义向外劝募 1500 元，即于 5 日起，兄弟会同一、二、三、四公安分局局长，出外募款。幸赖各界热心，踊跃输将，结果得达预定数目。省运卫生组，决于各单位参加之选手，举行身体健康测验，择其最壮健者，赠与奖品。本县选手，望多多报名，以备测验。现经由会分别函知，希各注意云云。

次竞赛总干事邓世熙演说，略谓，此次所需费用因选手达百人，所募 1500 元实不敷用，极盼热心人士多多捐助，以成美举云云。

后举行田径比赛，是日上午天阴微雨，观众约千人。午后雨霁，观众倍增，经决赛优胜者。

女子径赛

50 公尺第一名赵玉治（群惠），林素卿（双十），成绩为七又五分之三秒。第二名纪瑞琨（毓德），成绩为七又五分之四秒。第三名吴仙玉（群惠）。

男五大项

杨振来（厦中）120 公尺，成绩为 25.2 秒，1500 公尺为 5 分 35 秒。400 公尺第一名田雪畔（同文），成绩为 56.8 秒。第二名黄少眉，为 61.2 秒。第三名张承敏（双十），为 61.4 秒。第四名为黄振乐（厦中）。1500 公尺第一名陈兴宇，成绩为 4 分 58.6 秒。第二名黄少眉，为 5 分十三分之□秒。第三名王逢元（双十），为 5 分 18.6 秒，第四名陈璠（美专）。

女子田赛

推8磅铅球,第一名王双游,成绩为6.37公尺。第二名林群端,成绩为6.28公尺。第三名徐珊秋,成绩为6.01公尺。(以上3名均毓德)第四名李清莲(群惠),成绩为5.76公尺。

男组田赛

撑竿跳高第一名黄慰庭(同文),成绩为2.92公尺。第三名蔡子显。跳远第一名陈显荣(英华),成绩为5.85公尺。第二名黄慰庭(同文),成绩为5.8公尺。第三名王荣启(厦大),成绩为5.54公尺。第四名陈庆和,成绩为5.37公尺。五大项,铁饼杨振来(厦中),成绩为26.75公尺。掷标枪第一名李高居,成绩为41.52公尺。第二名王文灿(英华),成绩为39.44公尺。第三名陈万镒,成绩为37.3公尺。第四名林怀海(厦大),成绩为34.73公尺。

十日泳赛

沈志中昨召集之泳赛讨论会,出席邓世熙、杜申祯、陈季如、洪智惠、张世雄、温曜等。议决,定10日下午1时,在鼓浪屿新路头举行泳赛(依照该会全厦泳赛办法)。项目系照省运会所定,兹列如下:计男子部,50米自由式,100米自由式,100米仰式,200米俯泳,400米自由式,1500米自由式,200米接力自由式。入水比赛,女子部,50米自由式,100米自由式,100米仰泳,200米俯泳,200米接力自由式。

同安选手

本届省运同安选手定12日启程赴省,因经费无着,县派教育科郑科员,偕同阳翟学校教员陈延元,出向各界募捐,除县府捐洋百元外,其余或5元、10元。

《江声报》1934年11月9日

省运预选田径赛完毕　今在鼓浪屿举行泳赛

本县省运预选大会,昨为第二日,田径比赛完毕,宣告闭幕。各选择委员,定今日下午4时,假三友酒家开会,讨论赴省诸事。昨竞赛结果:

甲、径赛,女子组

一、100公尺:第一名赵玉治(群惠),成绩为15.4秒。第二名李金珠(毓德),成绩为15.8秒。第三名纪瑞琨(毓德),成绩为16.2秒。第四名曾宝珠(群惠),成绩为16.4秒。

二、200公尺:第一名李金珠(毓德),成绩为33.8秒。第二名李清莲(群惠),成绩为34秒。第三名黄桂英(群惠)成绩34.2秒。第四名林素卿(双十)。

男组竞赛

一、100公尺:第一名田雪畔(同文),成绩为12.2秒。第二名陈显荣(英华),成绩为12.4秒。第三名杨清波,成绩为12.6秒。第四名吴青瑰,成绩为12.8秒。

二、200公尺:第一名田雪畔(同文),成绩为25秒。第二名杨清波,成绩为25.2秒。第三名杨振豪(厦中),成绩为26.2秒。第四名张承敏(双十)。

三、800公尺:第一名陈兴宇,成绩为2分18.4秒。第二名陈炳煌,成绩为2分27秒。第三名黄少眉,成绩为2分30.4秒。第四名苏青琦(厦中),成绩为2分36.4秒。

四、万公尺:第一名黄国英(同文),成绩为42分36.4秒。第二名王逢元(双十),成绩为42分39.2秒。第三名孙连晴(双十),成绩为43分0.4秒。第四名陈炳煌,成绩为44分28秒。

五、400公尺中栏:王荣启(厦大),成绩为1分18秒。

乙、女组田赛

一、跳高:第一名李金珠,成绩为1.□6公尺。第二名洪白玉,成绩为1.21公尺。第三名王双游,成绩为1.18公尺。以上三名,均为毓德。

二、跳远:第一名洪白宇、李金珠(毓德),成绩为3.62公尺。第二名吴仙玉(群惠),成绩为3.60公尺。第三名纪瑞琨(毓德),成绩3.57公尺。第四名邵惠卿(毓德),成绩为3.50公尺。

男组田赛

一、跳高:第一名黄锡爵,第二名黄慰庭,第三名黄德心。以上三名皆同文,成绩均为1.66公尺。第四名苏文佑(养元),成绩为1.60公尺。

二、三级跳远:第一名陈显荣(英华),成绩为12.80公尺。第二名黄慰庭(同文),成绩为11.62公尺。第三名杨振豪(厦中),成绩为11.45公尺。第四名邵佳宾,成绩为11.02公尺。

三、16磅铅球:第一名戴安然(公安局),成绩为10.67公尺。第二名黄锡爵(同文),成绩为10.53公尺。第三名陈兴宇,成绩为9.49公尺。第四名张渊辉(同文),成绩为9.25公尺。

四、掷铁饼:第一名黄锡爵(同文),成绩为27.92公尺。第二名戴安然(公安局),成绩为26.49公尺。第三名周谷登(厦大),成绩为24.01公尺。

第四名周龙波(公安局),成绩为23.39公尺。

又女子组垒球,改于本上午10时,在毓德中学运动场,由黄培坤主持比赛。

网球比赛

昨男双打继续决赛,徐耀辉、洪云辉对廖永廉、谢炳煌,结果3:2,廖、谢胜。男单打决赛,洪云辉对陈八景,结果3:0,洪胜;女单打决赛,陈纯华对王茜令,结果3:0,陈胜。又男单打洪云辉对徐麟辉,结果2:0,洪胜。

游泳一项

定本下午1时,在鼓屿新路头举行。报名者女子仅施惠治一名,其比赛项目及赛员如次:(计)

一、50米自由式,报名者周应祥、白甘英、黄灿□、王鸿龙、洪安训、林长江、吴国信、苏炳洋。

二、100米自由式,周应祥、白甘英、林炳南、王鸿龙、洪安训。

三、100米仰式,林惠添、黄文振、洪锦锦。

四、400米自由式,周应祥、林惠添、杨子安、周约翰、林炳南、王鸿龙、吴国信。

五、200米蛙式,杨子安、黄文振、林长江、苏炳洋。

六、1500米自由式,周应祥、王鸿龙、孙连晴、吴国信。

至于女子组游泳项目,系50米、100米自由式及100米仰泳、200米俯泳。

《江声报》1934年11月10日

昨鼓屿新路头　省运预选游泳赛
男选手第一者洪安训　杨子安　林惠添　王鸿龙

省运预选会委托基督教青年会,主持网赛及泳赛。查网赛已于前日终了,特订昨下午1时在新路头举行泳赛,以觇成绩,各节已志昨报。连日雨脚如绳,该会当局等以会期已迫,仍冒雨奔走接洽,筹备一切。兹录该赛情形如下:

事前布置

该会沈志中、温曜,于网赛终了后,即向荷兰治港公司及自来水公司借得铁船二艘,浮筒二个。昨晨11时,顷由该会温曜、林修吾等乘坐该铁船指挥,分泊于鼓屿新路头海面。东北西南各一艘,其他两面以浮筒系绳连接之,成天然水池。

比赛情形

下午1时正,各赛员及职员陈李如、王天筹、洪智惠、张世雄、沈志中、林修吾、温曜等均冒雨到场。于是分任发令、评判、纠察、记时纪录各职,于1时15分点名。开赛时,水警大队之电船亦到,在铁船四周巡逻,以资维持交通。是天气颇冷,而新路头岸际及海面电艇小舟,观众仍在于风雨中求饱眼福,在在表显闽南人士之体育热。

结果成绩

比赛结果:50米自由式第一洪安训29秒,第二王鸿龙,第三吴国信,第四林长江。200米蛙式第一杨子安4分9.2秒,100米仰泳第一林惠添2分12秒。1500米第一王鸿龙,第二周应祥。此项因天气过冻,仅赛至800米。按此外尚有100米、400米两项自由式及入水接力等,两项未行比赛,系由选择委员会选定人选。至女选手施惠(治)一名,系照其旧有纪录,昨亦未赛。赛毕方及下午2时,雨意仍盛也。

今日网球,又闻明日如天公作美,将于是日下午1时,在中山公园第一球场举行网球友谊表演赛,由陈季如对洪云辉(本届单打选手第一名),表演单打一局。又陈季如对陈八景,单打选手第二名,单打一局。以后更由陈季如、林全恩对廖永廉、谢炳煌(本届双打选手),表演双打三局。末由陈季如对全体选手讲演网球术,以资技术之指导云。想各选手经各网球家陈林二君之指导,必有以出人头地,而增鹭岛之光也。

《江声报》1934年11月11日

省运会漳厦选手姓名一览

思明县府昨奉教厅电,略云:参加省运选手名单限元(13)日到厅,逾时无效。本县预选会,决于今(12)日先派员携带县选手名单赴省报到,球员及游泳国术选手如下:

女子组篮球:吴惠莲、许心喜、林秀鸾、赵亚玉、许宝珍、王丽英、黄珊娜、洪彩鸾、傅俊□、林素卿、王秀文、叶知年。

排球队:周达英、邵惠卿、洪白玉、陈秀英。

足球队:陈世煌、林宗敬、叶茂发、杨元久、邱继祖、杜申元、陈万镒、赖庆林、陈庆和、荣子华、廖永旭、邹述曾、谢仲仁、郭金陵、周应祺、游永、黄文振、林惠添、杨子安、洪安训、王鸿龙、吴国信、林长江、周应祥。

国术组：男子，刘福远、陈章碧、白榜弟、杨清风、江明山、陈文种；女子，张新花、黄雪英、张秀芬。

漳选手计25名，定经费300元，选手职员姓名如下：蔡志仁、欧阳建、张成总、吴黄魁、周兆惠、陈振荣、吴大聪、蒋继周、黄云彭、陈志远、黄奕精、罗经龙、连振祥、袁道□、郑张鑫、林凤锡、蔡耳、张日章、柯登科、黄天年、蔡尧相、庄先河、戴翼青、吴凤章等，10日来厦，定今日趁轮进省云。

《江声报》1934年11月12日

省运选手明赴省　队员职员百廿五人

本县参加省运选手，定明(15)日，由大会总干事郑永祥、郑世熙等领率赴省。昨教局赶制运动衣服百余套，分送各选手，并函知参加议员，准明日上午9时，齐集中山公园，听大会会长王固磐训话，然后摄影，整队出发。各选手行李亦规定于9时前送至自来水公司码头，由教局派员搬运下轮。到省后住宿问题，已托晋江教局课员李少白，商借光复中学。在省并备小轮2艘，上挂"思明"旗帜，俾于选手抵省时，输送接待。

网球队选手昨始发表，计洪云辉、廖永廉、谢炳煌、陈八景、徐耀辉等5名。各项选手及职员名额，原定40名，经费1500元。现因增至120名，经费不敷，决由预选会设法挪垫，然后捐募弥补。

《江声报》1934年11月14日

集美各校运动会各项成绩

集美讯　集美各校，九十两日，举行第十四届联合运动会。9日晨，各校长教职员、学生约2000人，先后整队入场。9时开幕，当列队出场，开始运动。男子分特别甲组、普通甲乙丙组、小学组，女子分特别甲组、普通甲乙丙组。是日男子特甲、普甲决赛成绩：1500米男特甲第一温树溱(榛)，成绩4分53.2秒。普甲第一黄天宝，5分18秒。铁饼第一魏木土28.24米，标枪男子第一魏木土39.40米，女子第一苏剪花20.57米。男16磅铅球，第一林维荃9.62米；女8磅铅球第一陈金钗8.06米。跳远男特甲戴淑国6米，普甲第一曾□智 5.87 米，女普甲第一马莉 3.9 米。跳高男第一李受民 1.64 米，女第一陈淑华 1.14 米。

又救火队表演救火技术，颇博得观众赞赏。第二日各项成绩：100 米男普甲第一，曾明智 11.54 秒。女特甲第一陈锦香，15.73 秒；女子 50 米第一陈锦香 7.54 秒。400 米特甲第一，戴淑国 1.054 秒。普甲第一吴荣辉□分 0.52 秒。高栏第一陈国钧 21 秒，中栏第一陈国钧 1 分 8.8 秒。200 米男子第一吴荣辉 25.8 秒，女第一陈东华 30 秒 5 分□。800 米特甲第一温树溱（榛）2 分 23.8 秒，普甲第一沈智 2 分 28.6 秒。1 万米第一温树溱（榛）40 分 32.8 秒。女子垒球第一陈锦香 31.25 米。撑竿跳第一魏土木 3.03 米。三级跳远男特甲第一戴淑国 11.9 米，普甲第一王明午 11.60 米。

《江声报》1934 年 11 月 14 日

省运选手今赴省　郑永祥领率

本县省运选手定今日赴省，已志本报。昨此间各参加女选手家属，以此次参加者人数甚多，抵省又须数日勾留，纷以电话向教局查询，谓局长领率晋省，当可同行，否恐未便。因此，该局郑永祥乃允亲自领率赴省。

又教局昨接此间派往省垣之李少白来电，谓厦选手住宿地点，选择定格致、阳光两校。该二校校舍宽敞，且距大体育场甚近。教局接电后，拟以阳光为女选手宿舍。

《江声报》1934 年 11 月 15 日

厦省运选手昨日首途　晋江选手今遵陆进省

本县省运选手，昨上午 9 时，齐集中山公园，经大会会长王固磐训话后，即由教局长兼大会总干事郑永祥及委员郑世熙等领率，赴海澄轮晋省。郑以此间公务纷冗，拟抵省后，先行返厦。

又教厅聘沈志中为省运审判委会委员，故沈氏亦于昨日同乘海澄轮偕各选手上省。泉讯，晋江省运选手一行 48 名，昨（15）日在公园由萧敬授旗训话，订今（16）日由泉专车遵陆赴省。

《江声报》1934 年 11 月 16 日

省运会各县参加人数　十四县呈报约六百人
征集奖品七十余件

福州讯　省运会定18日开幕，各地选手名单已陆续呈报到会，计建瓯指导员陈锦麟1人，选手23人。同安总领队陈延廷，指导员庄文潮、郭应麟、陈廷元，干事苏剪花1人，选手62人。长乐总领队尹家勋，指导员林友兰，选手20人；晋江总领队黄贤铭，干事指导员选手共47人。漳浦选手17人；仙游总领队秦铭，指导员选手30人；南平指导员王华勋，选手10人。思明指导员选手80人，莆田指导员选手40人。尚有闽清、建阳、安溪、沙县等，亦已呈报参加，统计已报者约600人。长乐、建瓯选手已到者，筹备会指定三民、光复、福师、格致、福中、学院附中、三山、阳光等各校及教育会为各县运动员住宿地点。筹备会决举行运动员身体健康测验，择最健康者赠与奖品。此种测验报名，限13日止。运动会开幕后，省会童子军小队长以上，亦同时举行联合大露营，到会期完毕为止。露营设总指挥，下分15股。

又省运会各方赠送奖品，已送到共计70余件，分志如次：省党部陈专员银杯1，手表1，优胜旗1。省党部张书记长暨各设计委员银杯2，省府陈主席雕漆脱胎金鼎1，民厅李厅长银盾1，财厅徐厅长银盾1，建厅陈厅长朱漆花瓶1合，教厅郑厅长银杯3，保安处陈司令银盾2，保安处萧处长银盾1。东路军蒋总司令银盾1，优胜旗6。东路前敌卫总指挥银杯2，三十九军刘军长银盾1，五十二师卢师长银盾1，绣镜框1。福州警备司令优胜旗1，闽南剿匪司令银盾一、优胜旗一。厦门要港司令银盾1，盐运使银盾1，闽海关监督优胜旗1，浙江省教厅优胜旗1，高等法院院长优胜旗1，闽侯地方法院院长银盾1，四区行政督察专员奖金10元，一区专员银盾，三区专员银盾1，五区专员银杯1，八区专员银盾1，九区专员优胜旗1，省会公安局长银杯1、优胜旗1。宪兵第四团长银盾3，省会工务处长脱胎花瓶1，水警第一大队长银杯1，四省银行银盾1，辛泰银行泥金镜框1，交通银行泥金镜框1，厦大校长银盾1，协和学院相册1本，中华书局经理银盾1，商务书馆经理银盾1，福州广播台长银盾1，普及识字委员会银杯1，健康教育委员会银盾1，福建省汽车管理处银盾1，省立民众教育馆银盾1。东方运动器具商店银杯1，优胜旗1。全球通讯社优胜旗1。

《江声报》1934年11月17日

省运第一日厦门最优胜
昨第二日三项决赛均厦门夺得锦标

福州 19 日下午 6 时 25 分电 巧（18）日全省运动会总成绩，男组厦（思明）第一，得 18 分；女组厦第三，得 1 分。跳高决赛，厦黄慰庭第一。篮球男组，厦胜海澄，女组厦胜闽侯。排球厦胜莆田。女子铁饼决赛，同安苏剪花第一。径赛男子 1500 米决赛，同安邓灿荣第一。篮球闽侯胜晋江，龙溪胜同安。排球闽侯胜晋江。

又电，省运会今（19）田径赛，800 米决赛，厦门陈兴宇第一，篮球及网球男子双单打均厦胜莆田。110 米高栏决赛，厦门叶茂发第一。200 米中栏决赛，厦门田雪畔第一。本市省运预选会，厦选手职员乐队 154 人，16 日抵省，男选手住扬光中学（110 人），女选手住格致中学（44 人）。

《江声报》1934 年 11 月 20 日

省运田径赛男组思明第一

福州 20 日下午 8 时电 省运会皓（19）日径赛结束，男组思明第一，得 26 分；女组思明第二，得 8 分。田赛男组亦思明第一，得 24 分；女组思明第三，得 2 分。

《江声报》1934 年 11 月 21 日

全省运动思明夺男女锦标　定廿五奏凯回厦

福州 22 日下午 8 时 5 分电 全省运动会男组田径赛、游泳、足球、篮球、网球，女组篮球、游泳，均思明胜利，男女锦标皆为所得。思明选手定有（25）日回厦。

福州通讯 省运会 18 日开幕，到者闽侯、思明、晋江、龙溪、海澄、漳浦、南平、建瓯、仙游、莆田、福清、长乐、同安等县选手队，福建学院及附中、福中、福师、省一、省二、附一、附二、认智、福职、县职、三山、实小、工职、化民、榕四、三民、私福中、私女中、扬光、光复、努力、省三、省四、惠儿、海校等学校，省立民众教育馆、县商□、水警队、公安局、民财建教各厅代表，人数统计约有 2000 余人,观众不计。

18 日田径赛项目,女为 50 米、100 米预赛,跳远、跳高、80 米低栏、铁饼决赛等项,男田径赛为 100 米、200 米、400 米预赛,1500 米决赛,400 米中栏复赛,跳高、跳远、铁饼等项。球类为篮球,排球。

晋江参加径赛者邓灿荣一人,1500 米决赛获第一。晋江篮球失于闽侯。1500 米决赛,赛员 13 人,至 400 米时,福清之林树青占先,晋江邓灿荣紧随。至 600 米时,邓灿荣追出林树青之前,同安之温树榛,思明之陈兴宇,渐有起色。至 1200 米时,邓灿荣保持冠军,林树青渐渐落后。结果邓灿荣获冠军,陈兴宇离终点 40 时,夺得亚军,成绩 4 分 48.9 秒。第三名为温树榛,第四名林荣盛。

男子 100 米预赛,参加者 19 人,莆田之李阳春,起步犯规二次,为裁判员取消与赛权。闽侯选手刘宾,因足有疾,自愿弃权。是项运动计分三组:第一组:(一)戴淑国(同安)、邓灿荣(晋江)、田雪畔(思明),成绩 11.6;第二组:(一)邱光华(闽侯),(二)陈显荣(思明),(三)苏丰庆,成绩 11.8 秒;第三组:(一)林鸿坦(闽侯),(二)杨清波(思明),(三)吴荣辉(同安),成绩 11.8 秒。

女子 100 米预赛,参加者计 16 人,分三组,每组取三名。第一组:许梅英(莆田)、陈金莺(莆田)、赵玉治(思明),成绩 14.1 秒(破省);第二组:李金珠(思明)、许和平(闽侯)、叶光玉(同安),成绩 15 秒(破省);第三组之罗玉珠(莆田)、张千文(同安)、纪瑞琨(思明),成绩 14.7 秒(破省)。

男 200 米预赛,参加者 14 人,共分二组,每组取三名。第一组:(一)戴淑国(同安)、邱光华(闽侯)、邓灿荣(晋江),成绩 23.7 秒(破省);第二组:刘宾(闽侯)、杨振米(思明),成绩 25 秒。

晋江选手 23 日可由省返泉。

《江声报》1934 年 11 月 23 日

男女泳赛思明总优胜

项目	第一名	第二名	第三名	成绩
男50公尺自由泳	潘为廉 同安	叶得胜 同安	洪安训 思明	22.2秒
女50公尺自由泳	施惠治 思明	杨玛丽 思明	康猷良 同安	50秒
男100公尺蛙式泳	叶得胜 同安	江显武 同安	杨子安 思明	4分17秒
男100公尺仰式泳	陈健民 闽侯	潘为廉 同安	林惠添 思明	1分29.5秒
女100公尺自由泳	杨玛丽 思明	施惠治 思明		1分39.2秒
男100公尺自由泳	王鸿龙 思明	洪安训 思明	叶得胜 同安	1分13.3秒
男400公尺自由泳	王鸿龙 思明	吴国信 思明	叶得胜 同安	5分53.8秒
女200公尺自由泳	施惠治 思明	杨玛丽 思明		4分34秒
男入水表演	晏海波 闽侯	邓先涤 闽侯	陈谨维 思明	
男200公尺接力泳	同安队	闽侯队		2分8.1秒
女100公尺仰式泳	施惠治 思明	杨玛丽 思明		2分17.7秒
男1500百尺自由泳	王鸿龙 思明	陈宗本 同安	周应祥 思明	

以上男子总分思明34分,同安28分,闽侯14分,思明获得游泳锦标。

又男子个人总优胜为思(明)王鸿龙,计三项第一名,共得15分。至女子组单位及个人总优胜,则为思明所包办云。

《江声报》1934年11月24日

田径全能比赛结果

田径

甲、男子跳高:一、黄德心,思明同文,1.81米;二、连振祥,龙溪;三、黄锡爵,思明;四、金龙灵,闽侯。

跳远:一、王先登,闽侯,6.19米;二、黄慰庭,思明;三、陈耀荣,思明;四、叶茂发,思明。

铁饼:一、王先登,闽侯,31.13米(破省纪录);二、林启仁,莆田;三、黄锡爵,思明;四、陈鸿寿,莆田。

撑竿跳高:一、魏木土,同安,3.16米;二、黄树庭,思明;三、卢国民,闽侯;四、蒋维周,龙溪。

三级跳远:陈湖荣,思明英华,12.45米(破省纪录);二、王先登,闽侯;三、金龙灵,闽侯;四、戴淑国,同安。

铁球:一、陈鸿寿,莆田,10.20米;二、王先登,闽侯;三、林文德,莆田;四、黄锡爵,思明。

标枪:一、同安魏木土,40.50公尺;二、思明李居高;三、莆田唐文柳;四、闽侯朱恒乐。

100公尺:一、戴淑国,同安,11.72秒;二、邱光华,闽侯;三、林鸿坦,闽侯;四、杨清波,思明。

200公尺:一、戴淑国,同安,23.6秒十分六(破省纪录);二、邱光华,闽侯;三、刘宾,闽侯;四、杨振东,思明。

400公尺:一、戴淑国,同安,54秒(破省纪录);二、田雪畔,思明;三、林鸿坦,闽侯;四、张勇男,闽侯。

800公尺:一、陈兴宇,思明,2分13秒;二、陈炳槐,思明;三、柳炳溶,闽侯;四、温树(榛),同安。

1500公尺:一、邓灿荣,晋江,4分8.9秒;二、陈兴宇,思明;三、温树(榛),同安;四、林荣盛,莆田。

万公尺:一、徐光荣,莆田,38分31.5秒(破省纪录);二、温树溱(榛),同安;三、曾纪芳,闽侯;四、李占发,闽侯。

110公尺跳栏:一、叶茂发,思明,18.6秒;二、陈国钧,同安;三、谢孔潮,闽侯;四、程瑞华,莆田。

400公尺跳栏:一、田雪畔,思明同文,65.5秒;二、刘英伟,闽侯;三、陈国钧,同安;四、高世远,闽侯。

400公尺接力:一、闽侯,48.2秒(破全国纪录);二、思明;三、同安;四、晋江。

1600尺接力跑:一、闽侯队,3分58.9秒;二、同安;三、思明。

总分

田赛:一、思明得27分;二、闽侯22分;三、莆田11分;四、同安11分;五、龙溪4分。

二、径赛:一、思明34分;二、闽侯,32分;三、同安,30分;四、莆田、晋江各 7 分。

乙、女子跳远，一、罗玉珠，莆田，4.42 米；二、唐瑞媛，莆田；三、黄琼英，莆田；四、马莉，同安。

铁饼，一、苏剪花，同安，二三米零二（破全省纪录）；二、黄淑贞，莆田；三、许梅英，莆田；四、王秀文，思明。

跳高，一、唐瑞媛，（莆）田，1.22 米（破省纪录）；二、黄琼英，莆田；三、马莉；四、龚令止，闽侯。

垒球，一、苏剪花，同安，38.64 米（破省纪录）；二、陈金钗，同安；三、朱得利，莆田；四、叶宝珠，思明。

50 公尺，一、许梅英，莆田，七秒十分一（破省纪录）；二、罗玉珠，莆田；三、张文千，同安；四、纪瑞坤，思明。

100 公尺，一、许梅英，莆田，十四秒十分五（破省纪录）；二、罗玉珠，莆田；三、赵玉治，思明；四、李金珠，思明。

200 公尺，一、许梅英，莆田，三十秒十分二（破省纪录）；二、李金珠，思明，三十秒十分一（破省纪录）；二、李金珠，思明；三、陈金莺，莆田；四、李清莲，思明。

80 公尺跳栏，一、罗玉珠，莆田，十五秒十分一（破省纪录）；二、黄维玉，莆田；三、陈金莺，（莆）田；四、陈金璇，同安。

铁球，一、庄淑英，福清，八米六五（破省纪录）；二、陈金钗，同安；三、黄淑贞，莆田；四、周达英，思明。

400 公尺接力，一、（莆）田队，60 秒；二、闽侯。

女子总分

一、田赛：（一）莆田 29 分；（二）同安 28 分；（三）福清 5 分，闽侯 1 分。二、径赛：（一）莆田得 43 分；（二）思明 8 分；（三）闽侯 6 分；（四）同安 3 分。个人田赛：一、同安苏剪花，得 15 分；二、唐瑞媛得 10 分。

三、径赛：（一）莆田许梅英 15 分。

全能

男子全能五项运动（跳远、标枪、200 公尺、铁饼、1500 公尺），第一名思明杨振来，总分 2075.285；第二名同安，戴淑国，总分 1901.6；第三名闽侯王先登，总分 1726.295。第四名闽侯徐雨生，五名闽侯金龙灵，六名闽侯朱恒乐。

十项男子，全能十项，前半部为 100 公尺、跳远、铁球、跳高、400 公尺，后半部高栏、铁饼、撑竿、跳高、标枪。两部分合计,第一名同安王明午,总分3854.8;第二名同安魏木土,3703.70;第三名(莆)田林启仁,3676.425;第四名闽侯吴文珍,3370分。

球类五赛思明三胜

球类比赛:

男子篮球,参加者晋江、闽侯、长乐、建瓯、龙溪、同安、仙游、漳浦、福清、莆田、海澄、思明12队。20日复赛结果,余闽侯、思明两队。21日决赛结果,思明队以36:31取胜,思明队黄锡爵,独得15分。

男子足球,参加者闽侯、同安、思明、晋江四队。20日比赛结果,亦除闽侯、思明两队。21日决赛,思明队1:0得标。

男子网球单打,参加者思明、闽侯、莆田、仙游、漳浦、晋江六队选手。20日起赛,21日决赛。第一场闽侯魏光熙对思明洪云辉,3:1闽侯胜。第二场闽侯江莱光对思明陈伯谨,3:0思明胜。

男子网球,参加者思明、莆田、晋江、闽侯、仙游五县选手,20日起赛,21日决赛。思明队胜闽侯,总计思明以3:2优胜,夺得是项锦标。

男子排球,参加者长乐、漳浦、思明、莆田、海澄、龙溪、闽侯、晋江、福清、仙游十队。20日复赛结果,亦除闽侯、思明两队。21日决赛,结果思明队三战三北,闽侯队得标。

女子篮球,参加者闽侯、思明、同安、莆田四队,结果思明得锦标。

女子排球,参加者闽侯、同安、思明、莆田四队,闽侯得锦标。

个人优胜

男子田赛为闽侯王先登,男子径赛为同安戴淑国,男子游泳为思明王鸿龙,女子田径赛为莆田许梅英,女子游泳为思明施惠治。

锦标得主

男子田赛思明、径赛思明、游泳思明、全能同安、篮球思明、排球闽侯、足球思明、网球思明,女子田径莆田、篮球思明、排球闽侯、网球同安、游泳思明,男女总锦标均为思明所得。

健康比赛

男子组第一名思明张辉渊,女子组第一名同安陈金钗。

另讯 省运闭幕后,大会以思明、同安游泳选手,技艺甚优,特商请两县选手10余人,于24日上午在南台作横渡闽江表演。思明选手,昨(23)日先行预习,计由舍人庙起,北泗台江汛。该选手24日与同安队作友谊赛,25日

由省乘轮回厦,26晨可抵埠。(下缺)

《江声报》1934年11月24日

省运总结束　同厦游泳选手今横渡闽江
国府主席赠优胜队银鼎一座　省党部省政府宴会各县选手

福州通讯　本届全省运动会参加者13县,选手597人。18日开幕,及预赛各情,已志昨报。查十八、十九两日田径赛,破全省纪录者13项,破全国纪录者,男子400公尺接力赛一项。(闽侯队48秒十分二)20日上午,在马江举行泳赛,思明、闽侯在体育场排球比赛,下午继行国术决赛、田赛、全能运动等。

本届省运经费,教厅划定2500元,而成绩则较前届进步。省党部、省政府21日下午,假福州中学欢宴全体运动员。同日驻省八十七师,亦在东湖营房设茶话会,招待各县选手。

22日,省府举行本届省运授奖典礼,主席刘贞文,报告毕,省党部代表张策安、民政厅长李祖虞等以次训诲,于是发给奖品。得游泳优胜之思明女选手杨玛丽(广东香山人,生长思明,获得小美人鱼之荣誉),施惠治最博全场彩声。惟国术锦标,因摔角一项,定23日补行决赛,奖品暂由大会保管。国府林主席赠与大会优胜队银鼎一座,因寄递不及。

此次省运破全国纪录项为400公尺接力,闽侯队以48秒十分二得之。同安戴淑国400公尺预赛,成绩54秒,为本年度下半年全国各省运动成绩之最高纪录。

以下13项破全省纪录:

一、铁饼,闽侯王先登,31.13公尺;二、三级跳远,思明陈显荣,12.45公尺;三、200公尺,同安戴淑国,23秒十分六;四、400公尺,同安戴淑国,54秒;五、万公尺,莆田徐光荣,38分31秒十分五;六、女子铁饼,同安苏剪花,23.03公尺;七、女子跳高,莆田唐瑞媛,1.23公尺;八、女子垒球,同安苏剪花,31.24公尺;九、女子50公尺,莆田许梅英,7秒十分一;十、100公尺,莆田许梅英,14秒十分五;十一、200公尺,莆田许梅英,30秒十分二;十二、80公尺跳栏,莆田罗玉珠,15秒十分一;十三、铁球,福清庄淑英,8.65公尺。

《江声报》1934年11月24日

省运会本年在厦举行

会期九月十一至十三报名限八月底止

省讯 教厅为选拔全国第六届运动会,本省选手,决于9月11日至13日,开24年全省运动会。本届会址,决在厦门,运动场则指厦大或中山公园。教厅已聘王固磐、吴德懋、黄天如、陈文麟、郑永祥等15人为筹备员,以王固磐为筹备主任。经费由教厅拨付2000元,不敷则由厦市厅筹补。报名日期限至8月底止,比赛项目及办法,与上层本省运动会所定相同。

本市息 本年省运会,决在厦举行,地点拟假中山公园。王市长日前曾偕教科长郑永祥、工务局长杨廷玉及郑世熙等,到公园勘察各处运动场。最近将着手设备及整理一切云。

《江声报》1935年7月8日

省运预选各比赛

本市省运预选,篮球、国术于25日开始比赛,网球则于昨日开赛。泳赛程序,亦已规定。兹将前昨两日比赛情形志下。

一、网球 昨在公园比赛,陆玉棠对林全盛,结果2:0,陆玉棠胜;黄宏基对叶遂文,叶弃权黄胜;陈国庭对周恩保,结果周弃权陈胜。本日战队:一、叶新生对谢炳煌;二,吴在茂对叶得胜。

二、国术 25日在精武体育会比赛,结果如下:

甲、拳术。一、刘福远得62.6分;二、陈江宁得60分;三、陈文种59.7分;四、陈章碧58.7分;五、杨青峰56.7分;六、江青山56.6分;七、吕学社55.1分;八、陈美秋54.9分。

乙、器械。一、刘福远得57.6分;二、杨青峰57.3分;三、陈章碧55.1分;四、孙振震54分;五、陈文种52.7分;六、吕学社52.6分;七、陈应勋52.2分;八、陈江宁51.7分。

三、篮球 前日(25日)开始比赛,男子组厦大米鼠队对英南队,结果英南胜。昨日战队,男子组同文队对水警队,水警队未到。女子组双十队对慈勤队,结果双十胜利。本日战队,女子组群惠红队对中华队,男子组同青对精武队。

四、排球　男子排球战队，本日为健群对水警，在中山公园比赛，裁判庄吉甫。

五、泳赛　泳赛50米自由式预赛，男子组分三组举行，每组取3名；100米自由式预赛同上；400米自由式预赛，分两组举行，每组取3名；1500米自由式分两组举行，每组取3名；200米俯泳预赛，分两组举行，每组取3名。

《江声报》1935年8月27日

省运会市预赛
泳赛球赛昨日之胜负

省运会本市预选，球类昨续比赛，泳赛昨亦开始。兹志昨日各项比赛之胜负如下：

篮球　昨日战队女组群惠青队对毓德嘤嘤队，裁判郑鸿英，结果26：15，群惠青队胜。男子组英华队对健美队，结果42：17，健美队胜。

排球　昨日战队男组双友对大同，结果3：0，双友队胜。本日战队女子组为毓德对慈勤，现慈勤队宣告弃权，毓德队胜。

网球　昨日战员：一、林全恩对陈晋来，2：0，林全恩胜。二、洪云辉对庄必先，2：0，洪云辉胜。三、王有眉对任飞龙，2：0，王有眉胜。

本日战员：一、陆玉棠对黄宏基，裁判刘无求。二、陈国庭对谢炳煌，裁判林全胜。三、王有眉对陈福愉，裁判林全恩。

游泳　选手昨已选定。男子50公尺为洪安训、马宗瑟、黄奇聪、洪德贡，女子50公尺为杨玛丽、施惠治、韩玛丽、洪秀英。男子200公尺俯泳为林惠添、方棕水、苏炳洋、叶华成。男子100公尺自由式为洪安训、陈芳进、施君伟、傅宗麟，女子100公尺自由式为施惠治、杨玛丽、吴显治、洪秀英。男子100公尺仰泳为林慧添、方棕水、叶华成、陈芳进，男子400公尺为洪安训、王鸿龙、吴国信、周应祥。女子100公尺仰泳为施惠治、杨玛丽、韩玛丽、吴显治。入水赛为邱思谈、俞文法、吴冷泉、陈维谨，女子200公尺俯泳为杨玛丽、施惠治、洪白玉、吴显治。男子1500公尺为洪安训、吴国信、王鸿龙、陈温麟。

《江声报》1935年8月29日

省运预选网排球分赛五场均三比零

本市省运预选,女子排球赛30日毓德对慈勤,裁判黄宗标,结果3∶0,毓德大胜。又慈勤对鼓精武,结果亦3∶0,精武队胜。昨日战队为毓德对鼓精武,裁判杨绪宝,结果仍3∶0,毓德队又大胜。网球昨战员为陆玉棠对陈国呈,结果3∶0,陆玉棠胜。林全恩对洪云辉,结果亦为3∶0,林全恩胜。本日战员为陆玉棠对林全恩,裁判陈福愉。

《江声报》1935年9月1日

参加省运十二县选手名额
筹会聘定各组干事　莆田选手昨到八人

本届省运会在厦举行,订11日开幕。现各项筹备已渐就绪,筹会票务组昨会议门票售卖办法,各县选手名单亦经陆续送到。莆田男女选手昨已先到8人,暂寓厦大,尚有27人明日可到。兹将已确定之各县选手名额及寄宿地点志下:

单位	男选手	女选手	总领队	住所
闽侯	73	26	黄天如	厦中
同安	49	19	庄文潮	玉紫小学
龙溪	42	10	梁尚勤、吴方桂	树人小学
晋江	36	1	余公武	同文中学
莆田	23	12	李绍达	通俗教育社
海澄	31	0	卢衍纬	鼎玉小学
漳浦	18	2	余炳文	双十中学
永春	18	0	郑元卓	桃源小学
长泰	18	0		鳌岗小学
金门	11	0		大同中学
福清	9	1	陈训旭	通俗教育社
诏安	4	0	黄泰贞	双十中学

各组职员,省运筹委会各组职员如下,总干事吴德懋、郑永辉、邓世熙,

文书组组长吴昆仑,干事刘文堪、戴敬班、赖仰明、简国衡、罗敏通、陈应年;庶务组组长郑秉德,干事李少白、朱炳荣、林则善、赖仰明、吕泰和;会计组组长许宜平,干事裘曙初、杨子祥;布置组组长李少白,干事朱炳荣、吕泰和、杨庚生、黄和德、叶树敏、赖仰明、林则善、简国衡、郑义祥、郑天筹;宣传组组长黄其华、梁清钧,干事李铁民、黄寿源、郑永辉、黄绿萍、张圣才、庄兆琛、陈尚贤、杨克、庄克昌、庄馥冲;招待组组长沈志中、郑鸿英,干事庄奎章、陈声锥、黄其华、王探、林锐鼎、柯宜幹、王连元、邓世熙、林士麟、林维爵、黄宝玉、陈志伦、杨清江、王国宝、黄丙丁、林醒民、林修吾、邵建侯、林志林、陈崇礼;警卫组组长沈觐康、王成章、李华白;奖品组组长唐守谦、陈瑞清,干事赖风薰、郑书祥、郑天筹。

《江声报》1935年9月6日

省运会订门票价目　入场一角座位五角　童军二百维持秩序

省运筹委会昨开五次会议,出席9人,主席王固磐。大会门票规定案,议决,一、每天每人收大洋一角,如欲篮排球及田径赛场所座位,须照座位价目买票;二、佩有本大会徽章无须买票案,议决通过;三、田径赛及球类比赛场所座位票价,一律征收大洋五角案,议决,通过;四、大会纠察队分配案,议决,大会外围由公安局警察负责,各比赛场所内圈由各校童子军负责,警察协助,并定每日由同文、双十、厦中、中华、大同等五校,各派童子军40名到场服务;五、场内贩卖物品场所,由会妥备标价出租,其贩卖人一律穿着白色制服,并由会给予临时徽章案,议决通过;六、准八十师部函,拟率选手参加大会各项比赛案,议决依据本届全运比赛规程,须由加入所在地址单位依限报名,如系表演,尽可参加为代表,交文书股即日函复查照;七、本会参加票务委员案,议决推黄伯权为代表;八、票务委员5人,应由何人召集案,议决由市府代表黄和德召集;九、本会排球场推选邓世熙、吴德懋、负责计划案,议决通过。

又全运回筹委吴德懋昨乘海阳轮抵厦,寓天仙旅社。

《江声报》1935年9月7日

郑贞文订明日到厦

省运奖品陆续送到　宣传组昨一次会议

本届省运会订 11 起在厦举行。教厅长郑贞文订今(8)日亲率闽侯选手,由省来厦。明(9)日即可到达。莆田选手日前先到 8 人,昨续到 27 人,寄寓通俗社。其他各县选手,明后日亦可陆续到厦。

省运会宣传组于昨日开第一次会议,主席黄其华,议决,一、经费预算总额 250 元;二、刊行运会特刊,每天 5000 张,印刷费 90 元;三、函请各戏院义务放映幻灯片标语,以广宣传;四、函请航空处派机散放标语;五、推孙世钻负责播音宣传。余略。

又各界赠送省运会各奖品现已收到者,有商务印书馆银鼎一座,王儒林银杯两件,中央银行镜框二件,精武会银盾两座,益同人银盾两座,孟平绸旗一件。童杭时联一件,陈琪银杯一座,保安处绸旗两件。福清县府绸旗两件,银牌两件。省科学馆绸旗一件,省印花局王光辉银盾一座,新的书店奖旗三件,林文庆银盾二座,翁赞平银盾一座。

又本市各小学校参加省运之团体操报告表,经市政府制发,5 日以前填报,以凭汇转编配。现逾限未报者尚多,市府已再令各校长,限于 9 日以前填报,不得挨延。其已报名填表参加者计有七校,即厦大实小,参加节目为国花,人数 30;慈勤附小,参加日月光辉,人数 48 人;双十附小,参加丹麦操;玉紫参加变形操,人数 32 人;海滨参加国术,人数 8 人。城内参加美美世界,10 人;泡泡操,15 人;洋囡囡,10 人。鳌岗参加爱中华、银星舞,各 16 人;叠罗汉,18 人。至参加省运团体表演所用旗式尺寸及旗杆,均照去年全省小运动会样式办理云。

《江声报》1935 年 9 月 8 日

全省运会 5 县选手昨续到

计参加者 16 县　今晚总领队会议

全省运动会明日开幕,计参加者 16 县。各县选手除昨志永、德、莆 3 县已到外,昨续到者,计闽侯 58 名,长泰 3 名,诏安 4 名,建瓯 16 名。龙溪选手,亦于昨午后到厦,其余各县均订今日到厦。省运筹会决于今(10)晚集各总领队会议,午后召选拔委员暨各组会议。

又昨午后开票务委员会议,主席黄俊铭,议决,一、规定发票、售票、兑换、收款四部。推市府任发票部,市党部及水警队任售票部,商会任兑换部,中国银行任收款部;二、售票部请妇女会职员及厦中童军帮同售票,推黄和德带函接洽;三、四、略;五、定十日再集会议。查券资价目,为门票1角,田径5角,球类除足球不收票外,其余篮排网球,一律收5角。

又大会筹备委员长王固磐,令助产职业学校校长黄丙丁,将该校学生选组二队为救护队,在省运会场中担任救护事宜。另请中山医院及地方医院派医生看护,到场帮助服务。

又此次来厦参加之莆田女选手许梅英于去年省运夺得50米、百米、200米、铁饼之女子锦标,又以200米赛取得上届全国第四名云。

《江声报》1935年9月10日

省运大会今日比赛项目
团体表演明日开始选手观众乘车八折

省运大会今日开幕,参加选手原仅16县,昨晚南安临时参加,计为17县。今日比赛项目。

球类排球为长泰队对漳浦队,篮球厦门对海澄、建瓯,龙溪、漳浦对长泰、金门,同安、福清对晋江、仙游。男子网球单打厦门对同安、漳浦,龙溪、建瓯对闽侯。

又女子篮球场,昨竞委会决定,用84尺与48尺。参加队数如不满4队,决定照所参加队数,尽量取之,以4为限。至50项运动计分法,决定照旧有方法。选手注册,限昨日为止。明(12)日团体表演秩序:一、变形操,玉紫小学。二、美之世界,城内小学。三、日月争辉,慈勤女中。四、儿童的新生活,大同小学。五、团体操,玉紫小学。

拳术演赛,男组单人为海澄邱思志、晋江姚醒狮、永春宋忠达、闽侯林世凯、龙溪袁道、同安朱云、福清林守桢、厦门刘福远、海澄邱沙武、晋江林嘉泉、永春陈桂芳、闽侯王大琛、龙溪张章、同安章文本、厦门陈章碧、海澄邱行生、晋江周志强、永春潘抟徽、闽侯钱辉、龙溪沧招、同安章明本、厦门陈文程、海澄邱照荃、晋江庄子琛、永春郑文存、闽侯陈依臣、龙许(溪)曾九龙、同安邵武标、厦门陈江宁。

女组单人拳术演赛为厦门李秀英、李国华、李秀维、□□仁。

男子□□□手演赛为海澄邱思志、何沙武,永春陈桂芬、陈汝海,龙溪蔡可、曾乌尾,同安许神送、陈火成,厦门刘福远、杨青峰,海澄邱瑞荃、邱行王,同安陈火成、陈隆春,海澄邱思炭、邱行乞。

筹会省运筹会昨议决,一、云霄县初中学生照优待办法,买入门票;二、南安队报名参加除篮球不许外,在可能范围内田径两项,准予参加。但限11日,由县府来文证明。

又今日欢迎蒋鼎文秩序,决由乐队引导各选手进场,齐到公园司令台前奏乐候接进场。汽车往来减价,经由筹会商得厦禾公司同意,凡各县来厦选手及来宾参观到中山公园,照原价八折优待。岛美、浮屿、中山路、厦大各派汽车一辆,候载赴公园,停车地点由公安局警卫组指定在虎园路一带。

《江声报》1935年9月11日

省运会昨闭幕郑贞文闭幕词　愿优胜者毋自足不优胜亦毋自馁
同时举行给奖式　郑氏订今日回省

本届省运大会于昨(15)日下午二时,假市府大礼堂,举行闭幕及给奖典礼。到400余人,奏乐行礼如仪后,会长郑贞文致闭幕词。略谓:

> 福建体育本来是全国最落后的,先天的体格比不得北方人,后天的体格有锻炼,也比不得东南各省。本年暑假的时候,我就请了许多的体育专家,在省会办一个体育讲习会,学员有100多人。当时我曾想定今年为体育年来积极提倡体育。厦门对体育一项,比较全省各地是最发达的。去年省运,夺得了总锦标,今年又夺得了省运总锦标。这可以希望的,就是想以厦门为中心,把体育推广到全省。

其次是对大会的展望:一、本届省运,参加的单位,比前增加三四个,这算是有进步的。但是远觉得进步得慢,因为全省有63县,就有63个单位,而本届参加的却只有十四五个单位,所以希望下届全省运动会,能够增加许多单位。二、今年比去年好的一点,就是业余运动员较前次为多。但据统计,学生还是占大多数。希望明年运动员,会不限于学校的学生,能够多多推广到民众里去。又次是对选手的希望:一、今天在座,有夺得锦标的优胜者,和未有获得优胜者,希望优胜者不可自足,要精益求精。没有获得优胜者,不要自馁,要发奋努力,以图下届胜利。

总而言之,本届全省运动大会,不但是要检查全省运动的成绩,同时还有最重要的,就是藉此机会来选拔本省选手。出席本届全国运动大会,以本届各位选手对体格和关于运动道德都较前很有进步,希望于选拔赴全国时,能够表现出福建的运动道德精神,得有好评云云。

次王陈两副会长均有致词。继选手代表郑世熙致词,略谓:

请本省党政军诸长官对体育经费,要筹划有的款,福建的体育前途才有发展希望。今天看了这许多的锦标和奖品,要使我们更伤感。可惜不能把这许多的东西变卖作旅费,好使本省健儿能够多几个去参加全国运动会。虽然不敢说"比赛比赛",但总可以说"表演表演",表现福建体育精神。福建并不是没有体育人才,只是各地方体育经费没有办法,把很好的人才埋没了不知多少云云。

次福州广播台长大会审判主任黄天如演说,略谓:

希望选手能看重成绩的进步,不要只为要夺得这个锦标。我很想将来的运动能把锦标的制度废除,使人们不会因为锦标而努力锻炼,而能为求成绩之精进而努力云云。

又陈瑞清演说毕,举行给奖式。由郑会长宣读行政院秘书长褚民谊代电,谓奉院长汪谕,制送优胜银盾一件。又陈联芬宣布大会名誉会长省党务陈专员电,嘱制送优胜银盾二个。郑永祥报告,大会接到闽侯、诏安及全省新生活运动会贺电数通。旋举行给奖,由马育才依照各项目之第一二等名次宣读姓名。各选手趋至台前,向会长一鞠躬领取奖品。查是日各单位选手,大都到场领去,尚有一部未领,暂存大会保管,当给奖未完毕。

下午4时40分,市府礼堂中庭,右边大树一支干,因朽自折坠地,轰然一声,有如炮声。举座为之骇然,亦凑巧也。又给奖毕,已下午6时,厦队持锦标游街,各县选手则定今日分别首途回乡。大会会长郑贞文,亦订今(16)日附海坛轮返省。教厅第三科长唐守谦及普及识字委员会郑凯等,均随同返省云。

《江声报》1935年9月16日

六百人宴会昨市府盛况
省运大会有三得　各选手准备还乡

昨省运大会闭幕前,上午各单位选手随意游览本市或到各戏院观影剧。

午12时,市府礼堂大宴会,名誉会长蒋鼎文因事未到,由会长郑贞文、副会长王固磐、陈联芬等作当道。计赴宴选手及大会职员等约600人。席间郑氏致词,略谓,本届省运,福州、莆田及各县单位选手踊跃参加,现象甚佳,结果完满。盖有三得焉:一、得天时,大会4日中,天青(清)气爽,虽间曾几度微雨,霎时即晴。二、得地利,厦门一地为闽南文化中心,交通便利,体育发达,地方人士对体育注意提倡,故设备各项未见有缺。三、得人和,大会筹备迄开幕闭幕,得党政军、新闻界等热心赞助,而大会各单位选手,各能保守运动道德。本届有此三种,在历次运动会中可说是最难能的。今有此日成功,全赖各位选手,尤其各位筹委、总干事、各组长职员之辛劳,及地方人士之帮忙。兹遵行新生活规约,略具粗菜,代表大会名誉会长向诸君致意云云。宴罢已午后2时,各选手均已整装,准备今日还乡云。

《江声报》1935年9月16日

(本校学生参加全省运动会成绩)

民国十八年5月在福州举行全省第三次运动会,以学校为单位,本校派男女田径赛运动员及女子篮球队,由黄其华、洪得胜两先生领率前往参加。结果:

男子方面:

陶文忠君获选五大项第一名,10000米第一名,1500米第二名。杨万雷君获选铁饼第三名。

女子方面:

沈惠然君50米第二名,100米第四名;江子英君100米第二名,200米第三名;郑俊贞君200米第四名,跳远第三名;许碧珠君跳高第三名。

本次获田径优胜大银杯一座及奖品甚多。

教育厅长程时奎先生赠本校两匾,题曰"体育救国""党国干城"。

女子篮球队得列亚军,但成绩平常,与冠军球队集美学校比较为5:7,亦可见当时女子体育之幼稚也。闽侯县教育局赠匾,题曰"自强不息"。

球员为沈惠然、方赛英、欧阳葆洁、王美珠、郑俊贞、许碧珠、江子英、马美云。

《厦门私立双十中学十六周年纪念特刊》1936年

（本校学生参加全省运动会成绩）

(民国)二十四年9月9日至12日,福建全省运动会在厦门中山公园运动场举行。本校学生被选为厦门市田径赛及球类选手者,计有19人。在运动场中,与各县健儿角逐,精神奋发,爰将优胜者芳名胪列如下:

男子

王逢元君　1500公尺第1名;

曾人坦君　800公尺第2名,400公尺第2名;

郑宗悟君　1500公尺第4名;

张承敏君　400公尺第4名,200公尺、100公尺各第5名。

女子

林智慧君　50公尺第3名,200公尺第3名,100公尺第2名;

许嘉贤君　急行跳远第3名。

又1600公尺接力赛跑,厦门市争得第一名,第一棒郑宗悟,第二棒苏青琦,第三棒曾人坦,第四棒张承敏。以上4人,均系本校学生,一校学生包办全省接力冠军,殊属难得。

《厦门私立双十中学十六周年纪念特刊》1936年

参加省运本市订期选拔

未参加市运亦得报名　陈掌谔训练主任

本市参加八届全省运动大会选拔委员,由市府函聘指派15人,成立委员会。昨开一次会议,到主任委员郑永祥(李少白代),副主任陈掌谔,委员杨绪宝、蔡如川、刘金泉、徐素凤、王连元(高云览代)、叶文炳、卢逵(达)仑、庄吉甫、邱应葵、谢汉光(沈文炳代)等13人,由李少白代主席。议决:

甲、选拔原则:一、田径全能由一届市运会业余中上男女两甲组各项目成绩优胜之选手中挑选前3名,每同项目计6名加以训练,以便复选。二、未参加市运会运动员及业余中上男女乙组优胜选手,愿意加入挑选者,得请求本会委员2人以上介绍,尽于7月12日以前将名单送会,以便订期测验并加以训练,再行复选。三、复选标准以训练测验最优成绩前4名为正式选拔代表。四、每人得就其彼选成绩次优之项目,兼任参加一项至三项。五、初选名单决定 7 月 13 日发表,由会函知各被选人征得同意。六、测验时间订 7 月 15 日,参加游泳挑选运动员定 7 月 9 日下午 5 时前截止报名,复选日期订 7 月 10 日。初选标准,由竞强体育会所举办全市游泳大会各项比赛优胜最优前 4 名选拔为正式代表。球类凡愿意参加挑选之球员,尽 7 月 10 日午前报名,以便由会编组混合队,订期举行挑选,挑选标准以选个人为原则。报名参加网球挑选球员,须缴交报名费□元,挑选时用球由会供给。各种球类初选日期另订。国术报名日期本月 15 日截止,地点精武体育会,挑选人数,男子定 10 人,女子定 4 人。

乙、选拔委员:田径组主任陈掌谔、谢汉光、叶文炳、蔡如川、洪年炳,足球组主任蔡如川、余逊生、王世铨;排球组主任杨绪宝、洪智慧、谢汉光,篮球组主任叶文炳、蔡如川、杨绪宝,棒球组主任余清林、卢达仑、张钟声,网球组主任林全盛、邱应葵、刘有士,乒乓组主任郑倍保、徐素凤、杨渭溪,游泳组主任庄吉甫、马有才、徐素凤、沈文炳、高云览,国术组主任刘金泉、洪智慧、陈李梁,表演组主任陈掌谔、方暮泉、吴有恩、刘金泉、沈文炳。

丙、训练委员:主任委员陈掌谔,委员杨绪宝、蔡如川、蔡文炳、庄吉甫、谢汉光、徐素凤。

丁、各项训练章程办法及训练日期等项:由各组委员拟定,限 10 日提交下会讨论。

戊、测验训练地点:田径及全能暨各种球类假厦大,乒乓假青年会,游泳假竞强体育会,国术假精武体育会。

己、报名:表格由市府第二科制便应用。

庚、略。

《江声报》1937 年 7 月 7 日

参加省运游泳明后日选拔
男女每项各取 6 名

本市参加八届省运选拔委员会于游泳选手测验,订明(10)后(11)日在胡里山竞强体育游泳池举行,时间自上午 8 时至 12 时。10 日秩序为:一、男女 50 公尺自由式预赛。二、男子 200 公尺俯泳预赛。三、男子 1500 公尺自由式预赛。四、女子 100 公尺仰泳预赛。五、男子 50 公尺自由式复赛。六、女子 50 公尺自由式决赛。七、男子 200 公尺游泳复赛。八、男子 50 公尺自由式决赛。九、女子100公尺仰泳决赛。十、男子200公尺俯泳决赛。十一、男子1500公尺自由式决赛。

11日秩序为：一、男女100公尺自由式预赛。二、男子100公尺仰泳预赛。三、男子400公尺自由式预赛。四、女子200公尺俯泳预赛。五、男子100公尺自由式复赛。六、女子100公尺自由式决赛。七、男子入水比赛。八、男子100公尺自由式决赛。九、女子200公尺俯泳决赛。十、男子100公尺仰泳决赛。十一、男子400公尺自由式决赛。其录取人数，男女各项目各取6名。

《江声报》1937年7月9日

参加省运泳员尚须二次选拔

订廿日起开始训练　田径挑选改十七日

本市参加省运会游泳选手于10日在竞强游泳池举行测验比赛，由陈掌谔、庄吉甫、蔡如川、吴有恩、卢达仑、陈承志、任飞龙等办理。结果：男子50公尺、100公尺自由式均破前届省纪录，而均为傅宗麟取得。400公尺自由式，亦破本市纪录，而为蔡永金所得。女子50公尺自由式创本省新纪录，为杨玛丽所得。各录取选手，定20日起仍假竞强泳池训练，全部录取如次：

男子部　50公尺自由式：录取傅宗麟、廖永明、洪锦顺、傅顺麟、孙连情、蔡鸿谋6名。一名傅宗麟成绩30秒正，破本届省运纪录（按前届潘威廉成绩30秒又十分之五）。100公尺自由式：录取傅宗麟、廖永明、孙连情3名。一名傅宗麟，成绩1分9秒又十分之二，破前届省纪录（前届潘威廉成绩分11秒正）。400公尺自由式：录取洪安训、王鸿龙、陈瀛生、洪锦顺4名。一名洪安训，成绩6分35秒2。1500公尺自由式：录取蔡永金、王鸿龙、黄经忠3名。一名蔡永金，成绩26分13秒4，破市纪录。100公尺仰泳：录取方宗水、郭界2名，一名成绩1分42秒8。200公尺仰泳：录取方宗水、傅宗麟、丁永辉、郭界、杨□生5名。一名方宗水，成绩3分18秒，破市纪录。入水比赛录取吴冷泉1名。

女子部　50公尺自由式：录取杨玛丽1名，成绩39秒又十分之九，创本省新纪录。

选拔委员会于昨日在市府开二次会议。议决要案：一、游泳挑选名额未足，定12日起至17日上午止，为二次参加挑选报名日期。二、游泳二次挑选日期定 18 日上午 8 时起,仍在竞强体育会举行(行)。三、游泳选手训练日期,定 20 日开始。四、报名参加田径挑选运动员,原定 15 日挑选,现改定 17 日下午 2 时起齐集厦大体育场举行挑选比赛。五、男女乒乓球、网球及男棒球、女垒球,因参加挑选名额未足,将报名日期展至 12 日。六、各种球类挑选日期由各组挑选委员分别决定办理。七、凡参加挑选运动员往返车费,均须自备,经当选后前往训练,车费由本会供给。八、训练期间定为 1 月,自本月 20 日起至 8 月 20 日止,其详细时间另订。九、凡挑选入选选手须填写保证书,如有中途逃避,得向该保证人追回训练一切费用。十、训练及挑选用费预算,推举陈掌谔、蔡如川、李少白负责拟定,由会呈请市府拨用。

《江声报》1937 年 7 月 12 日

参加省运田径选手今日测验　篮球明初选

本市参加省运排球,报名男女各 30 人,订 18 日举行初选,加以训练后再行测验,选拔男子 12 人,女子 15 人为本市正式代表。现计男子报名者雷泽光、廖超勋、廖超熊、施汉阳、邱世远、苏文佑、张清波、杜申裕、吴金沙、龚鼎煌、黄福宗、陈安乐、黄振荣、黄火灼、谢容奇、庄伯仑、王逢元、林仁源、陈广仁、陈德川、林金欧、杨文义、蔡文明、黄江淮、陈国均、林联昌、张镇熙、苏盛昌、王清池、乜亘农等 30 人。女子报名者欧阳秋菊、王明瑜、林雪玉、詹金珠、曾亚珠、蔡淑惠、陈玉琪、曾碧珍、林锦菊、谢秀莲、林智勤、林智慧、林素卿、黄宝彩、虞碧英、俞宝珍、吴容光、蔡坤英、纪瑞琨、黄爱宾、王秀文、王双游、林素端、林锦菊、胡□瑟、杨宝玉、吴彩华、陈宝彩、王佩珍、叶丽月等 30 人。

又选拔会定今(17)日在厦大体育场挑选田径男女选手,除市届运会中上业余两组前三名为初选选手,不必加入选拔外,其他临时加入者,男子林伯温、陈宝财、王逢元、黄添梓、刘得恩、黄明芳等 6 名,女子陈希史、骆加美、曾谷芳、许嘉贤、黄月华等 5 名,均须测验,以便择优选拔。

又游泳二次测验,原定明(18)日在竞强游泳池举行。兹以报名仅二三人,故决定不行测验,准该各人加入训练。又乒乓预选昨第二日,除张锡华最有希望外,林怀海、郭尚霖、洪祝明、辛大赏实力均甚平均,故竞争甚烈。

《江声报》1937 年 7 月 17 日

饭吃不饱奚能运动
本市对运动会一般未感兴趣

全国运动会定本 5 月间召开，省运会定 4 月间召开，各情已志本报。照过去办法，市运会至迟于省运会前一个月前召开，以便挑选选手。今已 1 月底，虽云适逢各校假期，但迄未见当局举行模样。据谓系因经费困难，而体育界人士以本市过去运功素负盛誉，然年来对体育甚缺少训练，省运会时恐已难与他县市抗衡，遑论全国。至各学校当局，谓各教职员已为薪、水、米、盐等自顾不暇，饭尚吃不饱，奚有心于体育？况训练时又须多吃一点滋补品，故教育界人士对市运会更不感兴趣云。

《江声报》1948 年 1 月 28 日

篮球选拔续有参加　秩序重编定
昨群力胜厦大　侨队压中华

本市出席全省运动会篮球选拔赛，昨为第二日，第一场厦大对群力。群力队系全白队之前身，该队曾于去年冬获得冠军，其球艺早为本市体育界所赞誉。开赛后，群力一路领先，厦大疲于奔命，上半时 12∶11 获胜。易场后，群力声势大震，厦大虽图反攻，奈操胜心切，以致为群力所击败，结果群力以 28∶18 告捷。

第二场为侨队对中华，侨队在施维熊号召之下，竟一鸣惊人。中华健儿本届日见进步，但棋逢敌手，终于甘拜下风，时间终了以 24∶26 一球之差败于侨队。

查选拔赛开赛后，报名参加者续有侨队、厦大、中华等，故原定比赛秩序，重新编定于后，19 日同余对侨队，群星对群力。20 日群星对侨队，厦大对中华；21 日同余对群力，厦大对侨队，群星对中华。22 日群力对侨队，群星对厦大。23 日同余对厦大，群力对中华。第一场下午 3 时开赛，第二场 4 时。21 日为星期日，故举行 3 场，第一场 2 时即开始。

《江声报》1948 年 3 月 19 日

男女田径选拔改后天举行
昨篮球赛同余群星获胜

本市出席全省运动会,男女田径选拔赛,原定今(20)晨假厦大体育场举行。嗣因市库支绌,无法付款布置,特向选拔委员施维熊商借国币500万元为场地布置之用,故该会决延至22日(星期一)举行。届时凡欲参加者,可临时报名参加,不受限制云。

昨为篮球选拔赛第三日,第一场同余对侨队,侨队于开赛后颇为得心应手,无奈老将油水不足,致以40:32败于同余队。第二场群星对群力,群星于前天被同余击败后,抱负雪耻复仇之心,故昨赛力图取胜,上半时以16:8获胜。下半时开赛时群力队员心慌,加之前锋身材矮小,不堪群星全力对应,终以14:32为群星打败。今日对赛者第一场群星对侨队,第二场厦大对中华。

《江声报》1948年3月20日

侨队挫于群星　中华打败厦大

本市出席全省运动会篮球选拔赛,昨第一场为群星对侨队。侨队自败于同余后,士气不振,加之人马不齐,终非群星之敌,上半时16:7群星先声夺人。下半时开赛后,侨队力图反攻,虽打成平手,无奈时不我留,结果以33:24受挫于群星。第二场中华对厦大,厦大于开赛后颇见活跃,上半时18:18秋色平分。易场再战,厦大吕基渊首先投中一球,之后,竟一蹶不振,中华乘虚而入,连中4球,又罚中2球。鸣金收阵之时,中华以28:20打败厦大队。今日比赛3场,第一场下午2时开始,同余对群力,第二场厦大对侨队,第三场群星对中华。

又菲律宾华侨篮球选拔赛于开始之日,竟发生风波。据查,系群声队员陈金德、陈金置兄弟因入籍菲国,认为既非国人,有违全国运动令之章则,致为当地华侨所反对。曾于(民国)卅五年8月间回国远征,名震国内外之黑白篮球队,以群声队员资格,既违反全运会之规定。为抗议起见,故临赛之时,全队退出选拔。本市选拔委员会闻讯,对此颇为惋惜,经去电请其来厦,为本市出席省运会之篮球代表队。但该队是否愿为本市增光,需待复电始能决定云。

《江声报》1948 年 3 月 21 日

今在厦大操场举行田径选拔

本市出席全省运动会男女田径赛选拔,经借款购置运动器材一批,又跑道亦经雇工划线,决定于今晨9时起在厦大体育场举行。参加选手应准时到场报到,至未报名而有意参加者,可临时到场参加比赛。其比赛秩序如下:

上午径赛:

(一)100公尺,(二)800公尺,(三)400公尺中栏,(四)400公尺,(五)5000公尺。

田赛:(一)跳高,(二)铅球,(三)三级跳远。

下午径赛:

(一)200公尺,(二)110公尺高栏,(三)1500公尺,(四)1万公尺。

田赛:(一)跳远,(二)铁饼,(三)撑竿跳高。

又篮球选拔赛昨午群力对同余,同余以29:21胜群力。第二场开赛时春雨纷纷,故决延期举行。本日赛二场,第一场侨队对厦大,第二场同余对中华。

《江声报》1948 年 3 月 22 日

田径选拔赛裁判员聘定
昨篮球赛侨队厦大获胜

本市篮球选拔赛昨天第一场为群力对侨队,侨队以28:20获胜。第二场群星对厦大,厦大竟以24:20打败群星,殊出一般球迷意料所不及。今日第一场,同余对厦大,第二场群力对中华。

又田径选拔赛参加者颇为踊跃,今明两天仍可继续报名,希望各校体育教师本提倡体育之真谛,鼓励该校优良学生到中山路新的书店或厦大报名参加。至于田径裁判委员,业经聘定就绪,兹探录于下:

发令钱乙勤,终点裁判长刘焕章,裁判员刘如羲、陈聚才、庄汉卿、邵友云、廖永明,田部裁判长罗经龙,裁判员陈昆山、廖永明,跳部裁判长庄文潮,裁判员刘焕章,纪录柯福年,检录李金星。

《江声报》1948年3月25日

体育消息

本报讯 女篮球队赴省的选拔赛,前天下午在同文球场举行,参加的只有两队,同余及双十。同余系年前驰骋沙场的宿将,双十则为后起之秀,4个小节近完时,成22∶22的对手。但在最后的几分钟间,双十连失去8分,成30∶22。两队定今天4时复赛。

游泳的选拔,同是前天下午1时,在太古码头的海上举行50米自由式,第一名王寿岩(成绩29点2秒),第二名邱启灿。200米俯式,第一名黄城明,成绩(4分4秒2)。第二名周其生。

另个消息称:游泳选拔因参加的人太少,成绩又不见得比去年游泳赛好,或者会自去年的比赛中选拉出应该去的。这将在即要开会的选拔会上提出讨论。

《星光日报》1948年3月31日

参加省运选手领队人选决定

本报讯 本市选拔委员会第二次委员会议于昨午2时在市府会议厅召开,主席叶书德。讨论要案探志如次:一、关于参加省选拔会,本市选手报名项目应如何决定案?议决:一、男女篮球队由郭委员尚霖负责领队并措筹经费(队员名单由郭委员送交市政府,以便发电);二、足球队由庄委员友谅(让)负责领队,并措筹经费。三、田径选手报名:甲、100公尺郑鸿池;乙、800公尺陈希乾;丙、5000公尺许培根;丁、400公尺中栏余铁城、陈昆德、陈振文;戊、1万公尺韩进早、陈永泉;己、撑竿跳高,林在钧、陈振文。田径报名选手定4月6日复试,成绩如不达标准者弃权,并推庄委员友谅(让)为田径选手领队,负责措筹经费。

二、关于赴者参加选拔会,本市选手飞机票应如何洽商案?议决由市府函请中国航空公司派先购票。

三、关于本市选手,总领队应推进何人负责案?议决签请黄市长决定。

四、关于赴省选手膳食问题应如何决定案,议决函请鳌峰坊福州三民中学校长宋廷瑜商借膳宿地点。

《星光日报》1948年4月3日

厦参加省运选手今明分批飞榕

本市讯 全运会本省选拔赛定于9、10两日在榕举行,已志前讯。本市决定选派男女篮球队及田径队参加。现男女篮球队由郭尚霖率领,定7日晨7时乘中航公司专机飞榕参加。闻女篮球队队员略有更动:计教练邵友云,管理陈聚才,队长许欣喜,队员林智慧、黄桂英、杨淑敏、苏淑华、陈丽湘、林雪娥、许雪治、陈嘉聪、谢锦鉴、蓝佩贤等及男篮球手等计27人。至于田径选手,经于6日在厦门大学运动场复试完毕,成绩颇佳。因受飞机票位限制,故仅拔选4人,计中栏陈昆德,400公尺许龙基,800公尺陈希乾,5000公尺陈永泉等。该田径队领队庄友让、指导刘如羲连同田径选手定8日搭机飞榕。

又讯 本市白马足球队代表本省出席全运,业经省方批准。兹将该队阵容介绍于下:领队庄友让,指导蔡如川,管理黄长柏,队长杜申元,队员龚鼎图、傅炳华、郑青年、陈英道、李天晒、吴世伟、黄有志、郭炳岩、容子华、庄杂新、陈世豪、强尚义等,阵容相当雄壮。闻决于本月底分两批先行飞沪集中训练。

《星光日报》1948年4月7日

省运会厦选手于昨乘机返市

一、厦门田径队由指导刘如曦率领,于日昨飞返抵厦。此次出席虽仅4名,但均各有所获,成绩斐然。400米及200米冠军许龙基,400米中栏冠军陈昆德(破省纪录),800米第2名陈希乾,1万米第3名为陈希泉,飞厦后由领队庄友让设宴在高亭庆功。

二、男篮球晋江冠军以22:14打败厦门队,此次与晋江队决赛,惜限于人马,事先如能多调一二男将,当不致失败。据息,此次晋江队之蔡文章,早被沪队选中。省方闻息,如其不代表福建出席全运,拟将篮球项目取消。最后晋江愿自负经费出席,现正考虑中。

三、厦女篮球队已获出席全运资格。闻队中意见分歧,教练邵友云、队员陈聚才或将离厦渡菲。查其原因,系领队调度无方所致。

四、出席全运之足球队,经省方准派厦白马足球队代表。晋江闻悉,亦向省方交涉,自费出席。但省方以白马队实力较强,可能代表福建,且早与省洽妥,故不允晋江所请。白马队已决定月底赴沪集中训练。

《立人日报》1948 年 4 月 13 日

三、全国运动会

全运本省二次预选十五六日在厦大举行
合田径及格标准者可与赛
达到或打破前届全运纪录有送本届全运权

全国运动大会福建第二次预选会定在厦门大学举行,各节业志前报。昨(4)日教育局经奉教育厅训令,颁到办法矣。兹特录其文及办法如下:查民国二十年"全国运动大会",本省参加选手第二次预选会,现经由厅决定9月15、16两日在厦门大学体育场举行。兹为节省比赛时间与避免运动员之往返徒劳起见,特定预选会田径赛及格标准与选派办法,以资遵循。除分行外,合行检同办法,令仰该局长遵照,此令。附录田径赛及格标准与选派办法,以资遵循。除分行外,合行检同办法,令仰该局长遵照。此令。附田径赛及格标准与选派办法如下:

(甲)田径赛及格标准

男子部

项目及格标准:百米 11.8 秒、200 米 24 秒、400 米 56 秒、800 米 2 分 12 秒、1500 米 4 分 32 秒、1 万米 38 分、110 米跳栏 17 秒、400 米跳栏 1 分 5 秒。16 磅铅球 11.50 公斤、标枪 44 公斤、铁饼 31 公斤、跳高 1.70 公尺、跳远 6 公尺、撑竿跳高 3.20 英尺、三级跳远 13 公尺。五大项 2200,十大项 4200。

女子部

项目及格标准:50 米 7.6 秒、百米 14.5 秒、200 米 31 秒、80 米跳栏 17 秒、跳远 4.20 公尺、跳高 1.20 公尺、铅球 8 公尺、标枪 20 公尺。

(乙)派送办法

一、第二次参与全国运动会之预选会,决定9月15、16日两日在厦门大学举行,各校校长应商请各该校体育教员调查本校学生之田径赛成绩有与此届录取标准符合时,凡(子)福州市各校务于9月5日以前将报名单寄交本厅,以便汇送。(丑)各县可由教育局代为汇转,路遥县份应以电报报名,逾期不取。(寅)一般民众欲参加者,亦同此办法,惟大会报名截止期间为9月8日,各县教育局汇送时间自应提前,以免稽延。报名地点为厦门大学第二届全国运动会预选会筹备处(报名单略)。

二、有打破或达到前届全国运动会田径纪录者,本届即未参加预选会,亦有送与全国运动会之权私,但应由各校长负责证明,经本厅派员测验方为有效。各县应由教育局证明,并经筹备会测验,方为有效。兹附前届全国田径赛纪录。表录后。

甲、男子部

运动项目与成绩:100米11秒5分、200米23秒5分4、400米52秒5分3、800米2分9秒、1500米4分20秒5分4、1万米35分26秒、110米跳栏17秒5分3、400米跳栏前届无、16磅铅球13.34公尺、铁饼31.87公尺、铁枪44.52公尺、跳高1.73公尺、跳远6.01公尺、三级跳13.39公尺、撑竿跳3.28公尺(注前届全国运动会铅球成绩并未标明16磅,故铅球成绩曾打破本届标准即为及格)。

乙、女子部

运动项目与成绩:50米7.2秒、百米13.4秒、跳远4公尺、跳高1.22公尺、铅球7.84五公尺(注200米标枪跳栏以本届所定及格标准为合格)。

三、所录成绩能打破达到前届全国运动会纪录时,本厅即畀以以代表,出席全国运动会之选手权。

四、参加第二届预选会一切费用,由各校或参加者自备,但本厅应当予以种种之便利。

五、送与全国运动会之运动员川资由厅供给,附球类录取办法如下:甲、各种球类在参加此届预选会时,各地只许每种组织一队(各地指各地单位而言,如福州、厦门、兴化等),不得在同一地点发生有同种球类两队参加。乙、已得决赛权之球队,由厅派员选择。纵已负之队,其队员技术优良者,亦有被选机会。

《江声报》1931年9月5日

全运本省预选今日开幕

时间延至 17 日止　各项比赛名单已预定

全国运动会本省第二次预选会决在厦大举行,福州选手业已抵厦,以上各情经载本报。兹查各县健儿到厦参加比赛者,除闽侯县外,尚有集美学校选手数十人,今晨当可完全到厦。其他各地或因路远及经费关系也,近如龙溪、仙游本有准备前来参与比赛之讯,但截至昨日止,尚未见报到。省教育厅长程时奎昨晨已乘得忌利士海阳轮抵此(见另条)。今(15)日为全运会全省预选大会开幕第一日,报名参加比赛者于昨日已截止,并已将编排号数、项目、秩序等均已拟定。运动规则则采取今年颁布之全国运动会规则,本定 15、16 两日举行完竣,但以时间不敷分配,现已决定延长一日,15、16、17 三天。

大会职员

名誉会长林向今司令、会长程时奎厅长、副会长厦大林文庆校长、总评判邓世熙、田赛总裁张奇青、径赛总裁苏行二,田赛裁判员张贵雄、杨绪宝、王守仁、庄文潮、黄启荣,终点评判长廖继熙,终点裁判员薛永黍、邱应葵、区兆荣、刘松涛、杜佐周、曾学鲁、庄吉甫,发令员黄炳坤,计时长李锡爵,计时员张锦水、王世泉、田渊漆、谢逢□,径赛纪录吴□基,报□员贺秩、许成荣,总纪录林□火,总干事林荫南,□事长□□□、□员□□□、林□平、王世富、王桢、杓医生、章茂林、陈廉谨。

比赛次序

15 日(上午),一、百米预赛。二、跳远五项之一。三、女生 50 米预赛。四、跳远男女生。五、跳远十项之一。六、200 米预赛。七、女生百米预赛。八、铁饼十项之二,五项之二。九、铁饼。十、1500 米、女子排球,上午 9 时,男子网球,上午 9 时(下午)。十一、100 米决赛。十二、50 米决赛(女生)。十三、100 米十项之三。十四、200 米决赛、200 米五项之三。十五、铁球十项之四。十六、百米决赛(女生)。十七、110 米高栏。十八、高跳十项之五。十九、高跳男女生。二十、400 米十项之六、400 米。二十一、铁枪男女生、男子排球,下午四时。男子网球,下午 2 时,16 日(上午)。廿二、200 米女子预赛。廿三、铁球男女生。廿四、铁球五项之四。廿五、200 米决赛。廿六、铁枪五项之五、十项之七。廿七、400 米中栏预赛。廿八、撑跳高。廿九、同上。

三十、三级跳。卅一、1500米五项之五。卅二、110米高栏十项之九。卅三、80米高栏女生。卅四、800米,上午九时男排球、网球(下午)。卅五、200米女生决赛。卅六、1500米十项之十。卅七、万米。卅八、400米中栏决赛、男子篮球4时半,17日(上午),上午9时男排球,(下午)网球2时,足球4时。

女子田径赛

50米参加者:陈白雪(201号)、陈伟能(202号)、陈金莲(203号)、潘梦莲(204号)、苏剪花(205号)、郑梅妆(206号)、叶梦黎(207号)、陈荣棠(208号)、王秀荣(219号)。

100米参加者:叶梦黎、陈金莲、陈伟能、陈白雪、陈荣棠、高月辉(209号)、李秀夸(210号)、潘梦莲、苏剪花、王秀荣。

200米参加者:陈伟能、高月辉、郑梅妆、陈荣棠、曾懿德(211号)。

80米低栏:陈白雪、李秀夸、曾懿德、苏剪花、叶梦黎、叶珠瑛(221号)。

急行跳远:陈伟能、王秀荣、陈白雪、李秀夸、郑梅妆、吴珊(222号)。

赛高:陈桂花(213号)、陈白雪、李秀夸、郑梅妆、叶珠瑛。

铅球:黄淑华(214号)、叶素静(215号)、郑凤英(216号)、李玉婉(217号)、徐瑞仙(220号)。

标枪:陈荣棠、苏剪花、陈惠卿(218号)。

男子田径赛

100米参加者:周肯(101号)、戴淑国(102号)、吴青魂(103号)、郑其深(122号)、郭和钟(123号)、刘有土(127号)、卢达仑(128号)、林品灵(140号)、苏春涛(146号)、吴义成(145号)、吴咨(154号)、刘领赐(143号)。

200米:周肯、戴淑国、刘有土(127号)、卢达仑、林品灵、苏春涛、黄宗标(146号)。

400米:戴淑国、陈健(104号)、刘有土、卢达仑、徐清水(129号)、骆嘉森(137号)、苏春涛。(未完)

《江声报》1931年9月15日

本省预选名单

(续昨第三版)

男子田径赛　苏春涛(144号)、黄宗标(146号)。

400米　戴淑国、陈健(104号)、刘有土、卢达仑、徐清水(129号)、骆嘉森(137号)、苏春涛。

800米　陈忠敬(105号)、洪启明(121号)、刘远芝(130号)、卢达仑、徐清水、刘有土、苏春涛、黄宗标、许景煌(155号)。

1500米　殷登銮(106号)、叶得胜(107号)、陈振民(108号)、洪启明、刘远芝、王家梁(131号)、徐清水、骆嘉森、林品重、黄少仪(142号)、蔡庆澜(147号)、张辉渊(148号)、苏有方(149号)、许景煌、郑宗悟(156号)、陈明火(159号)。

万米参加者：张火炎(119号)、庄国宗(120号)、叶得胜、殷登銮、洪启明、王家梁、徐清水、陈浪中(139号)、林品重、吴慈鹏(141号)、蔡庆澜、张辉渊、苏有方、郑宗悟。

铁枪　林绍洲(109号)、魏木土(116号)、吴世健(118号)、陈清江(113号)、刘远芝、王盛桥(152号)、吴登峰(158号)。

铁球　林绍洲、蔡继墀(114号)、戴祥妙(117号)、陈清江、戴楚彬(135号)、王盛桥、吴登峰。

铁饼　林绍洲、蔡继墀、戴祥妙、陈清江、戴楚彬、王盛桥、吴登峰。

高栏　林绍洲、陈健(104号)、谢有光(110号)、陈吉来(111号)、叶茂发(132号)。

中栏　陈吉来、谢有光、黄兴祥(112号)、陈健、刘有土、徐清水、骆嘉森、叶文炳(153号)。

三级跳远　周肯、吴青魂(103号)、戴分鹏(124号)、郭耀宗(126号)、叶茂发。

跳远　戴淑国、周肯、陈清江、蔡继墀、叶茂发、林加扬(136号)、叶文炳、吴咨。

跳高　吴青魂、戴分鹏、郑其深、张金镛、叶茂发、黄长春(150号)、吴义成、吴咨、陈木火(157号)。

撑高跳　王胜兴(115号)、魏木土、徐清水、曾大器(133号)、邵树根(134号)、洪友鹤(138号)、黄慰庭(151号)、陈木火。

十项运动　王胜兴、魏木土。

五项运动　刘领赐、林绍洲、陈清江、林加扬。

女子球类赛　(一)参加者有集美篮球队：陈雪芳、陈荣棠、游惠芳、薛匹侠、黄淑华、吴玉珍、苏剪花、陈凤、李玉琬、陈桂花、黎才珍、郑凤英。

福州女排球队：林瑞珍、叶珠瑛、吴珊、徐瑞仙、蔡则琴、周淑和、陈秀慧、陈鸿玉、张孟星、卓伯玉、刘世英、张瑛琪。

集美女网球队：黎才珍、苏剪花。女排球队福州篮球队。

男子球类赛参加者：福州排球队：林菁（领队）、游鼎生、张赛亚、李赓植、郭则□、王高英、程乔生、林长源、张孔澄、张秋藩、廖登明（队长）、陈新民、陈学琛、陈敬梓。

福州足球队：陈世珍、张文英、林汉民、张充华、崔绍孙、陶雨心、陈声振、欧东生、陈念□、辜秉后、辜秉森、王光涛、陈淑华。

福州篮球队：李贵樵、黄和晋、黄心燊、张秋藩、陈光汉、林家霖、林菁（领队）、廖登明、陈黎、陈新民、程乔生（队长）、王高英、黄和澄。

厦门排球队：由厦大、集美、厦友等组织。足球队：由英华、厦大、健群、集美、同文、鹭光等挑选。厦门篮球队：由厦大、同文、集美挑选。此外尚有网球比赛，参加比赛者亦甚多，以上人名尚未选定。（完）

《江声报》1931年9月16日

昨全运闽二次预选开幕
上下午田径赛均去全国纪录远
女子跳高一米二四陈季花破去年全运纪录
女子排球"集美"胜"福州"

昨（15）日全国运动会福建全省第二次预选会在厦门大学举行开幕礼，并开始第一日比赛。原定上午8时半开会，后延于9时，始由同文军乐队奏乐开会。全队绕场时，军乐后第一人着海军服者林国赓氏，长衣者程时奎氏，林文庆氏偕军乐队2人。除名誉会长林国赓、会长程时奎、副会长林文庆外，到会者有县长杨廷枢、司令部参谋刘景箜、教育局长林德曜、第一护台营长何志兴、县党部代表赖联辉，厦大教授孙贵定、杜佐周等，概其他职员、各校运动员来宾计约六七百人。

首先各校运动员列站台前毕，由军乐队奏乐前行，次为会长职员等导赴会代表及福州、龙溪、集美、同文、航空处飞机队等校运动员绕行运动场一周，至司令台停止，正式开会。林荫南司仪，礼毕，主席程时奎致开会词，略谓：

> 林司令、林校长、各位代表、各位来宾，今天是我们全国运动会福建全省第二次预选会的日子。今天这么多的代表及来宾，尤其是天气这

样好,实在很感谢。我们要知道,体育在中国是一个非常要紧的事情。总理说:"道之行也,天下为公。"虽然我们会走路而道不能行也不成,就是说能够赛跑不能够赛跑(指按进步讲)。运动一事,不但锻炼身体,也是锻炼心地。运动虽失败,但精神上未尝失败。实不在乎有无得到奖品,最重要的是在提倡体育。锻炼身体而外,且可以锻炼心思。

现在不仅中国赛跑,就是俄、英、德等国而至全世界,都在赛跑。单讲林司令吧,亦何尝不是在厦门赛跑。我们要知道,无论什么事情都像运动员在赛跑的。所以运动是做人和做事业的根本。我们福建省的教育费非常困难,谁都会知道,所以虽系大规模的全省预选会,也只用500元。今天能得到这样,实在荣幸得很。我们这次预备5000元送各选手赴京参加全国运动会,然教育厅仅能负担1000元,其他4000元还要希望各机关予以帮助,望林司令等能够帮助我们云云。

次党部代表赖联辉训诲,大意谓:中国会给人说东亚病夫,其原因就在不讲究体育。试看劳动者及乡村里的农民们的身体多么好,的确非住在城市的人们可比。读书的人都较短命,而劳动者农民等则较长命一点,就会给我们知道体育的要紧了。希望大家提倡体育,不但可以锻炼身心,同时也可以救国云云。

再次,名誉会长林司令训词,略谓:今天我们开全省预选会,程厅长能亲自到厦主持,可见程厅长是非常热心的。兄弟对于东亚病夫的名有点意见,这几年来,吾国各校对于体育提倡不遗余力,希望大家努力来洗掉这"病夫"两字的羞耻。闽南各校为运动,不可落人之后,希望此次能得到全国优胜,还希望他日与外国比时,也必能够得到优胜云云。

最后,副会长林文庆训词,略谓:程厅长、党部代表林司令对于教育体育等都讲得很详细了,现在兄弟来说医学方面。我们要知道,一个人的身体最要紧的是在运动,因为运动能够使全身血脉流通,同时身体就跟着强健起来。从前读书的都在书房里多,运动一事皆不大注意,所以才会弱不禁风。现在呢,各校都竭力提倡体育,多设运动场了,这实在可庆幸的。还有全省预选会在厦大操场举行,我们觉得非常荣幸。厦大很欢迎各机关,以后凡有运动或关于其他体育的事情,也在我们的操场举行。现在时间很短,促我们就来开始运动云云。

于是乐声悠扬,众健儿咸各散开,准备开始运动。时已9时许矣,林文庆乃送程厅长、林司令、杨县长等至集贤楼前,乘汽车而去。

至于会场布置,颇形简单,该会筹备会事前则于大桥头横悬一白布,上书"全国运动会福建全省第二次预选会"等字。运动场及跑道周围植立木柱,系以粗大铅线,观众须站圈外,以防纷乱错杂,阻碍各健儿之献身手,庶不致英雄无用武之地也。厦大集贤楼前搭一司令台,较普通露天游艺会所用者尤小,台结以青松,拈以纸花,台前通操场两旁,有"福建全省"四字。台上书"第二次预选会"等字,咸用白棉作成。台之左系一凉棚,结以花□,入门书"军乐队"三字,内为军乐队员。奏乐处除以上布置外,余无他物,其简单可以想见矣。

男子田径决赛

100米参加者:周肯、吴青魂、郭和钟、卢达仑、苏春涛、吴咨、戴淑国、郑其深、刘有土、林品灵、吴义成等。

结果:第一名:101号周肯(集美),成绩12秒。第二名:102号戴淑国(集美)。第三名:103号吴青魂(集美)。第四名:144号苏春涛(同文)。

200米参加者:周肯、刘有土、林品灵、苏春涛、戴淑国、卢达仑、黄宗标。

结果:第一名:102号戴淑国(集美),成绩25秒8。第二名:144号苏春涛(同文)。第三名:127号刘有土(厦大)。第四名:103号吴青魂(集美)。

400米参加者:戴淑国、陈健、刘有土、苏春涛、卢达仑、徐清水、骆嘉森等。

结果:第一名:102号戴淑国(集美),成绩57秒。第二名:144号苏春涛(同文)。第三名:128号卢达仑(厦大)。

1500米参加者:郑宗悟、苏有方、张辉渊、蔡庆澜、吴慈鹏、林品灵、陈浪中、徐清水、王家梁、洪启明、殷登銮、叶得胜、庄国宗、张火炎。

结果:第一名:129号徐清水(厦大),成绩4分51秒2。第二名:149号苏有方(同文)。第三名:147号蔡庆澜(同文)。

跳高参加者:张金镛、黄长春、吴义成等多人。

结果:第一名:125号张金镛、150号黄长春(龙溪),成绩相同,一米五七。第三名:145号吴义成(同文)。

跳远参加者:戴淑国、周肯、陈青江、叶茂发、叶文炳等。

结果:第一名:102号戴淑国(集美),成绩五米九一。第二名:113号陈清江。第三名:132号叶茂发(厦大)。第四名:101号周肯(集美)。

铁枪参加者:林绍洲、魏木土、吴世健、吴登峰等。

结果:第一名:109号林绍洲(集美),成绩45米10。第二名:158号吴登峰(未详)。第三名:116号魏木土(未详)。

铁饼参加者:林绍洲、戴祥妙、王盛桥等多名。

结果:第一名:109号林绍洲(集美),成绩29米70。第二名:117号戴祥妙(未详)。第三名:152号王盛桥。

高栏参加者:林绍洲、叶茂发、陈吉来、谢有光、陈健等。

结果:第一名:109号林绍洲(集美),成绩17秒2。第二名:132号叶茂发(厦大)。第三名:110号谢有光。

男子五项运动与十项运动昨开始比赛,节目尚未比赛完竣,大约今日即可结束,胜负可分也。至网球比赛,参加者亦颇多,因时间与种种原因,故移在17日举行比赛。此外再举行各种游泳比赛。但此数日来,各种比赛时间过迫促,报名参加手续须俟一二日后再发表,将来优胜者一并送全运会。

又今日比赛秩序已载昨日本报矣,又龙溪昨除排球队比赛外,尚有田赛,张金镛、关云鹏、蒋维周等多名前来参加。

女子田径决赛

50米参加者:陈白雪、李秀夸(婍)、曾懿德、苏剪花、高月辉、叶珠瑛。

结果:第一名:207号叶曼黎(集美),成绩7秒8(按全国纪录为孙桂云之7秒4)。第二名:202号陈伟能(集美)。第三名:201号陈白雪(集美)。第四名:203号王金莲(集美)。

100米参加者:叶曼黎、王金莲、陈伟能、陈白雪、王秀荣、陈荣棠、高月辉、李秀夸(婍)、黄淑华、潘梦莲、苏剪花。

结果:第一名:203号王金莲(集美),成绩16秒2。第二名:202号陈伟能(集美)。第三名:207号叶曼黎(集美)。第四名:201号陈白雪(集美)。

掷铁枪参加者:陈荣棠、薛匹侠等。

结果:取第一二两名。第一名:212号薛匹侠(集美),成绩17米75。第二名:208号陈荣棠(集美)。

跳远参加者:陈伟能、薛匹侠、陈白雪、李秀夸(婍)、王金莲等。

结果:第一名:203号王金莲(集美),成绩3米86。第二名:210号李秀夸(婍)(集美)。第三名:202号陈伟能(集美)。

跳高参加者:叶珠瑛、陈季花、陈白雪。

结果:第一名:213号陈季花(集美),成绩1米24(按去年全运会纪录1米22,陈女士已破纪录矣)。第二名:201号陈白雪(集美)。第三名:221号叶珠瑛(福州)。

女子排球赛参加者:集美队与福州队,评判员张奇清、纪录员杜申元,10时开始比赛,其赛法以三胜决胜负。

结果:集美队胜三局,福州队胜一局,福州队败北。兹列两队球员姓名及其所居阵地如下:

集美队

前敌	中锋	后殿
叶素静	陈美凤	陈白雪
陈荣棠	游惠芳	薛碧霞
黄淑华	吴玉珍	李玉婉

福州队

前敌	中锋	后殿
吴　珊	刘世英	叶珠瑛
黄蓝英	陈鸿玉	张英琪
徐瑞仙	卓伯玉	张孟星

阵地择定,集美队坐北,福州队踞南。球由福州队先开,得2球。旋由集美队夺回开球。继以1∶2后,由福州队抢去,再被集美队争来,又被福州队夺回,得2球。集美队提起精神,努力打成平局,福州队再接再厉,又连胜数球。集美队仍战不懈,争回发球,但未能进展,首局以21对14福州队胜。

次局再战,集美队抖擞精神应战,后殿陈白雪换补郑鸿英,郑开球颇得法,连胜数球。前敌陈荣棠劈压有方,中锋游惠芳和球有序。福州队虽前敌猛将黄蓝英、中锋陈鸿玉和球、接球可称,但集美队态度镇静,无虚可乘,次局结果21对9,集美队胜。

休息5分钟,再赛第三局,福州队竟一泻千里,结果又以21对5,福州队大败。终局,集美队又以21对12败福州队,计共集美连胜三局,取胜于福州队。

男子排球赛参加者:厦门队、福州队、龙溪队,均以循环式各决赛一次,连胜两队即为得胜。昨厦门与龙溪先赛,下午4时开始,评判员仍张奇清、纪录员曾国宝。决赛结果:厦门连胜三局,龙溪一败涂地。兹将两队队员依次序列如下:

厦门队

前排	中排	后排
林道俊	林加扬	林其培

黄　希	陈兆义	吴立宾
黄圣德	宋恩祥	杨定东

龙溪队

前排	中排	后排
柯云舸	黄天莲	沈兰圃
杨　伯	庄世舫	庄世琳
张云勋	吴　魁	蔡百英

厦门队前排候补员杨文照、中排陈承志、后排戴有榕。4时开始比赛，银笛一鸣，两队员均抖擞精神，龙溪起初胜数球，后被厦门追及，一来一往，胜负未分。厦门中排宋恩祥辄施劈压，凶猛不亚大铁锥，建功不少。又兼前排黄稀善于拦网，全队传球甚佳。龙溪打法亦不恶，但非敌手。首局结果：21对14龙溪队居后。

换阵地再战，厦门队益顺利，遂以21对16胜。休息再接第三局，龙溪先以5对0占先，厦门奋斗打成平局，再努力以15对10胜。龙溪在后直追，竟然越过一球，但厦门已连胜二局，军心镇静，无奈之何。第三局果又21对19，龙溪队再败，厦门队获全胜（本报有全国田径赛最高纪录表，本日新闻拥挤，明日刊出为续参考比较）。

《江声报》1931年9月16日

全运预选赛田径完毕昨无及教厅标准者
排球篮球厦门均胜福州

全省二次预选大会昨日开幕情形及比赛之节目，已详载昨本报。昨（16）日为预选大会第二日，上午比赛，男女田赛径赛及排球赛，下午除举行田径赛外，并有篮球比赛、田径比赛。至此完毕，惟昨日成绩竟无及教厅标准者。兹将昨比赛各项节目分志如下：

男子800米

等第	号数	姓名	校名	成绩
第一名	144	苏春涛	同文	2分20秒8
第二名	105	陈忠敬	未详	2分27秒

1万米决赛

等第	号数	姓名	校名	成绩

等第	号数	姓名	校名	成绩
第一名	139	陈浪中	精武会	40分5秒2
第二名	156	郑宗悟	双十	41分36秒2
第三名	148	张辉渊	同文	41分41秒
第四名	149	苏有方	同文	42分11秒8

男子三级跳远 昨参与比赛只一人

第一名,101号,周肯,集美,成绩11米56

男子撑竿跳

等第	号数	姓名	校名	成绩
第一名	157	陈木火	三光	3米02
第二名	133	曾大器	厦大	
第三名	151	黄慰庭	同文	

男子铁球赛

等第	号数	姓名	校名	成绩
第一名	109	林绍洲	集美	10米32
第二名	136	林加扬	厦大	
第三名	117	戴祥妙	集美	

五项运动

等第	号数	姓名	校名	成绩
第一名	143	刘领赐	航空	
第二名	113	陈清江	集美	

(以上两名,分数体育会昨已结算。嗣有称错误,时间迫促,俟今日整理,明日当可发表)。

十项运动

等第	号数	姓名	校名	成绩
第一名	115	王胜兴	集美	(成绩亦未算清楚)

中栏比赛

参加者:110号,谢有光。112号,黄兴祥(倒栏取消)。

女子200米决赛

参加者:陈伟能、高月辉、郑梅妆、陈荣棠、曾懿德等。结果:

等第	号数	姓名	校名	成绩
第一名	203	王金莲	集美	34秒8
第二名	202	陈伟能	集美	第三名

209　　　　高月辉　　　集美

女子80米低栏

参加者:陈白雪、李秀娉、曾懿德、苏剪花、高月辉、叶珠瑛。结果:

等第	号数	姓名	校名	成绩
第一名	201	陈白雪	集美	17秒2
第二名	(倒栏取消)			
第三名	210	李秀娉	集美	

女子铅球赛

参加者:黄淑华、叶素静、郑凤英、李玉婉、徐瑞仙等。结果:

等第	号数	姓名	校名	成绩
第一名	214	黄淑华	集美	7米90
第二名	215	叶素静	集美	
第三名	220	徐瑞仙	福州	

田径赛至昨日止已比赛完竣,今日尚有网球、足球比赛。又昨日跳高第一名系吴义成(同文),张金镛系第二名之误。跳远第一名系叶茂发,第二名系戴淑国,特此补正。

陈季花(集美),女子跳高第一名,成绩1米24,跳远第一名。

男子排球赛昨为厦门队与福州队对垒,10时开始比赛,评判员张奇清、纪录员杜申元。兹将两队姓名及所居阵地列下:

厦门队

第一行	第二行	第三行
林道俊	林加扬	林其培
黄　希	陈兆美	吴立宾
黄圣德	宋恩祥	杨定东

福州队

第一行	第二行	第三行
程乔生	陈辛民	李唐桓
王高炎	张林藩	陈庆霖
张孔澄	廖登明	陈敬梓

厦门队候补员杨文照、陈承志、戴友伦,阵地厦门据北,福州坐南,银笛一鸣,球由厦门先开一球。旋被福州夺回,得二球,又被厦门争来。由吴立宾开球,吴开球甚妙,一连打胜得六球。福州队力追,打成平局,一来一往战

极酣。厦门队宋恩祥之劈压、黄希之拦网、陈兆庆之守球、吴立宾之开球，有如入神出鬼。福州队程乔生、廖登明、陈辛民、陈庆霖之救球、和球、劈球、拦网亦甚佳。第一场结果21∶19，厦门队胜。

第二场再战，福州以首场战败，个个当心，一鼓作气，连胜数球，掌声雷震。厦门仍甚镇静，不慌不忙，宋恩祥再展手段，横压数球，几成平局。福州程乔生见敌势益张，益用力猛击，后方各将皆颇得严防阵地。于是厦门反攻无机，急流直下，第二结果21对13福州队胜。

第三场，福州队再以21对15败厦门队。休息5分钟后，第四场，厦门以第四场再败即无希望，个个抖擞精神，以全力量对待。结果21对18厦门队胜。第五场是两队决雌雄所在，一马超，一许褚，战得满身是汗，球场土沙乱飞，空气益型紧张，他压来，彼救起，来来往往。结果21对17福州再败。计共赛五场，厦门队胜三场，福州队胜二场，福州队败。

又下午4时，本定男子篮球赛福州队对厦门队，厦门队员蔡如川、叶茂发、刘有土、杜申元、叶文炳等均系一时之杰。5时许始开战，福州队员廖登明、陈絜、程乔生等在福州均系一等名将，不意作战之后，厦门队阵势之严密，竟使福州队束手无策。结果上半时变成"一面倒"，42分对5分。下半时，双方均换队员作战后，福州队终以58对16败北，厦门队大获全胜。昨日评判员为黄炳坤，兹将双方阵势以及各人应得分数、犯规分列如下：

厦门队		得分	犯规
左锋	叶茂发	22分	
	马丕显	2分	
右锋	刘有土	15分	
	杜申元	2分	
中锋	黄宗标	16分	
	陈健		一次
左卫	叶文炳		
	吴义成		一次
右卫	蔡如川	1分	一次
	周马岱		
	统计	58分	三次
福州队		得分	犯规
左锋	张秋藩	5分	

	程乔生	4 分	
右锋	廖登明	1 分	
	陈新民		
中锋	陈　杰		
左卫	李贵樵		4 次（退出）
	黄维贞	4 分	
右卫	林佳霖	2 分	
	陈光汉		1 次
	统计	16 分	5 次

《江声报》1931 年 9 月 17 日

全运本省人选再志　田径赛加一戴淑国
尚余足球队未解决

全运本省二次预选会举行后，田径赛选手除前日本报所载者外，尚有集美戴淑国，女子则如前载。为使读者明了起见，特录如下：

篮球队教练杨绪宝、队干事张世雄、队长蔡如川，队员叶茂发、刘有土、叶文炳、黄宗标、杜申元、马丕显、陈炳煌、陈健、周马岱。

排球队教练张奇青、队干事陈承志、队长陈兆庆，队员程乔生、翁祖烈、林道俊、林维爵、陈新民、廖登明、林加扬、黄希、宋恩祥、陈庆霖、吴立宾。

此外尚得一喜讯，则兴化排球健将某君将前来参加，出席全运会，为闽争荣。厦体育会已致电敦促，并由翁祖烈君前往欢迎出山，如得成为事实，增加吾队实力当不少也。

又足球队选手尚未选定，足球教练本系苏行三，但昨据苏君语，公私事务冗集，恐届时不能去。或由庄文潮替代，至出发日期，大约定在下月 2 日云。

《江声报》1931 年 9 月 22 日

游泳预选不再举行
网球双打优胜者　洪启明—林全恩

全运会本省二次预选各项选手大致已决定，该会本拟此次田径赛球类等结束后,再举行游泳比赛,选赴全运。兹以时间追促已作罢论,且以此次选手如刘领赐、王胜兴等在最近青年会举行全厦游泳,均得各项第一名(刘得200码蛙式第一名,王得200码自由式第一名),故不再举行网球赛双人打。现亦已比赛完竣,优胜者为洪启明(航空)、林全恩,单打尚未结束云。

《江声报》1931年9月23日

全运会预选　男女篮球均思明获胜
排球女思明胜男闽侯胜

福州22日夜10时23分电　篮球决赛,男女均思明胜。排球,女,思明胜。男,闽侯胜。

《江声报》1933年9月23日

全运预选仅四县参加　三日中分出高下
女篮排球皆同安胜利　男篮球思明排球闽侯
田径　铁枪　千五百米　破全国纪录

同安队全数共26人,总领队庄文潮,该队除田径赛外,并报有男女篮球排球。莆田队全数30人,总领队李绍远因事未来,由翁祖烈代。该队不报球赛,专致力于各项田径,其中尤以女队员。许梅英等在莆预选时,数项成绩打破全省纪录,更为特色。至闽侯队田径选手报名者23人,合球类共56人,其中殊少特色人才。闽侯男女球队亦无制胜把握,惟男子排球甚为老练。此外尚有仙游选手13人,诏安选手4人,报而不来。

21日上午8时许,预选会开幕,因各校均照常上课不放假,故来宾参观者仅千余人。郑贞文厅长致开会词后,即开始运动。上午为男女球赛,下午各项男女田径赛。是日天阴,下雨数阵,但各项比赛并不停止。22日天晴,上午继续男女球赛,下午继续男女田径赛。此外国术表演及比赛弗甚可取。截至22晚止,男女田径赛均已决赛完毕。23日上午,继续举行男子篮球思明队对同安队比赛,足球思明队与闽侯比赛,男子排球闽侯与同安比赛。游泳比赛各选手于上午7时半由青年会齐集,前往马江海军学校游泳池比赛。23日赛毕,预选会闭幕后,24日准备并休息一日。25日由公共体育场长林荫南等3人,率全体当选选手由省动身赴京,以俾参加全运。

至此次预赛结果,男赛1500米,第一名陈兴武,成绩4分2秒,竟破全国成4分26秒之纪录。第二名郑宗梧(悟),成绩4分32秒十分之三,亦破全省纪录。男子跳高,第一名黄慰庭,成绩1.72米,破全省纪录。铁枪第一名林绍周(洲),成绩47米45,破全国纪录。女子200米比赛,第一名许梅英,成绩30秒十分之二,破全省纪录。女子垒球比赛,第一名苏剪花,成绩二四一五,亦破全省纪录云。

又讯 此次本市预选,参加全省选手,市公安局得有13人,到省复选,成绩极佳。如万米赛跑,陈浪中第一名;撑竿跳,刘连福第一名,陈木火第□名。800米,第二名郑宗梧;铁枪,(第)二名王盛桥,(第)三名朱殿臣。铁球,(第)三名王盛桥。1500米,(第)二名郑宗梧(悟)。游泳1500米,头名王鸿龙,(第)二名林惠添。蛙式游泳,(第)二名苏炳洋。100米,头名王鸿龙;400米,头名王鸿龙;50米,头名王鸿龙。诸运动员于25日由第一分局长王宗世与课员章国华带领回厦,尚有郑宗梧(悟)、陈浪中,在接洽赴全国参加手续。

查此次被选赴全省者,全省警界仅13人,本市警界占7人。福州公安局仅有国术选手4人,可赴全国运动会。厦门警界选手7人,为陈浪中、王鸿龙、苏炳洋、郑宗梧、刘连福、王盛桥、林惠添云。

《江声报》1933年9月27日

全运会本省选手名单
陈掌谔为男田径队指导 邓世熙为男足球队指导

本省全运会预选会闭幕后,25日上午,教厅召集选择委员会,将全部选手名单通过,并定10月1日由省动身。会后即将全部选手名单,电全运会报告。兹将名录转录如下:

男组田径 队长林绍洲。100米,林铭德、戴淑国、林绍洲、黄希;200米,林铭德、田雪畔、戴淑国、王奎卿;400米,田雪畔、戴淑国、陈兴宇、吴文珍;800米,陈兴宇、郑宗梧、谢有光;1500米,陈兴宇、郑宗梧(悟)、张辉渊、谢有光;万米,陈浪中、张辉渊、温树椿(榛);110米跳栏,林绍洲、陈锦芳、谢有光;400米跳栏,谢有光、林绍洲、潘文敏;跳高,黄慰庭、叶茂发、黄德心、吴义成;撑竿跳高,刘连福、黄慰庭;跳远,林嘉扬、叶茂发、戴淑国、陈锦芳;三级跳,黄慰庭、陈显荣;铁球,陈鸿寿、王盛桥、林嘉扬;铁饼,林嘉扬、黄贤登、陈鸿寿;标枪,林绍洲、王盛桥。

女组田径　队长陈荣棠。50米,黄琼英、陈金莺、王金链、陈畹卿;100米,许梅英、陈金莺、王金链、徐素凤;200米,许梅英、陈金莺、陈畹卿;400米接力,许梅英、黄琼英、陈金莺、王金链;80米跳栏,黄琼英、□清渠、陈金莺、颜爱玉;跳高,黄琼英、陈金钗、王金链、黄淑华;跳远,黄琼英、许梅英、陈荣棠;铁球,陈荣棠、陈金钗、黄淑华;铁饼,许梅英、苏剪花、陈金钗;标枪,陈荣棠、苏剪花;垒球,苏剪花、薛匹侠、陈荣棠、陈金钗。

全能运动　队长戴淑国。五大项,林绍洲、许成梁、林嘉扬、戴淑国;十大项,刘崇芬;400米接力,林铭德、田雪畔、戴淑国、林绍洲、郑宗梧(悟)、陈兴宇;1600米接力,田雪畔、林绍洲、郑宗梧、陈兴宇、戴淑国、谢有光。

男女球队　篮球,男队队长蔡如川,队员叶茂发、黄锡爵、黄宗标、叶文炳、黄德心、宋恩祥、吴义成、陈守谦、林嘉扬。女队队长陈雪芳,队员陈荣棠、苏剪花、薛匹侠、陈金钗、陈雪芳、叶光玉、陈畹卿、陈金链、游惠芳、吴玉珍、黄淑华、颜爱玉。排球,男队队长廖登民,队员林长源、王炳辉、程乔生、陈学琛、陈新民、李宝生、郑启明、陈钦霖、郭则深、李赓桓、吴求盛;女队队长陈荣棠,队员陈金钗、张英琪、郑鸿英、吴珊、陈畹卿、陈金樽、陈锦香、薛匹侠、吴玉珍、叶光玉、游惠芳。网球,男组队长林金恩(单打),队员郭文华(单打)、王盛桥(双打)、陈□瑾(双打);女组队长颜爱玉(单打),队员苏剪花。足球,队长陈德福,队员薛领袖、谢重仁、徐承勋、容子华、叶茂发、郭金陵、陈庆和、杨金陵、甘进兴、陈万益、蔡如川、赖庆林、廖永旭、蒋民、杨金陵。

各项游泳　50米自由式,叶得胜、邓重煌、薛领袖、苏炳洋;100米自由式,王鸿龙、叶得胜、苏炳洋;100米仰泳,邓重煌、陈得民、林惠添、薛领袖;200米俯泳,邓重煌、苏炳洋、王鸿龙;400米自由式,王鸿龙、林惠添。1500米自由式,王鸿龙、林惠添。200米接力,福建队。入水比赛,陈梓森、黄和澄。国术队员,拳术,来文全、陈国山、池志轩、柳长根、金交健、林调泉;(摔)角,来文全、陈国山、池志轩、柳长根、金文健、林调泉。

各队职员　国术指导员王于岐,田径及全能员张□清、女指导员李□远,管理员马亮。足球指导员邓世熙,女指导员翁祖烈;篮球男指导员杨绪宝,女指导员周天民。网球男指导员蔡镜波,女指导员张世雄;排球男指导员许成荣,女指导员程天赐。管理陈文奎,总领队林荫南。

《江声报》1933年9月30日

本市获选全运选手　昨由省回厦兼程赴京
邓陈领率全队三十八人　篮球女将徐素凤等偕行

本市赴省预赛之选手,日前已由杨绪宝率领回厦,尚有留省决赛足球之队员,则由邓世熙、陈掌谔2人率领。查本市足球队已获最后胜利,于昨上午由邓世熙、陈掌谔、张世雄等,率领趁海宁轮返厦。邓等征鞍甫卸,又于昨日下午6时许,率全队健儿束装就道,搭济南轮赴沪。该队总干事邓世熙、总教练陈掌谔、篮球教练杨绪宝、足球教练张世雄、网球兼游泳教练蔡镜波、田径教练陈掌谔、干事王华庭,全队队员38人。

又同安篮球女选手徐素凤、游惠芳亦同轮偕往。足球教练张世雄,则于下星期五率领足球队员八九人,搭芝利加拿赶往。

又篮球选手刘有土,则因病未能偕往云。

又讯　全运本市选手,昨赴沪转京。厦大教练黄炳坤因事未往。此届代表出席全运权,思明市除得篮球、网球外,足球亦已决定由本市代表,田径、游泳选手亦占大部分。福州市得排球出席代表权,昨日出发本市选手姓名,计蔡如川、叶茂发、陈守谦、吴义成、叶文炳、王鸿龙、苏炳洋、陈浪中、陈兴宇等,及篮球女选手游惠芳、徐素凤(参加代表出席之同安集美女篮队),总计38人。

《江声报》1933年9月30日

全运会闽队电厦召将　着黄淑华赶程赴赛

全运会闽选手抵沪后,昨总领队林荫南等,电厦林绍裘、黄鼎铭,请篮球女将黄淑华赶程赴京。电文如下:"林绍裘、黄鼎铭二兄鉴:闽女篮球锦标得失,关键在淑华一人。此间同乡望切,希设法促其赶程赴赛,借雄阵力。如何?电复泉漳会馆代表幼墨、永和,闽队荫南、世熙同叩!微,复电,交申厦门银行转"云。

《江声报》1933年10月6日

第五届全国运动会本校选手成绩

10月12日,男子110米高栏决赛,第一名福建林绍洲,(本校选手)成绩16秒2,打破全国纪录。女子标枪决赛,福建陈荣棠(本校选手)列第四名。

14日,福建女篮球队(即本校女中篮球队)以80：6,胜江西队。薛匹侠大展身手,京沪震动。

15日,女篮球队三赛,上海对福建,上半时11：11。下半时福建队初占优势,终以26：25,结束全局,上海胜。

《集美周刊》第14卷第1期,1933年10月16日

全运选手三八人回厦　杨绪宝领率

全运会闽选手,昨(24日)已由教练杨绪宝率回厦,计男女38人。邓世熙、陈掌谔等尚留沪。

《江声报》1933年10月25日

参加全运昨开选拔会
选手大部分已决定　制服旅费缺千元

省运大会选拔会,昨晚会议,到十余人,主席唐守谦。议决:

一、参加全运,每一球类由3人至5人,做选择原则;二、经费人数,短期间内决定;三、径赛100公尺邱光华,200公尺邱光华,400公尺王明午,800公尺王明午,1500公尺王逢元(未定),万米陈炳煌(未定)。400中栏胡训奎,400公尺接力邱光华、胡训奎、陈庆和、郑灿荣。1500公尺邱光华、胡训奎、陈明午、郑灿荣;四、田赛跳高吴景祺、黄桂兰,撑竿蔡子显、三级跳远王先登、跳远吴景祺、铅球吴景祺、铁饼王先登、标枪林仁心;五、女子50公尺、100公尺、200公尺许梅英,80米跳栏罗玉珠,跳高陈翠芳、唐瑞容,跳远唐瑞容、铅球洪琛珠,铁饼许梅英、陈金莺,标枪罗玉珠,垒球掷远罗玉珠、陈赛英。接力赵玉治、林智慧;六、男游泳潘威廉、林惠添、陈淑林、洪安训、王松恭、傅崇麟;七、女游泳杨玛丽、施惠治;八、男子篮球厦门队出席;九、男子排球,闽侯队出席;十、男子铜球林全恩、谢炳煌、洪云辉;十一、国术由邓世熙

接洽;十二、女子篮球、排球,厦门队出席;十三、全能五项未派定,十项吴景祺;十四、足球队及补充田径赛 7 人,候再选拔;十五,缺旅费及制服约 1000 元,由常务委员向王市长接洽;十六、足球选手由邓世熙负宣主持云。

《江声报》1935 年 9 月 16 日

本省全运选手今日全体出发
泉漳厦选手集同文　乘芝巴德太原两轮

全运会福建选手,已订今(4)日全部分头出发。闽侯职员男女排球田径选手,由总领队吴德懋率领,径由福州乘华安轮于今日起程。莆田则于先数日出发。厦门、同安、晋江、海澄等职员选手,订今午集中同文中学,午后 3 时,分乘芝吧德、太原两轮起程。女游泳选手杨玛丽之父杨蔚文及施惠治之母,均监护随行。

厦门选手经费尚缺 200 元,故人数亦大体拟议,未甚确定。总干事邓世熙曾向各方接洽,对于轮东,华记、福庆两公司,均格外优待。查今日搭芝吧德轮者为女篮球指导员林维爵、管理陈青簾,女篮球员吴惠然、许心喜、许宝珍、黄桂英、林素卿、吴仙玉、林秀鸾、赵阿玉及跳高女选手陈翠芳,赛跑赵玉治,女游泳员杨玛丽与其父杨蔚文,计 14 人。余均乘太原轮,所有全队选手名单,已志 1 日本报,今略。

职员名单如下:

总领队:吴德懋;总干事:邓世熙;副总干事:郑寿煜。总指导:陈掌谔;副总指导:郭功骏;女生总指导:刘广琳。

女子指导:田径陈浩如,网球刘广琳,篮球林维爵,排球徐和,游泳庄文潮,管理陈清簾,国术管理李绍远。

男子指导:田径程天泗,管理郑寿煜;网球郭功骏,管理蔡如川;篮球杨绪宝,排球吴振西,管理陈文奎;游泳陈掌谔,全能翁祖烈,管理郑寿煜;足球蔡如川,管理余逊生。

《江声报》1935 年 10 月 4 日

(本校学生参加全国运动会成绩)

民国二十年 3 月,初中部学生许景煌君赴省参加全国运动会预选赛,获

1500米第一名,800米第二名,惟因全运改期未得参加。

是年,教育厅曾划出百元,奖励全省中等学校体育成绩优良者,本校获奖10元。

《厦门私立双十中学十六周年纪念特刊》1936年

(本校学生参加全国运动会成绩)

民国廿二年双十节,全国运动会在南京举行,本校初中部学生郑宗悟君充本省代表。福建省获1600米接力第三名,郑君与有力焉。

《厦门私立双十中学十六周年纪念特刊》1936年

(本校学生参加全国运动会成绩)

(民国)二十四年双十节,在上海举行第六届全运会,本校王逢元、郑宗悟等虽被选为福建选手,均因事未能出席。前往参加者为林素卿、林智勤、林智慧3人充任福建女篮选手,该队获全国第3名。林智慧兼充田径队选手,参加400公尺接力,本省获第3名。

《厦门私立双十中学十六周年纪念特刊》1936年

市长昨电黑白队任厦代表队篮球选拔冠军同余有望

本市参加全运会的选拔委员会,于22日下午2时在市府会议厅召集了一个临时委员会议,讨论电请菲律宾华侨黑白篮球队来厦,代表本市出席选拔。昨晨经过各篮球队的同意,马上以黄市长的名义电给该队的领队蔡联发从速来厦代表。其次是这次田径选拔举行之日,适遇春雨,因此也改期于27日举行,报名时期并延长至25下午5时截止。报名地点,中山路新的书店和厦门大学两处。

又昨日篮球选拔赛第一场侨队对厦大,上半时18:14侨队占先,下半时厦大虽倾全力以赴,终以联络不佳,结局33:24为侨队打败。第二场同余对中华,时间终了时,同余以38:20告捷。今日第一场群力对侨队,第二场群星对厦大,同余如明天最后一战胜厦大,则为选拔赛冠军。

《江声报》1948年3月24日

篮球选拔结束同余队冠军黑白队未必能来厦代表

本市出席全运会选拔委员会，昨晨11时举行座谈会。座谈结果如下：（一）函请黑白篮球队暨蔡总领队联发早日莅厦，该函由教育科负责寄发。（二）欢迎黑白球队来厦。（甲）欢迎筹备会主任推庄友让、施维熊负责。（乙）商借市府小型汽车两辆，又交通汽车一辆，由施维熊负责。（丙）预备欢迎布标一幅及鞭炮等应用物品，由庄友让负责。（丁）招待场所假华侨服务社，推吴春熙负责接洽。

本报记者昨据该队来函消息，以当地篮球选拔赛群声队员陈金德、陈金置两兄弟入籍菲国，按照参加资格，应即取消其参赛资格，黑白队认为满意，因此获得协议，是故该队有七队员获选为菲侨代表队。该队是否应本市之要求而来厦代表，尚有问题。

又昨午篮球赛第一场同余对厦大，同余以51：37告捷。第二场中华对群力，群力无心应战，终以15：42受挫于中华队。今日对赛者中华对群星，两队昨日同意妥洽，不愿出场开战，故篮球选拔赛昨日已获完满结束。此次战果同余以五战五胜获得是赛冠军，侨队三胜得亚军，中华、群星各得两胜得殿军，厦大、群力仅获一胜而届居第四名。

又明日田径选拔赛假厦大操场举行，各选手应准时到场报到，以便参选云。

《江声报》1948年3月26日

同全运会选手将飞省预赛

同安讯 第7届全国运动大会定本年5月5日在上海体育场举行。本省定4月四五日再福州开全省全运会选拔选手，前往参加选拔项目分男女田径游泳及各种球类，厦门、晋江、莆田等地热烈准备，业各选出选手。本县因拥有集美学校，该校运动成绩誉冠全闽，故深受各方所注意。县府于奉令后，即会同集美学校协办此事，日前举行选拔会，选出选手杜成备等6名，即将赴厦搭机飞榕。经费预算7000万元，由县府秘书陈认虞及集美学校教师陈伶负责率领。

又讯 本县参加省选拔会者计有杜成备、杨中元、王学仁、白山愚、蓝章汉、郭永国等 6 名,杜等泰半为侨生,身体极为健壮。此次中选成绩 200 米为 25 秒 4,400 米为 58 秒 2,800 米为 2 分 15 秒 1,1500 米为 4 分 3 秒 72,50 米为 18 分 2 秒 1,万米为 14 分 2 秒 1,其中尤以 5000 米与 1 万米之成绩为难得。

《立人日报》1948 年 4 月 8 日

厦参加全运预选会　田径队昨载誉荣归
陈昆德、许龙基二人入选

　　本市健儿赴省参加第七届全运预选会,堪称载誉荣归,昨田径队经由指导员刘如曦率领由榕乘机先行返厦。此次田径选手,因限经济问题,仅选派 4 名出席,计陈昆德、许龙基、陈希乾、陈永泉 4 人。陈等所获成绩斐然,陈昆德获 400 米中栏冠军,其成绩 63 秒 5,破全省纪录。许龙基获 200 米、400 米双料冠军,陈希乾获 800 米第二名,陈永泉亦获 5000 米及 1 万米两项第三名,不负使命。四健儿返厦后,当由领队庄友让假高亭设宴庆功,内陈昆德、许龙基 2 人,经省选拔会于 12 日选拔会议入选,参加出席全运会。

　　篮球男女球队,订今返厦,男队虽击败莆田队,获决赛权,惜在厦未能参加挑选,而以冠军之同余队代表,致以 22：14 为晋江队所败,冠军落于晋江之手。女篮球队则称无敌手,荣获女篮球队冠军。经队员中以杨淑敏小姐风头最健,被大会及观众誉为"选手之花"。

　　足球队此次各县均未派出健儿逐鹿,经省方准派厦门白马队代表。晋江闻悉,提出向省方交涉,愿自费出席。但省方以经决定由厦门代表,且白马队实力较强,拒绝晋江所请,刻白马队已决定本月底赴沪集中训练。至男排球,则由冠军林森队出席,女排球则由冠军福州队出席,但大会或因经费问题,篮、排、网等球队及游泳队或将放弃参加。

　　此次省第七届全运会,于 12 日全部结束,省运出席全国运动会男女田径选手,业经选定,名额共 30 人,计厦门许龙基、陈昆德等 2 人,晋江危转安、郑秋白 2 人,龙溪连秉祥 1 人,莆田陈受汪、林嘉奎、黄金琰、林高征、李光中、章玉成、徐凤山、林蝇(绳)武、陈寿民、梁金坤、林元培(以上男),陈碧英、郑淑贞、郭景德、吴淑英(以上 4 人女)等 16 人。福州市刘培德、林丝绮(女)、杨菊卿(女)、宋金环(女)、高仕泳(女)等 5 人,仙游吴永云、黄守锵、蔡玉珠等 3 人。至男子篮、排球队及女子篮、网球及游泳选手,因预算问题,经昨日由参加单位各代表 1 人,候会商刘主席确定云。

《江声报》1948 年 4 月 14 日

出席七届全运会闽选手陆续起程
沪闽籍名流将热烈欢迎

市息 出席第七届全国运动大会之福建代表队第一批榕莆及林森选手,已于本月 25 日自榕搭新瑞安轮赴沪。第二批晋江篮球队暨一部分泉漳选手,于 26 日由闽总领队庄文潮率领,搭海辽轮离厦赴沪。第三批白马足球队,订昨(28 日)由副总领队兼足领球队庄友让率领,搭乘中央中国客机飞沪。兹将该足球队阵容探悉如下:

领队庄有让,指导蔡如川,管理黄长柏、庄有谦,队长杜申元,队员李天四、付炳华、陈世豪、郑青年、龚鼎图、黄有志、蔡浩忠、郭克志、胡允明、容子华、吴世伟、郭宜顺、林家□等。昨夕白马体育会董事吕振满,特在虎园路该会会所设宴送行。

沪《大公报》25 日体育栏曾载,有某垒球队拟代表福建单位出席全运。据息,24 晚白马体育会庄有让曾接获该垒球队来电,嘱转请总领队庄文潮代为向大会呈请报名。庄氏当即许允,立刻进行,如报名办妥,届时吾闽又将多获一垒球队在大会显身手云。

又讯 旅沪闽籍名流及巨商,以者番全运会吾闽籍选手代表菲马华印尼及福建出席者人才济济,正准备一盛大之宴会,在沪康乐酒家欢迎。主催该会者为华侨联谊社、中南银行、华侨银行、中兴银行及建元公司,届时情况必热烈异常。另沪国菲银行亦拟设筵招待福建全体选手云。

《立人日报》1948 年 4 月 29 日

本市女子篮球队下月飞沪赴全运

本市女子篮球队自从得了宿将陈聚才欣然参加后,她和许心喜、陈丽湘配搭起来,恰似猛虎添翼。又得□□邵友云的指导,莫怪在省选拔会中压倒了榕队,获得了代表本省出席全运的光荣地位。该队将于下月初飞沪,所需经费全部由郭尚霖负责。郭氏的慷慨的确难得,照沙场老将看起来,本市女子队前锋的实力很强,假如后卫有前锋那么英勇的人才,那么可以获得全国的冠军。

又本省出席全运的篮球队是由晋江队代表的,该队自从得了骁勇善战蔡文章(凹鼻将军)当队长以后,实力更加雄厚。该队队员前天已乘海辽轮赴沪,总领队施维熊、顾问蔡振绵、队员林玉灵等3人,亦定今天飞沪。据施总领队的意见,晋江队实力虽不错,但恐怕还敌不过菲队或沪队。不过各队员既然代表了福建,当会拼命为福建争光的。

《江声报》1948年4月30日

出席全运荣获亚军女子篮球队今返厦
市体育界假联欢社开会欢迎足球队亦将同机飞返

本报讯 轰动全国之第七届全运会,业经于本5月17日结束,各项比赛成绩优异,诚为历届年会之最大收获。现各地选手纷纷作归计,本省选手亦陆续赋归。此次本省参加全运项目计有男女田径,男女篮球,男子足球排球,垒球及女子网球等,男女田径系以莆田为骨干,并选拔各地优良选手凑合而成,计选手31人。男田径仅徐凤山三级跳远第5名,获得2分外,余均名落孙山,实大失所望,惟女子田径陈碧英荣获跳远及200公尺双料冠军等项,共得29分,为福建田径选手争气不少。

男篮球队系由晋江代表,实力未臻理想,初赛时轻取江西而得入复赛,然即遭督察队淘汰。女篮球队则系由本市代表,该队拥有陈聚才、许心喜、吴玉物等健将,本市寄以极大期待。果也不负众望,经荣获亚军凯旋。该队初赛即遇劲敌青岛队,力战告捷,获得复赛权。本市球迷获得捷报时,咸为该队试把汗(青岛队实力雄厚,经获落选赛冠军)。复赛时,复击败南京队而进入锦标循环赛。在循环内,初胜菲华队,次赛受挫于上海队,再赛又挫于印尼队。福建、菲华、印华等三队积分相等,并列为亚军不负使命,获奖而还。

本市体育界获悉该队将于本(20)日由沪荣归,决假国际联欢社开欢迎会,以示慰劳。该队名单如下:领队郭尚霖,教练邵友云,管理许心机,队长陈聚才,副队长许心喜,队员吴玉物、陈丽湘、林智慧、叶桂英、林雪娥、李划青、何瑞卿。

又本市代表省足球队,闻本日可与女篮同机飞厦。

《星光日报》1948年5月20日

(菲华篮球队)过厦勾留

本市讯 参加第七届全运会菲律宾联合总队男女篮球队员14名,于全运结束后,由该总领队林珠光率领,乘中航机过厦。原拟直飞菲岛,嗣因该架飞机前轮损坏障碍,故停留本市,日内飞赴菲岛。查与该机同返者有闽总领队庄文湖及美商山东贸易公司经理美籍(RAYCUBLM)与福特汽车行岷里剌经理(TRADIRSCOFE)三人同行到厦,该美商即转赴台湾考察云。(海外社)

《中央日报》1948年5月29日

四、其他运动会

(闽南联合第三届运动会)

厦门电 闽南联合第三届运动大会于感(27日)开会,名誉会长林国赓,正会长吴山,列席林文庆、吴循南,总裁判伊理雅。与会漳泉厦学校团体,13(日)晨午冒雨决赛。结果100米厦大吴再兴,铁球体育陈正法,800米厦大李起东,铁枪双十刘领赐,跳远厦大马大勋,铁饼马大勋,1500米厦大刘有土,五项运动英华许声相,800米接力赛厦大。俭(28日)续赛。

《申报》1926年5月28日

(闽南联合第三届运动会)

厦门电 俭(28日)闽南联合运动会续决赛,结果跳高同文陈德坤、低栏厦大邱子明、200米厦大吴再兴、400米吴再兴、高栏厦大陈志仁、撑竿精武杨子华、5000米厦大刘有土、1600米接力赛厦大,艳赛游泳。(28日下午11点来电)

《申报》1926年5月29日

（闽南联合第三届运动会）

厦门电 闽南(联合)运动会艳(29日)决赛球类。网球单人、双人，篮球、足球均厦大胜，队球八中胜。下午给奖闭幕。团体优胜厦大，个人优胜厦大马大勋。又昨十项运动，集美程天泗胜，急行跳八中杨水龙胜。(29日下午10点)

《申报》1926年5月30日

体育部之进行——发起校内大比赛

吾人欲求身体之强健，精神之状旺，舍勤习体育，别无他道。本校历来注意体育一项，使学生课余之暇，得有相当适宜之运动，不致有疲惫困乏之虞。只以处此偏僻之地，颇少对外比赛之机会，体育部主任金兆钧先生有见及此，近特组织校内大比赛，每星期四、六举行。全校分为两组：文、教、商、法科师生为一组；理、工、医、预四科师生为一组。星期四下午5时比赛篮球，星期六下午2时比赛足球，用三赛二胜制。并请萧恩承博士为文、教、商、法四科教职员球队干事，吴再兴、余怀安二君为学生球队干事；田渊添先生为理、工、医、预科教职工队干事，蔡如川、孙庆生二君为学生球队干事。业已于上星期开始比赛矣。

《厦大周刊》第168期，1926年12月18日

厦门大学请本校加入运动会

4月6日为厦门大学五周纪念，并开运动会，函订中等各校加入运动。本校自接到此项请函后，即召集体育教员会议，决定就去秋本运动会田径赛得奖者为选手加入运动。其他本年成绩特有进步者，请各部体育教员于4月2日预赛遴选，以便届时一同前往云。

《集美周刊》第132期，1926年

全县运动延期　日期另定公布

思明县全县运动会筹备会,昨开第 4 次筹备委员会。讨论事项:一、关于上次讨论运动项目,其间有错误,及未得当者,应否修改案?议决中等以上学校及民众组之 200 米中栏,本系 200 米低栏,此项应取消。又 400 米低栏,应改为 400 米中栏。二、因时局关系,对于运动会日期,应否延缓案?议决延期,至于举行日期另定公布。三、关于各校会操,应如何筹备案?议决函教育局召集各校体育教员讨论。

《江声报》1931 年 10 月 9 日

教育局举行篮球比赛　十月廿二日起

教育局昨(13)日开第五十九次局务会议,讨论事项:一至四略。五、关于举行秋季球类比赛案,议决先举行篮球、排球比赛。六、关于举行球类比赛办法,应如何规定案。议决:甲、比赛期间定 10 月 22 日起。乙、比赛地点中山公园。丙、报名日期由本月 20 日起至 10 月 15 日止。丁、凡县私立中小学及民众团体皆可报名参加比赛。戊、各种球类比赛,分甲乙丙 3 组,每组范围如下:甲组民众团体,乙组中等学校,丙组小学。己、各种球类比赛男女分别举行之。庚、各组比赛程序候报名后,再行抽签规定之。辛、各种球类评判员由局聘请之。壬、各种球类比赛以最优胜者可得奖品,其奖品由局筹洽之。七、关于第三届小学教师登记日期,应否规定案。议决由 10 月 1 日起至 31 日止为登记时间。

《江声报》1932 年 9 月 14 日

教育局秋季球类赛改廿四日起举行

教育局昨召开秋季球类比赛筹委会,到会者邓世熙、林德曜、黄炳坤、蓝洪瑞、林维爵、庄恭继,主席林德曜,纪录庄恭继。讨论事项:一、关于秋季球类比赛时间应否变更案。议决改由 10 月 24 日起举行比赛。二、关于比赛地点应否变更案。议决候报告完毕后,再行规定。三、关于比赛每队人数应否规定案。议决篮球最多 10 人,排球最多 12 人。报后不得再更改。四、关于报告手续应如何规定案。议决甲、中小学组队员应填明姓名、年龄、年级。乙、民众组队员应将真实姓名、职业填报。五、关于各组队员若有冒充顶替应如何处理案。议决一经查实,则取消全队比赛资格。六、关于报名日期应否更改案。议决议定本 15 日截止,过期无效。七、关于学生可否加入民众组球类比赛案。议决此次举行球类比赛,所以有民组者,目的在提倡民众业余运动。故学生不必加入民众组。八、关于比赛方法应如何规定案?议决采用循环制。九、关于每组球类比赛报名不及 2 队以上者,应如何办理案?议决取消该组锦标。

《江声报》1932 年 10 月 7 日

教局提倡之男女球战　毓德慈勤准备参加

此次教育局提倡全厦各民众团体,各男女学校篮排球公开比赛,定本月 24 日举行。鼓屿毓德、慈勤两校,亦拟参加,现正在积极奋练中,届时当可会见女将军叱咤风云。教育局举行本市男女球类比赛一节,已志本报。兹查男子排球队有双十、新青、四区等队,今(17)日下午 4 时,双十与四区作练习比赛,地点在警四署,双十队昨已齐人下战书矣。

《江声报》1932 年 10 月 17 日

已将举行之男女球赛　教局禁冒充顶替

教育局举行秋季男女球类比赛,兹已定本月 24 日下午 1 时在中山公园举行开幕典礼。昨(19)日该局已函各校及团体之参加者,届时由一代表带领全体参加队员,并须一律穿运动衣服出席。同时又致一函各学校团体,以此次举行秋季球类比赛,目的在提倡各校学生及民众业余运动。惟据各方报告参加比赛各组队员间有一二冒充顶替者,如果属实,殊失提倡体育之本旨。倘有上列顶替情事,不论何时,一经发觉,立即取消比赛资格,并追还奖品。

又参加比赛队员若有特别情形,不能出场比赛者,准在本(21)日以前到局声明更换,过期概不接受云云。

《江声报》1932 年 10 月 20 日

教局秋季球类比赛 参加队名及比赛时间

教育局秋季球类比赛,定本月24日起举行一节已志本报。兹查该局昨已发函聘邓世熙、杨绪宝等15名为评判员。又参加者其比赛队名及时间亦已拟定,录之如左(下):

日期	球类	组别	比赛球队	起赛时间（均下午）	比赛地点
24	排球	民众	精武对建群	4时	公园
25	排球	民众	精武对四区	4时	公园
25	排球	男中	大同对双十	1时半	公园
25	排球	女中	毓德对侨南	1时半	公园
25	排球	男小	养元对竞存	4时	公园
26	排球	民众	建群对四区	4时	公园
26	排球	男中	英华对同文	1时半	公园
26	排球	女中	毓德对慈勤	1时半	公园
26	排球	男小	厦实对同文	4时	公园
27	排球	男中	英华对大同	1时半	公园
27	排球	女中	侨南对慈勤	1时半	公园
27	排球	男小	养元对树人	4时	公园
28	排球	男中	双十对同文	1时半	公园
28	排球	男小	竞存对同文	4时	公园
28	篮球	民众	张后保(对)建群	4时	同文
29	排球	男中	同文对大同	1时半	公园
29	排球	男小	厦实对树人	4时	公园
29	篮球	民众	精武对英南	4时	同文
29	篮球	女中	毓德对双十	4时	厦大
30	排球	男中	英华对双十	1时半	公园
30	排球	男小	养元对同文	4时	公园
30	篮球	民众	鹭光对建群	4时	公园

续表

日期	球类	组别	比赛球队	起赛时间（均下午）	比赛地点
30	篮球	女中	厦南对慈勤	4时	
31	排球	男小	竞存对厦实		
31	篮球	民众	精武（对）张后保		
31	篮球	女中	双十对厦南		

《江声报》1932年10月22日

教局秋季球类比赛　参加队名及比赛时间（续昨）

日期	球类	组别	比赛球队	起赛时间（均下午）	比赛地点
11月1日	排球	男小	同文对树人	4时	公园
同	篮球	民众	鹭光对英南	4时	同文
同	同	男中	英华对养元	4时	厦大
同	同	女中	毓德对慈勤	4时	厦大
同	同	女小	慈勤对群惠	4时	同文
2日	排球	男小	养元对厦实	4时	公园
同	篮球	民众	精武对健群	4时	同文
同	同	男中	厦中对同文	4时	厦大
同	同	女中	毓德对厦南	4时	厦大
同	同	女小	慈勤对厦实	4时	同文
3日	排球	男小	竞存对树人	4时	公园
同	篮球	民众	鹭光对张后保	同	同文

《江声报》1932年10月23日

教局秋季球类比赛 参加队名及比赛时间(续三)

日期	球类	组别	比赛球队	比赛时间（均下午）	比赛地点
11月3日	篮球	男中	大同对养元	同	厦大
同	同	女中	慈勤对双十	同	厦大
同	同	女小	群惠对厦实	同	同文
4日	同	民众	英南对健群	同	同文
同	同	男中	英华对厦中	同	厦大
同	同	男小	养元对龙山	同	同文
同	同	男小	鼎玉对竞存	2时半	厦大
同	同	男小	大中对同文	4时	厦大
5日	同	民众	精武对鹭光	同	同文
同	同	男中	同文对大同	同	厦大
同	同	男小	大中对河东	2时半	同文
同	同	男小	集友对龙山	□	□
12	又	男小	仰范对集友	4时	又
12	又	男小	同文对鼎玉	2时半	厦中
12	又	男小	龙山对云梯	4时	又
13	又	男小	河东对竞存	2时半	同文
13	又	男小	养元对仰范	4时	又
13	又	男小	集友对大中	2时半	厦中
13	又	男小	云梯对鼎玉	4时	又
14	又	男小	龙山对厦实	2时半	同文
14	又	男小	河东对云梯	4时	又
14	又	男小	鼎玉对大中	2时半	厦中
14	又	男小	集友对同文	4时	又
15	又	男小	集友对厦实	2时半	同文

续表

日期	球类	组别	比赛球队	比赛时间（均下午）	比赛地点
15	又	男小	龙山对河东	4时	又
15	又	男小	仰范对大中	2时半	厦中
15	又	男小	养元对同文	4时	又
16	又	男小	养元对竞存	2时半	同文
16	又	男小	大中对龙山	4时	又
16	又	男小	厦实对仰范	2时半	厦中
16	又	男小	河东对集友	4时	又
17	又	男小	龙山对竞存	2时半	同文
17	又	男小	养元对河东	4时	又
17	又	男小	云梯对集友	2时半	厦中
17	又	男小	仰范对鼎玉	4时	又

《江声报》1932年10月24日

教局召集之秋季球类比赛已开幕

昨第一次排球战　健群独得先鞭

教育局秋季球类比赛,昨(24)日下午2时在中山公园体育馆举行开幕典礼,机关到者有思明县党部代表叶独醒、司令部代表陈懋曾、公发局长林振成暨各社团等,学校到者有同文中学、双十中学、鼓屿毓德女中、慈勤女中、大同中学、群惠女小、竞存小学、侨南女队、四区队、张后保队等三十余学校团体。主席林德曜致开幕词,略谓此次秋季球类比赛,今天开幕,仓卒因陋就简。此次比赛球类分排球、篮球2种,比赛则分民众组、中学组、小学组等3组,比赛法取循环制,由今天起比赛至17日止结束。近调查有冒充者混入各队,希图侥幸,此实为极不好之现象。各队人员如有知此情形者,尽可前来报告,定必予以处分。不过最后仍然希望没此种恶现象是最好的。最后并希望各参加比赛球队都令服从评判员的命令云云。

继有党部代表叶独醒、公安局长林振成、司令部代表陈懋曾等相继演说,词长从略。至3时,全体代表暨各校团体球队摄影,宣告闭幕。4时,举行第一次排球比赛,为精武对健群。第一局21∶12,第二局21∶12,健群皆占先。第三局21∶13,仍健群胜仗。兹录双方球员如下:

健群队:黄耀□、卢大辟、杨子华、谢逢源、庄福昌、吴金沙、蔡文明、汪加油、叶德茂。

精武队:庄有仁、蔡如川、王华庭、曾大器、涂开煌、杨绪宝、王达人、陈言、邵树根。

今日下午1时半仍举行排球比赛,男中为大同对双十,女中为毓德对侨南。4时,民众组为精武对四区,男小为养元对竞存,地点均在中山公园。惟女中队则在公园音乐亭边之新球场比赛。

《江声报》1932年10月25日

全厦秋季球赛第二日共赛排球四场
毓德、双十、四区、竞存占胜

昨(25)日为教局召集之全厦秋季球类比赛之第二日,中山公园观众拥挤,顿时热闹非凡。昨共赛排球4场,分两球场比赛,南门球场下午1时半,为男中双十对大同,结果双十胜。4时为民众组四区对精武,结果四区胜。音乐亭边之排球场,下午1时半,为女中毓德对侨南,结果毓德胜。4时为男小竞存对养元,结果竞存胜。今(26)日下午1时半,女中毓德对慈勤,男中英华对同文。4时,民众组健群对四区,男小厦实对同小,以上皆系排球赛。兹志昨日各队之阵势暨成绩如下:

毓德队与侨南队比赛

评判员黄炳坤,共赛四局,第一局21∶9,毓德胜;第二局21∶17,毓德胜;第三局21∶19,侨南胜;第四局21∶9,毓德胜。结果3∶1毓德取胜。两队阵势列左(下):

毓德队:黄宝珠、陈玉麟、王紫锦、周达英、王秀文、叶知年、林庆华、徐珊秋、王双游。另有该队队员邵慧卿、吴宝环、洪白玉等顶替作战。

侨南队:王澄娥、林翠华、林智慧、王佩珂、林素端、许雅丽、杨庆珍、林智群、林仪贞。另有王佩昭、江蕙钗、余采云3人参加作战。侨南队队长为林素端、干事林翠华。

双十队与大同队比赛

评判员杨绪宝,共赛四局,第一局 21∶18,双十胜;第二局 22∶20,大同胜;第三局 21∶18,双十胜;第四局 21∶18,双十胜。结果 3∶1 双十取胜。两队阵势如下:

双十队:方承基、林玉安、邱思智、陈金发、纪国辉、赖平民、谢镜眉、江基善、陈水标。

大同队:游郁文、黎棠球、蔡志尚、林自添、陈国钧、黄步辉、王频侬、刘贤让、许清池。

四区队与精武队比赛

评判员邓世熙,共比赛五局,第一局 21∶19,精武胜;第二局 21∶15,精武胜;第三局 21∶7,四区胜;第四局 21∶14,四区胜;第五局 21∶7,四区胜。结果 3∶2,四区队取胜。两队阵势如下:

四区队:杨镇中、黄振成、杨志国、白鸿川、杨福顺、王超古、林志海、连弼昌、赵祖钧。另参加作战者有杨□机。

精武队:黄世铭、蔡如川、杨贻清、曾大器、涂开煌、杨绪宝、庄有仁、陈言、邵树根。

竞存队与养元队赛

评判员叶文炳,共赛三局,第一局 21∶16,竞存胜;第二局 21∶17,竞存胜;第三个局 23∶21,竞存胜。结果 3∶0 竞存队取胜。两队阵势如下:

竞存队:施青海、黄友谦、林联坤、陈有德、林春声、王清泉、辛大赏、胡镜波、胡铁海。

养元队:洪锦绵、陈汉上、张清波、纪乃居、林百亮、苏文佑、陈祖文、王子明、邱思潭。

《江声报》1932 年 10 月 26 日

全厦秋季球赛第三日

毓德、同文、健群、同小四队获胜　但实小与同小有两球待研究

昨(26)日为秋季球赛第三日,中山公园道上观众更多,为数约三四千人,球场仍分两地共赛 4 场。下午 1 时半,为女中毓德战慈勤,结果 3∶1 毓德胜。同时男中为同文战英华,结果 3∶2 为同文胜。下午 4 时,民众组为四区战健群,结果 3∶0 健群胜。又实小同同小(同文小学)战实小(实验小学),结果 3∶1 同小胜。今(27)日战三场,下午 1 时半,排球男中组为英华战

大同,女中为侨南战慈勤。4时,男小为养元战树人。以上地点皆在中山公园比赛。

又男小球赛结束后,实小教员黄傍桂认有两球评判差错。昨晚7时许,诣教育局,由局长林德曜并电招是场评判员曾大器到局研究。曾亦谓事前因不知何人系纠察员,且观众多立于线内,评判极感困难,亦认两球有研究之必要。结果,定今日下午6时球赛执委开会时提出讨论。

《江声报》1932年10月27日

全厦秋季球赛第四日　昨胜者慈勤、英华、养元三队
民众女中排球结束　健群毓德各获冠军

昨(27)日中山公园球赛,排球3场。下午1时半,女中慈勤战侨南,结果慈勤胜。男中英华战大同,结果英华胜。4时男小养元战树人,结果养元胜。今日下午1时半,排球男中双十战同文,下午4时男小竞存战同小。以上地点在公园。民众组篮球下午4时张后保战健群,地点在同文中学。兹志昨各队成绩及阵势列下:

慈勤战侨南,评判员杨绪宝,记录叶文炳。

第一局21∶18,侨南胜;第二局21∶11,慈勤胜;第三局21∶11,慈勤胜;第四局21∶12,慈勤胜。结果为3∶1,慈勤胜。

两队阵势如下:

慈勤队:杨爱珍、吴彩华、王美雪、杨佩珠、徐素凤、卢莲珍、林月华、王罗绮、黄燕卿。

侨南队:杨庆珍、林智勤、林仪贞、王佩珂、林素端、林智慧、王澄娥、林翠华、余彩云。另参加者王佩昭。

英华战大同,评判员王华庭,记录杨贻清。

第一局21∶14,英华胜;第二局21∶9,英华胜;第三局21∶17,英华胜。结果为3∶0,英华胜。

两队阵势如下:

英华队:杜申富、薛领秀、林文寿、陈天眷、杜申祯、陈玉堂、王竞登、赖庆林、杨金陵。

大同队:游郁文、黎棠球、蔡志尚、林自添、陈国钧、黄步辉、张正复、王频侬、杨允开。另参加作战者黄永欣。

养元战树人,评判员林维爵。

第一局 21：15,养元胜；第二局 21：7,养元胜；第三局 21：2,养元胜。结果为 3：0 养元队胜。

两队阵势如下：

养元队:洪锦绵、王主明、林百亮、纪乃居、张清波、陈汉上、陈祖文、邱思潭。

树人队:蔡清煌、陈玉簪、周阿贱、陈裕宽、吕水根、黄福才、邱秀山、戴宏池、叶文卿。

又此次比赛民众组排球赛已结束,冠军健群队,亚军四区队,殿军精武队。女中排球亦已结束,冠军毓德队,亚军慈勤队,殿军侨南队。教育局为奖励此次各球队起见,除由□□给奖外,昨(27)日并分函各机关各社团,征求各界惠赠,赠于 11 月 10 日以送交该局陈列云云。并附有征求奖品项目如下：一、男中学组篮球及排球奖品。二、女中学组篮球及排球奖品。三、男小学组篮球及排球奖品。四、女小学组篮球及排球奖品。五、男民众组篮球及排球奖品。

《江声报》1932 年 10 月 28 日

全厦秋季球赛第六日
获胜者篮球毓德、精武　排球同文、厦实

昨(29)日球赛篮球二场,下午 2 时毓德战双十,地点厦大球场,结果毓德胜。4 时,精武战英南,地点同文中学,结果精武胜。排球二场,下午 1 时,半同文战大同,结果同文胜。4 时,男小厦实战树人,结果厦实胜。地点皆在中山公园也。今(30)日下午 1 时半,男中排球英华战双十。下午 4 时,男小排球养元战同小,以上地点在公园。下午 4 时,篮球赛民众组鹭光战健群,地点同文中学。下午 2 时,女中篮球赛,厦南战慈勤,地点厦大球场(按女中比赛时间系教局重新改订,故与前载不同也)。兹分志昨各队比赛成绩如下：

篮球赛毓德战双十,评判员杨绪宝,纪录员卢大辟,计时员贺秩,时间每次比赛 8 分钟,共赛 4 次,战法采男规则。比赛结果为 21 分比 1 分,毓德队胜。

民众组篮球赛,精武战英南。双方势均力敌,但结果精武以 33 分比 28

取胜。评判员杨绪宝,记录员张世雄。

排球,同文战大同,评判员王华庭。

第一局 21∶19,大同胜;第二局 21∶6,同文胜;第三局 21∶10,同文胜。第四局 21∶5,同文胜。结果为 3∶1,同文队胜。

排球,男小厦实战树人,评判员邓世熙。

第一局 21∶19,厦实胜;第二局 21∶14,厦实胜;第三局 21∶11,厦实胜。结果为 3∶0,厦实队胜。

又思明县秋季球类比赛委员会,昨(29)日函各参加团体,其(一)男小篮球比赛时间,原有一部规定下午 2 时半起比赛,兹经议决,改为下午 3 时起。此后凡遇前定 2 时半者,均改 3 时云云。

其(二)各场评判员前系教育局按日转函通知,兹经会议决,配定各组评判员,如届时不能到场者,须先期通知。附有新印比赛程序及评判员值日表一份,函各评判员查照云云。

《江声报》1932 年 10 月 30 日

秋季球类比赛纠纷之尾声　竞存、鹭光二案均解决

秋季球类比赛所发生纠纷事,该执行委员会于日前开会讨论:一、关于竞存、养元排球纠纷,由教育局函两校校长于 12 日到局谈话,并经该会委员判决如下,所谓冒替竞存队员之朱广生,据确实调查,朱并未参加该校与养元排球之比赛。据此小学组排球锦标,应属竞存。二、关于鹭光篮球队员张锡熙,据查,张在未参加球赛前,确已退学,并非学生。民众组篮球锦标,自应属诸鹭光无疑。

《江声报》1932 年 12 月 18 日

英华运动会第二日成绩

鼓英华运动会,昨(30)日为第二日,决赛成绩如下:

一、铁饼,中学部甲组第一名王文灿,成绩 23.22 米。小学部甲组第一名庄吉助,14.78 米。

二、800 米,中学甲组第一名陈兴宇,2 分 20 秒又五分之四。乙组施春庆,3 分 30 秒。小学甲组第一名李锡康,3 分 11 秒。乙组杨子安,3 分

45 秒。

三、跳远,中学甲组第一名林德强,5.24 米;乙组吕水标,5.15 米;丙组庄明志,4.09 米。小学甲组第一名林炳南,4.82 米。乙组杨子安,4.55 米。

四、200 米,中学乙组第一名李威廉,30 秒。丙组蔡士英,33 秒五分之四。小学甲组第一名李锡康,28 秒五分之一。

五、跳高,中学甲组第一名陈显荣,1.63 米;乙组黄世明,1.42 米。小学甲组第一名陈珍久,1.49 米。

六、400 米,中学甲组第一名陈兴宇,59 秒五分之二。小学甲组第一名李锡康,64 秒五分之二。乙组杨子安,71 秒。

七、50 米,中学丙组第一名庄明志,8 秒。

八、800 米接力,中华甲组第一名初中三,成绩 1 分 47 秒五分之四。小学甲红组第一名高二年级(丙组),成绩 2 分 30 秒。

九、400 米接力,中学乙组第一名初中一,成绩 57 秒五分之二;丙组第一名初中一,成绩 22 秒五分之一。小学乙组第一名高二年级(丙组),成绩 1 分 18 秒五分之二。

十、200 米接力,中学丙组第一名初中一,成绩 33 秒五分之一。小学丙组第一名高二年级(甲组),成绩 24 秒五分之二。

《江声报》1933 年 3 月 30 日

集美运动会四月一日开幕

集美学校定明(1)日及后日两天,在集美开各校分组联合运动会。时间分上下午,每日上午 8 时半起,下午 1 时半起。田径赛外,并表演篮球比赛。定 3 日下午 7 时给奖闭幕。

《江声报》1933 年 3 月 30 日

警界运动会定十月一日

市公安局长林鸿飞发起筹备全市警界运动会一节,曾志前报。兹查该局前日召集各分局开会,结果已决定 10 月 1 日举行云。

《江声报》1933 年 6 月 10 日

警界运动会一期预赛
九日举行已定订秩序

昨(7)日下午3时,市公安局开第十五次局务会议。其议决案:警界运动会第一期预赛秩序,原定7月10日举行,现改为7月9日。其秩序如下:

上午5时,(一)长途赛跑,各局队所职员警士队兵。

下午5时,(一)800米接力赛跑,甲、各分局。乙、各队部。丙、公安局职员、办公厅、督察处、户籍所、警费课。(二)100米赛跑,各队长,保安中一队长、中二队长、特务队长、消防队长、侦缉队长、教练所队长。(三)800米接力赛跑决赛。(四)100米赛跑,公安局长、各分局长。五、闭会。

《江声报》1933年7月8日

县小运会闭幕　今在通俗社给奖
群惠得团体总优胜　林长春个人总优胜

县小联合运动会昨决赛完毕,计团体总优胜群惠得120分,为第一名。女子甲乙组均群惠,甲组成绩72分,乙组45分。男子甲组竞存成绩37分,男子乙组大同48分。个人总优胜林长春(大同)第一名。女子甲组洪琼珠(慈勤)得21分,女子乙组林毓芬(群惠)得13分;男子甲组陈祥瑞(同文)得15分,男子乙组林长春(大同)得24分。教育局订今22日上午10时,假通俗社行授奖礼。

昨日决赛五项:一、男子甲组400公尺,第一名林应耕(树人),成绩1分6秒。第二名陈振永(同文),第三名洪金陵(吉祥),第四名张文□(渔民),第五名黄振裕(竞存)。二、男子甲组800公尺接力,第一名禾山,成绩2分2秒;第二名树人;第三名大同犯规取消,由第四名大中递充;第四名玉紫;第五名渔民。三、男子乙组100公尺,第一名林长春(大同),成绩14又十分之八秒。第二名陈炎明(养元),第三名张远东(普育),第四名陈枞(同文),第五名吴廷钦(养元)。四、男子乙组200公尺,第一名林长春(大同),成绩31又五分之三秒。第二名陈天培(渔民),第三名蔡发旦(英华校友),第四名何□山(普育),第五名吴廷钦(养元)。五、男子乙组400公尺接力,第一名养元,成绩1分2又十分之一秒。第二名大同,第三名延陵,第四名竞存。小学生决赛完毕,民众组续行比赛。一、10000公尺,第一名陈兴宇,成绩45分52又十分之九秒。二名温树椿(榛),三名陈炳煌,四名黄树德,五名成威扬,六名陈光辉,七名黄添梓。二、跳高第一名林绍洲(集美),成绩5尺8寸。二名辛中坚(香港篮球队员),三名黄慰庭(同文)。三、100公尺,第一名陈佐治(港队),第二名黄炳坤。四、200公尺,第一名陈佐治,(第)二名辛中坚(香港队)。至中午12时许闭幕,兹将本届县小联运会各校成绩依次列下:群惠120,大同68,慈勤66,竞存47,厦大实小44,毓德42,养元41,同文32,福民28,渔民26,禾山24,怀仁23,大中19,吉祥19,树人20,紫阳11,厦南10,普育10,延陵8,崇实7,玉紫6,英华校友3。

《江声报》1934年12月22日

全国海军运动会厦门选手百廿六名

全国海军运动大会,订10月10日在马尾举行。本市海军界已选定航空处、炮台、陆战队第四团一二三各营,海军无线电台,计六单位选手126名。经由海部规定,须在海军属服务6个月以上为合格,经费由各该单位自筹。昨海军要港部已将各选手人数及参加种类呈报海部,并推定航空处教官揭成栋为总领队。定10月2日,乘楚秦舰赴省参加云。

《江声报》1935年9月24日

厦中运动会昨决赛各项
全校师生均参加　龙中童军任纠察

省立厦门中学昨在中山公园,开始举行春季运动会。上午8时前,会场即布置就绪,全体师生齐集公园,8时半升旗,9时举行开会式。由该校铜乐队奏乐,会中各项职员由该校全体教职员分任,事前来函邀各界参观。惟昨适值省立龙溪中学童子军第575团,于前日由教练朱正带领来厦,在中山公园露营,该校遂函请该队负责维持秩序。开会后,先校阅童军,次开始运动,各脱外衣,穿白背心、蓝短裤、黑皮鞋,由铜乐队前导,于绕场一周后,即由全体学生举行团体健康操。操毕,全体向中集拢,合唱运动歌。上午除田径各项预赛外,决赛项目为甲组1500公尺,丙组200公尺,甲乙丙女组跳高等项。下午观众增多,因得警察及龙中童军维持得力,秩序甚佳。除田径各项预复赛外，决赛项目为女组100公尺、垒球比远，丙组200公尺，甲乙两组掷铁饼、甲组掷标枪、乙丙组400公尺接力等项。至6时始告停止，其余各项，须俟本日(20)决赛。昨决赛各项成绩、姓名如下：

男甲跳高成绩1.49米，一名陈福霖；二、杨振辉；三、杜周甫；四、王呈辉；五、沈培福；六、张春壬。男乙成绩1.34米，一名，游孔衡；二、陈纽约；三、黄振昌；四、李炳松；五、林芳泽；六、吴如山。男丙成绩1.23米，一名，苏树林；二、邵大碰；三、巫精守；四、杨应庭；五、蔡建亚；六、李弼国。女组成绩1.11米，一名，黄姿容；二、叶淑仁；三、邵桂生；四、吴雪琼；五、陈少慧；六、陈丽卿。男中1500公尺，成绩5分16秒之十分五，一名李水发；二、沈德里；三、杨振辉；四、吕天敏；五、陈文华；六，何金春。

男甲跳远成绩5.06米，一名汤维标；二、林璧辉；三、李子辰；四、吴文英；五、陈文华；六、陈伯兴。掷标枪，男甲成绩28米，一名林若霖；二、陈振文；三、骆本仁；四、林景松；五、黄根藤，六、许春辉。

男甲铁饼成绩21.11米，一名林若霖；二、骆本仁；三、陈伯兴；四、林亭利；五、高庆琳；六、黄文炳。男乙成绩21.8米，一名黄选卿；二、林养成；三、王明阳；四、黄国生；五、吴荫麟。女组成绩19.26米，一名李佩梅；二、林必省；三、曾金佩；四、邱筱梅；五、周玉云；六、黄敏治。

垒球掷远女组成绩26.48米，一名林必省；二、林三秀；三、陈雎园；四、陈淑卿；五、吕惠芳；六、虞淑慧。400公尺接力，男乙成绩57秒之十分八，一名15组；二、13组；三、12组；四、14组；五、17组。男丙成绩1分□秒又十分之七，一名16组；二、17组；三、14组。

200公尺男丙，成绩34秒之十分六，一名郑文秀；二、张自成；三、梁有恒；四、廖国英；五、刘天育。100公尺女组成绩16秒之十分四，一名李佩梅；二、叶姿容；三、叶清芬；四、柯淑珍；五、邵桂生，六、蔡□镊。

《江声报》1936年4月20日

参加三绥区运会本市选手题名
各地报名已廿三单位　人数及项目厦队最多

本市参加第三绥区军民运动大会选手，经邓世熙、李少白赴泉报名，邓李已于昨日返厦。选手住宿，亦经商妥，指定培英女校为女选手宿舍，培元中学为男选手宿舍。各地参加，截至10日止，已有二十三单位，以选手人数

及参加项目言,本市可首屈一指。市府定今(11)日召开参加运会职员谈话会,讨论一切。兹将本市参加男女选手姓名录下:

男子田径及球类参加选手:计陈显荣、任成水、黄锡爵、苏炳佑、周维熊、张晋金、苏豆干、阮玉田、刘连福、陈振文、林丹平、杨元助、黄菊生、郭水结、傅余□、陈定国、张辉渊、林学溪、纪国晖、陈祥瑞、张承敏、俞文彪、叶振家、苏清琦、许景煌、洪炳义、陈炳煌、王逢元、温树臻(榛)、叶宗祥、周马强、林若霖、杜周甫、黄添梓、童国年、陈国栋、陈万镒、陈添进、叶望民、曾锦芳、李永发、廖永明、黄宗德、刘为曦、温宝老、陈维谨、叶水记、杨熙川、詹廷瑞、吴门陶、黄夭灼、叶德茂、廖超熊、雷怿光、杨天赐、廖超勋、陈安乐、吴金沙、卢晋添、林学溪、陈民国、杨清港、黄奕福、邹述曾、陈荫枝、杨元玖、廖永旭、陈炳坤、容子华、吴鼎盛、郑天赞、郭兆文、颜启诚、林三福、苏汉水、纪霖敏、张仲义等77名。

女子田径及球类等选手:计林素卿、林智勤、曾宝瑞、骆加美、赵玉治、陈玉针、李清莲、黄宝彩、郭秀华、林智慧、庄素贞、白碧华、许加贤、黄淑英、王罗绮、陈晨照、石振涛、陈翠芳、张真意、杨淑美、黄宝璇、许纯欣、李清霞、杨绿珠、黄秀□、黄庆宾、李清瑞、吴惠然、吴仙玉、黄桂英、王秀文、周达英、林必省、王西岑、陈纯华、卓丽琴,以上计113名。此次赴泉经费,预算需千元左右,由市长筹拨云。

《江声报》1936年5月11日

厦中秋季运会昨决赛廿七项
今日项目亦已排定前昨优胜者题名

厦门中学秋季运动会31日假中山公园开幕,由校长庄奎章致开会辞。辞毕行团体操,全体学生500余人,皆衣白背心、蓝短裤,精神焕发,次各项比赛。是日决赛项目:男甲1500公尺一名杨玉昆,甲乙铁饼一名林养成,女铁饼一名李佩梅。昨第二日,除田径各项预复赛外,决赛27项。第一名姓名如次:男甲百公尺一名杨振来,800公尺杨玉昆,400公尺中栏陈振文,跳远陈福霖,三级跳远邱允佩,推铅球邱允佩,掷标枪许春辉,掷铁饼伍长华。400公尺接力高三组、十五组、十六组、十八组、十七组,千六百公尺接力十三组、高三组、高二组、十八组、十六组。男乙百公尺一名周家良、跳高游孔衡、推铅球林养成。400公尺接力十五组、十六组、十七组,800公尺接力十五组、十六组、十三组、十八组、十四组、高三组。男丙 50 公尺苏寿昌、百公尺吴师恭、推铅球苏寿昌、篮(垒)球比远郭文秀。200 公尺接力十五组、十八组、十六组，400 公尺接力十八组、十六组、十七组、十四组。女组 50 公尺一名叶清芬，百公尺叶姿容，200 公尺叶姿容，跳高叶姿容、垒球比远林必省，推铅球李佩梅。今(第二)日秩序亦已排定，决赛项目计有甲组 200 公尺、400 公尺、百十公尺高栏、撑竿、跳高、跳远、3000 公尺竞走五大项。乙组 200 公尺、400 公尺、2000 公尺、跳远、撑竿跳、百十公尺低栏。丙组 200 公尺、跳高、跳远、立定跳远，女子组跳远、立定跳远等。表演项目毕，即乘自转车 100 公尺比(慢)，万公尺比快等。

《江声报》1936 年 11 月 2 日

厦中秋季运动会续赛廿项宣告闭幕

厦中秋季运动会昨第三日，观众甚多，下午五时半各项比赛完毕，举行降旗礼，并宣告闭幕。决赛 20 项续志如次：男甲 200 公尺一名杨振来，成绩 25.1 秒，400 公尺罗经龙 58.4 秒，百十公尺高栏杜周甫 20 秒，50 公尺杨玉昆 2 分 50.2 秒，跳远杨振来 6.05 米，撑竿跳罗经龙 2.83 米，3000 公尺竞走陈木发 19 分 47.2 秒。男乙 200 公尺巫玉连 28.7 秒，300 公尺巫玉连 1 分 4.9 秒，2000 公尺丁垂永 7 分 49.6 秒，跳远游孔衡 4.93 秒、撑竿跳游孔衡 2.24 米，百十公尺低栏王朋□19.3 秒。男丙跳高苏昌寿 1.29 米，跳远许中华 4.02 米，立定跳远林溪松、廖国英 2.06 米。女跳远柯淑珍 3.54 米，女立定跳远陈心引 1.92 米。男自转车万公尺比快钟继隆 23 分 6.4 秒。

《江声报》1936 年 11 月 3 日

本校选手参加厦门市"第三绥靖区军民运动大会"
预选会成绩一览

(民国)廿五年 5 月 7 日

项 目	第一名	第二名	第三名	第四名	成绩	备注
50 公尺(女)	林素卿	林智勤	曾宝珠	骆加美	7 秒十分之七	

续表

项 目	第一名	第二名	第三名	第四名	成绩	备注
100公尺（女）	林素卿	林智勤	曾宝珠		14秒十分之七	平本校纪录
100公尺（男）	张承敏				12秒正	
200公尺（女）	林素卿	林智勤		李清莲	31秒十分之六	破本校纪录
200公尺（男）	张承敏				24秒十分之五	
400公尺（男）	张承敏			苏青琦	56秒正	破本校纪录 破上届省运
800公尺（男）		王逢元		苏青琦		
1500公尺（男）		王逢元				
3000公尺（男）		叶望民				
400公尺中栏（男）	黄添梓				1分6秒	破本校纪录 破上届省运
铅球（男）			陈定国			
撑竿跳（男）	张晋金				3.20米	破本校纪录 平全省纪录
标枪（男）			纪国辉			
跳远（女）	曾宝珠				4.11米	破本校纪录
跳高（女）	庄素贞		许嘉贤		1.18米	破本校纪录
铅球（女）		庄素贞				
垒球（女）			林智惠	黄宝彩		
铁饼（女）				黄宝彩	19.21米	破本校纪录
标枪（女）				林智惠	17米	创本校纪录
80米低栏（女）	黄宝彩				17秒又十分之五	创本校纪录
男子篮球	詹廷瑞					
男子排球	黄火灼	纪国辉	王逢元			
女子排球	林素卿	林智勤	林智惠	黄宝彩		

续表

项　目	第一名	第二名	第三名	第四名	成绩	备注
	黄庆宾	李清莲				
女子篮球	林素卿	林智勤	林智惠	黄宝彩		
	王清莲	曾宝珠	许嘉贤	庄素贞		
自由车百米慢车		郭兆文				

《厦门私立双十中学十六周年纪念特刊》1936年

（本校学生参加闽南运动会成绩）

民国十五年10月，闽南运动会在厦大运动场举行，本校派商科第一届学生刘领赐君单刀赴会。初次交锋，战战兢兢，结果得标枪第一名，220码第二名。

《厦门私立双十中学十六周年纪念特刊》1936年

第九届春季运动会假中山公园举行三天
选手二百五十三人　破本校纪录二十项
同时检阅学生军童子军　观众拥挤会场秩序甚佳

本校第九届春季运动会，于3月28日起至30日3天，假中山公园举行。首日上午9时为开幕式，到会者有李市长、郑科长、党部代表梁清钧、司令部代表常副官、星光日报社长胡资周、青年会总干事沈志中等。奏乐、升旗，及行礼如仪后，首由黄校长致开会词，继请李市长、党部代表梁清钧、市府第二科长郑永祥训词。礼成，全体学生由本校铜乐队前导，绕场一周后，学生军童子军排列队形，当由李市长及来宾等暨本校全体教职员检阅，并举行中学部全体女生健康操，及附小全体学生团体操。查童子军受检阅时，精神极佳，至于中小两项团体操，动作亦颇整齐，故甚得观众好评。下午即开始运动，3日来天气晴和，观众拥挤，平均每日约在三四千人以上，会场秩序亦佳。此次参加运动者，极为踊跃，计高中两单位，初中六单位，附小一单位，共九单位。并分男3组，女2组，附小3组共8组，选手达253人，占全校学生数

1/4。竞赛情形,极形热闹,宣传部连日印发"双十新闻"计51号,登载本届运动消息及会场花絮,借广宣传,颇见特色。第三日殿以教职员(计分4组)400公尺接力,及大会新闻记者200公尺竞走,暨女生篮球表演赛,亦颇精彩。查本届破校纪录者,计有20项之多,可见平日本校注重体育训练云。

职员名录

大会主席:黄其华

筹备委员:黄其华(主任)、王探、丘廑兢、林寄尘、沈文炳、苏清江、何耀章

总务部职员:

总干事:王探、苏清江

场地布置主任:陈大业

事务主任:丘廑兢

事务员:林文海

宣传主任:郑永辉

宣传员:陈曲波、林耕南、马克勤

招待主任:陈鸿翔

招待员:马美英、马美珠、叶金印、曾觉村、吕白珪、吴卓人

报告员:萨兆琛、何耀章

编配主任:沈文炳

奖品主任:林寄尘

服务部职员

纠察队指挥:蔡文明

救护队主任:柯福量、郭淑清

通讯队:林诚实、谢聪顺、苏世民、苏有庚、黄必栋、洪怡盛

竞赛部职员

总裁判:邓世熙、郭应麟

径赛裁判长:杨绪宝、胡资周

发令员:沈文炳

终点裁判长:蔡如川、陈后潮

终点裁判员:陈振福、蔡文晖、陈敦仁、陈钦佑、叶沧河

计时长:叶文炳

计时员:陈永命、苏荣勋

径赛检录员:陈尚贤

检察长:卢达仑

检查员:陈庆标、许元培、陈再思、吕建元

纪录长:庄克昌

纪录员:刘瑞生

田赛裁判长:叶茂发、郑鸿英

田赛裁判员:林宜华、陈紫垣

田赛纪录员:林寄尘、林文成

其他职员

小学运动员管理员:吴昭世

小学团体操管理员:陈福柔

摄影主任:黄福耀

大会乐队指挥:蔡志信

注:大会竞赛部一部分职员系请各友校体育专家担任,惟因时间关系,未能每日到场,故多设1人。

大会秩序

3月28日:第一日上午9时起

开会秩序

1.开会:奏乐……本校铜乐队

2.全体绕场一周

3.升旗礼

4.唱党歌

5.向国党旗及总理遗像行最敬礼

6.主席恭读总理遗嘱

7.唱校歌

8.主席致开会词

9.长官训词来宾演讲

10.检阅学生军童子军

11.中学部女学生健康操

12.小学部团体操

13.奏乐……本校铜乐队

14.礼成

15.摄影

3月28日:第一日下午2时起

1.50公尺预赛

一、男中乙组

二、男中丙组

三、女中甲组

四、男小乙组

五、女小组

2.急行跳远决赛

一、男中甲组

二、男中乙组

三、男中丙组

四、女中甲组

五、男小甲组

六、男小乙组

七、女小组

3.100公尺预赛

一、男中甲组

二、男中乙组

三、男中丙组

四、女中甲组

五、男小乙组

4.1500公尺决赛

一、男中甲组

二、男中乙组

5.掷铁饼决赛

一、男中甲组

二、女中乙组

6.200公尺预赛

一、男中甲组

二、男中乙组

三、男中丙组

四、男小乙组

7.200公尺决赛

一、女中甲组

3月29日:第二日上午8时起

1.50公尺决赛

一、男中乙组

二、男中丙组

三、女中甲组

四、女中乙组

五、男小甲组

六、男小乙组

七、女小组

2.800公尺决赛

一、男中甲组

二、男中乙组

3.推铅球决赛

一、男中甲组

二、男中乙组

三、男中丙组

四、女中甲组

五、男小甲组

4.100公尺复赛

一、男中乙组

二、男中丙组

5.100公尺决赛

一、男中甲组

二、女中甲组

三、女中乙组

四、男小甲组

五、男小乙组

六、女小组

6.掷垒球决赛

一、男中丙组

二、女中甲组

三、女中乙组

四、男小甲组

五、男小乙组

六、女小组

7.200公尺接力决赛

一、男小组(六年下、五年上、五年下)

3月29日:第二日下午2时起

1.200公尺低栏决赛

一、男中甲组

2.200公尺低栏预赛

一、男中乙组

3.三级跳远决赛

一、男中甲组

二、男中乙组

4.400公尺决赛

一、男中丙组

5.400公尺预赛

一、男中甲组

二、男中乙组

6.掷标枪决赛

一、男中甲组

7.200公尺复赛

一、男中丙组

8.200公尺低栏决赛

一、男中乙组

3月30日:第三日上午8时起

1.400公尺中栏决赛

一、男中甲组

2.100公尺决赛

一、男中乙组

二、男中丙组

3.跳高决赛

一、男中甲组

二、男中乙组

三、女中甲组

四、男小甲组

五、男小乙组

六、女小组

4.200公尺决赛

一、男中甲组

二、男中乙组

三、男小甲组

四、男小乙组

5.200公尺接力决赛

一、女中组(高一、三下,二下)

二、女小组

6.800公尺接力决赛

一、男中乙组(三下、三上、二下)

7.立定跳远决赛

一、男中丙组

二、男小甲组

三、男小乙组

四、女小组

8.400公尺接力决赛

一、男中甲组(高一、三下,三上、一下)

二、男中乙组(三下、三上、二下、一下)

三、女中甲组(高一、三上、二下)

四、男小组(六年下、五年下、五年上)

3月30日:第三日下午2时起

1.400公尺决赛

一、男中甲组

二、男中乙组

2.撑竿跳决赛

一、男中甲组

二、男中乙组

3.5000公尺决赛

一、男中甲组

4.1600公尺接力决赛

一、男中甲组(三下、三上、二下)

5.教职员400公尺接力,分为四组

6.女生篮球表演赛,本校女子篮球队

成绩一览
男中甲组

项目	名次	成绩	备注
100公尺	(一)张承敏(二)苏青琦(三)李其铃(四)陈其旭	12.5秒	
200公尺	(一)张承敏(二)林英杰(三)吴迪元(四)叶莲祥	25秒	
400公尺	(一)张承敏(二)王逢元(三)苏青琦(四)林英杰	60秒	
800公尺	(一)王逢元(二)黄添梓(三)苏青琦(四)王文甫	2分19.2秒	
1500公尺	(一)王逢元(二)黄添梓(三)叶望民(四)蔡其旭	5分0.6秒	
5000公尺	(一)王逢元(二)黄添梓(三)叶望民(四)陈添福	19分49.2秒	多取林杰星、林金安两名
100公尺低栏	(一)张承敏(二)陈广麟(三)许炳添(四)陈其旭	29.6秒	
400公尺中栏	(一)黄添梓(二)蔡勋奇(三)苏青琦(四)陈广麟	1分11.2秒	
三级跳远	(一)张晋金(二)蔡勋奇(三)吴迪元(四)许炳添	10.93米	
撑竿跳高	(一)詹廷瑞(二)张晋金	2.70米	
急行跳高	(一)张晋金(二)陈广麟(三)许炳添	1.57米	
急行跳远	(一)张晋金(二)许炳添(三)陈广麟(四)叶莲祥	5.50米	

续表

项目	名次	成绩	备注
掷标枪	(一)杜存礼(二)黄世灶(三)陈似苔(四)黄永福	32.98米	
掷铁饼	(一)陈似苔(二)李其铃(三)陈添福(四)杨再山	25.63米	
推铅球	(一)詹廷瑞(二)黄世灶(三)陈似苔(四)陈添福	8.50米	
400公尺接力	高一下(二)三上(三)三下(四)一下	52.8秒	破本校纪录
1600公尺接力	高一下(二)三上(三)三下(四)二下	4分18秒	

男中乙组

项目	名次	成绩	备注
50公尺	(一)陈火寿(二)谢金芳(三)胡赐开(四)陈自珍	6.8秒	破本校纪录
100公尺	(一)郑士复(二)黄江淮(三)孙连成(四)陈自珍	13.8秒	
200公尺	(一)郑士复(二)黄江淮(三)孙连成(四)黄松年	27.6秒	破本校纪录
400公尺	(一)郑士复(二)陈国桢(三)陈启衷(四)谢宏奇	1分3秒	破本校纪录
800公尺	(一)郑士复(二)陈启衷(三)杜存礼(四)谢宏奇	2分31.4秒	破本校纪录
1500公尺	(一)陈启衷(二)谢宏奇(三)庄伯伦(四)王养明	5分31.2秒	
200公尺低栏	(一)林火寿(二)谢丕西(三)李仲良(四)陈聪明	35秒	
三级跳远	(一)黄江淮(二)王永聪(三)陈聪明(四)王汉来	9.70米	
撑竿跳高	(一)陈国琛(二)孙连成(三)吴在良	2.23米	
急行跳高	(一)杜存礼(二)林火寿(三)唐宗括(四)林锦智	1.48米	破本校纪录
急行跳远	(一)黄江淮(二)王汉来(三)黄江来(四)谢宏奇	5.21米	破本校纪录

续表

项目	名次	成绩	备注
推铅球	(一)吕怀春(二)王永聪(三)杜存礼(四)胡赐开	8.52米	破本校纪录
400公尺接力	一下(二)三上(三)高一下	56.2秒	破本校纪录
800公尺接力	高一下(二)三下(三)三上(四)二下	2分0.8秒	破本校纪录

男中丙组

项目	名次	成绩	备注
50公尺	(一)甘进坤(二)陈世碰(三)叶雨霖(四)吕庭辉	7.5秒	破本校纪录
100公尺	(一)甘进坤(二)郑清杉(三)叶雨霖(四)吴庭辉	15.3秒	
200公尺	(一)郑清杉(二)李根旺(三)陈珍水(四)吕庭辉	32.8秒	
400公尺	(一)郑清杉(二)李根旺(三)李相琦(四)陈珍水	1分15.8秒	
急行跳远	(一)甘振坤(二)陈世模(三)杨再福(四)吕庭辉	4.29米	
立定跳远	(一)郑忠德(二)林祖坚(三)杨再福(四)陈珍水	2.00米	
推铅球	(一)甘振坤(二)赵承义(三)蔡盛年(四)林祖坚	8.10米	破本校纪录
垒球掷远	(一)陈珍水(二)王玉驹(三)叶迪生(四)蔡盛年	34.30米	破本校纪录

女中甲组

项目	名次	成绩	备注
50公尺	(一)林素卿(二)林智勤(三)曾宝珠(四)黄宝彩	7.5秒	破本校纪录
100公尺	(一)林素卿(二)林智勤(三)曾宝珠(四)李清莲	14.7秒	破本校纪录
200公尺	(一)林智勤(二)林素卿(三)李清莲(四)黄庆宝	32秒	破本校纪录
急行跳高	(一)庄素贞(二)曾宝珠(三)林毓芬(四)蔡坤德	1.10米	

续表

项目	名次	成绩	备注
急行跳远	林素卿(二)曾宝珠(三)庄素贞	4.04米	破本校纪录
掷铁饼	黄宝彩(二)王清莲(三)黄庆宝	18米	
推铅球	庄素贞(二)林智勤(三)王清莲	7.68米	破本校纪录
垒球掷远	(一)黄宝彩(二)王清莲(三)李清莲(四)李彩凤	29.25米	破本校纪录
200公尺接力	(一)二下(二)三上	35.1秒	
400公尺接力	(一)二下(二)三下	1分8.4秒	破本校纪录

女中乙组

项目	名次	成绩	备注
50公尺	(一)洪云英(二)骆加美(三)林素卿(四)李彩凤	8.2秒	乙组林素卿与甲组林素卿同名
100公尺	(一)骆加美(二)徐如碧(三)洪云英(四)林毓芬	16.5秒	

男小甲组

项目	名次	成绩	备注
50公尺	(一)庄连明(二)林玉昆(三)吴清松(四)吴春港	7.5秒	
100公尺	(一)庄连明(二)庄连开(三)林玉昆(四)吴清松	14.1秒	
200公尺	(一)陈贞翰(二)何朝坤(三)吴清松(四)吴春港	31.7秒	
急行跳高	(一)庄连明(二)何朝坤(三)陈贞翰(四)陈荔生	1.38米	
急行跳远	(一)庄连明(二)陈贞翰(三)何朝坤(四)陈文华	4.33米	
立定跳远	(一)何朝坤(二)林玉昆(三)吴清松(四)陈荔生	2.23米	
垒球掷远	(一)庄连开(二)庄连明(三)李清标(四)陈贞翰	49.85米	

续表

项目	名次	成绩	备注
推铅球	(一)庄连明(二)庄连开(三)陈文华(四)白奕聪	7.50米	
200公尺接力	(一)五年上(二)五年下(三)六年下	30秒	
400公尺接力	(一)高二下(二)高一下(三)高一上	1分2.4秒	

男小乙组

项目	名次	成绩	备注
50公尺	(一)吴上民(二)吴师亨(三)曾国泡(四)张鸿都	7.8秒	平县纪录
100公尺	(一)吴师亨(二)吴上民(三)曾国泡(四)李其锟	15.1秒	
200公尺	(一)吴上民(二)曾国泡(三)苏金华(四)李其锟	34.5秒	
急行跳高	(一)孙连枝(二)林大亨(三)刘贤武(四)林加彬	1.21米	
急行跳远	(一)吴师亨(二)吴上民(三)张国良(四)许振隆	3.77米	
立定跳远	(一)张鸿都(二)吴师亨(三)林大亨(四)陈水木	2.04米	
垒球掷远	(一)张国良(二)陈水木(三)孙连枝(四)许振隆	3.40米	

女小组

项目	名次	成绩	备注
50公尺	(一)杨清霞(二)郑景云(三)李月华(四)丘连漪	8.7秒	
100公尺	(一)杨清霞(二)曾丽英(三)林婉珍(四)黄珠痕	17.3秒	
200公尺	(一)郑景云(二)杨清霞(三)曾丽英(四)丘连漪	34.3秒	
急行跳高	(一)郑景云(二)杨清霞(三)曾丽英(四)丘连漪	1.02米	
急行跳远	(一)杨清霞(二)丘连漪(三)曾丽英(四)郑景云	3.23米	

续表

项目	名次	成绩	备 注
立定跳远	(一)杨清霞(二)曾丽英(三)林惠芳	1.83米	
垒球掷远	(一)李月华(二)郑景云(三)曾丽英	27.85米	

个人优胜

男中甲组	张承敏	20分
男中乙组	郑士复	20分
男中丙组	甘进坤	20分
女中甲组	林素卿	18分
女中乙组	骆加美	8分
男小甲组	庄连明	18分
男小乙组	吴师亨	16分
女小组	杨清霞	20分

团体优胜

冠军	初三上	131分
亚军	高一下	109分
殿军	初一下	104分
第四名	初二下	100分
第五名	初三下	63分
第六名	初一上	44分
第七名	初二上	30分
第八名	高二下	14分

大会会絮

市长亲临慷切演诲 大会开幕之时,由黄校长致开会词后,即请李市长训词,略谓中国过去在国际地位的不平等,国民体格的不健全,却是其中原因之一。所以中央政府对于这一点是很注意的,刚才黄校长说过,双十中学每3人中有1位运动员,这是很好的现象。不但双十中学要这样做的,我们更希望大家都要这样的,那么中国人体格,当然是会健强的。这是本市长的希望云云。

铜乐队员大汗淋漓 本校铜乐队28(日)早7时,即在本校集合,即行领率全体同学到场,乐声悠扬,阵容亦整。推该队制服,系为黑呢,适因天气颇热,故该队员莫不大汗淋漓。但为学校而服务,虽肉体上觉得痛苦,而精神则极愉快云。

化学师自造发令炮 本届运动大会的发令炮,系本校化学教师蔡志信先生所制造。成绩颇佳,可称造炮能手,但不知他日枪口向外时,蔡师肯效力否。

截途剪径大忙拍照 女中甲组50公尺起赛时,林智勤一马当先,急杀黄宝彩,马不停蹄,急起直追。两旁伫观女同学,大呼加油,但黄以大势已去,仍无法挽回,又胡资周校董及黄福曜师,急以快镜,大拍其照。正是截途剪径,乘危打劫,而林智勤尊容遂投入镜中矣。

800公尺平市纪录 男中甲组800公尺决赛,王逢元(12号),以2分19秒成绩,平本市纪录。(查本校纪录,保持者为陶文忠,成绩为2分11秒,而全省纪录仅2分12秒)至乙组冠军郑士复,成绩2分31秒又五分之一,查本校纪录为2分35秒又五分之一。此项又破纪录矣。当决赛时,本校王探师,大呼"加油"不已云。

后起女将一鸣惊人 女中甲组林素卿,在本届运动会,可算奇军突出,获得50公尺、100公尺、急行跳远3项冠军(均打破本校纪录),及200公尺第二名,并得个人冠军。至前届健将林智慧,则未参加云。

陈尚贤师瞎子瞎算 本校陈尚贤师,系任大会径赛检查员,执有号签一筒,有如街头算命先生。同学及教师均趋彼讯问前途,某师询以"终身大事",陈师以"玉女难逢"答之,一时传为佳话。

推铅球成绩多出色 男中甲组推铅球,冠军系詹廷瑞,成绩7.60米,乙组吕怀春8.52米(查本校纪录8.15米),丙组甘振坤8.10米(查本校纪录6.27米),女组庄素贞7.608米(本校纪录6.52米)。该3组铅球决赛,均破本校纪录云。

市长夫人到场参观 29日下午3时后,系男中甲组标枪,及400米男中甲组决赛,观众非常拥挤。查李市长夫人,及航空处陈处长夫人,联袂到场参观,似对运动颇具兴趣云。

司令台下教师卧薪 司令台下堆积童子军木棒甚多,一二教师饱食之余,将棒子铺列地面,横卧于上,言笑自如。际此国难当头,诸师长竟有卧薪刻苦精神,殊为钦佩。

奖品一批

李市长	赠优胜旗一面
市政府郑科长	赠镜匾一面
詹校董汝嘉	赠银盾一座
胡校董资周	赠银盾一座
陈校董福星	赠优胜旗一面
李校董世俊	赠银盾一座
周校董辨明	赠银盾一座
陈校董景苏(小学部)	赠镜匾一面
石校董鼎宗	赠优胜旗一面
丁校董锡荣	赠银盾一座
雷校董邹鲁	赠银盾一座
卓校董全成	赠优胜旗一面
黄校董本源	赠银盾一座
乐群童子军用品社	赠优胜旗一面
商务印书馆	赠银盾一座
世界书局	赠辞林两部
中华书局	赠银盾一座
焕文印书馆	赠银盾一座
新华西装号	赠优胜旗二面
五洲药房	赠肥皂四打
国华银盾公司	赠银盾一座
黄校长其华	赠优胜旗一面

(尚有奖品多种,因收到较迟,恕未一一登载。附此声明)

《双十月刊》第1期,1936年

集美运动会成绩评定

本报讯 私立集美学校第十八届运动会各单位成绩,经已评定,兹探志各单位荣获锦标详情如次：团体方面，高中部获取男子篮球、排球，男甲田赛全能，男乙田赛，男乙径赛等团体六大锦标。水产学校荣获男甲径赛锦标，初中部荣获男丙田赛锦标，小学部荣获男丙径赛锦标，统计以高中部荣获团体总锦标。个人方面之男甲个人优胜杜成备（高中），男乙个人优胜许金泰（高中），男丙个人优胜林宗吉（初中），女甲个人优胜叶植英（初中），女乙优胜洪梅花（初中），女丙优胜陈殿凤（小学），又男子五大项冠军杜成备（高中），男十大项冠军林润泽（水产）。又足球锦标属于谁手，现尚展开逐鹿战。

《星光日报》1948年5月13日

集美学校第十八届运动会

本校运动风气，素甚浓厚，战前参加全国及全省运动会，曾保持纪录多种。战时转徙内地，因设备不周，遂渐低落，迄今仍未恢复旧时水准。本届运动会，仍在大操场举行，司令台上装置播音机，以发号施令。职员六七十人，男女运动员300余人。除田径赛及各项球类比赛外，复有各项表演，如救火队消防演习，童子军各项表演，小学各种舞蹈等，均技艺娴熟，颇承观众嘉许云。

运动会职员一览表

会长	陈村牧
副会长	黄毓熙　陈延庭　杜煌　俞文农　游学诗　叶文佑
总裁判	庄文潮
总干事	林永长
径赛裁判长	陈伶
径赛发令员	温树榛
径赛裁判员	陈镇藩　陈瑞熙　戴由然　谢春安　谢立石 叶步云　谢元菊　陈英元　洪仲献
径赛检录员	邱得三
径赛纪录员	喻楷民　杜少美
径赛计时长	吴玉液

径赛计时员		黄天成　林警民　陈清渊　林璧辉
田赛裁判长		杨绪志
田赛跳部主任		陈炯桢
田赛掷部主任		周炳麟
田赛裁判员	跳部	谢谈铭　陈实　陈祥麟　施铁鸣
	掷部	张炳明　陈金泉　陈乌亮　林景伟
田赛纪录员	跳部	黄奕三
	掷部	郑圣坦
检察长		余汲贤
检查员		尤钟伟　林盛俭　叶航民　杨元侠　李麟声　施忠英
球类裁判长		庄文潮
球类裁判员		林永长　杨绪志　温树榛　陈炯桢　陈伶　周炳麟
记录员		许清怀　林震腾　方式亮　黄天成
球赛计时员		黄天成
球类巡边员		林永长　杨绪志　温树榛　陈炯桢　周炳麟　许清怀　林震腾　施忠英
网球裁判员		陈伶　李麟声　谢元菊
表演裁判员		刘挺英　魏达成　陈伶　方式亮
军事体育竞赛裁判员		许清怀　余汲贤　林震腾　施忠英
总记录		李裕明
报告员		黄玉麟　郭正安　陈祖霖
总纠察		许清怀
纠察员		黄寿庆　刘崇基　吴玉液　余汲贤　林震腾　施忠英　陈实　方式亮
铜乐队总指挥		张家政
会场记者		王伯兰　李时雨
会场医生		刘挺英　魏达成

竞赛委员会主任委员	陈大弼
委员	林永长　杨绪志　温树榛　陈伶　陈炯桢　吴玉液 余汲贤　林震腾　周炳麟　许清怀 谢春安
审判委员会主任委员	黄毓熙
委员	杜煌　俞文农　游学诗　叶文佑　林永长 温树榛　杨绪志　陈炯桢　刘崇基　刘挺英 谢春安　陈伶　吴玉液　余汲贤　周炳麟 许清怀　林震腾

田径赛成绩纪录表

组别	项目	优胜者	单位	成绩
男子甲组	100公尺	杜成备	高中	12秒2
	200公尺	杨中元	高水	24秒6
	400公尺	陈自谦	高水	60秒2
	800公尺	王学仁	高中	2分18秒7
	1500公尺	白山愚	高水	5分8秒
	5000公尺	白山愚	高水	19分55秒
	110公尺高栏	叶培基	高商	20秒5
	400公尺中栏	杨中元	高水	66秒8
	跳高	吴焕水	高中	1米57
	跳远	杜成备	高中	5米66
	三级跳	郭吉霖	高商	11米81
	撑竿跳	叶培基	高商	2米70
	铅球（16磅）	廖文齐	高商	9米35
	铁饼	廖文齐	高商	24米60
	标枪	郭吉霖	高商	24米65
女子甲组	60公尺	李佩芬	高中	9秒4
	100公尺	陈丽华	初中	16秒1
	200公尺	陈丽华	初中	33秒7

续表

组别	项目	优胜者	单位	成绩
	80公尺低栏	李佩芬	高中	17秒1
	跳高	叶植瑛	初中	1米10
	跳远	吴秀云	高中	3米96
	铅球（8磅）	蔡盐盐	高中	7米31
	铁饼	叶植瑛	初中	15米80
	标枪	陈金叶	初中	15米
	垒球掷远	叶植瑛	初中	35米12
全能	400公尺接力	高商	高商	50秒6
	1600公尺接力	高水	高水	4分12秒2
	男子五大项	杜成备	高中	
	男子十大项	杜润泽	高水	

各项运动锦标暨个人优胜

团体总锦标	高中	男甲田赛锦标	高商
男甲径赛锦标	高水	男甲全能锦标	高中
男篮球锦标	高中	男排球锦标	高中
男乙田赛锦标	高中	男乙径赛锦标	高中
男丙田赛锦标	初中	男丙径赛锦标	小学
男甲个人优胜	杜成备（高中）	男乙个人优胜	许金泰（高中）
男丙个人优胜	林宗吉（初中）	女甲个人优胜	叶植瑛（初中）
女乙个人优胜	洪梅花（初中）	女丙个人优胜	陈殿凤（小学）

《集美周刊》第41卷第7期，1948年5月10日

中华校运开幕式　王连元勉学生　发挥传统荣誉

本报讯　中华中学校运会今晨八时假中山公园大操场举行开幕式，校长王连元对诸学生训勉有加，希望大家继续发挥中华学校以往在厦门之运

动史上之光辉。会毕,王校长率领全体学生环绕跑道一周,继即举行各种表演,计有佛舞、欢呼操、叠罗汉、村姑舞等。最后有一最精彩节目"拳击",参加拳击比赛者有四队,均系该校体质强壮之学生。比赛时空气紧张,拉拉队在旁助战,情绪热烈云。(乌)

花絮 中华校运会表演"村姑舞"和"佛舞"时,一位女教师在表演场跑来跑去,指示"舞步",有人笑曰:"提示居然也上场。"

棒击比赛正酣时,有一老头儿在旁这么担忧着:"危险啊!要是他们二个本有仇恨,假打变真打,打死了人命,那怎么办?"

《厦门大报》1949年5月2日

第三章

单项体育运动

一、球类运动

(一) 篮 球

谈此次全市盛大篮球赛

童 娇

本年全国运动大会,已定双十节在京举行了。本市体育界以为期不远,乃举行全市盛大篮球比赛,将全市篮球明星分为青天白日4队,目的则冀将所收券资为全市预选赛费用。上星期六已赛过2天,循环作战,胜负未分,后日(星期六)下午4时半,仍假同文作最后锦标决赛,鹿死谁手,看此一举。以记者观察,则此锦标当以日队为最有希望。然日队最后一赛仍须与青队决雌雄,但"青"已不幸第一次则败于"天",则锦标当以"日"为最有希望耳。

然天有不测风云,人事又岂能逆料,青队中多名将,如黄宗标、蔡如川、陈守谦、庄友仁均为现在厦联队之士。林维爵有黄忠之风,老而益健。如此济济多士,雷霆怒发,一声"青"天霹雳,打败暴"日",亦未可知。此则有望于青队努力!设如青胜则锦标尚有问题也。

日前已赛者其成绩表如下：

青队：败于天,胜日,计一败一胜。

天队：胜青,败于日,计一胜一败。

白队：败于日,败于青,计两战皆败。

日队：胜白,胜天,计两战皆胜。

观此成绩表,后日同时尚有白队与天队一场。白队亦多能战之士,如叶茂发、王华庭、杜申元等皆厦□将士。前日两场叶仅昙花一现,当日长坂坡之威风,故未曾施展也。最后一场,此君不出来卖力,恐难免要"背包袱"之虞矣！

设青胜日矣,天而能胜白,则青天日3队须再决赛,以定锦标。总之,此场之战,系为各队生死关头,青如胜日,天如胜白,则3队须再次决战。白如努力胜天,则免"背包袱",日如能再胜青队,则夺得锦标,万事解决。固曰此两场之战皆为各队之生死关头也。

《江声报》1933年6月1日

篮球锦标赛今日举行
警界运动会定十月一日

全市篮球赛最后锦标赛,本定前星期六举行,因雨未果。现改定今(10)日下午4时半举行,是日为日队对青队、天队对白队两场。地点同文球场,门票小洋2角。

《江声报》1933年6月10日

中南中央球赛结果四十六比四
中央获胜　卢慕蓉开球

昨(19)日下午4时,本市中南、中央两银行篮球队,假同文球场比赛。球证陈诗雍,由卢慕蓉行开球礼。双方比赛结果为46：4,中央队胜利。赛后,卢慕蓉赠优胜队银盾一座,上镌"尚武精神"四字。两队阵势如下：

中　央　队

右锋　陈义和　　　　　　　　　　　　　　　　　　0

　　　欧阳伯惠　　　　　　　　　　　　　　　　　　2

	范希禹	4
左锋	林铨沂	12
中锋	徐克培	24
右卫	庄鼎荪	4
左卫	陈昭宽	0

中 南 队

右锋	张兆麟	0
左锋	戴宏源	1
中锋	陈定乾	2
右卫	汤顺成	0
	陈季常	0
左卫	叶顺发	1
	陈根礼	0

《江声报》1933 年 8 月 20 日

业余球队五路开仗

昨(5日)为星期日,本市业余球队皆互相挑战,计共有5场球赛。上午10时篮球谦顺对记联,39：20球,谦顺队胜。11时警友对记联,31：37,记队胜。地点在同文。下午3时女篮球赛,群惠对中山看护队,28：4,结果群惠队胜。4时中山医院队对海军地方医院排球队,40：10,结果海院胜。接续两队再赛篮球,结果为中山胜。以上地点在中山医院。

《江声报》1933 年 11 月 6 日

记联篮球胜精武二分　卅六比卅四

昨(26日)早11时,记者联合队与精武篮球队比赛,地点假同文中学球场。双方实力平均,结果36：34,胜利属记联队。

《江声报》1933 年 11 月 27 日

记联篮球败于良晨
廿三比四二

记联篮球队昨与良晨比赛，一经接触，记联即觉不支。久而久之，仍属每况愈下，一局将终，遂大败，至于 23∶2。尚幸此时能作最后 5 分钟之奋斗，结果为 42∶23，良晨终仍获胜云。

《江声报》1933 年 12 月 4 日

厦鼓精武女篮球赛　　厦队一胜再胜

厦精武女篮球队，于昨下午 4 时半，在鼓精武篮球场与鼓精武女篮球队作友谊赛，评判员洪智惠、洪连炳。上半时 7∶2，厦队胜。下半时 33∶16，厦队再胜，结果 40∶19。全场得分最多者为厦队陈玉钴，独得 27 分云。

《江声报》1934 年 10 月 14 日

厦市中心篮球队昨决定组织

本市体育界昨晚假三友酒家召开座谈会，到杨绪宝等多人，议决：一、组织篮球队，互相联络。二、定名为厦门中心篮球队。三、组织以简单为主，推杨绪宝为队长，杨渭溪为干事，叶文炳为文书，叶维德为会计，卢达伦为交际。四、队衣色规定枣红色背心，白色短裤。五、规定每星期对外比赛一次，时间为星期六。六、以抽签方法，先规定与大同、双十、同文、厦大、厦中、青友、厦港七队，仍照次序比赛。七、会费每人先收一元，必要时临时捐收。

《江声报》1936 年 11 月 17 日

篮球赛第四日英华败于青年
本日女篮球毓德对厦大

本报讯　昨下午 5 时，青年与英华两篮球队健儿会师于中山公园，英华队员均系鼓英华中学学生，该校素以足球名闻全省。至若篮球，却非专长，欲与群星争雄之青年队对抗，有如以卵敌石，势在必败。

性善者不来,来者不善。兵刃既接,青年队各路军随球前应,倾力城下。旋见右锋郭尚霖(手起球落),英华之后卫安槐以郭君系第三号,既建首功,彼亦第三号,胡可无功?倾奔上前,线内夺得一球,喝声一响,但见一球圆圆从空中滚向篮网而去,博得在旁观战之小妖似的儿童,喊声"好"。旋青年队吕基渊甫攻克一城,又被英华之黄炳三击中一球,造成四与四之比。

青年队以英华队竟敢与之分庭抗衡,遂下总攻击令,各路大军随球进退,加之谢宏梧与吕基渊、郭尚霖诸一球手,十发九中,顷刻之间,以 14∶4 占先。英华队见势不佳,急喊"暂停作战",召开临时会议,商讨策略,添生力军□文入场作战,威势稍振,无如对方更为厉害,上半时以 22∶44 见挫。下半时青年队调四路预备军作战,伺机反攻,七号□□□比 50 直退至 36∶54。终因气力有限,气喘呼呼,虽时常调生力军轮番作战,无如大势已去,全局结果□□□□。

下午,□□□□4 时,为毓德女中对厦门大学。5 时,为英华对大同。据悉:厦大实力颇强,为青年黄劲激。闻青年队的女英雄已约定本日下午全体出席观战,以便决定星期六下午与厦大对决。该大同与英华均系学生,实力堪称伯仲,届时当有一场恶斗云。

《中央日报》1946 年 4 月 4 日

市长杯球赛录
暨友二四一余余四二胜　厦大三六一黑马三七胜

本报讯　市长杯第一日篮球赛,昨(1 日)下午 5 时在□□□场举行。由黄市长行开球礼后,第一场暨友与余余队比赛,结□□□余获胜。第二场黑马与厦大赛,双方势均力敌,展开迂回战与突□□□让。上半场 10∶20,厦大占到上风,而下半场厦大阵脚纷乱,掷□□□终止时,双方各计 34 与 34,平分秋色。旋延时 5 分决赛,各又□□□因双方争取胜利,俟犯球规,黑马□□,而厦大虚掷,致全场 37 比 36 分,黑马□胜厦大云。

《星光日报》1946 年 6 月 2 日

市长杯球赛录
黑马二七一余余四六胜　白宫十四一厦大六一胜

本报讯　市长杯篮球赛,昨为第三日,上场余余对黑马,在一般球迷理想中,满以为黑马连胜二日,或能乘战胜余威,再建奇功。不料余余队新军实力雄厚,角逐结束,46：27,余余奏凯。下场厦大对白宫,厦大队阵容颇壮,且取得联络之法,而第三号、第八号两战士,投球技术准确,进攻屡中。白宫队阵容欠整,失于联系,虽有第十二号努力驰骋,无如孤掌难鸣,以 24：61,惨败于厦大云。

《星光日报》1946 年 6 月 6 日

市长杯篮球赛录
一球之差白宫奏凯　二场阻雨改今交锋

本报讯　市长杯篮球赛,昨为第四日,只赛一场,白宫对暨友。白宫队因连日受挫,阵容已加调整,联络亦比前进步。球战开始,得心应手,上半场以 17：8 占胜。下半场易地再战,暨友队奋勇进攻,连中三球,战况已告转机。惜天不作美,微雨骤降,双方虽仍冒雨鏖斗,无如阵地湿滑,时光又无情地过去,结果 21：23,以一球之差,让白宫奏凯。

又第二场原为市府队对大会职员队,因受雨阻,改订今日下午举行。闻双方实力颇称雄厚,预料将有一番恶战云。

《星光日报》1946 年 6 月 7 日

市长杯球赛录
白宫三六一余余四六胜　厦大二七一同余三〇胜

本报讯　市长杯篮球赛,昨为第六天,首场白宫对余余。白宫队阵容经过调整,实力已较雄厚,而技术亦比前进步不少。但所遇对手,却为号称劲旅之一的余余队,卒以 36：46 战败。倘能继续努力,前途当未可限量。

尾场同余对厦大,两队势均力敌,堪称"棋逢对手"。球战开始 5 分钟内,厦大接连投中二球,一时球场四周,掌声盈耳。同余急起直追,旋亦投中一球。嗣后一来一往,即进入紧张状态。乃同余队的球运颇佳,球多中肯,遂造成反败为胜的优势。至下半场,厦大队更因气力不继,奔驰联络大见逊色,而余余队则愈战愈勇强,结果终以30∶27,同余获得胜利。

又连日阻雨,球赛秩序因之变更。兹将新秩序各单位名单志下:6月10日(星期一):同余—白宫下午5时至6时,暨友—黑马下午6时至7时。6月11日(星期二):黑马—同余下午5时至6时,厦大—余余6时至7时。6月12日(星期三):厦大—暨友下午5时至6时半,6月13日(星期四)同余—余余下午5时半至6时半。

《星光日报》1946年6月10日

市长杯篮球赛昨继续举行

余余胜白宫 同余挫厦大

本报讯 昨天下午太阳朗照大地,市长杯篮球赛照常举行,好汉上擂台,先交锋的是余余对白宫,以余余的实力对付白宫,可说是"心有余而力也有余"。比赛结果,余余以46∶36获胜。

第二场轮到厦大对同余,这两队实力半斤与八两,记者到场时,他们俩的纪录正是7∶7,接着同余打中一球,厦大也投桃报李的还送一个,成了9∶9。此后同余3号(郭尚霖)和4号(阮玉田)一唱一和,各有建树,成绩斐然,惹得厦大3号(吕基渊)和7号(应汉英)性起,拼命直追,又是18比18,真是成了"拉锯战"。但究竟同余郭尚霖短小精悍,惯于偷越阵地,加上运气好,"十发九中",所以分数始终是同余领先。

厦大于上半时虽是以18比22落后,但气并不馁,易地再战,应汉英先收回失地,混着吕基渊也罚中一球,看看又追上纪录。又谁知敌人左右先锋,逢山开路,此呼彼应,各射中了两个球,以30∶21赢了9分。观众都替厦大担忧,大喊"厦大加油"。骁勇善战的吕基渊,果然振起精神,单枪还马,出没于千军万马之中,立下两次奇功。观战的小妖,更加摇旗呐喊,声彻云霄,厦大仅以3分之差,就要追上了。吓得立旁休息的同余队长杨绪志,急喊"暂停作战",自己又上阵代替。陈耀仁、杨将军看着时间将到了,遂传出号令,叫各路将士别轻举妄动,只要守住阵脚,别给敌人越过阵地就好了。这种"软索牵公猪"的战术,应用在那时候却极合适,可急坏了厦大将士。然而心慌即意乱,所以吕基渊虽然连连得了好几次"偷捉鸡"的机会,可惜不曾得手,结果全局以 27∶30 宣告失败。

讯 篮球赛因连日天雨而改期,比赛的秩序列表如下:
本日,同余对白宫,暨友对黑马。
明日,黑马对同余,厦大对余余。
12 日,厦大对暨友。
13 日,同余对余余。

（时间均在下午 5 时半至 6 时半）

《中央日报》1946 年 6 月 10 日

市长杯篮球赛录
白宫二九一同余四五胜　暨友二九一黑马四四胜

本报讯 市长杯篮球赛,昨为第七日,第一场同余对白宫,同余队以连战皆捷之声威,交锋未数合,即占先奏捷。白宫队虽拼命角逐,奈心有余而力不足,结果以 45∶29,同余高唱凯歌。

第二场暨友对黑马,暨友队起初士气颇旺,捷足先得 2 球,打开以 4 比 0 优势。但黑马队战术稳健,并不稍露着急,只有加紧防卫与进攻,果然连中数球,即告转败为胜。而暨友队亦急起直追,又即造成 8 与 8 之比,平分秋色。略事休息后,黑马队改变战术,战况随之改观,记分牌上逐渐增多分数。终局计算,暨友队以 29∶44,杀败而归云。

《星光日报》1946 年 6 月 11 日

市长杯球赛录
暨友二八一厦大四二胜

本报讯 市长杯篮球赛,昨为第九日,只赛一场,厦大对暨友。5 时半开始,厦大队因前日大战余余队,战斗情绪略露疲态。暨友则阵容整齐,精神奕奕,惜第一号球多虚掷,至让厦大有进展机会,反败为胜。综计全场分数,42∶28,厦大胜利。今为余余对同余,为复赛参加夺锦权之一天,谁获胜,谁就有冠军希望。预料两队势均力敌,端赖出奇制胜,届时必有一番热烈恶斗云。

《星光日报》1946 年 6 月 13 日

球　　讯

本报讯 昨天下午篮球赛是厦大对暨友,因为有人误传是余余对同余,所以球迷到场观战的更多,厦大曾败于黑马和同余,却战胜余余。厦大作战技术曾得到许多人的赞许,加以运动道德良好,更博得观众同情,小孩子多义务的为其呐喊助威。因此未赛之前,多断定暨友会失败。然而首半场,暨友尚争得平手,到了下半场,竟疲于奔命,一蹶不振,全局以 26∶42 败北。

今天是余余对同余,这两队各胜了三次,败了一次,且看今天鹿死谁手,谁赢谁就和黑马再来一次争夺冠军战。本来黑马给余余打败,而胜了同余,但是无论今天是余余还是同余打胜仗,都得和黑马再决战一次。所以今天下午的比赛,可说是冠军决赛权争夺赛。观两队实力相当,就看谁多带一油桶好开足马力。至于谁输谁赢,且听明日分解。

《中央日报》1946 年 6 月 13 日

市长杯球赛录
余余二六—同余三一胜　今日为同余黑马冠军赛

本报讯 市长杯篮球赛,昨为第十日,同余对余余,作争取锦标之最后复赛。两队健儿,俱摩拳擦掌,大有我非压倒你不可之气概,所以战斗也就表演得特别起劲、紧张。余余首先创造纪录,但跟着同余又反败为胜。不旋踵间,余余队再奋勇冲锋,占上风,上半场以 14∶9 奏捷。下半场易地再战,同余队大显神威,按连中肯 5 球,战况转佳。然余余队并不甘示弱,重振精神,续势再起变化,忙得同余队急调战将。究竟生力军一鼓作气,屡建奇功,结果全场 31∶26,同余唱凯。今为冠军赛黑马对同余云。

《星光日报》1946 年 6 月 14 日

市长杯冠军赛
同余黑马今日争锦标　球迷咸盼另一饱眼福

本报讯 本日下午 5 时半,为同余与黑马篮球冠军赛,鹿死谁手尚未可知。一般球迷意见、建议,谓厦大队战术颇佳,若荣获锦标之队于 16 日与厦大作一友谊比赛,既可使准备参加双十节全省运动会之厦门篮球健将得练习机会,又可乘星期例假日饱球迷之眼福。惟未悉主持人之能否赞同,俟记者采询续志云。

《中央日报》1946年6月15日

市长杯篮球比赛　同余队荣获冠军
黄市长天爵亲自给奖

本报讯 市长杯篮球赛昨为最后争夺冠军决赛,一般球迷与观众们,未开场前,早就把球场四周围得水泄不通,乃第一场为厦友与群星作友谊表演比赛。两队都是球场宿将,始终不会犯规,表演技术堪称优越。结果42:24,厦友队战败。

第二场黑马对同余,亦即最引人注意之夺锦标队。双方健儿经前日一天的养精蓄锐,精神倍加兴奋,当预备笛声吹响的当儿,观众即拍手鼓掌欢呼。迨正式宣战程序开始,同余队奋勇争先,接连投中3球,建立第一。嗣黑马队调派战将再战,上半场遂告转败为胜。下半场在易阵地,经同余队出奇制胜,屡救险球,且联络灵活,终以40:28,击败对方,而荣获冠军,夺得锦标,凯旋终场。由黄天爵市长亲自给奖银盾一个,仪式隆重。至是鏖战十余日之篮球赛,乃宣告结束。

《星光日报》1946年6月16日

记者杯篮球赛欢迎各机关社团参加

本报讯 记者杯篮球赛分为公开、团体两组,报名时间截至本月29日下午5时。报名地点由庆祝记者节筹委会委托中山路新的书店办理,各已经志前报。

兹据该会负责人谈,此次举行比赛,最大目的,在提倡体育,故特别欢迎各机关团体人士自行组织(参加)。查本市现有团体队,计有市府、货物税局、中国银行及记者队等。如各区公所或区商会,或其他各途对公工会亦能组队参加,当有一番热闹。倘单独一机关,觉实力较差,可设法同性质者合并。如中国银行可并其他各行,组一银行联合队。货物税局可并直接税局、盐务局及海关等组一税务联合队。又如自来水、电灯、电话三公司可组一公用事业联合队,电话、邮政局可组交通队,余类推。最要者则各该队员,须确实在各署机关或团体服务两月以上者,切勿临时拉拢云。

《中央日报》1946年8月26日

记者杯篮球赛　宪兵再捷
公开组英南胜全白

记者杯篮球赛,作为第三日,首场社团组,大同对宪兵。宪兵乘战胜记者队余威,声势颇壮,大同昨败于工联,心似怯战。下午5时开始比赛,30分钟战斗结束,上半场22∶9,宪兵获胜。柠檬时间一过,大同队致力进攻,惟宪兵步步跟着,无法进展,下半场10∶14,宪兵再胜。第二场公开组,英南对全白,英南战斗力较强,且取得联络,全场45∶32,全白败北。

《星光日报》1946年9月4日

记者杯篮球赛　工联获胜

记者杯篮球赛,昨为第四日,首场社团组,工联对记者。记者队实力原不弱,昨因队员出席不齐,影响战斗力量,全场以27∶27再败于工联。第二场公开组青青对群星,群星阵容坚整,球艺精良,青青非久经战场之我军,终局35∶18群星获胜。

《星光日报》1946年9月5日

昨篮球赛工联胜记者　群星胜青青

本报讯　昨记者杯篮球赛,工联队于厦令时间5时以前均武装出场,而记者队队员反有少数珊珊(姗姗)来迟者,险遭以弃权论开赛。(起)初,记者队因人马不足,而时间已到,只得将在场五将全部应战,实力自差,屡居下风。旋生力军到,但人数亦不过一人,而工联队正副将齐备,轮番作战,油足力强,终以37∶47获胜。次场群星对青青,群星或带有轻敌之意,不甚力战。追后见青青非易取者,方力紧攻防,上半时以10∶4领先。下半时青青图复失地,逐步反功,曾数度追及,几与对方平分秋色。群星知不可侮,五将互相呼应,齐进齐退,全局以35∶25击败青青。

又讯 本日为宪四连对工联,及全白对青青。

《中央日报》1946年9月5日

记者杯篮球赛今日结束给奖
宪四连获社团组冠军

本报讯 宪四连与工联,昨为争夺社团组记者杯,会师中山公园。宪四连在连长徐□棠亲自出阵督战之下,各路将士那敢懈怠,节节进攻,一路领先,上半时以22:13作领路先锋。易地再战之后,徐氏退回后方休养,工联5号吴在龙屡在龙门阵内展龙威,宪四连险被抑压。徐连长见势不佳,急又上阵督战,士气因而大振,7号郑廷辉骁勇善战,功劳簿上辄见芳名,终以34:25荣获社团组冠军。

第二场公开组全白对青青之战,表面上似不若(社)团组之紧张,但实际上彼此所用系软功,打来更需费力费脑。全白队个人技术殊不错,但似少作整队练习,故联络欠佳,且人数少,致全局以46:34被挫败。本日为最后一日,社团组为记者与大同两队争殿军,而公开组群星与英南各胜二场。故今日之赛,可谓冠军赛,且看鹿死谁手。赛毕,即将给奖,凡参赛各队均有奖品可领,以示提倡体育本意,请各队届时齐往出席领奖。

《中央日报》1946年9月6日

记者杯篮球赛昨日给奖
宪兵群星各得锦标　记者队亦不落人后

记者杯篮球赛昨为夺锦之日,社团组冠军,业余前(5)日被宪兵队以连胜记者、大同、工联三队获得。工联队占居亚军,还有记者和大同两队,仍应举行循环赛。昨下午5时正,两队健儿即开始接触,初大同队取得联络,奋勇力战,上半场以18:14,获得优势。休息后再战,锐气仍盛,纪录牌上分数依然逐增,惜在最后15分钟,记者队发愤图强,急起直追,下半场以27:20,得挽危局。全场41:38,仅3分之差,记者队始免贻"吃鸭蛋"之讥,亦云幸矣。

公开组群星对英南,系夺锦赛。两队人马相当,裁判员蔡如川,号笛一鸣,整个球场情绪顿形紧张。究竟群星老于战场经验,技术略胜一筹,7号前锋战将,首创纪录后,第4、第6两号继续响应。英南队虽由第6、第9两号各中一球,局势稍转。嗣群星第九号老将陈昆山出马,阵线防卫加强,结果上半场4:12,英南受挫。

朦胧(柠檬)时间一过,易地再战,群星乘战胜锐气,精神兴奋,第7号又首建奇功,第九号更呼应得法,战况遂急转直下。英南队至是仅有招架工夫,没有反功力量。下半场局势终以4:20,英南再败,于是群星等遂高唱"夺得锦标归"。

球赛终毕,由许荣智给奖,计社团组冠军宪兵队奖品:银杯、银盾各1个,镜框、锦旗各1面;亚军工联队奖品:花瓶1个、镜框、锦旗各1面;记者队奖品:锦旗、中堂各一;大同队奖品:镜框、中堂各一。公开组冠军群星队奖品:银杯2个,镜框1面,锦旗2面;亚军英南队奖品:银盾、镜框、锦旗、中堂各一;青青、全白两队奖品:锦旗、中堂各一。查奖品之多,突破历届纪录云。

《星光日报》1946年9月7日

记者杯球赛昨结束
群星队膺公开组冠军　宪四连得社团组锦标

市息　本市记者杯篮球赛于昨日完满结束。第一场为社团组,记者对大同,记者队先开纪录领先,大同急以主力军应战,军气一振,反放顺利,分数一度超过记者队。终因经验稍差,而告失败,结果为40:38记者队胜。

第二场为公开组,群星对英南,其始一来一往,战得剧烈。继以群星防守严密,英南屡攻屡挫,结果为32:8,群星队大胜,夺获公开组冠军,英南对屈居亚军。

赛毕,由许荣智当场给奖,计公开组冠军群星、亚军英南、殿军青青,社团组冠军宪四连、亚军工联、殿军记者队。查此次加入比赛各队,不论成败,均获有奖品云云。

《立人日报》1946年9月7日

记者球队昨日告捷
一分之差力挫浔光

市息　本市记者篮球队,昨应战浔光队,于下午4时半开场。评判员陈昆山,银角一吹,双方分开阵地。记者队8号首开纪录,10号继入两球,一往占先,上半场遂以17:12获胜。下半场浔光队整军再战,9号连中2球,3号复射两球,军威大振。记者队急下调遣令,以0号换替7号,卒由0号连中3球,完成全局。结果35:34,记者队胜。

《立人日报》1946年10月7日

昨日篮球赛记者克宪兵

市息 本市记者篮球队,于昨日下午4时在公园体育场与宪四连篮球队作友谊赛,于毛毛雨中举行。查宪四连夺得"记者杯"之社团组组冠军,实力颇强。而记者队为涮雪文弱之讥,近常训练,阵客(容)较前整肃。第一场以15:16失挫。第二场开始,即猛力反攻,以22:17获捷。结果为37:33,记者队告胜云。

《立人日报》1946年10月14日

记者与白队篮球友谊赛

本市记者篮球队,拟定于本星期日下午3时在中山公园与白队作友谊赛。按白队,系本市禾山后坑华侨组织而成,评判员聘陈昆山。届时自有一番恶战云。

《星光日报》1946年10月26日

市党部执委今宣誓
篮球赛报名六队

国民党厦门市执行委员会,以本市第一次代表大会选举执监委员后,经遵奉上级党部电,订于今晨9时在该会大礼堂举行第一届执监委员宣誓就职典礼。同日下午4时,在中山公园体育场举办"党光杯"篮球赛,届时聚餐。餐毕,仍在大礼堂开同乐会。兹悉党光杯篮球赛报名参加单位不少,各单位多系能征惯战之宿将选手,明午自有一番恶斗与一番盛况云。

市讯 市党部举办党光杯篮球赛,截至4日止,计报名参加者有记者、厦大、群星、银联、白宫、英华等六队,定本日下午3时在中山公园公共体育场开赛。兹将比赛日期编配于下：5日拜四，记者—厦大，杜申元；群星—英华，庄文潮。6日拜五，银联白宫，刘焕章。7日拜六，记者—英华，周马岱；厦大—白宫，杜申元。8日星期日，群星对银联，庄文潮；英华—白宫，刘焕章。9日拜一，厦大—银联，周马岱。10日拜二，记者—群星，杜申元。11日拜三，记者对银联，刘焕章。12日拜四，群星对白宫，庄文潮。13日拜五，厦大对英华，周马岱。14日拜六，记者对白宫，杜申元；银联对英华，刘焕章。15日，厦大对群星，杨绪宝。雨天顺延。

又讯 菲律宾黑白队来厦比赛，凡遇其比赛日，亦拟按秩序顺延。

《星光日报》1946年12月5日

"党光杯"昨首次战报　厦大挫记者　群星胜英华

本报讯 本市市党部举办党光杯篮球赛，于昨下午3时在中山公园体育场开始比赛。第1场厦大对记者，银笛一声，双方健儿各显身手，记者队以联络欠佳，结果以17比52败于厦大。第2场为群星对英华，群星队实力雄厚，球员多为战场宿将，英华队终因实力悬殊，终场以61比□十二惨败。

《星光日报》1946年12月6日

党光杯球赛昨日战讯

厦门市党部主办之"党光杯"篮球赛，昨日程序仅一场，系白宫对银联队。银联队系本市各银行人员联合组成，因平日业务繁忙，少运动，多坐板，兼白宫队中有不少新军突起，致以13分比38分败于白宫队。明日第一场系记者队对英华队，第二场厦大队对白宫队。

《星光日报》1946年12月7日

党光杯继续开赛

厦门市党部主办之党光杯篮球赛，前因菲律宾客军黑白队到厦，拟与本市各界球员作友比赛，并售票以充修理体育场之急，故暂停赛4天。现该队已返菲，自昨午3时起继续比赛，依程序昨午系银联队对群星队，双方球员各奋勇用命，结果银联队以34分比59分惨败而归云。

《星光日报》1946年12月13日

昨日球赛记者再败

党光杯篮球赛于昨午仍在中山公园体育场继续,系记者队对群星队,1号及10号球员不到场,故临时拉6号及9号带病出场。昨午记者队成绩不弱,初时9分比7分记者队获胜。旋因记者队球员业操劳笔政,体力不支,结果以32：64大败。今午续赛,第一场记者对银联,第二场厦大对白宫云。

《星光日报》1946年12月15日

党光杯赛记者初得彩

党光杯球赛,昨午仍继续比赛。按其程序,系第一场记者队对银联队,第二场厦大队对白宫队。后因第二场有临时事故,决定延后比赛,第一场记者队对银联队,双方球员出场后,球赛遂告开始。上半场18：8银联胜,下半场16：14银联记者队胜,结果记者队以33：24获胜荣归云。

《星光日报》1946年12月16日

党光杯今日决赛

党光杯篮球赛,昨为记者队与白宫队争夺第3名赛,记者队队员多系久战沙场志将,而白宫亦系青年新将,双方均不示弱。裁判员杜申元银角一吹,即开始逐鹿,记者一号先开纪录,三中又连中两球,一帆领先上半场,以17：8记者队胜。柠檬时间一过,双方再战,白宫队虽力图反攻,以16：12胜,但记者防守进攻得法,结果以29：24记者队胜,操得第三名。今日为厦大对群星,争夺第一、第二名赛云。

《星光日报》1946年12月18日

党光杯锦标群星夺得

党光杯篮球赛,昨午系厦大队与群星作冠军赛,观众及球迷者多趋之若鹜,球场外围,挤得水泄不通。球赛时间开始,双方球员出场,两队实力对比,旗鼓相当。银笛吹起后,一来一往,各不示弱,奈因群星队系本市球员选手汇合组成,厦大现尚在学,未能如之称健,然亦奋身夺标。结果厦大队仅以 20:22 败于群星,群星夺取冠军荣归,而厦大队以循环赛成绩颇优,列为亚军,记者队获得殿军。赛毕,经裁判员宣布成绩后,由市党部代表给奖云。

《星光日报》1946 年 12 月 19 日

党光杯篮球赛　群星荣膺冠军

本报讯　市党部主办党光杯球赛,昨为最后 1 日,厦大与群星争夺冠亚军赛。群星队为本市之雄,实力雄厚。而本市最高学府之厦大,阵容亦相当整齐,未比赛前,观众预料必有一番恶斗。当时间一届,裁判员杨绪宝银笛一鸣,各健儿遂展开阵势,互显身手,你争我夺,双方实力相等,分数恒在一二分之差。上半场 13:11,厦大胜。易篮后,群星队急转变战略,迎头直追,8 号黄添梓连中数球,局势顿转。厦大以求胜心切,屡次犯规,阵容遂形紊乱。终场 20:22,仅以 1 球之差屈为亚军。群星队获胜 2 分,夺得冠军锦标云。

《中央日报》1946 年 12 月 19 日

篮球比赛宪兵对群星

本报讯　本市宪兵四连奉调驻台湾,因往台轮船缺少,致尚留一部分于本市。在未动程之前,将与本市群星篮球队于本日作友谊比赛,地点约定中山公园公共体育场,时间 3 时半开始。该两队均曾获得厦市冠军,棋逢敌手,届时当有一番热战云。

《星光日报》1947 年 2 月 26 日

昨日篮排球赛　厦大获胜果　群星挫大同

本报讯　昨日球赛因雨暂停,经志本报。本日天气虽阴,而无下雨,正是运动的好天气。下午 3 时,各队将星均已列场,先举行排球赛,为大同队对厦大队。银笛一鸣,两边战将分列,阵容严整,军令严明,战况烈热。第一局 21:8,第二局 21:12,结果成为 2:0,厦大队获胜。

继举行篮球赛,第一场为白星队对战白宫队,健儿各挺英雄,如生龙活虎,你争我夺。初战大有拉锯式之势,后白星队前锋稍挫,上半场白宫得19分,白星得15分。下半场开始,双方添兵调将,战事颇剧,白星队奋勇苦战,意在挽回与上半场之败局。而白宫队沉着应战,使白星难以得逞。下半场13分比9分,结果成为33分比24分,白宫队获胜。第二场群星队对大同队,一声银笛,两军列成阵形,左冲右击,群星战将个个健壮。大同亦不示弱,坚苦应战,上半场群星得13分,大同得11分。下半场开始两军大战正酣,观众掌声震天,兴高彩烈,不料天公不作美,降下小雨,观众乃渐散。然而两军仍冒雨冲杀,大同队阵势渐弱,下半场群星队得41分,大同队得16分。结果以54∶27,群星队获胜云。

《星光日报》1947年4月3日

解南杯篮球赛定今开始比赛

本报讯 本市青年体育会,为提倡学校体育起见,特举办"解南杯"青年男女篮球赛一节,已志本报。兹查参加者计有省中、市中、中华、大同等球队。规定采取循环赛,并定本(4)日下午4时30分在中山公园开始比赛。本日第一场为中华对大同,第二场为省中对市中云。

《星光日报》1947年5月4日

本市球讯

本报讯 青年体育会主持之"解南杯"各中等学校男女篮球赛,于"五四"学生运动纪念日开始。是日下午4时30分为中华对大同,裁判员杜申元。首由青年团书记王玮孟举行开球礼后,双方健儿即互告奋勇,中华以体壮力强,获致胜利,成绩30分比16。第二场为省立厦中对厦门市中,市中年龄较幼,短小精悍,打来颇称矫健,然终敌不过省中之老练沉着,终以21分比17省中胜。

又讯 昨(5)日为"解南杯"男女篮球赛之第二日,第一场中华对省中,中华队实力雄厚,打来得心应手,省中虽力支持,终敌不过。结果30∶11,中华胜。第二场大同对市中,双方势均力敌,争夺战甚紧。结果25∶17,大同获胜。第三场为女子组,大同对市中,群英竞逐,竞显身手,大同联络甚佳,终以 24∶6 获得初胜。昨日因争杀激烈,至下午 8 时始行休战,然时已金乌西坠矣云。

《星光日报》1947 年 5 月 7 日

市长杯球赛录
白宫三六—余余四六胜　厦大二七—同余三○胜

本报讯　市长杯篮球赛昨为第六天,首场白宫对余余,白宫队阵容经过调整,实力已较雄厚,而技术亦比前进步不少。但所遇对手,却为号称劲旅之一的余余队,卒以 36∶46 战败。倘能继续努力,前途当未可限量。

尾场同余对厦大,两队势均力敌,堪称"棋逢敌手"。球战开始五分钟内,厦大接连投中二球,一时球场四周,掌声盈耳。同余急起直追,旋亦投中一球。嗣后一来一往,即进入紧张状态,乃同余队的球运颇佳,球多中肯,遂造成反败为胜优势。至下半场,厦大队更因气力不继,奔驰联络大见逊色,而同余队则愈战愈强,结果终以 30∶27,同余获得胜利。

又连日阻雨,球赛秩序因之变更。兹将新秩序各单位名单志下:

6 月 10 日(星期一),同余—白宫下午 5 时至 6 时,暨友—黑马下午 6 时至 7 时。

6 月 11 日(星期二),黑马—同余下午 5 时至 6 时,厦大—余余 6 时至 7 时。6 月 12 日(星期三),厦大—暨友下午 5 时至 6 时半。

6 月 13 日(星期四),同余—余余下午 5 时半至 6 时半。

《星光日报》1947 年 6 月 10 日

记者杯篮球赛　决定如期举行
比赛简则业已拟定

市息　记者杯筹备会组办,市体育协会协助(民国)卅八年度"九·一"记者杯男子甲乙组篮球比赛,经决定如期举行。兹探志其简则如下:

(一)杯赛办法:分甲乙两组,其分组办法以队员为对象,在报名时由各参加队自行选择,但须经审查决定,决定后不得异议。

(二)参加资格:(A)凡为市体育协会团体会员,不违背业余运动员规则;(B)本年度联赛时甲组各队及乙组冠亚军队等队员为当然甲组队队员;(C)

单位报名时应将球员真实姓名填报,不得假名或冒名顶替(必要时得核对国民身份证),报名后不得更改;(D)一队得参加两组,但队员不得参加两组,如参加甲组之球员不得参加乙组,参加乙组不得再参加甲组;(E)倘非市体育协会团体会员而欲参加者,应先办理入会手续,始得报名参加。

(三)报名日期:定即日起至8月29日下午5时止,报名地点在中山路新的书店。

(四)比赛日期:9月1日起每日比赛二场,由下午4时30分开始。举行地点,同文路同文球场。

(五)保证金:报名时每队应缴交保证金银元2元,于比赛结束后发还。在比赛中,如有弃权者,该保证金没收。

(六)各参加队应于31日到新的书店领取赛程表(不另分发)。

(七)如有抗议,在比赛时应即按裁判员之命令进行比赛,不得中止,俟比赛完毕后,先以口头向裁判员声明,并于24小时内补具正式抗议书,连同抗议金银元5元送交本会。如抗议成立,该抗议金退还,否则没收。凡当场以口头抗议者概不接受,

(八)比赛球队逾比赛规定时间15分钟者以弃权论,如双方均不到场,俱作弃权论(经两次弃权者取消其比赛权及一切成绩)。

(九)附注:每组须有四队以上参加,始能分组举行,否则合为一组,循环举行。

《江声报》1947年8月21日

记者杯如期举行

本年度记者杯篮球赛订9月1日如期举行,已志昨报。兹查报名时间,自即日起至28日止,比赛程序29日抽签决定。报名地点,本市中山路新的书店,每队缴报名费2万元,完赛者如数发还。中途弃权者,依体育规则没收云。

《江声报》1947年8月24日

记者杯球赛消息　今日"记者"战"群星"

记者杯篮球赛于9月1日下午4时半举行,赛前各队摄影留念。是日第

一场白宫对全白,裁判员周马岱,双方实力初尚相持,惟白宫队投篮不灵,全白愈战愈强。结果为 42∶15,全白获胜。第二场为记者队对白星,两队实力相抵,白星乃系中华、大同两校健将组成,记者队则均系久历沙场宿将,双方战况激烈。结果为 30∶22,记者队胜。

昨第二日比赛,第一场浔光对群星,群星为厦门常胜军,浔光非其敌,早在意中。但该队有厦大健将吕基兰参加前锋,且 8 号周炳磷(麟)亦系老将,一开场,8 号先开纪录,群星即开始反攻。相持二分钟,群星连中两球,上半时 26∶12,群星胜;下半时 24∶17,浔光败。结果 50∶29,群星胜。第二场为白宫对记者队,白宫于党光杯赛时曾为记者队所败,昨日力图雪耻。记者队见势知机,10 号陈中心首开纪录,一场首先以 20∶12 完成上半场,记者胜;下半场 23∶17,白宫再败。结果为 43∶29,记者队胜。本日第三日赛,第一场全白对白星,第二场记者对群星。

《江声报》1947 年 9 月 3 日

记者杯球赛昨延期今继续

"记者杯"篮球赛昨日因雨延期,今日下午第一场为全白对白星,第二场为记者对群星,裁判员庄文潮,计时员叶维德。明日为白宫对浔光,白星对群星。

《江声报》1947 年 9 月 4 日

昨日球赛　群星及全白获胜　今日白宫对浔光

记者杯篮球赛昨为第三日(前日顺延),第一场全白对白星,裁判员庄文潮。白星队球运欠佳,全白队十投八中,造成 38∶16,全白胜。第二场为记者对群星,群星队系厦门常胜军,屡获本市球赛锦标。昨日该队以记者队人马非前可比,立存戒心,并加菲岛铁卫蔡连科坐镇,军气益振。记者队亦不示弱,惟 9 号、10 号昨均无到场,军威顿减,但竞争亦甚可观。全场以记者队施维熊、潘敏智表演最为精彩,结果为 40∶18,群星胜。今日之赛,第一场为白宫对浔光,第二场为白星对群星,评判员为周马岱,计时员刘如义。(曦)

《江声报》1947 年 9 月 5 日

球　讯

记者杯篮球赛昨为第四日,第一场浔光对白宫,浔光一开场连中3球,一帆风顺。果56:23,浔光胜。二场白星对群星,星星非群星之敌,果为53:12,白星惨败。今日之战,一场为白星对浔光,第二场为全白对记者,裁判员杜申元,计时员陈昆山。

《江声报》1947年9月6日

球　讯

记者杯篮球赛昨第一场白星对浔光,上半场16:6,浔光胜;下半场15:18,白星胜。结果31:24,浔光犹胜。第二场全白对记者,双方势均力敌,银角一吹,全白首开纪录。记者队拼命力追,至相差2分时,联络顿失,上半场为15:10,全白胜。柠檬时间一过,再行逐角,全白愈战愈强,下半场为6:19,全白胜。结果34:16,记者败。

昨日之战观之,冠军可能落于全白或群星手中。今日之战,第一场为白宫对群星,第二场全白对浔光,裁判员庄文潮,计时员叶维德。

《江声报》1947年9月7日

今日记者杯球赛　记者浔光争殿军　明冠军赛群星对全白

记者杯篮球赛明日便是冠军、亚军最后一场的争夺战了,争夺者全白与群星是也。两队均四战四胜,群星素称厦门之雄,老将不少。全白系后起之秀,战将少年英俊,历次出场,其球艺颇得观众好评,如7号李穆谋,3号卢善思,9号张中芳联络适宜,进退得法,球一到李手,观众莫不喝彩。且12号蒋永烈投篮准确,该队前日战记者,昨日战浔光时,均以蒋先开纪录。与群星势均力敌,届时冠军亚军之争,当有一番精彩表演。

至于第三把交易之殿军,则是今日第一场记者队与浔光队之争夺。两队一个半斤,一个八两,剧战亦在意中。第二场是白宫对白星的"无名战",这两队是"始有终",在体育技术上求进步,并不是要夺标的。

昨日之战,第一场为白宫对群星,两队实力相差悬殊,虽白宫力为奔波,终非群星敌手,上半时28∶12,群星胜。下半时仍成一面倒势,为23∶10,白宫又败。结果为51∶22,群星胜。第二场全白对浔光,时观众倍增,全白蒋永烈先开纪录,卢善忠又继一球,浔光立挂起停战牌,召集战将讨论战局。时间一过,双方再战,全白李穆谋复中一球,成6∶0。浔光力图反攻,4号吴秋色一马当先,还他一球,8号周炳麟又继之一球,成6∶4。全白见敌方来势甚猛,7号、9号各进一球,成10∶4。浔光急换生力军,气势随振,连中三球,成10∶10。时全白亦为应付费力,亦换上生力军应战,7号、12号又中数球,造成18∶12,全白胜。柠檬时间一过,剧战继续展开,浔光连中两球,战局又呈紧张。未几,又造成24∶24,不分胜负。浔光好胜过急,全白则迭以轻巧技术进攻,一航领先,完成下半时18∶30。结果50∶30,全白获胜。

《江声报》1947年9月8日

今日群星战全白　争夺记者杯冠军
昨殿军赛记者队获胜

记者杯篮球赛,"群星"与"全白"各四战四胜,订今日下午5时作争夺冠军比赛,裁判员庄文潮、周马岱,计时员刘如(曦)。双方实力相当,究竟鹿死谁手,尚难逆料。有球迷刘树木与林少春,竟以100万元互赌两队胜负,刘认为群星胜,林认全白胜。此种球迷赌法,上海及菲律宾等地早已盛行,厦门则尚属罕见。

昨日记者队与浔光队争夺殿军之赛,记者队3号潘敏智连中两球,上半场20∶10,记者胜。第二场浔光以远射见长,为20∶10,结果成为30∶30平局。休息二分钟后,再战三分钟决胜负,记者队9号犯规,浔光分得1分。记者队七号施维熊、3号潘敏智,见关头危急,□冲敌阵,各中一球,浔光10号吕基渊远投一球,成为34∶33。最后一分钟,记者队潘敏智再中一球,造成36∶33,记者队胜,夺获殿军,居第三位,浔光列居第四位。

第二场为白宫与白星之战,白星挫于最后三分钟之换人,而为白宫乘势冲杀。结果为39∶32,白宫胜,列居第五位。白星五战五败,列居末位。

《江声报》1947年9月9日

群星击溃全白队　荣获记者杯冠军

记者杯篮球赛昨为最后一天,群星与全白作争夺冠军比赛,双方球员未进场时,观众已人山人海。5时半许开始比赛,此盖为最后关头,故双方均报戒心,沉着应战。历一分钟,全白6号蓝□初先开纪录,从此一来一往,历五分钟之久,全白12号蒋永烈再中一球,成4∶0。观众颇为群星担忧,然群星6号邱延亭奋起投中一球,继之7号苏仕波复投中一球,成4∶4。未几,全白8号林福茂犯规,群星得罚球机会投进一球,成5∶4,完结上半场,群星胜。

柠檬时间过后,双方再战,至18∶18以后,全白已无法侵入敌阵,远射又欠能手,群星则远近射篮并进,兼之后卫3号叶振住力奔全场,防卫得法。全白近篮既感困难,且屡犯规被罚,共输去7分之多。结果下半场为14与7之比,全白败。共为19∶11,群星队胜。造成五战五胜,夺得36年度记者杯篮球赛冠军,保持厦门常胜军盛誉。全白则屈居亚军矣。

赛后,当场由《厦门大报》发行人许荣椿代表给奖,当由群星队队长陈昆山代表该队领受"冠军杯"一座。领奖时,观众掌声如雷。按昨日之战,群星队悉以旧人马出场(铁卫蔡连科未出场)。至全白队,因3号洪逸亭于前日战浔光时,足部受伤,致未出场,否则更有一番恶战也。

《江声报》1947年9月10日

通俗杯篮球赛　参加比赛简则

本报讯　市通俗教育社,为筹备热烈庆祝国庆,特拟于是日在中山公园体育场,举行通俗杯篮球赛。经订定简则如下:

一、项目:男子篮球比赛。

二、报名日期:自即日起至10月6日下午5时截止。地点在:(一)公园西门本社;(二)中山路新的书店,中山路亿中行。

三、报名人数:每队限12人参加。球员于报名后,不得更改。凡有业余运动资格者,均可参加。

四、比赛规则:采用中华体育促进会规则法方,采用循环制。

五、保证金:凡参加球队应缴保证金2万元,至终赛如无弃权,原款退还,如弃权则予没收。如遇雨天顺延,或特殊情形不能举行比赛,则通知改期。

六、弃权及抗议:凡比赛球队逾比赛规定时间10分钟者,以弃权论,双方均不到场俱作弃权论。凡球队经二次弃权者,则取消其比赛权及一切成绩。至球队如有抗议,须当场先以口头,向裁判员声明,并于24小时以内,具正式抗议书及缴纳保证金一十万元,送交球赛裁判会,认为抗议有效,得将保证金发还,否则没收。惟裁判委员会之裁判为终决,不得异议。

《星光日报》1947年9月24日

通俗杯篮球赛明起举行

本报讯 通俗篮球赛经于日昨在中山路亿中行举行抽签,兹获悉球赛秩序如下:10月10日,全白对海军,新生对群星,裁判员庄文潮、刘如曦。11日,海军对群星,全白对南通,裁判员钱一勤、陈永命。12日,全白对新生,海军对南通,裁判员石其华、周马岱。13日,新生对海军,南通对群星,裁判员陈永命、庄文潮。14日,新生对南通,群星对全白,裁判员石其华、周马岱、钱一勤。比赛时间第1场4时起,第2场5时起,雨天顺延。闻此届参加之队,均拥有名宿,届时当有一番盛况。

《星光日报》1947年10月9日

"通俗杯"篮球赛全白队获冠军

"通俗杯"篮球赛于国庆日举行,参加者有群星、全白、南通、新生、海军等5队,南通弃权。第一日上场全白对海军,海军非全白敌手,为46∶11,全白胜。第二场群星对新生,结果为41∶17,新生败。

昨日第一场海军对新生,成绩35∶28,新生胜。第二场群星对全白,查群星屡夺本市篮球锦标,全白队则于"记者杯"赛时为群星所败,力图雪耻。银角一吹,双方激烈角逐,群星队后卫13号投进一球,3号复冲进一球,成4∶0。嗣全白队12号投进一球,4号复进一球,成4∶4。群星队4号远中一球,而全白7号得罚球机会罚进一球,继之4号复进一球,成7∶6,全白反居上风,从此一帆风顺,以19∶16完成上半时,全白胜。下半场全白3号连中两球,群星13号亦中两球,为18∶13,全白再胜。合计为37∶29,全白队夺获"通俗杯"篮球赛冠军，群星队屈居亚军。

今日第三战为群星对海军，全白对新生。

《江声报》1947年10月12日

通俗杯篮球赛今为最后一日

本报讯 本市通俗教育社主办庆祝国庆"通俗杯"篮球赛，于10日下午4时开始第一场，全白对海军，由该会理事长龚金水行开球礼。双方开始角（逐），结果46∶11，全白告捷。第2场群星对新生，41∶17，群星大胜。

昨为第二日赛程□场，新生对海军19∶16，新生获胜。第二场全白对群星，群星为本市常胜军，全白获有生力军多员。双方争夺良久，结果37∶29，群星屈居下方。本日为最后一日。

《星光日报》1947年10月12日

海军巡防处举办"海军杯"篮球赛

本报讯 海军厦门巡防处，为提倡体育，联络军民情感起见，特定于11月12日举行"海军杯"社团组男子篮球赛，以本市机关团体，或学校为单位，否则不得参加。参加单位球队且应备整齐制服。比赛地点，假中山公园篮球场。是日并将由该处康处亲自举行开球礼，参加单位又自即日至11月10日照向该处副官室报名。

《星光日报》1947年10月18日

海军杯球赛是日举行

海军巡防处定本月12日国父诞辰纪念日举行"海军杯"篮球赛，报名参加者计有厦门大学、中华中学、华侨烟草公司、白宫篮球队、海军篮球队等五队。决于是日下午3时在中山公园篮球场举行，并聘请庄文潮、钱一勤、刘有光、陈昆山、刘如曦等任裁判员。其比赛日程及次序如下：

海军对白宫：11月12日下午3时半；中华对厦大（全白）：12日下午4时半；华侨对白宫：13日下午3时半；海军对厦大（全白）：13日下午4时半；中华对白宫：14日下午3时半；海军对华侨：14日下午4时半；中华对华侨：15

日下午 3 时半;白宫对厦大:15 日下午 4 时半;海军对中华:16 日下午 3 时半;华侨对厦大:16 日下午 4 时半。

《江声报》1947 年 11 月 11 日

"海军杯"篮球赛 昨日"华侨"及"全白"获胜

"海军杯"篮球赛于 12 日举行,是日首场海军对白宫,上半场 15：8,海军胜;下半场 20：8,海军败。结果白宫以 28：23 转败为胜。第二场全白对中华,上半场 18：9,全白胜;下半场 21：13,中华败。结果为 39：22,全白胜。

昨日华侨烟厂对白宫,华侨队人马雄壮,上半场 8：8,下半场 18：8,白宫败,华侨以 26：18 获胜。第二赛,海军对全白,海军队联络较差,全白传递灵活,上半场 27：10,全白胜。下半场海军仍难挽颓势,结果海军总分 25,全白 63,全白队获胜。今日第一场为中华对白宫,第二场为海军对华侨烟厂。

《江声报》1947 年 11 月 13 日

昨日球赛华侨及厦大获胜

昨下午海军杯篮球赛,首场华侨胜中华,次场厦大胜白宫。今日为最后一日,首场海军对中华,次场厦大对华侨,亦可谓厦大对华侨之夺军赛。

又:银联篮球队昨假中国银行篮球场,与直税局篮球队会师,结果直税局以 46：24 压倒银联。

《江声报》1947 年 11 月 16 日

"海军杯"夺标赛改在本星期日
昨日头场平分次场作废

海军杯篮球赛昨下午继续举行,首场海军对中华。中华前曾战胜白宫,而白宫曾压倒海军,故对海军不无轻敌。不料上半时海军竟以 21：9 把中华打倒,下半时中华知海军不可轻侮,急起直追,最终幸以 30：30 平分秋色。论理应继续比赛 5 分钟,未知如何双方均罢兵,此场战事改移本星期六

(22日)下午3时半举行。

第二场为全白与华侨之夺标赛,观众与战士情绪同样紧张,全白蒋永烈先夺头功。未几华侨蔡良瑞亦得一球,在最初十分钟内,全白均占上风,惜投篮欠准确,六次罚球无一中的。反观对方蔡文章、黄世纯,此呼彼应,上半时全白以6:10落后。

易地再战,华侨黄世纯又得2分,幸全白李穆谋、蒋永烈各中一球,李穆谋又罚中一球,追至11:12。正入紧张状态,华侨领队施维熊忽对裁判提出罚球不公之抗议,战事因而中止。未几,虽有人提议续战,但时已入暮,主持人康处长与双方队长暨体育界人士磋商之后,乃决定华侨与全白昨日之赛作废,定本星期日(23日)下午3时半再决雌雄,并请杨绪宝、杜申元二人出任裁判。

《江声报》1947年11月17日

海军杯球赛今起继续举行

足球赛黑天鹅对厦大

海军巡防处举办之"海军杯"篮球赛之冠亚殿军决赛,今日下午3时海军对中华,明日下午3时华侨对全白。地点中山公园篮球场,裁判员庄文潮、杨绪宝、杜申元。

又英护航舰"黑天鹅"号足球队,定今日下午2时与厦门大学足球队在中山公园作友谊比赛。

《江声报》1947年11月22日

中学篮球联赛本月廿日开始继将举行男女公开赛

体育协会筹备委员会,为举行中学篮球联赛,于昨日下午召开体育座谈会。经决议:

(一)比赛时间:由12月20日开始。

(二)报名时间:由即日起至12月17日止。

(三)比赛地点:假同文中学球场。

(四)12月17日下午3时,假虎园路15号召开参加队领队或指导员座谈会,抽签次序,并排定日期。

(五)本联赛推举杨绪宝、杜申元、叶维德、陈昆山、刘如羲、陈洵阳、郭尚霖等负责主持。

(六)本联赛规程推举叶维德负责起草。

(七)组织本联赛裁判委员会,推举钱一勤为主席。

(八)奖品由体育协会备制大银杯乙座,将每年度优胜队镌刻杯上。该杯由协会保存,并另备奖品,奖给优胜队。推举叶维德、杜申元、陈昆山负责设计。

(九)本联赛完毕后,继举行公开男女篮球赛。

(十)推举庄友让负责筹备出版体育周刊。

又全国运动会经中央发表,于明年5月5日在沪举行。该会经决议,建议市政会:(一)向省方电询全省运动会期间;(二)本市运动会应在全省运动会前三星期举行;(三)本市运动场之设备修葺等费用,请由36年度有关款项拨用。

《江声报》1947年12月11日

集美篮球队征厦六战皆捷　排球负与侨师

本市讯　集美初中篮球队昨日为留厦最后一日,早上应侨民师范之约,假侨师作友谊赛,上半场27:10,集美领先;下半场30:22,集美又胜。合计57:32,集美胜。下午2时假集美体育场,与在厦大集友作友谊赛,银笛一吹,双方争夺极烈,上半场16:22,集友队领先。下半场31:24,集美队极力反攻,结果47:46,集美队最后胜利,六战皆捷。

《星光日报》1947年12月13日

中学篮球赛首天英华战胜厦中　今日大同与市中对垒

市体育协会主办之中学男子组篮球联赛,报名者计有英华、双十、中华、大同、厦中、市中等6队。比赛日程业已抽签排定,并订于本月20日下午4时起,假同文中学篮球场举行。

昨为开赛之第一日,英华对厦中,裁判员陈昆山。首由本市体育前辈杨绪宝举行开球礼,后英华队即乘风破浪,勇往直前,如入无人之境。盖英华拥有曾获通俗杯冠军之全白队员四人,故实力雄厚,以致厦中队只有招架之力,而无还手之力。第一节结束,为 11∶0 分。

第二节开始,厦中队改变战略,亟图反攻,收复失地,果也首由三号破鸭蛋纪录,反攻尚见得手,第二节为 12∶9 分,厦中争回三分。

第三节厦中乘第二节战胜余威,继续努力,以 12∶6 分,再收复 6 分。

第四节开始,厦中再由五号开纪录,成绩为 28∶24 分,厦中队仅差两球。一时情形紧张,英华急喊停战,召开紧急会议。迨至最后 4 分钟,厦中队以挽救无力,连败 7 分,结果以 35∶24 分,厦中败。

统观全局,除第一节一面倒外,演来颇见紧张精彩。厦中队因经验较差,略见慌张,而远射过多,以致挫败。本日为大同对市中云。

《江声报》1947 年 12 月 21 日

球迷勿失望　昨虽市中弃权
今看两雄交锋　中华双十实力相当

市讯　中学男子组篮球联赛,昨(21)日为大同对市中,时间将到,球场看台已座无虚席,争欲一睹两队健儿大显身手。时计已指 4 时,市中队健儿迄未出场,盼煞观众。至 4 时 15 分,已逾规定时间,裁判员杜申元则出场宣布,市中队弃权,让大同队不劳而坐胜一局,球迷们大呼负负,不悦而散。闻市中队弃权,因系该校体育教员请假回籍,负责无人,致不能出场故也。

又本日系中华与双十对垒,中华队数次参加公开组比赛,短少精悍,伶俐矫捷,已为球迷们所认识。最近又远征泉州,四战四胜,实力相当雄厚。双十队虽未参加公开组比赛,然该队拥有全白队主将李穆谋、蔡友聪等人,实力亦属不弱,届时定有一番恶斗。兹将两队实力介绍于下:中华队领队王连元,指导员陈进益,队长李文益,队员李文章、张耀发、吴庆镇、吴添筹、赖青书、白玉翔、欧长城、谢俊元、黄傅石、吴绳泉、黄奕州。双十队领队杜申元,指导员周鹏南,队长李穆谋,队员欧阳旭、张中芳、林玉山、陈萍、蔡友聪、黄奕锦、苏耀东、郑德南、罗树民云。

《江声报》1947 年 12 月 22 日

球场昨有恶战　双十队奏得凯歌回　市中今决应战英华

中学男子组篮球联赛,昨(22)日为中华与双十对垒。3 时许,球场已挤得水泄不通,两校校长亦均到场督战,鼓励士气不少。4时已到,两队健儿出场,博得观众掌声雷动。裁判员周马岱、刘如曦,由两队选定本篮后,银笛一鸣,此抢彼夺,龙争虎斗,相持至四分多钟之久,双方迄未争得一球。迨将近五分钟,双十队5号郑德南偷捉一只鸭首开纪录。中华队亦不示弱,5号张耀法投中一球,报以颜色。双十队7号李穆谋,中华队7号吴绳泉,相继投进一球,成为4∶4,情绪甚为紧张。后双十队7号再进一球,第一节结束,成绩7∶4分,双十队占先。第二节双十队再以6∶4分获胜。第三节此来彼往,双十队又以8∶6分居上风。迨至第四节,中华队虽极力反攻,期挽颓势,然因操之过急,致多失望而归回。至最后四分钟,成绩为28∶17分,双十队已胜算在握。在监视松懈中,中华队连进三球,成绩相差无几,观众均为双十队急,终以时间不再来,解决以32∶24分,双十队以多得四球奏得凯歌回。

检讨全局,中华队队员技术尚能平均,双十队则以李穆谋较优,其投篮之准确与身体伶俐,转身活泼,博得观众许多掌声。中华队因自始至终,屈居下风,故未免急于进攻,欲速则不达。战略上亦患不知己不知彼,故致挫败。盖双十队均赖七号之指挥传球抢球,倘以一体格较为高大者负责监视,使之行动受掣肘,全盘战局则未可逆料。本(23)日为英华对市中,闻本日市中队决定出场应战。

《江声报》1947年12月23日

篮球联赛第四日英华胜市中

市讯 中学男子组篮球联赛,昨(23)日为英华与市中交锋,虽因天气寒冷,观众亦有数百人之多。四时已到,裁判员周鹏南银笛一鸣,肉搏冲锋于焉开始。二分钟后,市中队0号梁开良首开纪录。五分钟后,英华队龚世杰亦进一球,此后英华队则一路领先,杀得市中队气喘吁吁。结果以48∶20分,英华队获胜。

市中队殊欠训练,亦少与外队周旋,故临场慌张,传球欠允,然作战精神则甚可嘉。英华队较有联络,技术亦胜一筹,但投篮除4号蒋英烈较为准确可靠外,其余则过于随便。如开始五分钟前,投篮数十次竟无一中者,谅因对方非敌手写写意也。本日系省中对大同云。

《江声报》1947年12月24日

昨篮球赛大同惨败

市讯 中学男子组篮球联赛,昨日为第五日,大同对中华,裁判员杨绪志。大同队技术尚属可以,但年龄较幼,体力关系自非中华队之敌手,全局虽一面倒。然演来颇为紧张激烈,尤以中华队之传球迅速与假动作等,博得观众热烈掌声。成绩为61:20分,大同惨败。本日为双十对省中云。

《江声报》1947年12月25日

篮球联赛英华挫大同

又讯 中学男子组篮球联赛,昨日为英华对大同,裁判员周马岱、陈昆山。开赛后,大同队颇为得手,第一、二、三节均占上风,第四节英华队竭力反攻,五分钟后迎头赶上,造成平分秋色局面。至最后四分钟,大同队以后力不继,连输四球,结果以38:30分大同队受挫。本日为省中对中华云。

《江声报》1947年12月27日

元旦球赛菲侨对全白

本市讯 市体育协会为推进民众体育,特聘请厦门菲侨队与全白篮球队,于明年元旦下午3时,假同文中学球场作作友谊比赛。全白队为吧城菲侨,曾荣获本市国庆日通俗杯冠军,其实力之雄厚早为球迷所赏识。菲侨队则为菲律宾华侨,由本市旅菲华侨热心体育人士所组织,其队员系集合群声、黑白两队在泉厦健儿组成,实力之坚强当在意料中。兹将菲侨队阵容介绍于下,领队李法栋,教练傅永吉,队长施维熊(黑白队队员),副队长蔡金典,队员李扶西(群声队队员,曾参加群声队远征新加坡)、谢明、叶良潘(黑白队队员)、洪源轩(中西队员)、施连报、杨振芳(义勇队队员)等。闻是日比赛,拟收门票充为市体育会经费。

又讯 中学男子组篮球联赛,昨日为英华对中华,裁判员马丕显、刘如曦。彼争我夺,相持达六分钟后,始由英华队8号蓝江溢首开纪录,中华队7号吴绳泉远射一球,报以颜色。2:2分,结果第一节。第二节英华队再接再厉,以7:3分占先。第三节中华队奋勇反攻,连获二球,后来居上。第四节中华队一鼓作气,再以12∶6分反败为胜,成绩为19∶15分,中华胜。本日为大同对双十云。

《江声报》1947年12月30日

菲侨队屈于全白　英华队四战四胜

厦门菲侨篮球队与全白篮球队,于元旦下午3时在同文中学球场作友谊比赛,裁判员马丕显、杜申元。

开赛后,双方实力平均,争夺剧烈,故犯规亦多,第一节7∶4分全白队屈居下风。第二节全白队急起直追,以4比仅2分夺回一球,相差仅1分。第三节全白队联络得法,再以7∶2分迎头赶上。第四节菲侨队亟谋反攻,但心有余力而不足,以16∶7分菲侨队受挫,成绩为31比18分,全白队胜。

两队技术均佳,投篮因是日风大影响,故未见准确。全局菲侨队得罚球24次,罚中者仅6球;全白队得罚球14次,罚中5球。全场表演精彩紧张,菲侨队所以致败,全为油水不足云。

又讯　中学男子组篮球联赛,元月2日为厦中对大同,第一、二、三节大同队均占上风,第四节厦中反攻得手,反败为胜,成绩为19∶17分,厦中胜。3日为英华对双十,成绩54∶22分,英华大败双十队。已四战四胜,冠军已在握。昨(4)日为厦中对市中,成绩44∶30分,厦中胜。本(5)日为厦中对中华云。

《江声报》1948年1月5日

篮球联赛双十胜券可操

市息　中学男子组篮球联赛,昨午为中华对厦中,裁判员杜申元,成绩52∶22分,中华胜。本联赛已临结束阶杀,仅余双十对市中一场。俟本日比赛完毕后,即完满结束,并当场给奖。

总成绩中华队五战四胜,仅败于双十队,中华得亚军;英华队五战三胜,败于双十、中华两队,英华得殿军。厦中队五战二胜,居第四;大同队五战一胜,居第五。本日双十对市中,论实力双十队操胜算无疑。如是则双十队五战五胜,荣得此次联赛盟主云。

《立人日报》1948年1月6日

禾山篮球队纷纷成立

年来禾山民众对体育运动极为踊跃,故篮球队成立者宛似雨后春笋,计有高崎、坂上、殿前、枋湖、祥店、后卿、青年、东英、钟宅9队。各队训练以来,颇见老练,而以东英、后卿、钟宅3队最露锋芒。

昨日下午东英、钟宅两队原订在高林青年球场作友谊赛,嗣因钟宅队爽约,乃改于后卿队比赛。各乡农民闻息前往观赛,极为拥挤,为禾山历来未见之盛况。时间一到,评判员孙嘉武银笛一吹,两队健儿遂角逐场上,后卿队五将虽称技术老练,可惜失却联络,投篮欠准,致被东英队宿将孙连情与8号周君乾(菲侨)连投数球,得成优势。以是上半场东英队占胜。下半场,后卿队健将叶论且叶君能即极力反攻,然因时风大,屡次远射、近投未能命中。故结果以28:18输去5球受挫。查东英队,拟以得胜之师再约定钟宅队比赛。

《江声报》1948年3月25日

厦记者篮球队昨日成立　聘施维熊为教练

本报讯　厦门市记者联谊会,为联络同业感情,提倡体育风气,决组织一篮球队,昨日下午5时假星光日报三楼编辑部举行成立会。到队员10余人,由朱侃主席,修正通过队章。推定林辉明、林荣椿、曾子铭、胡资仲、朱侃等5人为干事,分别负责。敦聘各报社长为顾问,施维熊君为教练,本月20日起开始训练。闻本市银联篮球队已向该队下战书,订期作友谊赛,于老爷队鉴于阵容不齐,决定训练后再行应战。

《星光日报》1948年6月16日

记者篮球队将开始训练

本市记者联谊会篮球队昨下午5时召集第一次队员会议,主席朱侃、纪录黄蜂。讨论如下:(一)通过章程。(二)银联队下书挑战,俟正式训练后复函定期应战。(三)敦聘施维熊君为本队教练。(四)队员应交纳入会金20万元,于本月底交清。(五)本月20日开始训练,地点中山公园,各队员应于下午5时到场集中。(六)各报社长为本队当然顾问,并另聘本市热心体育人士为顾问。(七)推举干事五人,为许荣椿(保管)、朱侃(文书)、胡资仲(出纳)、林辉明(交际)、曾子铭(总务),至正副队长,俟代表队产生时另行推举之。(八)本队通讯处暂设星光日报社内。(默)

《江声报》1948年6月16日

记者篮球队今战市府队

本市记者篮球队定今日下午6时在中山公园与市府队举行友谊赛,查市府排球队,球艺高强,冠于全市。至篮球队前年亦颇有声色,两队旗鼓相当,届时定有一番恶战。又双方同意请陈昆山为裁判员。(默)

《江声报》1948年7月31日

记者队出师不利昨再受挫市府

市息 记者篮球队,昨日下午6时,在中山公园出战市府队。两队实力原不相伯仲,但记者队终以22:31分宣告败北。昨日记者队之败,在于力气较逊,而最大原因却由于轻敌,致忽视全队联络。

上半时之战绩,为1:12,下半时为19:11,市府队比分一直在记者之上。(放)

《立人日报》1948年8月1日

庆祝(九一)记者节　举行篮球比赛　"记者杯"即日起报名

本报讯 本市新闻记者联谊会,为庆祝37年度"九·一"记者节,于第三次联谊会时,议决举行记者杯篮球赛及游艺等节目。篮球赛由记者篮球队负责主持,经该队召开干事会,讨论比赛章则,并向各机关社团要求奖品,以为赠送参加球队,作为纪念。兹查其简章如下:

(一)资格:凡中华民国国民,均可组队参加(惟现任体育职员不得出场赛)。

(二)比赛制度:不论参加队数多寡,一律用单循环制。

(三)报名人数:每队队员以12人为限。

（四）制度：各队出场比赛时，应穿着整齐制服。不整齐者不得出场比赛。

（五）报名手续：每队报名时须缴保证金50万元，比赛结束后该款由会发还。如中途弃权，或被取消比赛资格，则予没收。

（六）报名日期：即日起至8月29日下午8时止。

（七）报名地点：星光日报、江声报。

（八）抽签时间：各队应于8月30日下午1时，推派代表一人至江声报参加抽签，以便编排比赛程序。如未派代表参加者，即由本会指人代抽。

（九）抗议：如有抗议事项，得于比赛后24小时内缮具抗议书。如本会认为抗议者不足，得取消其抗议。

又报名单可向该报索取。

《立人日报》1948年8月10日

中山公园篮球战　记者队战胜市府

记者篮球队于昨下午6时假中山公园篮球场与市府队会战，由郑振嘉任评判员，银角一吹，双方开始逐鹿。记者队先开纪录，市府队亦不示弱，还他颜色。无如市府队球运欠佳，仍为记者队领先，上半场为12：4，记者队胜。

柠檬时间一过，市府吴秘书即出场，欲挽回危局，记者队队长许荣椿亦赶出场。双方战斗益壮，记者队巫钧连、胡资仲、吴在芬乘战胜余威，联络进攻，均得心应手。尤以巫钧连进守有方，更为可贵。曾子铭昨日坐阵，后锋较前尤为出色。市府队虽极力反攻，惟球运不济。旋市府吴秘书出场，换进生力军，记者队许荣椿亦出场，林辉明再行进场，连中数球，下半场为29：8。结果40：22，记者队胜。

《江声报》1948年8月26日

记者杯篮球赛今日截止报名
已参加者有白联等队

市息　为庆祝"九一记者节"所举办记者杯篮球赛，报名时间定于今日下午8时截止。明日下午2时在《江声报》编辑部抽签，编排秩序。截至昨日为止,报名者有白联、白星、起卸、市府、记者等5队,另有同余、群星2队,即将报名加入。又各界若赠奖品,可径送《江声》或《星光》两报代转。(放)

《立人日报》1948年8月29日

今日记者节　泉厦各地热烈欢祝　本报同人观海聚餐

今日为记者节,本市记者联谊会,为表示庆祝起见,特发起记者杯篮球赛,定今日下午4时,在中山公园球场举行。此外各报新闻同人,亦多乘此假日,举行聚餐,共祝佳节。本报内外勤同人,定今日中午12时,假鼓屿观海别墅,举行聚餐,届时并备有专船,拟作海上之游。(厚)

又:记者杯篮球赛并请李清泉夫人行开球礼,赛前,参加各队集合摄影,即开始角逐。第一场4时举行,为群星对海军,裁判员邱清通,计时员刘如曦。第二场5时半举行,为白联对起卸,裁判员傅永信,计时员陈昆山。(大)

《江声报》1948年9月1日

记者杯两日大战　今群星对白星市府对海军

记者杯篮球赛于1日下午4时,假中山公园篮球场举行。赛前,参加各队集合摄影留念,并请李清泉夫人举行开球礼。第一场为群星对海军,由邱清通任裁判员,上半场30:6,群星胜;下半场24:22,海军败。结果54:28,群星大胜。第二场为起卸对白联,裁判员傅永信,双方实力不分上下,惟起卸联络欠佳,致为对方所乘。上半时16:10,白联胜;下半时白联9号屡建奇功,为17:10,起卸再败。结果为30:20,白联胜。

昨第二日,第一场为出席全运会之省代表同余队对市府,裁判员刘如曦,市府虽遇劲敌,颇能通力合作,惟实力悬殊,上半时为42:24,市府败;下半时为36:15,市府再败。结果为78:39,同余队大胜。第二场为记者队对白星,裁判员陈昆山,双方实力相差无几,惟白星队油水颇建,4号郑德南只手投篮,屡建奇功。记者队拼力苦战,以21:18,输了3分,完却上半时。柠檬时间一过,双方再战,记者队以12号施维熊监视白星之郑德南,颇见奇效,因之反败为胜,分数就此领前,以12:7操胜。结果为30:28,记者队苦战而胜。

今日仍有二场比赛,第一场为群星对白星,裁判员傅永信,下午5时比赛。第二场为市府对海军,裁判员陈昆山。(大)

《江声报》1948年9月3日

中山公园看球赛　群雄争夺"记者杯"
第一二日战况扣人心弦　群星白联分胜海军起卸
同余大破市府表演精彩　记者小心苦战力克白星

本报讯　"九一"记者节记者联谊会举办记者杯篮球赛,参与此种比赛者计有8队。第一日,(9月1日)于下午4时开始。当未交锋之前,先集各队队员摄影留念。旋批判员邱清通银笛一响,群星与海军2队队员入场献技,由李清泉夫人行开球礼。未交锋之前,一般推测,均谓海军非群星之敌。唯甫开火,竟发现海军锐气迫人,结果以7∶4之差,仅负于群星3分。自第2场起,群星队遂以雷霆万钧之势,咄咄迫人。于是球艺差一筹之海军队,乃为一面压倒。4场结束,比数为54∶28,群星轻取海军。第2场白联对起卸,评判员傅永信。双方旗鼓相当,战来热烈紧张,论油水与球技,八两半斤,莫分轩轾。唯投篮准确性,起卸差于白联,所以白联致获胜果。双方分数是33∶20,白联胜利云。

昨日为比赛之第二日,第一场于下午5时举行,第二场于6时举行。第一场对垒者为市府对同余,第二场为记者对白星。开赛前,观众预料,市府虽久经沙场,惟与本市篮坛盟主同余队角斗,实力悬殊,必败无疑。至记者与白星,前者经月来积极训练,进步神速。而后者则系年青力壮小伙子,气势甚盛,未可少觑。故两队相逢必有一番剧斗。因此有人竟在场外打赌,拥护白星者力谓白星必胜。市府某高级职员即系拥护白星者,唯熟悉球经者,则提出记者可获致胜之理。双方各执己见,足征观众对球赛之热忱。战斗结果,记者不负所望,以1分之差,力取白星。两场战斗均在紧张状态下进行,兹将第二日战况简记如下:

第一场市府对同余,5时正,两队健儿先后入场,观众报以欢呼。裁判员刘如曦即在欢呼声中吹起银哨,战斗开始,同余采取猛烈攻势,以高速度行动,连投数球,造成一面倒形势。其后市府极力反攻,虽有投中,旋为对方夺回,得分比数始终距离甚远。40分钟全程中,完全疲于奔命,结果以37∶86,几乎全军覆没。

第二场记者对白星,白星健儿以显明服装进队,备受观众注目。赛前与记者合摄一影,两队在公园平时练习中曾非正式交手,故见面非常亲热。然掩不住紧张情绪,匆匆招呼过,即在裁判员陈昆山促战下,展开一场恶斗。首白星迅中一球启开纪录,观众报以欢呼。初期战斗中,记者追随白星之后,相差仅一二球。第二阶段记者易7号下场,展开猛烈攻击,借罚球机会连中2的继之,以偷袭技巧再中一球,12号遥射二球,造成5分优势。至最后阶段,两队短兵相接,全场进入紧张状态中,观众表情互异,拥护白星者皆盼白星中的,而记者友人则祝记者幸运。盖最后5分钟内,1球之差,皆足影响战局。记者因有战场经验,故在最后关头,均能镇定应付,白星年轻略显慌张。如此相持达2分钟,时闻仅剩3分钟,记者领先2分,30∶28。白星队虽极力作战,争取最后一球,然因拉锯局面无法打开,卒至终场,以一球之差败于记者。

《立人日报》1948年9月3日

记者杯群星胜白星　市府胜海军

记者杯篮球赛昨第三日比赛,第一场为群星对白星,裁判员傅永信。群星队系连获两届记者杯盟主,亦系本市名队。白星队于前日力战记者后,昨日应战群星,似呈疲倦之态,况又遇劲敌,上半时为23∶7,白星败;下半时为33∶18,群星胜。结果56∶25,群星轻取白星,凯旋而归。第二场为市府对海军,裁判员陈昆山,银笛一吹,双方开始逐鹿,海军两次得罚球机会,连中两球,市府立报一球。旋海军再中一球,双方阵线因之进入混乱状态,幸市府投篮较准,以12∶6获胜,完成上半时。柠檬时间一过,双方再战,海军初尚奋力应战,但以最后7分钟,军心大起动摇,遂以21∶10再败。结果33∶16,市府队胜。今日之战,第一场同余对白联,裁判员邱清通;第二场记者对起卸,裁判员陈昆山。

《江声报》1948年9月4日

昨日球赛白星胜市府　群星败记者

昨为记者杯篮球赛第五日,第一场市府对白星,裁判员傅永信。银笛一吹,双方开始逐鹿,上半时22∶10,白星胜;下半时18∶19,市府胜。结果41

：29，白星胜。二场记者对群星，裁判员邱清通，上半场25∶13，群星胜；下半场21∶14，记者败。结果46∶27，群星胜。今日之战，第一场同余对起卸，裁判员邱清通。第二场白联对海军，裁判员傅永信。（大）

《江声报》1948年9月6日

记者杯第六日　同余压倒起卸

昨为记者杯篮球赛第六日，第一场同余对起卸，裁判邱清通、傅永信。战鼓一鸣，剧战序幕拉开，起卸颇有抱胜雄心。两军接触后，同余打破纪录，起卸立送秋波。同余再得两分，起卸亦罚一球。开赛伊始，起卸卖力抵抗，然非同余之敌。自此之后，同余一路领先，起卸益感不支，上半时29∶10同余占先。

柠檬时间过后，易场再杀，同余即换上后备军登场，而起卸仍原班人马。同余虽用后备军应战，打来亦头头是道，到底起卸非同余对手，下半时再以31∶16失利。结果60∶26压倒雄心勃勃之起卸队。第二场海军对白联，临战之时，天不作美，大雨沛然而下，致是赛无法进行。经双方同意，改于今（7）日上午10时继续比赛，裁判仍请傅永信担任。如9时后天不放晴，即另行定期举行。

下午比赛者，第一场记者对白联，裁判刘如曦。第二场起卸对市府，裁判陈昆山。（默）

《江声报》1948年9月7日

昨记者杯球赛不幸发生纠纷　流氓煽动白联队动武

记者杯篮球赛，昨第七日，第一场记者对白联，裁判员刘如曦。银角一吹，双方开始逐鹿，观者一部分推测白联可获胜，惟一部分老观众，则称白联系白宫之化身，两年前和去年举行记者杯赛，均为记者所败。结果一开场记者队即一路领先，上半时19∶12，白联败。

柠檬时间一过，再行开战，记者队仍占优势。盖白联队于昨上午战胜海军，气力已觉疲倦。迨至最后3分余钟，白联队一队员竟与记者队一球员争球冲突，秩序一时大乱，而外间两流氓，竟煽动白联动武。经各方劝息，乃继续比赛，结果记者队以32∶29获胜。

战后,该二流氓复再四煽动白联队队员刘仲鸿等行凶,该流氓二人并即一致动手,记者队员多数受伤。对于白联此举,经各裁判员订今日召开紧急会议,予以处理。第二场为起卸对市府,裁判员陈昆山。双方实力棋逢敌手,莫不处处留心作战。市府队先开纪录,起卸还他颜色。市府复中一球,起卸再度反攻,连中两球,从此起卸一帆风顺,上半场30∶13,起卸胜。下半时32∶27,市府败。结果57∶45,起卸大胜。今日之战,第一场白星对海军,裁判员杜申元;第二场记者对同余,裁判员周马岱。

《江声报》1948年9月8日

记者队再奏凯歌以3分之差胜白联

市息 记者杯球赛,昨日记者队出师,再度获捷,以32∶29三分之差力战,克白联队。昨日战绩,上半时19∶12,下半时13∶17,记者一路领先。第二场为市府对起卸,上半时13∶30,下半时32∶27,市府以45∶57败于起卸。(放)

《立人日报》1948年9月8日

海军杯游泳依期举行
昨记者杯球赛　白星同余获胜

本市海军巡防处,定于"九一八"举办"海军杯"卅七年度厦鼓往复渡海及各项水上运动大会,其详细办法业志前报。据悉,该项运动会决于是日上午10时假虎头山脚海军码头举行,并备茶点笺(饯)请中外各界首长莅临指导。报名者已很踊跃,望本市水上英雄加紧练习,以便届时表现优越成绩云。(衣)

记者杯篮球赛,昨第八日,第一场海军对白星,裁判员杜申元。海军非白星敌手,早在众料中,开战时白星领先,海军无力招架,结果48∶18,白星胜。第二场为记者对同余,裁判员周马岱,同余人马济济,记者队仅5人应战,但亦不放松。惟终非同余之敌手,结果60∶26,同余胜。今日之战,第一场群星对起卸,裁判员刘如义。第二场市府对白联,裁判员周鹏南。

又讯 此次记者杯赛程中,白联因败于记者队之手,于老羞成怒之下,行凶殴人。昨晚,经各裁判员集会,为健全厦门体育界道德起见,经决议,建

议市体育协会诸筹委作有效之制裁,使不顾体育道德之辈,从此能改过自新,未始非本市体育界之幸。(大)

《江声报》1948年9月9日

白联球队违反体育道德　停止球赛权二年

本报讯　前日记者杯篮球赛,因白联队下场后即屈居记者队之后,操胜心急,未免形之于动作。于是白联4号竟与记者14号,由误会而几至动武。旋经批判员劝息,了结未了之局,终以32：29败于记者。球赛甫终,不意白联队队员,突为在场流氓黄振章(又名乌番)等数猛所煽惑,乘记者队球员正在穿着衣服之际,涌汹而至,围住殴打。逞凶后乃作鸟兽散,故记者队球员多人负伤。此事发生之时,本市体育协进会干事陈昆山、(杜)申元、施维熊、刘如曦等人均亦在场,目击此情,殊深愤慨。为欲扶倡体育的道德,并预防来日有类同之不幸事件发生,特于昨晚8时,假镇邦路该体育协进会召开干事会,讨论此事。结果由在场目击干事4人,将白联队殴打记者之经过,连署报告协进会,请准依照上海及香港之体育规则,停止白联队2年之球赛权,借作精神上的制裁云。

《立人日报》1948年9月9日

记者杯篮球赛秩序重新编排

记者杯篮球赛昨日下午5时,对赛者为起卸对群星。赛前黑云密布,大雨倾盆而来,场地积水,以致不能举行。且因白联队员行为粗暴,不顾体育道德,而被取消比赛资格。因之今日起,比赛秩序及裁判员等重新编排如下:

日期	比赛队别	裁判员	计时员	记录员
10日	群星对起卸	刘如羲	曾子铭	林辉明
	市府对记者	周鹏南	陈昆山	苏仕波
11日	同余对海军	刘如羲	陈昆山	曾子铭
	起卸对白星	蔡启炭	曾子铭	许荣椿
12日	记者对海军	蔡启炭	陈昆山	陈百祥
	市府对群星	周鹏南	曾子铭	胡资仲

13 日	同余对白星	傅永信	陈昆山	曾子铭
	海军对起卸	刘如羲	曾子铭	胡资仲
14 日	群星对同余	周马岱、杜申元	曾子铭	许荣椿

第一场下午 5 时,第二场下午 6 时,遇雨顺延。(默)

《江声报》1948 年 9 月 10 日

记者杯球赛第九日战讯

记者杯篮球赛,昨第九日,起卸对群星,裁判员刘如羲。银笛一吹,双方择阵而战,群星猛将如云,起卸亦不示弱,战来颇形精彩。上半时,以 15∶23 起卸败于群星。柠檬时间一过,双方再战,群星仍居先,以 26∶18 完了下半时。结果 49∶33,群星胜。

第二场记者对市府,两队常作友谊赛,知此知彼,可称半斤八两。时间一到,裁判员周鹏南,吹着战笛,记者队因少到几个,只有应战。上半时 17∶15,市府胜。易场再战,记者队即中一球,造成平手。记者队终以油水缺少,以 22∶9 败北。结果 39∶24,市府胜。今日之战,第一场同余对海军,裁判员刘如羲。第二场起卸对白星,裁判员蔡善(启)炭。(大)

《江声报》1948 年 9 月 11 日

昨篮球赛同余败海军　白星挫起卸

记者杯篮球赛昨第一场同余对海军,裁判员刘如羲。两队实力悬殊,赛来未见精彩。海军自出师以来,尚未得分,但士气仍旺,其体育精神,难能可贵,值得推许。是战以 74∶38,败于同余队。

第二场白星对起卸,白星挫于记者队,记者则为起卸压倒,论实力可谓半斤八两,论联络则白星远胜在记者之上。裁判刘如羲,银笛一鸣,择阵宣战。十数分钟内,起卸招架有力,监视阵地森严。惜球运不振,袁清枫屡投不中,而白星郑德南只手投篮及由玉翔篮下托球,尤见功夫,球一离手,无不应声入篮。而起卸抱胜心急,空劳无功,结果白星以 50∶22 高唱凯歌。

今日第一场,记者对海军,裁判蔡启炭。第二场,群星对市府,裁判周鹏南。市府屡战联络屡佳,届时当有一番剧战云。(默)

《江声报》1948 年 9 月 12 日

昨记者杯群星大败市府

记者杯篮球赛昨第一场,记者对海军,赛前海军宣布弃权,记者不劳而获。继由舰队官兵组与记者队作友谊练习赛,结果记者队于苦斗之下,以25:18败于军舰队。第二场群星对市府,市府虽胜记者与海军,但实力仍未坚强,且群星系本市有名劲旅,终非所敌。第一节市府尚有抗敌能力,其后一蹶不振,结果群星以75:27大败市府。今日第一场同余对白星,裁判傅永信。白星乃后起之秀,油水充足,两雄相争必有一死。第二场海军对起卸,海军非起卸之敌,届时恐又是一幕友谊赛,但裁判仍请刘如羲担任。(默)

《江声报》1948年9月13日

"记者杯"篮球赛结束 同余群星冠亚军

市息 为纪念"记者节",本市记者联谊会所举办之"记者杯篮球赛",自"九•一"开赛,已逾旬日,至昨日全部结束。昨日最后一场,为"同余""群星"两队争夺冠军赛,战况激烈异常,精彩场面百出。结果"同余"以29:20力战击败"群星",荣获冠军,群星屈居亚军。

其他各队成绩,第三名起卸、白星两队(三胜三负),第四名记者、市府两队(二胜四负),第五名海军。参加比赛各队,均当场给奖志念。(放)

《立人日报》1948年9月15日

记者杯篮球赛 同余队获冠军

记者杯篮球赛昨日同余,群星争夺锦标,观众数千人,破胜利后球赛最高纪录。裁判杜申元、周马岱,5时35分号角一吹,战事爆发,群星振佳、海滨相继犯规,同余两罚不中。4分钟后,群星良蟠篮下翻身,托球入网,打破记分牌上纪录。群星良蟠、振佳二将再度犯规,同余连得3分,第一节终3:2。第二节开始,群星得心应手,振佳、良蟠、连情三将各得一球,同余战士仍沉着应战。此后,永祥始只手投篮,初度得球。群星振佳、连情前呼后应,而同余永祥亦再接再厉,宏梧又罚中,上半时终12:12打成平手。

柠檬时间过后,易阵重战,群星海滨出场,昆山入阵,而同余依然原班人物,且精神振作,尚霖、永祥一来一往,各中两球。群星停止,调整人马,昆山、振佳出场,仕波、海滨入场,但仍未挽回局势,仅赖允仁、良蟠罚得两分。第三节终,群星负于同余5球,因而种下失败因果。第四节开始,群星再调整战将,果然士气一振,仕波、允仁、连情各有所获,仅一球之差,距终场只有5分钟,胜负在此一举。同余二度呼停变更策略,永祥接连再建奇功。此时群星又负三球,急呼停调将,允仁再中一球。时间紧迫,战事亦见紧张,同余宏梧罚中1分之后,双方球员由于过度紧张,动作稍现纷乱。群星虽急欲获分,挽回颓局,无奈时不我留,结果29:24,同余荣获37年度记者杯,大唱凯旋之歌而返。(默)

《江声报》1948年9月15日

篮球新军要塞队今与记者对垒

市息 记者篮球队应邀,定日下午5时在公园球场与要塞司令部球队作友谊比赛。要塞球队为新组军者,并已报名参加市长杯赛,为观摩球艺,乃得请记者队先行比赛一场。(放)

《立人日报》1948年9月29日

记者篮球队昨再失利

市息 本市记者篮球队,昨日下午5时应邀与要塞司令部球队作友谊赛。记者队因后援无人,始终以5人出场应战,至精疲力尽,卒告不支,以25比19败于要塞队云。(放)

《立人日报》1948年9月30日

市长杯篮球赛六日开始举行
参加14队内有世运选手

市长杯网球赛昨日单打决赛,丁永祥以2:1压倒褚会文而获本届单打盟主。排球赛第一场厦大以2:0轻取蓝星。第二场健群对中华,健群战前颇负盛名,本季复员,实力仍强,中华自非对手,失败当在意料。结果2:0,

健群大挫中华队。

至篮球赛,参加者共14队,破本市历来球赛最高纪录,在是赛球队中以菲华冠军在握。盖该队拥有本届代表我国出席世运会,名震国内外选手李世侨,及本省世运篮球代表凹鼻将军蔡文章。蔡君乃上海《大公报》大公球队五虎之一。今年上海选举篮球十杰,蔡君亦名列虎榜,其球艺早为本市球迷所赞誉。且该队又拥有黑白队长傅永信,队员郭国叶、施维熊,其实力不言可知。市体协会以该队参加市长杯篮球赛,表示竭诚欢迎,俾本市球队得有观摩机会。是故该队队员决意放弃返菲,参加国庆杯及台湾道明杯等篮球赛,则今后本市球艺之进步,菲华之功勋不容抹煞矣。该会因参加球队众多,为节省时间起见,已分两组同时举行。每组7队,各取两队再行编定赛程,继续比赛。

据查此次系采用世运会规则,遇两队积分相等时,以得分最多者为优胜。各队队员名单,该会发现有1队员同时数队代其报名,为免发生纠纷,凡参加队员以先出场者则为该队队员,事后他队不得争执。兹将6日起全部赛程探志于下:

10月6日,起卸对青友,要塞对中华。8日,市府对同余,海军对菲华。10日,记者对群星,大同对全白。12日,蓝燕对同余,商友对菲华。13日,起卸对群星,要塞对全白。14日,市府对记者,海军对大同。15日,群星对青友,全白对中华。16日,蓝燕对记者,商友对大同。17日,起卸对市府,要塞对海军。18日,同余对记者,菲华对大同。19日,青友对市府,中华对海军。20日,蓝燕对起卸,商友对要塞。21日,群星对市府,全白对海军。22日,同余对起卸,菲华对要塞。23日,青友对蓝燕,中华对商友。24日,记者对起卸,大同对要塞。25日,群星对蓝燕,全白对商友。26日,同余对青友,菲华对中华。27日,市府对蓝燕,海军对商友。28日,记者对青友,大同对中华。29日,同余对群星,全白对菲华。(默)

原载《江声报》1948年10月4日

市长杯之青友阵容

现在先把青友阵容排在下面:

队长蒋介智、中锋张锡煦,前锋邱延亨、苏仕波、蒋介智,后卫黄文富、林清池、吴汉卿、曾国泡。

青友队之组织，早在战前则告成立。原发起人为叶维德、张家忠、张锡熙、林清池、洪英豪、李国泰、陈昆山等，间以陈昆山因意见不合，声明脱离。自是之后，青友感于实力之不足，乃扩招队员。斯时入队者颇见踊跃，计被邀者有新队员王鼋、蒋介智、刘如羲、周马岱等十余人，均系当代体育名流。因人数众多，遂有青友甲及青友乙之分，而队务亦随之蒸蒸日上。

"虎豹杯"比赛时，该队终以35∶34击败企公队（按企公队当时队长陈昆山），获得虎豹杯冠军，声势浩大。胜利后，主将蒋介智来自泗水，曾数度鸠集老部，商讨整军大计，惟队员寥寥无几，散不成军，则告中断。最近因介智遭受某种打击，出其不意中，会有群星老将苏仕波及战前青友队名角张锡熙、林清池、吴汉卿等，竟毅然报名参加，实出人意料之外。观其目的，输赢似不在乎，仅在提倡体育，不斤斤于"锦标"。再说这5位主将之岁数，再加5岁，已达200整岁矣。由此可见，彼辈尚热心体育，俗云"老当益壮"。

中将张锡熙，字大鼓，躯干魁梧，素有"开路神"之号。其发育之特殊，开本市新纪录。其15岁时之衣裳，现仍穿之自如。彼现年三十有八，而其体魄与15岁时毫无差异，亦怪物也。沦陷期间为青白队队长，远征有恒，红极一时，最近因受家庭牵累，终日奔波于商场，略染有"大腹贾"之派司，以致油水稍减。但其传球一道，万无一失，非本市球队任何队员所能比也，尤以篮下托球及篮下投篮，特具精准，十有八九之把握，宛如囊中探物，为青友队中坚人物。

右锋苏仕波，绰号鸦片某，尽人皆知。沦陷时，一度被某机关以吃鸦片拘传，官问："你为何吃鸦片？"答："那里的事。"问："不然，人家为何叫你鸦片。鸦片，你既没有吃鸦片，人家干么叫你鸦片呢？你还敢强辩？"此时仕波如同哑子吃黄连，于是心想一计，从裤袋摸出一张篮球队照片，并脱上外衣，献出某球队之背心，向官曰："我如果吃鸦片，还会玩球吗？盖我之号为鸦片者，因少时体制懦弱，家人引之为鸦片骨，故以得名。"至是官仅报之一笑，令其自返，亦笑柄也。鸦片虽腴，但格子颇高，善跳跃，篮下争球，均落其手。只手翻身投篮，是其拿手好戏，常以出人意外之球命中。胜利后，随群星球队出没于疆场，凡十数次。自群星队被同余击败后，因不满意于群星，且与青友队志同道合，随即舍群星而就青友。数年来，群星战友，今竟一旦不别而去，殊为可惜！

左锋邱延亨，又名无齿将军，投篮准确，弹不虚发，有百发百中之美名。某时期以投篮比赛获得个人冠军，怪不得其投篮之准确，惟欠胆量，遇对方猛烈攻击时,均向彼所镇守之位置视为弱点而进攻。右卫林清池,又号大池,态度从容,临阵不退缩,素以远射称雄。虎豹杯比赛时,于最后30秒钟以远射一球,造成35与34之比,荣获冠军,恰与本届世运会之我国代表李世侨于最后2秒钟以远射一球,压倒朝鲜队相类似。惜差于油水,若能继续练习,恢复旧观当在不远,祈勉之。

左卫黄文富,识之者均呼其为贼阿富,猛勇善战,忠于职守,亦出类拔萃之杰出人才。攻左手,惜不精于投篮,殊觉憾事。此君乃记者队老队员,原拟定再为记者效劳,因友情难却而就青友。

中锋蒋介智,为人慷慨,乐善好施,凡事有求必应,诚系运动员中难得之人物。身长6尺3寸,立于场中,俨若鹤立鸡群。本届所参加之球员,恐未必有过蒋君之高度也。

除上述主将之外,尚有战将吴汉卿、李国泰及现任自来水公司职员之新进名角曾国泡等,实力尚不恶。闻该队尚有一位素负盛名之黄忠老将黄奕精,拟出助战,但因其现任职于海澄中学,故尚在考虑中。

(编者按:青友是战前本市篮球队的劲旅,今虽复员,仍以旧人物出场,免不了给人感到"人老珠黄,不值钱"。运动并不是靠"老"资格就会得了便宜的。世界万物在变,运动的进步也日见科学化了。如果要挂着一面"提倡体育"的金字招牌,在运动场上作不服气的示威,那真是要不得的"精神"呀!所以青友如决心复员的话,最好还是提拔新人才,不要市长杯失败后就从此销声匿迹,这是我们的希望。)

《厦门大报》第10期,1948年10月6日

昨篮球赛青友中华告捷

市长杯篮球赛昨日下午4时开始,第一场甲组青友对起卸。青友乃战前颇负盛名之劲旅,本届复员,队员已人老珠黄,但其球艺尚在普通球队之上。裁判庄文潮吹笛后,双方择阵开战,上半时终,青友以17:16小胜起卸。下半场再战青友,变更战策,果见局势好转,结局36:24,青友在诸老将苦斗之下,始挫起卸。第二场乙组中华对要塞,中华在黑白队长傅永信加紧指导之下,球艺进步神速,要塞自非敌手,终场26:10中华大捷要塞。今日篮球停赛,排球复赛第一场市府对健群,第二场厦大对同余。(默)

《江声报》1948年10月7日

昨篮球赛菲华迟到　被宣告弃权改作表演赛

市长杯篮球赛,第一场乙组菲华对海军,菲华误会系于4时开赛,故全体队员到场时,已4时5分,即被宣告弃权。在近千观众热烈盼望之下,经吴春熙、谢桂成之请求,乃作表演赛。菲华球艺上乘,海军非彼之敌,结果11∶20菲华告捷。但该队经此打击,表示无限愤慨。第二场甲组市府对同余,市府由石码添上两生力军,实力比前更强。而同余乃本届记者杯盟主,市府虽努力奋斗,终非所敌,终场以63∶25同余大败市府。今日篮球停赛,排球复赛第一场厦大对市府,第二场健群对同余。(默)

《江声报》1948年10月9日

昨篮球赛群星全白获胜

市长杯篮球赛,昨日第一场群星对起卸,裁判杜申元。开赛后,群星前锋活跃,起卸后卫薄弱,终以53∶31为群星所败。第二场要塞对全白,实力悬殊,全白结局以71∶28大胜要塞。今日第一场海军对大同,裁判周马岱;第二场记者对市府。今日出赛者势均力敌,当有一番恶战。

又篮球国手李世侨,昨已由沪飞厦,准备18日菲华对大同之战,出场表演。本市慕名球迷,届时将一睹为快云。(默)

《中央日报》1948年10月14日

市长杯篮球赛昨起继续举行

市长杯篮球赛昨起继续举行,第一场青友对蓝燕,前者沙场老将,后者受训未久之新兵。结果54∶33,青友胜。第二场要塞战海军,要塞开仗后声势浩大,海军无法招架,上半时要塞以19∶7领前海军。下半时开始,海军调防生力军,且运用持久战术,要塞竟精疲力倦,海军以一球之差,获得最后胜利,分数为31∶29。今日第一场起卸对蓝燕,第二场记者对同余。明起赛程重新编定如下:

22日,中华对海军,市府对起卸。23日,商友对要塞,群星对蓝燕。24日,青友对市府,同余对起卸。25日,全白对海军,中华对商友。26日,大同对要塞,记者对青友。27日,群星对市府,全白对商友。28日,同余对青友,市府对蓝燕。29日,海军对商友,记者对起卸。30日,大同对中华,同余对群星。(默)

《江声报》1948年10月21日

昨篮球赛起卸胜蓝燕　同余挫记者

市长杯篮球赛昨第一场,起卸对蓝燕,起卸油水充足,采用硬打硬卫策略。蓝燕疲于奔命,最后10分钟竟被起卸杀得片甲不留,41:25起卸胜。第二场记者对同余,记者吃败仗早在一般观众之所料。但记者以大军当前,拼死抵抗,开赛后十数分钟内,记者投篮顺手,领先同余队。迨后记者沛力不足,且后备无军应援,结果47:34为同余所挫。今日第一场,商友对要塞,第二场市府对起卸。(默)

《江声报》1948年10月22日

市长杯今再打两场　昨中华起卸胜

市长杯篮球赛,昨第一场,商友对中华。商友球艺虽不错,但中华运用新式战术,且郑德南单手投篮准确,使商友无法抵抗。结果中华以49:26,凯旋而返。第二场,市府对起卸,起卸纯以油力打胜市府,下半时开始后,市府一度拼命冲杀,只差4分。嗣以精疲力倦,结果,23:36,为起卸压倒。今日第一场,商友对要塞;第二场,群星对蓝燕。(默)

《江声报》1948年10月23日

球战今仍两场　昨商友群星胜

市长杯篮球赛昨第一场商友对要塞,要塞实力充足,自始自终,无懈可击。开战后,一来一往,胜负未分,最后10分钟,商友一鼓作气,连得四球。要塞急于挽救,无奈时间已届,银笛响起,战事罢休,遂以31:26,要塞败。第二场群星对蓝燕,是赛成一面倒,蓝燕几度得分,因上半时输得太惨,无法收复失城,以58:34,群星胜来全不费功夫。

今日第一场青友对市府,第二场同余对起卸。明日第一场全白对海军,

第二场大同对要塞。(默)

《江声报》1948年10月24日

市长杯两日战况

市长杯篮球赛24日第一场,青友对市府。青友实力较市府为强,市府虽努力抵抗,惟油水不足,乏人替补,以致下半时自感不支。结果54:42,青友胜。第二场,同余对起卸,两队实力悬殊,同余终以74:47,大捷。昨日因秩序更动,只赛一场,为全白对海军。全白乃上届记者杯盟主,海军自非其敌,结果35:58,海军惨败。今日第一场,市府对群星。第二场,记者战青友。(默)

《江声报》1948年10月26日

篮球战今有精彩表演

市长杯篮球赛昨首场为市府对群星,开赛两队毫无战斗精神,其后群星叶良蟠打开纪录后,双方始努力肉搏。但市府技逊一筹,故以61:24惨败于群星。第二场记者战青友,上半时记者尚有招架余力,仅输7分,下半时则一筹莫展,结果34:14,青友告捷。今日第一场大同对要塞,第二场中华对海军。海陆丘八同时迎战丘九,当有精彩表演,使球迷满足。(默)

《江声报》1948年10月27日

市长杯昨日之战

市长杯篮球赛昨第一场全白对商友,上半时商友以10:8领先全白。下半时开战后,商友渐感不支,率以17:31为全白击败。第二场记者对起卸,记者于法定时间已届,人马依然凑不成数,因之起卸不劳而获。今日第一场市府对蓝燕,第二场同余对青友。今赛如同余胜青友,则甲组大局奠定,同余、群星均得甲组复赛权,乙组需待明日最后之战云。(默)

《江声报》1948年10月29日

经进入复赛阶段　昨战同余克中华
今日群星中华全白同余对垒

本报讯　市长杯篮球赛昨已进入复赛阶段,第一场全白对群星,因全白人马召集不齐,故改由3日补赛。第二场同余对中华,结果29:21,同余胜,中华为一新生力军。此番能得复赛权而与历届冠军之同余较量,实为该队组军以来之彪炳场面。其战果虽遭败阵,然仅以4球之差小挫于本市盟主同余队,其实力之强,诚出一般观众意料。惟在比赛时,有一部后备队员在旁对上阵诸将厉声作一种越出规则而近乎煽动性之启示。此种举动,实非每一球员所应有,厚望该队不忘体育道德精神,为队誉着想,为吾厦体育前途着想,切勿染上恶习。须知一个球员的成功,并不是在获分一隅,举动的粗暴不但不能得到观众的同情,而且适得其反而给观众一种很坏的印象。试观圣手李世侨十数日前在同文球场三赛中,竟无犯规过一次。此种以轻巧玲珑制胜的斯文技术,实为吾人可借鉴者,望诸球将共勉之。

复赛程序如此:今(1)日第一场群星对中华,裁判庄文潮、刘如羲。第二场全白对同余,裁判马丕显、周马岱。2日首场全白对中华,裁判马丕显、刘如羲。次场群星对同余,裁判钱一勤、周马岱。3日一场全白对群星,裁判杜申元、刘如羲。

《星光日报》1948年11月1日

市长杯篮球复赛昨两场演来紧张
今日之战可能决定冠军

本报讯　市长杯篮球复赛昨日两场,第一场群星对中华,分数25:18,群星胜。第二场同余胜全白,31:21。两战员数均在10分以内,战况之紧张可想而知,尤以第二场,全白在上半时竟以19:10之比数遥遥领先。观众均料同余此番惨遭滑铁卢而退位让贤矣,岂料下半场开始,同余先发制人,一口气呵成8分,19:18落后半只。全白锐气大挫,嗣虽由6号攻进一球,再领前3分。然这一球竟成了全白收场礼,自此以后却一无所获,且让对方大肆□□,下半场比数为2:21,全白反负5球。

昨战首场群星胜中华,虽在意料,然中华仅以7分之差小负,殊为该队大成就。全白为本杯异军突出,每一球员均身高6尺许,体力充沛,球艺匀称,实力之强。观众均悉为同余劲敌,然该队未识把握时机,在下半场进开赛后采稳扎稳打法,使同余性急自乱,以拖延战术制胜。实为失着之后,而同余却能在数分钟内以闪电战术夺回4球,而造成全赛转换,故同余之胜亦可谓智胜也。

今日秩序,首场中华对全白,第二场群星对同余。本日赛后,冠军大致可定,如同余再胜群星,则三战三胜,位列首席。否则将视明日群星与全白之战而定。

《星光日报》1948年11月2日

市长杯篮球冠军奠定 同余勇夺锦标
今日一场亚军赛 群星对全白

本报讯 市长杯篮球昨日两场比赛结果,全白以巨大之比数41比14,大败中华,群星再以5分之差(按,前记者杯决赛时,亦负同余5分)受挫于同余。是战冠军与第4名已定,同余三战三胜,荣夺锦标。中华三战皆北,名列第四。亚军与第三名视今日全白对群星之胜负而定,盖该两队均一胜一负,积分相等。

昨赛首场中华之巨量负分,实出一般观众预料,以该队负群星7分、同余8分推断,绝不至负上27分之多。全白的锋芒虽在初赛时给中华领过一次教,然中华之演出似未嫌不力,奈前锋冲刺力不足,为全白的强大后断所钳制,致全场中华几不得其门而入,上半场比数竟以2∶17,已觉望尘莫及矣。下半场全白体力稍减,中华渐见压力减轻,然比数仍以12∶24远落其后,总比为41∶14。同余对群星,冤家狭路。群星自今年数度锦标赛,为同余制□以来,虽想有翻身之日,而大部分观众亦存弃旧迎新之心理,大举给群星抻扬裁判马丕显、周马岱执法如山,公正严明为历赛以来所罕见。上半场比赛结果8∶7同余领前一分,易地后,同余积分青云直上,曾一度超出13分。嗣为群星节节报回。群星因演出过度紧张,致犯规屡见,终场比数为26∶21,同余重夺锦标。

今为最后一场,对队为华星与全白,是战可决定亚军谁属。市长杯篮球赛闭幕。

《星光日报》1948年11月2日

游春大会有球赛

本市通俗教育社定旧历元旦举行第一届游春大会,各种游艺什耍以外,还有球赛的举行,关于球赛的举行,筹备会一致推陈昆山负责。陈昆山和我的意见相同:要举行球赛就得邀请本市各球队参加,但是业余球队自本市市长杯结束后,即未见继续练习,将来是否有队参加,尚有问题。

所以我特地先在这里报告一个好消息,同时,并请过去已经组织的球队,如海军、起卸、同余、中华、群星、大同、要塞、记者等,都会一致参加。因为游春大会的主旨是筹募社救协会的基金,中山公园的建设费和通俗教育社义教的经费。如果球赛能够热烈举行,我们相信参观的人一定很多,人多了也就多了一笔门票的收入。

其次是业余球赛4个月没有举行了,许多球员因为没有球赛的缘故,都懒上球场。现在有了球赛,就是多一次练习的机会,也是本市球队多得一次的观摩。

因是我们很希望能够实现,愿各单位的球队(不论男女)勇跃参加,共成义举,则直接贫苦市民之幸,间接就是本市体育界的进步。

《厦门大报》1949年1月16日

海军余余友谊赛今假同文球场举行

本报讯 将列入本市篮球劲旅之海军篮球队,原定前星期六与本市余余队(按余队为本市亚军,群星队之队员作基干所组成者),假同文球场作友谊赛。嗣因连日天雨,未克举行,今改定本(18)日下午4时,仍假原地址比赛。两队旗鼓相当,尤以海军队半数以上之球员,均为甫从拥有美式配备(指美人多多观摩新颖战术)之青岛而来者,届时当有精彩之演出。(仲)

《星光日报》1949年2月18日

昨篮球赛余余报捷　今足球场将有恶战

市息 海军篮球队昨下午4时在同文球场与余余队作第二次友谊赛,裁判刘如羲。银笛一振,战事爆发,海军打破纪录,余余即还颜色。自是之后,一来一往,成拉锯战,上半时13∶8余余领先。易篮再战,海军虽欲收复失地,无如余余后卫森严,海军前锋英雄无用武之地,结果26∶19余余再报捷音。

今日下午4时,海军对白马足球赛,地点中山公园。查白马队代表本省出席全运会,其球艺扬名全市,而海军于海校南迁后,人才集中,实力不弱。届时当有一番恶战,以饱球迷云。(默)

《江声报》1949年3月1日

体专厦校友今战余余队

市息 国立"体专"旅厦校友(包括服务于联勤空军等部队长官)组织篮球队,定今日下午4时假同文球场,约战余余队。又记者篮球队昨晚召开队务会议,讨论参加市体协主办之篮球赛及今后训练日期云。(默)

《江声报》1949年3月5日

今日同文球场余余对国友

本报讯 今(5)日下午4时正,同文球场有一幕篮球友谊赛,抗衡者为"余余"对"国体校友"。按后者为上海国立体育专科学校留厦校友所组成,其实力甚强。本日适值星期六,观众必多,球迷们请早。

《星光日报》1949年3月5日

禾山春节篮球赛订五月二日举行

禾山农余篮球队,此次发动全区篮球循环赛,现已筹备就绪,并定名为"厦门市禾山区第一届春节篮球赛",凡禾山区民众所组织之篮球队,均得报名参加。其报名日期,系自本20日起,至30日止。报名地点:即在祥店市立第二中学及江头禾山区公所。每队须先交保证金2万元,比赛终结后发还,但在比赛中弃权者,即将保证金没收。5月1日各队应派代表参加抽签,以便排定时间,依序比赛。5月2日开始比赛,采用单循环制。球赛经费,由前副区长孙自当,向归侨所募之款充用,奖品颇丰。届时一般球迷,可睹禾山健儿大显身手。

《星光日报》1949年4月20日

禾山篮球赛昨日开始

市息 禾山区第一届篮球联赛参加者计有十二球队,为云友(前埔社)、东星(后门社)、湖桐(枋湖社)、祥星(祥店社)、禾友(吕厝社)、湖青(湖边社)、南光(钟宅社)、艺农(殿前社)、联友(后埔)、侯卿(后坑社)、禾西(西潘社)、联友(西郭社)。每日比赛两场,第一场下午3时至4时(普通时间),第二场4时15分至5时,如遇风雨,即予循后。凡参加之球队,如超过排定时间15分钟以弃权论,并推举各领队为裁判委员会当然委员。

昨日下午3时即开始比赛,聘区长张宗云举行开球礼,林珠来为裁判。银笛一吹,禾西与联友遂各争雄,结果禾西以15:13获胜。第二场,云友对侯卿,以30:26侯卿获胜。今日联友(后埔)对艺农,南光对湖青。(OK)

《江声报》1949年5月3日

禾山篮球赛昨续战两场

市息 禾山第一届篮球赛,昨继续进行,第一场侯卿对联友(西部),由林振武裁判。笛声吹动,双方遂各据阵地作殊死战。两队势均力敌,恰成拉锯,不分上下,但上半场以一球之差,以8:6侯卿占先。少事休息,笛声又起,联友虽努力卫锋,但奈侯卿联络掷射较强,连中三元,士气大振,下半场又以15:9,总分数为23:15,联友挫败。

第二场禾西对云友,裁判叶请笛吹球起,云友传递甚速,联络确实,在刹那间连得6分,全场掌声与嘘声大作。时禾西虽拼命反攻,奈投射欠精,球均虚发,致上半场11:3为云友所胜。暂停5分钟续赛,然禾西实力太差,以是下半场又以8:2。两场总分数为19:5,云友胜利。今日艺农对南光,联友(后埔)对湖青。(OK)

《江声报》1949年5月6日

禾山球讯

本报讯 禾山第一届篮球循环赛昨续举行,首场艺农对南光,由孙连情评判。时到笛响,健儿角逐,初尚不分高低,打成平手。嗣因艺农后方空虚,被南光所侵,致上半场 15∶6,艺农受挫。小停续战,艺农为求雪耻,奋勇冲杀,直捣黄龙,果然投进数球,士气略振。但奈南光射球颇准,又甚联系,故下半场 16∶15,总分为 31∶21,南光获胜。次场联友(后埔)对湖青,评判陈开昌笛吹令下,两雄搏斗,联友技术纯熟,一鼓之下即首先告捷,彩声盈耳。湖青不甘示弱,前呼后应,其是得手应心杀成平局之后,竟能后来居上,以 14∶8 完成上半场。休息再赓,各有犯规,均皆中的,联友步步上追。奈球运不佳,无法挽回危局,竟以 21∶19 结束下半场,总分 35∶27 湖青胜。(OK)

《厦门大报》1949 年 5 月 9 日(2)

禾山球赛提前结束

市息 禾山农余篮球队,此次举行循环球赛,开幕之初,参加与赛者为 12 队,规定赛期须 33 天始能结束,但各队赛至第七八两天,后埔社联友队、枋湖社湖桐队、殿前社艺农队、吕厝社禾友队竟相续弃权,仅剩 8 队联赛。故各主持人乃不得不变更比赛日期,每日改作 3 场比赛,决在本月 19 日闭幕。

昨赛乃东星对胜禾西,云友克南光,祥星胜湖青。今日第一场联友(西郭)对南光,第二场侯卿对东星,第三场禾西对祥星云。(OK)

《江声报》1949 年 5 月 16 日

篮球友谊赛群星胜全忠

本报讯 由国防部特务大队组成之全忠篮球队(昨日本报误刊为"总统府侍卫队",特此更正),昨(4)日与本市群星队,假同文球场作友谊比赛。结果全忠以 37∶52,受挫于群星。

全赛 40 分钟,主队均一路领先,当一至三每一个小节终场时,客队均以 5 分小负。全忠队长程春荣,果然名不虚传,上半场全忠所获的 13 分,竟由其一手包办,即全场所获的 37 分中,其个人亦占 26 分之多。惜独力难支大厦,且全忠后劲不继,最末一节,已呈疲乱状。群星则始终从容不迫,并似有轻敌意,致全场无精彩演出,仅程春荣之单枪直取,博得全忠的啦啦队无数次之掌声。

《星光日报》1949 年 6 月 5 日

记者杯篮球赛简则业已订定

本报讯 本市三十八年度"九一"记者杯男子甲乙组篮球比赛,经记者杯筹备会发起主办,及本市体育协会的协助,已决定如期于下月1日举行。其简则如下:

(一)杯赛办法:分甲乙两组,其分组办法以队员为对象,在报名时由各参加队自行选择,但须经审查决定,决定后不得异议。

(二)参加资格:(A)凡为市体育协会团体会员,不违背业余运动员规则。(B)本年度联赛时甲组各队及乙组冠亚军队等队员为当然甲组队队员。(C)单位报名时应将球员真实姓名填报,不得假名或冒名顶替(必要时得核对国民身份证),报名后不得更改。(D)一队得参加两组,但队员不得参加两组,如参加甲组之球员不得参加乙组,参加乙组不得再参加甲组。(E)倘非市体育协会团体会员而欲参加者,应先办理入会手续。

(三)报名日期:8月21日起至8月29日下午5时止,报名地点在中山路新的书店。

(四)比赛日期:9月1日起每日比赛二场,由下午4时30分开始。举行地点,同文路同文球场。

(五)保证金:报名时每队应缴交保金银元2元,于比赛结束后发还。在比赛中如有弃权者,该保证金没收。

(六)各参加队应于30日到新的书店领取赛程表(不另分发)。

(七)如有抗议,在比赛时应即按裁判员之命令进行比赛,不得中止。俟比赛完毕后,先以口头向裁判员声明,并于24小时内补具正式抗议书,连同抗议金银元5元送交本会。如抗议成立,该抗议金退还,否则没收。凡当场以口头抗议者,概不接受。

(八)比赛球队逾比赛规定时间15分钟者以弃权论,如双方均不到场,俱作弃权论(经两次弃权者,取消其比赛权及一切成绩)。

(九)附注:每组须有四队以上参加始能分组举行,否则合为一组循环举行。(尼)

《星光日报》1949年8月21日

"记者杯"篮球赛连日在同文球场举行

本报讯 一年一度的"九一"记者杯篮球赛,经与前(1)日假同文球场举行。是日比赛两场,首由本市报业公会理事长胡资周行开球礼,第一场战果,"蓝队"以 36∶28 克"绿海"。第二场为海校兄弟阋墙,结束"四一"以 25∶21 小胜"活力"。

昨(2)日两场战果:首场雄风对商友,雄风即海校代表队,素以快速见称。商友自非其敌手,终场比数为 51∶24。次场记者对蓝队,记者得林启仁、王辉、蔡文章、林有诗、郭允仁等助阵以来,实力至为强劲。昨赛因对方蓝队势力较弱,故林启仁、蔡文章、郭允仁均未临阵。是场战果为 43∶28,记者胜。

今日两场秩序如此,第一场记者对活力,第二场雄风对绿海。

《星光日报》1949 年 9 月 3 日

同文球场"记者杯" 群英展开篮球"战"

又息 昨天是国定第六届记者节,本市记者同人筹备记者杯篮球赛,于昨下午 4 时 30 分,假同文球场举行。自 4 月间市体育协会主办第一届男子篮球联赛以后,同文球场就呈露冷静现象,许多球迷一听到有球赛的消息,莫不争先恐后,挤得水泄不通。第一场绿海对蓝队,绿海是本届新军,大同、市中学生所组织;蓝队乃蓝燕前身,本季篮球联赛乙组亚军,但一部队员都是新血轮。

时间一届,摄影留念,裁判齐剑洪,鸣笛召集两军队长指挥,由报业公会理事长胡资周行开球礼。在观众鼓掌声中,战幕拉开,绿海打破纪录,蓝队报以颜色。自是蓝队一路领先,结果 36∶28 蓝队旗开得胜。

第二场四一对活力,临时拉陈昆山充执令员。两队是海校兄弟队,打来客客气气,到底"四一"艺胜一筹,终场以 25∶21 压倒活力队。

今日第一场雄风对商友,雄风是海校代表队,曾在联赛甲组获得亚军,是为记者杯冠军呼声最高的。商友顾名思义,乃商店职员组织之队伍,去年市长杯已露锋芒。第二场蓝队对记者,蓝队昨赛胜利,记者为记者杯主人,乃本市一般内外勤记者所组织,纯为锻炼体魄,联络感情,对于夺标毫无欲望。此战若能小心应付,或有战败蓝队的希望。

《江声报》1949 年 9 月 3 日

记者杯篮球赛昨首场记者胜治力　第二场雄风胜绿海

本报讯　记者杯篮球赛昨(3)日为第三日,两场战果如下:首记者对治力,记者蔡文章、王有诗、郭允仁、王辉均上阵,若非林启仁,因事未到。此即为记者理想阵容。上半时开赛 20 余分钟内,治力在大军压境下,几无法伸展,半场终 22:11,记者领先。下半场开始,文章在掌声中登场,自是以后,有诗得文章的搭档,即渐露精彩镜头,场终 42:25,记者胜。次场雄风对绿海,绿海为学生组织,经验欠丰,至大败于雄风阵下,是场比数为 74:36。

今(4)日两场秩序如此:第一场四一对蓝队,第二场治力对商友。两赛均实力平均,谁胜谁负,殊难预料。

《星光日报》1949 年 9 月 4 日

"记者杯"篮球赛昨首场"四一"转败为胜
第二场商友小负于活力

本报讯　记者杯篮球赛,昨(4)日海校"四一""活力"兄弟双奏捷,两场战斗,均极剧烈。第一场上半时,篮队曾以 10:7 占先。迨下半时,"四一"极力反攻,始反败为胜,比数为 23:20。第二场,"活力"对"商友"。自始至终,活力虽一路领先,然距终场数分钟,商友已追成 21:24 及 23:24 之最接近分数。后活力再罚入一分,钟声响处,商友以 23:25 一球小负。

今日秩序:第一场四一对商友,第二场记者对绿海。

《星光日报》1949 年 9 月 5 日

记者今大战雄风　"记者杯"篮球全赛结晶

本报讯　记者杯篮球赛,今(6)日"记者"遇"雄风",记者人马为前联赛冠军余余队班底,再加上宿将王辉、林启仁两员,实力之强,不言可喻。雄风为前联赛亚军,快速气力充沛为其特点,若论球艺,"记者"似略高一筹。体力一项,"雄风"则战胜一筹。两队各有千秋,故是赛无疑是全部赛程结晶,而且可谓为准冠军决赛。希望两队球员从个人技术及全队战略、战术上发挥其力量,切勿将胜负看得太重,以免影响体育道德及精神,招致不良反感。兹将两队理想阵容列下:

记者队:蔡文章、王辉、林有诗、林启仁、郭允仁。

雄风队:曹福华、张祖恩、齐剑洪、崔熙询、李石笑。

昨(5)日两场战果:第一场"四一"胜"商友",30:26。第二场"记者"胜"绿海",50:23。

又今日起全部赛程略有更动,希各队及裁判诸公注意:

日期	比赛队名	裁判员
9月6日(星期二)	治力对蓝队	杨绪志
	记者对雄风	杜申元、庄文潮
9月7日(星期三)	雄风对蓝队	刘如羲
	四一对绿海	杜申元
9月8日(星期四)	治力对雄风	庄文潮
	四一对记者	杨绪志
9月9日(星期五)	治力对绿海	陈昆山
	蓝队对商友	周鹏南
9月10日(星期六)	绿海对商友	庄文潮
	四一对雄风	杜申元
9月11日(星期日)	记者对商友	吕长庚

代邮:林启仁先生:务请万忙抽空出场,以孚众望。庄文潮先生:今日记者对雄风一场,特加敬请台端充任裁判,敬希准时出席为感。—记者队

《星光日报》1949年9月6日

"记者杯"第五天 四一力战败商友 记者从容胜绿海

市息 昨天是"记者杯"篮球赛的第五天,共有两场战事,先对阵的是四一对商友。"四一"是海军军官学校四一年级生,"商友"顾名思义就知道是商界中人。所以这一场战事可说是学界与商界之战,要是商场上的战争,该怎样抛货,该怎样进货,四一队应远比不上商友队,然而对于球场的战争,商友是比四一略逊一筹的。所以一对起阵来,四一就一直占上风,到了鸣金收军前8分钟,四一以31:20领先。但是商友斗志并不衰竭,大家抱定能多

卖一分力就多卖一分的宗旨,乘着将收盘的机会,拼命喊价。结果虽然以26：30败北,但在这生意清淡时候,商友仅仅以4分之差亏本,已算是难能可贵了。

第二场是记者对绿海,记者队原班人马多半临阵脱逃,溃不成军,谁知道反得到各方义侠之士自动投效,如林有诗、蔡文章、王辉、郭允仁等骁勇善战之士,都加入记者阵营。于是记者队竟有夺标的希望,绿海队是一些年纪轻轻的伙子,身手虽然灵活,只是技术上和体魄上究非记者队敌手,莫怪全局以23：50大败。

今天原定秩序调动,首场活力对蓝队,次场为雄风对记者。雄风是海校代表队,论起球艺来,很有"乘长风破万里浪"的派头。许多人说今日记者对雄风,这一仗可说是冠军战,料想会打得日月无光,山河失色。体协会并请庄文潮、杜申元两人为裁判。

又前日首场四一对蓝队,系四一胜；次场活力对商友,系活力胜。

《江声报》1949年9月6日

昨"记者杯"战况紧张　记者力克雄风　成绩为19比15

本报讯　记者杯篮球赛,昨(6)日"记者"对"雄风"一役,打来极度紧张,数千观众,均叹为观止。全赛40分钟,"记者"以39：25力克"雄风"队。全部战况如此:执法官庄文潮、杜申元,银笛一响,两队球来球去。半分钟后,"记者"有诗初次探篮未中,嗣文章、福华双方犯规,文章罚进,福华落空。"记者"先开纪录,未几剑洪、石笑双双报喜,"雄风"反以4：1超前。至此,"雄风"绩分即裹滞不前,而"记者"文章与有诗,则每投必中,在十余分钟内,文章个人竟包办6个。上半时比数为23：9,"记者"领先。易阵再战,"雄风"积极反攻,曾一度追成27：21之最接近比数。旋有诗弹不虚发,连中数球,绩分复一度为35：21。最后十分钟,文章犯规毕业,众均以为"记者"折一臂,将影响实力,幸振佳出替,不辱使命。赛至终场,"记者"仍以39：25,保持上半场所得之14分取胜。

有人说："记者"胜在球运亨通,有诗、文章十拿九稳,允仁、王辉后卫森严,运劫老到,而雄风的败,败于战略错误。因"记者"所缺乏者即气力,故上半时,应用人钉人,消耗其气力,而不应该用联防制。盖在后半场,"雄风"自转采紧贴人钉人后,分数即追成27：21,故可为一例证。

又昨日首场蓝队对活力,战果为 39∶28,活力胜。今日两场秩序为:第一场雄风对蓝队,第二场四一对绿海。

《星光日报》1949 年 9 月 7 日

"记者杯"昨有热场面　雄风苦战仅输记者
活力齐心终胜蓝燕

市息　昨天上午天气晴和,但到下午 5 点钟时候,忽然风云紧急,很像暴雨将至的样子。然而同文球场上的"记者杯"篮球赛,并不因风云变幻而停止,球迷反比往日为多,为的是争看记者对雄风一场大战。

雄风对记者一战之前是活力对蓝队,活力也是海校学生另行组织的一队,蓝队就是蓝燕。两队队员都年轻力壮,只是现在已经是秋天时候了,北温带气候不是蓝燕所受得住的,因此有"天时"与"地利"的吃亏,但他们都有"人和"之利。五路将士同进同退,下半时打得 18 与 18 平手,可惜因上半时失分太多,结果以 39 比 28 结活力压倒。

第一场战事将完时候,记者队员相继进场,海校魏校长也带了一批人马亲临督战,观众曾报以热烈掌声。

听到哨子一吹,双方将士排出阵势来如后,雄风队:曾福华、孙祖恩、齐剑洪、崔熙询、李笑石。记者队:蔡文章、王辉、林有诗、蔡良蟠、郭允仁。

论体力,雄风正是太阳刚出的健儿,越打越有劲。但镇静的功夫,似较差一等,如果有良好的教练经常指导,雄风昨天有反败为胜的可能。

闲话休提,却说记者队面临大敌,亦不敢轻举妄动,采取稳打稳扎的战略。最初 3 分钟,雄风队风头很健,以 4∶1 占先,迫得记者队不得不暂挂免战牌,召开军事会议,商讨战略,一鼓作气,连下数城。这时球多在记者手里,反观雄风队得球投篮机会少,偏又球运欠佳,投进机会又少,真是"屋漏偏逢连雨夜,船破又遭当头风"。如此情势下,上半时以 23∶9 惨败。下半时,雄风把贾华昌代替崔熙询,与中锋齐剑洪配合,节节反攻。后来记者蔡文章又犯规出场,于是更助长雄风声势,曾一度迫至 23∶27,仅有 4 分之差。大家都替记者捏一把汗,幸亏王辉、郭允仁两守将沉着应付,叶振佳和蔡良蟠不辱使命,林有诗得心应手。十发九中,分数又扶摇直上,下半时才得以 16∶16 打成平手。结果记者队以 39∶25 获胜。

《江声报》1949 年 9 月 7 日

昨日"记者杯"蓝队不劳而获 四一轻取绿海

市息 记者杯篮球赛到了昨天已是第 7 天了,如果风雨无阻的话,再过 4 天就可以"功德完满"了。昨天第一场是雄风对蓝队,不知怎的,未见雄风出场,过了 15 分钟之后,就宣布雄风弃权,蓝队净得了 2∶0 获胜。

第二场是四一对绿海,两队队员虽然同是年青伙子,可是四一队员的体格都比绿海结实,而且当因时常在一起练习关系,全队联络也比对方好得多。所以打来相当默契,已有操左券的把握,况且第 8 号投篮有"百步穿杨"的功夫,4 号射击也精确。莫怪绿海非其敌手,结果以 51∶29 大败。不过绿海从头到尾拼命迎敌,并不因大败当前而气馁,更可取的是并不因大败而有什么不雅的举动,始终和和气气的完成战局。

今天首场是活力对雄风,次场是四一对记者,时间是下午 4 时半开始。

《江声报》1949 年 9 月 8 日

"记者杯"暂停举行

市息 "记者杯"篮球赛昨为第 8 日,风和日丽,正为健儿大显身手之好时光,观众虽不若日前雄风战记者之多,然为数仍不少。不料此龙虎二队昨均弃权,首场活力对雄风,次场四一对记者,致使观众均感失望。

又息 据记者联谊会"记者杯"筹备会负责人对本报记者谈:"记者杯"篮球赛自开赛一周以来,情况至为顺利,惟迩日因受环境及裁判集体缺席所阻。故决定自即日起,暂时停止举行。闻是项临时决定,已从报端广告栏内通知各参加比赛球队。该会对此次比赛未能照原定计划举行,深表遗憾云。

《江声报》1949 年 9 月 9 日

(二)排　　球

警署组排球队

警署署长谢绍曾于署侧,辟地为运动场,并组排球队,定名为"四区"排球队。加入者计18人，队长谢绍曾、杨镇中，队员柯孝柽、陈毓骥、王香、傅廷龙、林文松、陈则贤、林瑞麟、鲍正元、王超古、吴熙富、余亦民等。现业已组织完成，不日则可正式成立矣。

又一署署长王宗世，曾有"警星"排球队之组织。嗣无形停顿，现王氏拟重整旗鼓云。

《江声报》1932年9月8日

通俗球赛明开幕　昨两个会议

通俗教育社订29日举行"通俗杯"球类比赛开幕礼。昨该社开会议决：一、请王固磐行开幕礼，朱平之行开球礼，林国赓行给奖礼；二、黄友情为招待主任，本社全体整委、执监为招待员；三、李维修、陈瑞清、林绍裘为开幕礼主席团；四、洪雪堂、杜德馨、叶长春、叶苔痕、张世雄为办理球赛事宜；五、林绍裘、邓世熙、黄鼎铭、曾率爵、黄炳坤、叶苔痕、杨绪宝、张世雄、林维爵、洪智惠、庄友仁、陈言、刘有土、蔡如川、黄淑华、庄淑玉、叶文炳为竞赛及裁判委员。

同日下午，竞赛委与裁判委开联席会：一、排球：赛时如中途遇雨，须裁判员认必须停止，方得停赛，并将是场分数取消，由会订期重赛。二、篮排球：比赛时间重行规定，排球下午4时半，篮球乙组下午4时45分，甲组下午5时45分。三、各队队员如参加资格不合，无论何队，得向竞赛委会提出检举。比赛期间，自明29日起至8月19日止。明29日篮球甲组，精武对航飞。排球海军医院对白队，余略。

《江声报》1934年7月28日

贞文杯排球比赛改明日开始采用循环制

贞文杯排球比赛，前经定6月2日举行。近因事，复决于3日始行开幕，各学校比赛程序，亦经市府编定。昨第2科长郑永祥特电请教育厅派员来厦，莅会训词。昨上午10时，各队长又齐集市府，开竞赛讨论会。经决定：

1. 采用循环制比赛。
2. 定6月3日下午4时半，在公园举行开幕典礼后，将开始比赛。
3. 每日比赛时间，自下午5时起。

4.每日分4场比赛。

5.裁判员:甲,由每队推出1人担任;乙,增聘,由市府第2科函聘之。

6.各队队别当场抽签决定如下:(一)树人队,(二)福民队,(三)大同队,(四)厦大附中队,(五)双十队,(六)慈勤队,(七)养元队,(八)中华中学队,(九)同文队,(十)普育队,(十一)厦大实小队,(十二)省立厦中队。附各校比赛程序:(一)树人对福民,在第2球场,裁判叶文柄;(二)大同对厦大附中,在第2球场,裁判邓世熙;(三)双十对慈勤,在第4球场,裁判庄雍夫;(四)养元对中华,在第5球场,裁判杜申贞。

又市长杯球赛,前因风雨阻改期,现市府对当日应赛球队,经择期,另日举行。惟本日男组球队,为海红对厦生,即决在公园继续比赛

《江声报》1935年6月2日

市长杯贞文杯昨比赛情形

贞文杯排球赛,昨为第四日。一、中华对同文,同文未到。二、福民对厦大附中,3:0,厦大附中胜。三、大同对双十,3:0,双十胜。四、养元对厦大实小,3:0,养元胜。本日为厦大附中对慈勤,同文对厦大实小,双十对中华,大同对厦中。

又市长杯排球赛,昨为第十二日,厦教对海白,结果3:0,海白胜。本日为健群对同文。

《江声报》1935年6月7日

贞文杯昨赛三场市长杯赛一场

贞文杯球赛,昨日一场养元对同文,2:1,养元胜。二场树人对厦大附中,因树人未到停赛。三场福民对双十,3:1,双十胜。四场大同对慈勤,3:0,慈勤胜。本日为福民对厦中,慈勤对同文,中华对厦实小,树人对双十。市长杯球赛,昨厦教对厦生,3:2,厦教胜。本日为双十对英华。

《江声报》1935年6月10日

市长杯昨日之攘夺
杨绪宝下不了台　海白队取得锦标　贞文杯场前冷落

市长杯球战,昨日为最紧张,赛队系健群对海白。两队均负有盛名,故众料必有恶战。午后,公园南门车水马龙,拥挤不堪,海军四团士兵,尤为兴奋。贞文杯各赛场,则如商店之不景气,光顾者绝少。开赛时近,市长杯赛场周围,塞满观众,莫不挥汗伫立,虑站立地位之或失。在重重叠叠观众之中,最前线多为士兵及席地而坐者。其后五六层,挨次而立,再次则为落伍之游击群(目击也),最后为"肉屏风"两道,女性尤多,系事前预备椅凳站立,高人一等之特等客。每重以 200 人计,则观众已不下 2000 人,闻福州人约占五之二。

是场球证为刚返自龙岩之杨绪宝,白队第一排加入新来自省垣之猛将 14、15 两号。出场 9 人,全运会福建代表占其八,阵线甚为齐整。第一局即以 21∶19 占上风。第二局健群返攻,至 19∶19 和局时,最前线中有身穿黄色衣裤,腰围武装皮带,头顶黄帽有"锭"标者,出向球证呼"桌欧"——意即滚蛋。继则一阵喧闹。其同一装束者一大群,亦和而鼓噪,摩拳擦掌,有呼"卑"者,则是群众大哗。杨以球证不得,乃自动宣告下野,即时挂冠欲去。旋有"营长"出而维持,并谓杨证不错,请继续完战。杨以"证"而被挟,假不幸白队失手,则"证"有"吃肉"之虑。健群亦人人自危,有让海白坐胜之意,该"营长"力。

《江声报》1935 年 6 月 16 日

昨公园球赛

市长杯球赛,昨海白 3∶1 胜双十,海红 3∶0 胜同文,贞文杯养元 3∶0 胜树人,福民弃权中华坐胜,普育弃权慈勤坐胜。

《江声报》1935 年 6 月 17 日

厅长市长杯比赛程序重新规定昨比赛情形

市长杯球赛,昨双十对厦生,双十以 3∶0 胜。本日为厦教对英华,贞文杯慈勤以3∶1胜厦中,中华以3∶0胜树人,厦大实小以3∶0胜福民。又普育弃权,大同坐胜。

今日为福民对普育,同文对树人,大同对厦大实小,厦大附中对养元。

19、20、21、22、23、24等日,市府二科重新规定,各队比赛程序如下:19日市长杯,海红对英华,同文对厦生;贞文杯,养元对中华,厦中对双十,普育对树人。20日市长杯,健群对厦生,海红对厦教。贞文杯,普育对养元,厦大附中对慈勤,同文对厦大实小。21日市长杯,健群对厦教,海红对厦生。贞文杯,厦大附中对中华,双十对同文。22日市长杯,厦教对同文,女慈勤对女鼓精武。贞文杯,大同对厦中,双十对厦大实小。23日市长杯,健群对同文;贞文杯,厦中对中华,福民对慈勤。24日贞文杯,厦中对同文,双十对中华。

《江声报》1935年6月18日

贞文市长杯昨今续赛

市长杯排球赛,昨健群对厦生,厦生弃权健群获胜。本日为健群对厦教,海红对厦生。

又贞文杯排球赛,昨为厦大附中对慈勤,3∶2,厦附中胜;同文对厦大实小,3∶1,同文胜;双十对中华,3∶0,中华胜。本日战队,厦大附中对中华云。

《江声报》1935年6月21日

贞文杯

中小学教职员贞文杯排球赛,昨为第二十日。其战绩汇录于后:一、福民对慈勤,3∶0,慈勤胜;二、双十对厦大实小,3∶2,厦大实小胜。至本日(23日)战队,厦中对中华,裁判杨天亮,记录李少白。

《江声报》1935年6月23日

昨市长杯同文弃权　贞文杯中华胜厦中

市长杯排球赛,昨健群对同文,同文弃权,健群胜。本日系海红对厦教。贞文杯排球,昨厦中对中华,3∶0,中华胜。本日系厦中对同文,普育对养元。

又市长杯竞赛会,定本日再市府开四次会议,昨分函各委员,着准时出席。

《江声报》1935 年 6 月 24 日

贞文市长杯昨赛三场

市长杯排球赛,昨海红对厦教,3∶0,海红胜。本日为同文对厦生。

贞文杯昨战队为同文对树人,3∶1,同文胜;普育对养元,普育弃权,养元胜。本日为厦大附中对养元。

《江声报》1935 年 6 月 25 日

贞文杯

贞文杯排球赛,昨大同对厦中,大同弃权,厦中胜。双十对同文,3∶1,同文胜。本日为养元对中华,厦中对同文。

《江声报》1935 年 6 月 27 日

贞文杯中华中学有冠军希望

贞文杯排球赛,厦中对同文,3∶1,同文胜;养元对中华,3∶1,中华胜。本日为厦教对双十,普育对树人。查连日来比赛,虽未结束,以分数统计之比较,中华中学有获冠军希望,厦大附中、养元中学,亦各有亚军或殿军之盛。

又市长杯排球赛,本日为同文对厦生。

《江声报》1935 年 6 月 28 日

贞文杯市长杯昨比赛结束
市长杯属毓德海白　贞文杯归中华中学

贞文杯排球赛,昨厦教对双十,结果 3∶0,厦教胜。查贞文杯市长杯,至昨已均比赛完结。

市长杯　女组毓德战胜各队,因得冠军。鼓精武及慈勤,各战胜1队,双十均战败。男组海白战胜7队,获第1名。健群战胜6队,英华战胜5队,双十战胜4队,海红战胜3队,厦教战胜2队。厦生及同文,均败。

贞文杯　中华中学胜11队,得第一名;厦大附中胜10队,为第2名;养元小学队胜9队,得第3名。慈勤胜8队,同文胜6队,厦教胜6队,厦大实小胜5队,双十胜4队,福民小学胜3队,大同小学胜2队,树人胜1队,普育小学战败。

《江声报》1935年6月29日

五校球队联呈市府请严格审查贞文杯赛员

厦中、同文、树人、慈勤、双十等校球队代表,昨联呈市府。略谓,此次钧府鼓励注意体育,举行贞文杯排球比赛,本校诸教职员,因得藉以练习,用意至善。现竞赛结束,成绩可观,惟自开赛至今,外间对于队员资格,颇多物议。间有参加队员为学校教职员表中所无,因为钧府所发现者,既属事实,则对此应如何处理,至今未闻表示。钧府举行教职员球赛,实开厦市创举。而参加各队,亦负有教育责任,倘一经含糊了事,何以提倡体育道德,表率青年。请饬科迅将参加各队员资格,分别严格审查,依法办理,实为公便。再处理此项事件,请勿转责任专委,竞委会独负。因职员中多为各校校长,处理颇多不便,合并陈明理由云。

《江声报》1935年7月5日

青年杯冠军赛女青获篮球　排球属码青

青年杯篮排球冠军赛,于昨下午3时,在中山公园举行。篮球为女青年黄对毓德女中,结果,第一场以16∶1。第二场以26∶7,女青年黄取胜于毓德。

排球厦门青年对石码青年,结果,码青年第一场以21∶12,第二场21∶8,第三场20∶16,取胜于厦青。

《江声报》1946年4月9日

市长杯排球赛日期未定

本报讯 市长杯篮球赛,业于上星期六结束。至排球比赛,原定报名时间至昨日截止,明日开始。惟因主持手续赶办不及,致合排球队无法报名。闻直接向教育局报名者已有4队之多,此外有金门等队尚未报名。兹悉,国民体育暂定本日开会商讨后,当可决定。据本市体育前辈杨绪宝、马丕显等语记者,全省运动会定双十节举行。光阴迅速,转瞬即届。本市如欲派员参加,应及早训练及准备,否则不但届时名落孙山,甚至可能无人前往参加。盖运动员如认为无把握获优胜者,多不愿参加云。

《中央日报》1946年6月22日

市长杯排球赛廿五日开始

本报讯 本市国民体育委员会举行市长杯篮球赛,业于上星期六结束,排球赛亦拟举行。兹已决定本月22日至27日下午5时(夏令时间)截止报名,29日下午在中山公园球场举行。凡愿参加是项球赛者,请速向厦门市政府教育局或中山路新的书店报名,以便编排云。

市国民体育委员会以发起之排球赛及厦鼓游泳比赛,举行暨参加省运诸项事宜,亟须讨论。已订22日上午10时假市府会议厅,召开常务委员会议,商讨进行办法云。

《星光日报》1946年6月23日

市长杯球赛录 金青—良友三胜 英华—龙师三胜

本报讯 市长杯排球赛,昨开始举行。因天气炎热,时间稍为延长。4时30分,由黄天爵市长亲行开球礼。首场金青对良友,3∶0,良友胜。次场龙师对英华,2∶0,龙师胜。今天比赛时间,经改订为夏令时间5时云。

《星光日报》1946年6月30日

青年杯球赛昨日决胜　青年群星分获锦标

本市讯 青年杯篮排球,今日决赛,2时许各队战将均已到场。第一场为排球赛,为厦大对青年,第一局21∶3,第二局21∶7,皆为厦大队获胜。第三局21∶16,第四局21∶4,第五局21∶12。青年队连胜三局,造成3∶2获胜。

继举行篮球赛,厦大队对群星队,上半场12∶10,群星胜;下半场19分比6分,厦大再败。结果31∶16,群星队获胜云。

《中央日报》1947年4月4日

昨日排球赛侨师胜大同

本报讯 国立侨师排球队昨在大同中学运动场与大同排球队作友谊赛,第一场侨师以21∶19取胜大同,第二场大同以15∶21败于侨师。第三场大同健将抖擞精神,奋起雪耻,以19∶10战胜侨师。但第四场侨师健将严阵出战,终以21∶17克大同。四场终结,侨师以3∶1凯旋返校。

《星光日报》1947年12月18日

市长杯篮排球比赛日内将开始

本市讯 此次市府为纪念胜利接收三周年及提倡全市体育,特举办篮排网等3种球赛。网球赛之单双已告全部结束,排球定10月1日开始比赛。报名时间限至本日(29)下午2时止,报名地点中山路新的书店,正定于同日下午3时在镇邦路42号友益行举行抽签。闻此次参加排球队有同余、厦大、石码、市府、健群等队,尚有数队并于准备中,届时当有一番盛况。

又篮球赛报名时间限至10月1日下午4时止,报名地仍假中山路新的书店,如10队以上,由体育协会委员将队分二组编配循环。不上10队,仍用抽签循环。10月3日下午4时,在中山公园开始比赛。

《中央日报》1948年9月29日

市长杯排篮球赛
职员赛程经拟定

又讯 市体育协会主办之市长杯排篮球公开比赛裁判会议,经于昨(29)日假友益行举行。除讨论规则疑问外,并议决:一、本球赛如遇雨天是否延期,推举叶维德负责主决。二、篮球比赛原订10月3日起行,因排球比赛日程影响,经决定将篮球比赛延至10月10日起举行。唯报名时间,仍限至9月30日截止。三、拟定排球赛程,并分配职员。

查排球比赛报名者,计有厦大、侨师、健群、同余、法院、市府、蓝星、中华等8队。经将8队分为2组,每组4队。循环后,各取2队,再作争夺冠军循环赛。

《立人日报》1948年9月30日

市体育协会昨日成立　市长杯篮球六日起比赛

市长杯排球赛昨下午3时半举行,第一场市府对蓝星,市府排球名不虚传,第一局21∶18,第二局21∶17。结果2∶0,市府旗开得胜。第一场中华对法院,法院球员未见出场,中华不劳而获。嗣后因观众众多,乃由市府、中华临时举行友谊赛。

《江声报》1948年10月2日

市长杯排球赛初赛结束

市长杯排球赛昨日第一场,侨师以2∶2胜蓝星,第二场厦大以2∶0轻取市府。排球初赛已告结束,健群、同余、厦大、市府等4队获得复赛权。明日重新编排秩序,再行起赛。

又篮球赛今日下午4时开始,第一场甲组起卸对青友,裁判员庄文潮。第二场乙组要塞对中华,裁判员周马岱。(默)

《江声报》1948年10月6日

昨排球复赛战况剧烈　今日赛篮球

市长杯排球赛昨复赛,第一场市府对健群,健群直落三力挫市府。第二场同余对厦大,战况剧烈,博得观众不少掌声。结果厦大3∶0大捷同余队。今日排球停赛,篮珠甲组第一场海军对菲华,裁判马丕显。第三场乙组市府对同余,裁判钱一勤。(默)

《江声报》1948年10月8日

市长杯排球赛　健群队获冠军　厦大亚军同余殿军

市长杯排球赛,昨最后决赛,第一场同余以直落三杀败市府,第二场健群对厦大争夺冠军。昨日(重九)各商店休业,且系冠军赛,观众拥得球场四周水泄不通。健群战前为本市霸王,时过十载,旧日健将球艺依然高强,厦大虽组织有年,终非敌手。结果3∶0战胜厦大而获首届市长排球杯,厦大屈居亚军,同余殿军,市府季军。赛毕,黄市长莅场给奖,掌声雷鸣。

又国庆日篮球赛,甲组第一场群星对记者,记者自"记者杯"结束后,队员均未到场练习,失败于劲旅群星,自不待言。第二场乙组,全白对大同,全白乃去年"记者杯"异军突起之旅,自李木谋南返校,实力大逊。是战仅以29∶18压倒大同队。今日第一场乙组菲华对商友,裁判刘有光;第二场甲组蓝燕对同余,裁判杜申元。每日下午3时半开始,迟到10分钟者以弃权论。(默)

《江声报》1948年10月12日

今日球坛精彩节目友联健群排球赛
菲华队出战群星　怪杰李世侨决下场

市讯　此为今年度本市球坛一大盛事,今午2时半起,市体育协会特约福建排球宿将田春澜,率领莆厦排球名将所组成之友联队,与本届市长杯排球赛盟主健群队作对抗赛。届时起,由世运国手大公虎将及黑白群雄混合组成之菲华篮球队,出战厦市劲旅群星队。据昨日预售门票成绩观察,今午望高石上之同文球场情况必异常热烈。明日下午4时,菲华再战今年度记

者杯篮球盟主同余队。以上一赛,均为表演性质,盖各球队球艺高强,实堪作为后进者之借镜。兹将出战各队阵容列后:

友联排球队

领队:尹扬名;指导:庄文潮;赛干事:蔡明良;队长:管纪泽。

队员:林永华、林启训、蔡祖枚、陈国枢、王甫、江宗泮、何珊庄、谢仙发、周玉佩、王受端、田春澜、许玉本。

健群排球队

领队:白格外;干事:谢嘉禾;指导:龚鼎煌;队长:杜申裕。

《立人日报》1948年10月17日

厦市体育盛事　球坛群英会战
同文球场今篮排球义赛

今日下午同文球场球赛,为今年度本市球坛一大盛事,市体协会特约本省排球宿将田春澜率领莆厦排球名将所组成之友联队,与本届市长杯排球盟主健群队作抗战。赛后即由世运篮球国手李世侨及菲岛黑白、群声混成之菲华队,出战本市劲旅群星队。(按菲华领队系记者队教领施维熊所组织)为免球场拥挤起见,昨日预先售出门票,成绩可观。兹将今日排篮球阵容探志于下:

友联排球队　领队尹扬名,指导庄文潮,干事蔡明良,队长管纪泽,队员林永华、林启训、蔡祖枚、陈国枢、王甫、江宗泮、何珊庄、谢仙发、周玉佩、王爱端、田春澜、许玉本。

健群排球队　领队白格外,指导龚鼎煌,干事谢嘉禾,队长杜申裕,队员吴文涛、徐莲浦、连秉祥、刑惠之、倪大洁、陈世豪、王孝骥、廖超勋、杜申元、黄振荣、杨马力、吴德成。

菲华篮球队　领队李清泉夫人,队长施维熊,队员李世侨、蔡文章、傅永信、郭国业、施荣螺、黄海滨、谢盛明、刘以智。

群星篮球队　领队李素夫,顾问庄友让,指导傅永吉,干事许培坤,队长陈昆山,队员郭允仁、叶振佳、叶良蟠、马丕谟、郑在纯、孙连情、张溪滩、许维新、李俊民、许培坤。

又明天同余出战之阵容:领队郭尚甲,顾问马丕显,指导叶维德,干事庄维森,队长郑尚霖,队员洪永祥、谢宏梧、周再兴、郑勋钟、骆连益、廖世荣、陈耀仁、刘汉生,何永坚。

又市长杯篮球赛,昨第一场记者对蓝燕,记者以 30 比 24 告捷。第二场大同对商友,商友以 29 比 18 大败大同。(默)

《江声报》1948 年 10 月 17 日

(三)足 球

足球战第一日英华胜鹭光
明日健群对集侨　战场在英华学校

鼓浪屿英华中学,此次发起厦鼓足球篮球公开比赛一节,经志本报。兹查昨(7)日英华队与鹭光队已在鼓屿英华球场比赛足球,评判员为黄炳坤。结果 2 与 1 比,英华胜。兹附录足篮球比赛日期表如下:

足球比赛日期

4 月 7 日　鹭光对英华,评判员黄炳坤。
4 月 9 日　健群对集侨,评判员庄吉甫。
4 月 12 日　厦大对鹭光,评判员丁锡荣。
4 月 14 日　英华对健群,评判员杨绪宝。
4 月 16 日　集侨对厦大,评判员庄吉甫。
4 月 19 日　鹭光对健群,评判员方锡畴。
4 月 21 日　英华对集侨,评判员蔡如川。
4 月 23 日　厦大对健群,评判员丁锡荣。
4 月 26 日　鹭光对集侨,评判员庄吉甫。
4 月 28 日　英华对厦大,评判员王雨水。

《江声报》1932 年 4 月 8 日

本埠足球赛连日战况
英集伯仲　厦大不劳而获　鹭江英俊　健群功败垂成

10 日为本埠联青社足球赛,在中山公园举行之第一幕。是日下午 4 时,顷该团足球场,四周观众已达千人以上,肩摩踵接,几无隙地。4 时一刻,英华、集美二队出场,于丁锡荣氏指挥之下,遂起剧战。集美尽铁汉,英华均矫捷。数合后,已知为劲敌。上半时鏖战结果,各无所得。易地后,集美势顿盛,连中2球,大有扶摇直上之势。嗣以角球连失二城,遂失和局。11日为健群与厦大赛期,乃时届,健群竟以弃权闻,厦大遂不劳而获。12日为鹭江与老练,鹭江球艺殊精,直踢横盘,均有妙处。但老练亦不乏英才,徒以该队仓卒成军,未臻合作,遂以0：3败□于鹭江。

昨(13)日为健群与英华,球场盛况有增无减。4时一到,于裁判员廖超照银笛声中,英华开球,即取攻势,直扣健群之门。然健群亦不示弱,亦盘球进攻。两方互入射境者十数次,激战之烈,为之目迷。上半局以两方防卫均严,各无所得。柠檬时后,英华韬略忽更,奇师四出,10分钟内攻入健群1球,于是声势顿盛,如入无人之境。结果以6：0大胜健群。闻本日为厦大与老练之赛,容续志。

《江声报》1932年10月14日

厦大战老练　五比〇获胜

联青社之公园球赛,昨日下午4时为厦大与老练比赛之期,由集美教员陈能方担任裁判。开球后,厦大前锋即盘球进攻,势如骤雨。其传递敏捷,煞现功夫。老练以临时组织,合作未惯,虽队内不乏英豪,终无用武之地。故多以孤军深入,后继无人,废然而返。5时20分及23分,厦大先后攻入2球,均由中锋拨边横射右角而入,甚为美观。6时1分,厦大又入1球,上半时为3与0之比,厦大领先。易地后,厦大于6时1分、4分又入2球。结果为5与0之比,厦大获胜。时已万家灯火矣。闻本日下午为集美对鹭江云。

《江声报》1932年10月15日

昨日球讯　英华弃权厦大获胜

查昨(16)日下午公园球赛,为厦大对英华。以上2队,在本埠各校中颇负时誉。是以4时顷,球场四周已万头耸动,骈肩而立。厦大球员正练攻门,而球迷望穿秋水,英华队至4时半(规定逾时15分钟为弃权)尚未到,遂由裁判员宣告英华弃权,厦大获胜。闻本日为集美对老练云。

《江声报》1932年10月17日

昨日球讯　四对二英华胜老练

昨(19)公园球赛为英华对老练,于4时35分开赛后,英华以快越攻势屡迫老练门前。惜攻门不准,均未成功。5分钟后,老练前锋亦大活跃,屡出奇袭,为势颇锐。徒以身手稍慢,屡为门员夺救得免。4时46分,英华中锋带球远传于前左锋,左锋挟球一跃,如飞入门。门员扑救不及,遂失一城。此后英华乘胜进攻,疾如风雨,老练虽曾奋夺反攻,仍然无济,于4时52分又为英华前锋顶入1球。老练失球后,仍时处危殆,幸各员努力作战,于5时8分亦报英华1球。上半时成2∶1,英华导前。5时15分再战,未几又为英华攻克1球。于是老练调动战将,整刷阵容,力取守势。追攻后卫稍严,前锋亦见活跃,5分钟内以肉搏,攻克英华1球,成2对5,颇有挽回颓势之象。此后则力取攻势,球屡盘旋于英华门前,终以门员抵拒力太弱,未能预测几先,先后为英华射入2球。此后两军混战均无结果,至5时50分告终,英华以4对2获胜。裁判员田渊深。闻本日下午4时一刻为集美对健群云。

《江声报》1932年10月20日

昨日球讯　厦大胜集美
本日鹭江对英华

昨(23)日下午公园球赛为厦大对集美,为本届比赛关系锦标之一幕。因集美得7分,厦大与鹭江得6分,谁输不得也。加以两队均名震一时,是以下午3时三刻,足球场四周已各堵墙,观众达4000人,为历来所未见之拥挤。昨日集美军于南,于4时一刻开赛,裁判员为罗伯。厦大开球后,如取攻势,10分钟内,以集美防守得法,未有成功。4时25分集美反攻,夺得罚球权利,大好机会,失之交臂,早知其塞。此后厦大夺球,即大举进攻,球均盘旋于集美之门。其前锋一度曾以巧妙之盘球,偷渡数关,踏进内境,乃心慌一蹴,越木而过,殊为可惜。至5时上半场告终,均无结果。

5时10分再战,集美曾有猛烈之反攻,徒以脚头太慢,往往为敌所夺,功败垂成。昨日后卫之慌忙,前锋之呆笨,亦为失败之症结。此后互有攻守,至5时39分,集美被罚角球,为厦大前锋簇拥而入,遂失一垒,观众呼声震天。5时26分,厦大以不断之攻势又胜一球,集美遂一蹶不振。至5时50

分,厦大被罚 12 码,为集美前锋一蹴越门。至 5 时 55 分,银笛一声,厦大遂以 2 对 0 获胜,集美竟以七分终矣(本届是循环制)。闻本日鹭江对英华,仍系 4 时一刻举行。明(25)日下午 3 时举行决赛,4 时半各队摄影,5 时由林振成局长给奖。如鹭江于本日获胜,则与厦大为锦标之夺战云.

《江声报》1932 年 10 月 24 日

昨日联青球讯 鹭江获得决赛权廿九日将与厦大决雌雄

昨(24)日公园球赛,系鹭江对英华,观众拥挤如昨。乃时届英华竟以弃权闻,鹭江遂获得 8 分,与厦大比肩,尚须一度决赛,以定锦标谁属。闻联青社当局,鉴于本次比赛半月来观众之热烈,及设备之便利起见,决将鹭江与厦大决赛日期改于本(29)日(拜六)下午 3 时,仍在公园举行,4 时半摄影,4 时由公安局局长林振成给奖。按昨日英华弃权后,改为友赛。上半时,英华以顺风之势,辄作攻势,以 3:1 占先。再战后,双方逐鹿极为猛烈,结果各获一球,英华 4:2 胜云。

《江声报》1932 年 10 月 25 日

联青球赛 厦大获锦标 二比一胜鹭江

本届厦门联青社足球比赛,截至本(24)日止,厦大与鹭江二队各获 8 分,定昨(29)日决赛一节,已载前报。比日以教育局发起球类比赛,中山公园一隅,倍见热闹。昨下午 2 时半后,足球场已骈肩接踵,极目远伫,球员人数之多,与 23 日之赛有加无已。俄而厦大球员出场,小试脚头。3 时正,鹭江球员亦陆续莅止。当神行太保最后出场时,观众震其技术,大为欢呼。至 3 时一刻,裁判员罗伯鸣笛开赛,厦大军于南,开球后即叠次进攻,脚头捷硬,阵线联络,颇见功夫。然鹭江方面,由神行太保坐镇后军,亦非易与,是以屡战无功。惟□□□□□□□□此后鹭江亦曾数度反攻,但无结果。3 时半后,厦大声势又壮,环攻于鹭江之门,卒于 3 时 39 分攻入鹭江 1 球,时呼声动天地。10 分钟后,鹭江亦夺得 12 码罚球机会,乃一脚攻门越木而过。此后遂交赛□,未几又为厦大攻入 1 球,上半时厦大乃以 2:0 占先。再战后,鹭江鉴于前失,积极反攻不遗余力,脚头屡试于厦大之门。剧战结果,以罚球机会,亦攻入厦大 1 球。此后声势极壮,大有恢复之望。从以前后军欠于联络,每致□门失球,功亏一篑,便轰动一时之神行太保,亦觉孤掌难鸣之叹。5时1刻,银笛声中,厦大遂以2∶1获胜。

赛毕,厦大优胜队队员职员、公安局林局长等一行,由联青社招待于球场,与该社各社员合影纪念。嗣举行给奖式,由联青社社长丁锡荣代表该社,向厦大致祝,并向各界道劳。厦大球队报以欢呼。次由林公安局长给奖,并致训词,大意希望各界注意体育运动,提倡尚武精神云。

《江声报》1932年10月30日

鹭光体育会 乙组足球赛明日开始
参加者有八队 地点在中山公园

鹭光体育会乙组足球比赛,其参加比赛各项办法,已志本报。比赛时间定每日下午3时,迟到15分者,以弃权论。地点在中山公园足球场,参加者共有8队,明(14)日下午3时开始比赛,为南强对超群,并已聘请陈玉书、杨绪宝、黄炳坤、庄有仁、陈庆和、林维爵等为裁判员。兹列志鹭光体育会乙组足球比赛秩序单如下:

12月14日	南强对超群
12月15日	英华B对业友
12月16日	英华C对厦大乙
12月17日	晨辉对鹭光乙
12月18日	超群对英华B
12月19日	南强对业友
12月20日	厦大乙对晨辉
12月21日	英华C对鹭光乙
12月22日	南强对英华B
12月23日	超群对业友
12月24日	英华C对晨辉
12月25日	厦大乙对鹭光
12月26日	南强对英华C
12月27日	超群对厦大乙

12月28日	英华B对晨辉
12月29日	业友对鹭光乙
12月30日	英华B对英华C
12月31日	业友对厦大乙
22年1月1日	南强对晨辉
22年1月2日	超群对鹭光
22年1月3日	英华B对厦大乙
22年1月4日	业友对英华C
22年1月5日	超群对晨辉
22年1月6日	南强对鹭光乙
22年1月7日	超群对英华C
22年1月8日	南强对厦大乙
22年1月9日	业友对晨辉
22年1月10日	英华B对鹭光

《江声报》1932年12月13日

鹭光乙组足球赛实力之我观

瑛

鹭光体育会为提倡足球人才起见,特举行乙组足球公开比赛,加入者凡八队,已于本月14日开始比赛。

第一赛南强对超群,是日南强因队员不齐,致以4:0败于超群。南强队虽败,但全队精神甚佳,始终抵抗,不稍放松,实亦难能可贵。超群队以前锋邱浩源等表演最为精彩,前卫陈华山、张仲智,颇能合作,又有后卫蒋坤培斩球、截球百无一失,其胜南强早在意料中。

第二赛业友对英华B队,业友队多系商界分子所组织,球艺当然稍逊一筹,联络亦欠功夫,结果5比0大败。英华B队,前锋如施春庆、丁约翰、蒋振东、林超铭,进取如飞,顶球精确。前卫薛芳泽、郑马太,传递纯熟得法。

后卫杜申富神勇过人,不稍疏忽。守门未见有精彩之表演,因未遇劲敌之故。

第三赛厦大乙对英华C队,结局厦大以远射一球胜。查厦大乙队,系临时组织,对于联络,未见若何纯熟,夺球尚见精妙,传球不甚得法,致时失良机。后卫邱新民、徐天语,最有独到处。前卫林文镜、刘福远,亦不弱。前锋以右翼刘远□最卖力,跑来全身都是油,传中亦不错。此君将来对于右翼一职,必出人头地。英华C队因队员年龄关系,精力略见不足,虽负一球,但看演时竟有出人意料之妙处。传球神速,夺球奋勇,守卫严密,前锋如杨文允、沈春长尤为出色。

第四赛鹭光乙队对晨辉,结局晨辉队因后卫之疏忽,被攻进3球。鹭光乙队前锋最为精彩,如两翼李永川、周魁传中之准确,徐总成、薛怡景、杨章锦传球之巧妙,前卫魏昭焕、黄有道、林煌炳之善于应战。守门黄登弼应付老练,不慌不忙,为此赛中最有经验之守门健将。(未完)

《江声报》1932年12月28日

菲侨足球队与鹭光友赛　菲侨队获胜

厦门菲律宾华侨学会足球队,昨与鹭光足球队举行友谊比赛。角逐1小时之久,前半时不分胜负;后半时先由鹭光攻下一球,继由菲侨反攻,连下二球。结果2∶1,菲侨获胜。此后该队定每隔两星期,在中山公园友谊比赛一次。

《江声报》1933年10月9日

演武亭足球赛白马克厦大

本报讯　白马足球队昨午(2日)邀约厦大足球队作战于演武亭球场,4时许,两队列阵摄影后,即选择阵地,由庄文潮执法,立即开始角逐。白马前锋五虎由队长李哂统率,来势汹汹。厦大队奋勇迎战,搏斗甚烈,杀得难解难分。白马队陈世豪、蔡乃哲妙射6球,厦大一罚一中,结果6∶2,白马队完成处女赛之成功杰作。据该会干事庄稼人君语记者云:"该会会训为'自强不息',今后将本此旨,在球艺球德双方面力求上进,养成尚侠之风,使白马会员给与社会人士一良好之印象。"后复称该会下星期间拟全体赴集美春游,届时或邀约集美足球队作友谊赛云。

《星光日报》1947 年 5 月 3 日

市长杯足球赛十二日举行

市府主办之卅六年市长杯足球赛,经决定于本月 12 日在中山公园足球场举行。报名者计有厦大、白马、英华、红鹰等 4 队。比赛采用双循环制,每逢星期三、六等日下午 3 时半举行,并聘请林家笃、庄文潮、杜申元、庄吉甫为裁判员。

《江声报》1947 年 11 月 7 日

市长杯足球赛白马惨败

市长杯足球赛昨为厦大对白马,厦大本学期新得粤方健将数人,阵容严整。白马虽有善踢之蹄,惜不善联络,上半场被攻进 4 球,下半场又被攻进 2 球。结果白马以 0∶6 大败。

《江声报》1947 年 11 月 17 日

天鹅肉难吃　足球赛厦大惨败　海军杯今冠军赛

昨下午英舰黑天鹅士兵与厦大学生在中山公园作足球友谊比赛,英人骁勇善战,厦大难吃天鹅肉,大败而归。

本日下午 3 时为全白对华侨海军杯篮球冠军赛,华侨队多系宿将,全白队后起之秀,实力相当,当有一场鏖战。

《江声报》1947 年 11 月 23 日

公园里万头攒动　争看足篮球鏖战
足球　3∶2 天鹅胜白马　2∶0 英华败厦大
篮球全白弃权华侨获冠军

昨天下午,中山公园有一场篮球,两场足球的比赛。篮球是华侨对全白的冠军赛,观众万头攒动,挤得几乎变成肉饼,许多球迷不惜花费了车钱、船钱、凳子钱,那知全白队不知怎的竟弃了权。主持人于宣布华侨不战而获冠军后,为要安慰球迷失望心情,临时集合了中华、海军、白宫三队在场人马,组织了个华联队和华侨周旋。大约因为引不起观众的兴趣,战了十多回合,双方都同意息兵罢战。

海军杯篮球赛算是结束了,市长杯足球赛却方兴未艾。昨天对垒的是厦大对英华,厦大于前天下午给黑天鹅打得落花流水,士气大差,何况英华原执本市足球界牛耳,终非对手,结果厦大以2∶0败北。

第二场足球战是黑天鹅对白马的友谊赛,这场战事在整万观众之下杀得天昏地黑,有文为证:

却说红毛国黑天鹅洞那些天鹅肉于前天下午打了胜仗之后,昨天又来索战,恰巧白马饥肠辘辘,闻着肉香,杀奔而来。眼见天鹅凶猛,赶忙请英华的少年家蔡乃哲、蔡乃颖、林应欣、陈荣道四位好汉帮忙。钟鸣四下,双方摆开阵势,哨子一吹,天鹅攻,第二线将士也上前策应。起初白马似乎只有招架能力,但说是迟,那时快,白马的蔡乃哲抢到了球,头来脚去,把球传给中锋李哂。那时候已迫近城下,李将军举脚一踢,应声入网,博得掌声雷动。其时离开比赛时间才15分钟左右。

天鹅受伤之后,知道白马非同小可,队长伯力德督饬部属反攻。统师一呼,将士用命,尘头起处,天鹅人马齐集白马城外,白马前锋将士也急忙抽调后方应战。球从低处来,用脚反击;从高处来,迎头顶去。杀得尘烟滚滚,日影西斜,正在难解难分之际,白马健将蔡乃哲忽告受伤倒地,只得以10人应战,实力大差。天鹅乘势猛攻,白马左卫胖将军杜申元,和龙门守将邱玉崑虽有万夫之勇,左遮右拦,终救出不少险球,给天鹅中锋希尔攻进了一球,又给左先锋卜克攻进了两球。上半时以3∶1落后。

下半时白马调蔡乃颖入伍,补充乃弟乃哲,又调林应欣代替陈世豪,人数11∶11,天鹅占不到便宜。双方或攻或守,互不相让,白马体格虽不高大,却喜翻腾跳跃,蒋连枝得球之后,对准对方龙门一踢,谁知天鹅左卫马德逊竟动起手来打球,被罚12码球。白马队长右腿一扬,一颗圆球已滚进天鹅洞内。再战之后,天鹅施展双翼,白马飞起铁蹄,各尽所长。观众喊杀连天,为白马助威,可惜白马很少吃荤,天鹅却牛油肉汁享之不尽,以致以3∶2让天鹅唱着凯歌回去。

《江声报》1947年11月24日

市长杯足球英华获冠军

昨天下午市长杯足球赛,对垒的是英华和白马。英华是在校青年,年轻力壮。白马是社会青年,沉着老练,双方旗鼓相当。战鼓初响之时,英华整队南下,白马率军北伐,杀得东边摔倒了一个,西边又跌倒了一个。上半时英华虽常站在主动地位,却屡次射球不中,反给白马队长黄仲碧攻进了一球。英华这才知道白马厉害,不敢轻敌,下半时努力反攻,不多久就攻进了一球,打个秋色平分。接着中锋林应欣又射进了一球,以 2∶1 反败为胜。

又上星期六之足球赛,系厦大对红鹰,结果厦大以 1∶0 获胜。此次市长杯足球赛,英华三战三胜获冠军,厦大三战两胜而获亚军。

《江声报》1947 年 12 月 1 日

球　　讯

近日由沪上及台湾来厦之英华中学校友甚多,校友队遂组织足球队,准备于本日下午 4 时,在鼓国际体育场,与在校学生一决雄雌。(邵)

《江声报》1948 年 12 月 9 日

(四) 网　　球

竞强杯网球今日开赛

竞强杯网球锦标赛,已由竞赛委员抽签。排定秩序,定本日下午,在胡里山举行单打比赛。计为吴威廉对陈嘉栋,任贤龙对马锡命,林全恩对唐依坤,陈友坤对洪祝明。明(4)日下午 2 时起,林维良对丁玉津,吕建元对吴克明,王有楣对叶绵绵,叶昭元对林俊元。

《江声报》1936 年 10 月 3 日

竞强体育会李其昌捐助地板网球昨续赛

竞强杯网球锦标赛,昨续举行,到场参观者六七十人。第一场吕建元胜吴克明,成绩6:1,又6:2。第二场林维良胜丁玉津,成绩6:1,又3:6,又12:10。第三场王有楣胜叶绵绵,成绩6:2。第四场叶昭元胜林俊元,林弃权。又昨男子组网球比赛时,适该会会员李其昌,新自菲岛返国,访陈文麟暨该会总干事陈掌谔,并参观该会建筑。许捐助建筑竞强体育会地板全座,约2000余元,不日即由菲运木料等项来厦。李系李清泉之弟,现任李锋锐木业公司总理。岷埠各种体育会,李皆为发起人云。

《江声报》1936年10月5日

竞强杯网球决赛

网球决赛 又竞强杯网球男子单打半决赛,昨日举行。一、林维良胜王有楣,成绩6:1,又6:2,又6:3。二、林全恩胜洪祝明,3:0,洪弃权。本日下午2时,为男子单打决赛,林维良对林全恩。又女子单打决赛,林佩华对林必省。

《江声报》1936年10月10日

市长杯网球赛昨下午揭幕

市体育协会主办之第一届市长杯网球赛,于昨日下午4时揭幕,即举行单打淘汰赛。第一组丁永祥胜陈敬修,2:0。第二组陈其亨胜叶昭元,2:0。第三组吕建元胜林挥年,2:0。今日之战,第一组褚会(文)对林天元,第二组美连保对张述,第三组苏宗文对蔡鸿恩,第四组蔡炳琨对吴春熙。22日,陈其亨对吕建元。另外二场,即昨日第一、二组得胜者对战,第三、四组得胜者逐鹿。(大)

《江声报》1948年9月21日

市长杯篮球赛　双打今午开始　明日单打冠军决赛

市体育协会主办之市长杯网球单打比赛,除丁永祥已取得决赛权外,尚待今(24日)褚会文与苏宗文作夺取决赛权之战。明(25日)为本届单打冠军决赛,届时定有一番盛况。

又市长杯双打比赛,亦订于今午开始比赛。兹将全部战程报载如下:市长杯双打秩序单(每日下午4时举行循环制),9月24日,林天源、叶昭元对美连保、丁永祥,谢炳煌、洪祝明对陈敬修、苏宗文。25日陈其亨、林全盛对褚会文、吕建元,丁永祥、美连保对林挥年、蔡鸿恩。26日,谢炳煌、洪祝明对林天源、叶昭元,陈敬修、苏宗文对褚会文、吕建元。27日,陈其亨、林全盛对丁永祥、美连保,林天源、叶昭元对林挥年、蔡鸿恩。28日,谢炳煌、洪祝明对褚会文、吕建元,陈敬修、苏宗文对林挥年、蔡鸿恩。29日,陈其亨、林全盛对林天源、叶昭元,丁永祥、美连保对褚会文、吕建元。30日,谢炳煌、洪祝明对丁永祥、美连保,陈敬修、苏宗文对林全盛。10月1日,褚会文、吕建元对林挥年、蔡鸿恩,叶昭元、林天源对苏宗文、陈敬修。2日,苏宗文、陈敬修对美连保、丁永祥,洪祝明、谢炳煌对林挥年、蔡鸿恩。3日,陈其亨、林全盛对洪祝明、谢炳煌,褚会文、吕建元对林天源、叶昭元。

《江声报》1948年9月24日

网球赛单打明日夺魁

市讯　市体育协会主办之市长杯网球单打比赛,除丁永祥已取得决赛权外,尚待今(24)日,会文与苏宗文夺取决赛权。明(25)日为本届单打冠军决赛,届时定有一番盛况。

又市长杯双打比赛,亦订于今午开始。兹将本日对垒名单列下:24日,林玉源、美连保、叶昭元、丁永祥、谢炳煌、陈敬修、洪祝明、苏宗文。

《立人日报》1948年9月24日

市长杯赛网球双打冠军昨定局

市长杯网球赛昨日双打决赛,冠军洪祝明、谢炳煌。今日下午4时,单打丁永祥与褚会文争夺锦标赛。又排球赛昨日第一场厦大对侨师,结果2:0厦大胜。第二场健群,以2:0压倒同余队。今日第一场厦大对蓝星,第二场中华对健群。又体育协会定明日下午6时召开第一次理监联席会议,并互选理事长,分配各组负责人云。(默)

《江声报》1948年10月3日

市长杯网球赛定期举行

市息 教育局主办之市长杯单双打网球比赛,经决定,自本月28日起举行。截至目前为止,报名参加者已有十数单位。该局定25日下午4时召开球赛裁判员谈话会,当日下午5时在该局办公处举行抽签排定赛程。(厚)

《江声报》1949年5月24日

市长杯网球赛裁判会拟定日期及程序

市息 市长杯网球比赛定5月28日假中山公园体育场举行比赛,昨(25)日市教育局召开裁判会议,并举行抽签。兹将比赛日期及程序录后:

网球双打,5月28日下午4时、5时,林全盛、林全恩对吕建元、丁永祥,裁判员庄文潮。5时至7时,廖永廉、林渭清对谢炳煌、陈其亨,裁判员金氏。29日下午3时至5时,吕建元、丁永祥对廖永廉、林渭清,裁判员庄文潮。5时至7时,林全盛、林全恩对谢炳煌、陈其亨,裁判金氏。网球单打5月31日,谢炳煌对陈其亨,裁判庄文潮。6月1日4时,吕建元对林全恩,裁判吕长庚。2日4时,丁永祥对廖永廉,裁判庄文潮。3日4时,也鲁氏对林渭清,裁判金氏。4日3时,第1优胜队对第2优胜;5时,第3优胜对第4优胜。5日3时第2优胜对第3优胜。5时,第4优胜对第1优胜。(厚)

《江声报》1949年5月26日

网球赛开始今举行两场

市息 教育局举办38年度市长杯网球单双打比赛,经于28日下午7时假中山公园网球场举行。29日,第一场双打为叶昭元、褚会文对谢炳煌、陈其亨。比赛中途因天气突变,大雨滂沱,遂告终止。昨(30)日下午,该局召开校长会议,依照比赛程序分配表延期一天。

本日下午 3 时,第一场球赛为叶昭元、褚会文对陈炳煌、陈其亨,裁判员林全盛。第二场陈敬修、叶鸿恩对林全盛、林全恩,裁判员经尉裴。查本市爱好网球运动青年颇多,近日临时参加旨颇不乏人,现正重编排比赛日程云。(厚)

《江声报》1949 年 5 月 31 日

市长杯网球赛比赛程序变更

本报讯 本年度教育局举办市长杯网球赛,已于上月 28 日开始比赛。惟因最近爱好网球人员,新报名参加者甚多,教局为提高国民体育,特接受各队请求,将比赛秩序重新分配。查参加双打网球比赛计七队:

第一队陈其亨、谢炳煌,第二队廖永廉、林渭清,第三队吕建元、丁永祥,第四队林全盛、林全恩,第五队叶昭元、(褚)会文,第六队陈敬修、蔡鸿恩,第七队庄友仁等。前项球队除 1 对 2,3 对 4,4 对 5 已比赛外,自昨(6 月 2 日)起新分配为:2 对 3,5 对 6。3 日下午 4 时起,一场第三队吕建元、丁永祥,二场第四队林全盛、林全恩分别与友邦队员作友谊赛。4 日 6 对 7,3 对 5,1 对 3;5 日 4 对 6,2 对 7,5 对 6(以上两日因连续星期六及星期日,每日比赛三场,至 7 时半结束)。6 日 3 对 6,4 对 7;7 日 2 对 5,1 对 4;8 日 2 对 6,3 对 7;9 日 1 对 6,2 对 4;10 日 5 对 7,7 对 1。

比赛时间:每日下午第一场 4 时至 5 时半,二场 5 时半至 6 时半,仍假中山公园网球场举行。如遇雨天,依照编排次序顺延。又网球单打比赛关系采用先淘汰后循环,候双打比赛结束时继续举行。(行)

《星光日报》1949 年 6 月 3 日

(五)乒乓球

绿茵队与英华队乒乓比赛
英华以五比二十二败北

本(28)星期日下午□时,绿茵与英华在厦大体育室,举行乒乓友谊比赛。双方表演俱佳,观众鼓掌之声不绝于耳。绿茵以手法敏捷压倒英华,两队阵容及成绩如下:

绿茵	英华	胜负
梁崇礼	叶健民	3∶0
林怀海	李汉隆	2∶1
郑培保	蔡士英	3∶0
高啸云	沈春德	1∶2
王师复	黄思聪	3∶0
蔡锡纯	曾福祥	3∶0
吴章榆	庄雅□	3∶0
杨绍堃	洪敦厚	1∶2
宋恩祥	陈期(其)亨	3∶0
		总计:22∶5

《江声报》1932年6月1日

同城民教馆前日乒乓赛

同安民教馆27日举行民众乒乓球比赛,参加者成人组20名,儿童组50余名,裁判李麟声、江子萍。28日决赛,成人组冠军为李特,亚军陈松根。

《江声报》1936年4月1日

小儿女乒乓赛昨日入局七十余人

市民教馆儿童乒乓比赛昨日开始,到男女赛员 70 余人及观众共百余人。女组预赛已毕,男组则仅赛 8 对,比赛成绩极佳。女赛员之杀球,尤为凶狠,博得观众掌声如雷。今日为星期日,提前在下午 2 时起赛。

昨日比赛结果,男组黄炳煌对林清海,3:1,黄胜;李宗春对王榜荣,3:0,李胜;叶式龙对黄存勤,0:3,黄胜;林嘉彬对周再兴,0:3,周胜;陈少华对陈必聪,3:0,陈少华胜;曾养志对洪炳章,3:0,曾胜;苏泽民对赖金灿,0:3,赖胜;林宗本对黄卿敬,3:0,林胜。女子组因人数较少,本日已入决赛阶段。昨赛优胜者,为白碧如、陈秀珍、江越秀、杨敏治。今日改用循环赛,以定名次。

《江声报》1937 年 6 月 20 日

儿童乒乓赛今日给奖　黑鹰队到场表演

市民教馆儿童乒乓赛定今日在通俗社给奖,请黑鹰队到场作乒乓表演。黑鹰乒乓队名手如云,本日出场表演者计第一单打张锡义对郭尚霖,第二单打辛大赏对郑培保,双打张郭对辛郑。

又本年全运会及省运会均已决定添设乒乓锦标一项,将来本市亦须选拔此项选手。

《江声报》1937 年 6 月 27 日

乒乓球比赛今日起举行

本市娱乐工会,定于本月 16 日起,在夜总咖啡厅举行娱乐杯乒乓球赛。原则采取十平制,五赛三胜,球拍木质,自备嫩球,连环优胜,录取 5 名。此次系本市光复之第一届创举。闻参加人数甚多,届时当有一番热烈战况云。

《星光日报》1947 年 3 月 16 日

娱乐杯乒乓赛黄应淮冠军

本报讯 娱乐杯乒乓球赛,历数日之赛程,经于昨晚结束。三强(黄应淮、周自西、谢寿华)自黄、周两人各以3:1击倒谢寿华后,继为黄应淮与周自西冠军决战赛。前一刻局面顿呈紧张,观众闻两人之球艺,均耳语量较谁胜谁负?裁判施令开赛,四座寂然。双方球来球去,各有千秋。赛至20分钟后,黄应淮以2:0遥领。三战开始,周自西急起直追,始由2:1迫至2:2,打成平手。此时四座掌声不绝。最后一场决赛周自西攻优于守,而黄应淮则攻守齐全,胜周一筹,终以3:2□获冠军。(亚军周自西、殿军谢寿华)

《星光日报》1947年3月22日

乒乓球赛昨战况仍烈 黄应准(淮)称拟组织联谊会

本报讯 市党部乒乓球赛,昨晚角逐18场,战绩如下:谢素华胜曾文坚,2比0;黄大华胜陈文典,2:1;周自西胜张志新,2:0;李燕尘胜谢详,2:0;曾铁如胜陈文典2:0;黄诚明胜黄湘文2:1;周福生对谭霖,周弃权谭胜。曾宪法胜黄大华,2:0;马运友胜陈青峰,2:0;黄应准(淮)胜黄茂华,2:0;周自西胜曾文坚,2:0;谢素华胜陈文典,2:0;黄应淮胜洪景云,2:0;张志新胜黄诚明,2:1;黄茂华胜谭霖,2:0;曾宪法胜曾铁如,2:1;李燕尘胜马运友,2:1;黄湘文胜黄大华,2:0。

据前届冠军黄应准(淮)语记者,本届参加比赛人数,竟有20人之多,实出乎意料,并观数日来之观众拥挤,并示爱好乒乓球者足不乏其人。渠本人极愿致力提倡,渠将邀集本市乒乓名手筹组一类似联谊会之机构,共同学习与研究,召邀请本市热心体育而又较有声望之人士为之倡导,以期能有一个远征外地的机会。

《星光日报》1949年1月21日

乒乓球赛已至决赛阶段

本报讯 市党部乒乓比赛历数日来之鏖战,已渐趋紧张,昨晚17场战绩如此:曾文坚胜陈文典,2:1;谢祥胜洪景云,2:0;周自西胜黄诚明,2:

0；黄应淮胜谭霖，2∶0；谢素华胜曾宪法，2∶0；张志新胜黄大华，2∶0；黄茂华胜陈青峰，2∶0；黄湘文胜朝铁如，2∶1；曾文坚胜黄诚明，2∶1；洪景云胜谭霖，2∶1；曾宪法胜陈文典，2∶1；马运友胜谢祥，2∶0；周自西胜胜黄大华，2∶0；黄应淮胜陈青峰，2∶1；谢素华胜黄湘文，2∶0；张志新胜朝如铁，2∶1；李燕尘胜黄茂华，2∶0。

今晚为初赛循环最后一日，战况当更剧烈，黄应淮、李燕尘、谢素华、周自西均于今晚碰头。故今夕之战，当可略窥决赛课程中胜利谁属的一个大概。

《星光日报》1949年1月22日

乒乓决赛第二夕紧港情绪达高峰　今晚决赛看鹿死谁手

本报讯　昨夕为乒乓球决赛第二日，紧张情绪几至巅峰状态，亦即有赛以来所罕见之热烈，黄应淮与谢寿华之剧斗，即为一例证。盖是战乃双方之夺标关键，故均全力以赴，杀得糙疲竭，汗流浃背。谢寿华虽以3∶2获胜，然五局中，除第二局外，余四局均打成各10以上之平手。其紧张情绪可想而知，博得观众掌声雷动，全场叫绝。黄应淮遭遇败阵后，其冠军希望已大减，所冀者，端赖今晚能胜周自西，成三不服，而再重赛取决。如今夕再挫于周手，则本届之室（宝）座复归周自西把持矣。（按前届以前冠军均为周保持）两日来之战绩如此：

姓名	赛	胜	负
周自西	5	5	0
黄应淮	5	4	1
谢寿华	5	4	1
李燕尘	5	3	2
黄茂华	4	1	3
张志新	5	1	4
马运友	4	1	3

曾文坚（第二日弃权）

今晚为决赛最后一日，比赛九场秩序如下：黄茂华对马运友，张志新对曾文坚，谢寿华对马运友，李燕尘对黄茂华，周自西对曾文坚，黄应淮对马运友，张志新对黄茂华，谢寿华对李燕尘，周自西对黄应淮。今晚节目诚可谓全赛结晶,市党部的礼堂上恐将无立锥之地,各球迷请早,以免失去良机。

《星光日报》1949年1月25日

二、水上运动

(一)游　　泳

今午二时鼓屿田尾游泳比赛
参加者五十二人六队 女子到底消沉 才及儿童一半

青年会发起举行全厦游泳比赛曾载前报,兹查现已截止报名,个人参加者统计52人,团体参加者六团体,并定今(5)日下午2时在鼓浪屿田尾海滨比赛。比赛大会会长黄友情,评判长苏行三,评判员丁锡荣、黄友情、沈志中、杨绪宝,终点评判员戴乐安、吴煌助、田百祥、陈炳三、杨熨文,计时员黄梅生、蔡清源,发令员倍帝(英人),起点纪录员王伯池,报告员曾乃修,纠察员李水发、郑超培、刘德仁。比赛分50码自由式、100码自由式、200码自由式、100码仰式、200码蛙式、200码接力自由式、妇女游泳、儿童游泳、服装游泳等等。

兹将各项比赛次序及参加比赛者之芳名分录如下:(一)50码自由式游泳比赛。(二)25码自由式儿童游泳比赛。(三)100码自由式比赛。(四)25码自由式妇女比赛。(五)200码自由式比赛。(六)100码仰式游泳。(七)200码蛙式游泳。(八)服装游泳比赛。(九)200码接力自由式比赛。

50码自由式　参加者:苏炳洋(5号)、郑乐铭(7号)、吴金庚(12号)、杨振泰(13号)、杨子晖(16号)、薛领秀(17号)、薛芳泽(19号)、洪启明(20号)、王清池(25号)、黄希(33号)、白天授(40号)、吴清波(40号)、周锦盘(41号)、张辉渊(42号)、黄国梁(44号)、王胜兴(45号)、邱世远(49号)、洪得胜(50号)、邱思志(51号)、杨水龙(52号),共20人。

儿童游泳比赛(25码自由式)　参加者:马丕咸(2号)、杨安德烈(4号)、林中和(6号)、王鸿儒(8号)、蔡水金(23号)、筹陈阿生(24号)、黄火炎(26号)、朱义(27号)、张阿良(28号)、杨马太(29号),共10人。

100码自由式　参加比赛者:苏炳洋(5号)、方棕水(11号)、吴金庚(12号)、白任辰(14号)、黄仁道(15号)、杨子晖(16号)、王清池(25号)、黄希(33号)、苏佩琼(38号)、吴清波(40号)、张辉渊(42号)、周宝宽(43号)、黄国梁(44号)、张火炎(46号)、洪得胜(50号)、邱思志(51号)、杨水龙(52号),共17人。

妇女游泳比赛(25码自由式)　参加者:杨筱英(30号)、周颖全(36号)、吴乐锦(37号)、陈侨珍(47号)、江紫薇(48号),共5人。

200码自由式　参加者:杨约翰(3号)、苏炳洋(5号)、郑乐铭(7号)、龚松龄(9号)、林天厚(10号)、白任辰(14号)、黄仁道(15号)、杨子晖(16号)、苏佩琼(38号)、张阿奔(39号)、周宝宽(43号)、王胜兴(45号)、张火炎(46号)、洪得胜(50号)、邱思志(51号),共15人。

100米仰式游泳　参加者:吴惠廉(1号)、苏炳洋(5号)、郑乐铭(7号)、方棕水(11号)、薛领秀(17号)、黄文振(18号)、曾国葆(21号)、刘领赐(22号)、王清池(25号)、吴洗春(31号)、黄希(33号)、白天授(34号)、黄佳福(35号)、黄国梁(44号)、张火炎(46号)、邱思志(51号)、杨水龙(52号),共17人。

200码蛙式泳　参加者:吴惠廉(1号)、杨约翰(3号)、苏炳洋(5号)、郑乐铭(7号)、刘领赐(22号)、王胜兴(45号)、邱世远(49号)、邱思志(51号)、杨水龙(52号),共9人。

服装游泳比赛(50码自由式)　参加者:杨约翰(3号)、苏炳洋(5号)、白任辰(14号)、薛领秀(17号)、曾国葆(21号)、王清池(25号)、薛扶西(32号)、周宝宽(43号)、洪得胜(50号)、邱思志(51号)、杨水龙(52号),共11人。

200码接力泳　参加者共6队(每队4人),第一队:吴金庚(12号)、方棕水(11号)、林天厚(10号)、张阿奔(39号);第二队:英华中学;第三队:洪启明(20号)、刘领赐(22号)、林全盛(未详)、林全恩(未详);第四队:白天授(34号)、韩得成(未详)、黄佳福(35号)、杨振泰(13号);第五队:王胜兴(45号)、黄国梁(44号)、周宝宽(43号)、张火炎(46号);第六队:邱思志。队比赛完毕,即在观海别墅茶叙,并给奖各优胜者云。

《江声报》1931年9月5日

和风习习微雨霏霏　田尾滩头笑语如哗

昨游泳比赛盛况　洪得胜果然"得胜"　个人第一捧去大银杯
25码自由式　女子25秒十分九　不及童子20秒

青年会举行全厦游泳比赛,定昨午在鼓浪屿田尾举行,已载本报。昨(5)日下午2时如时开始举行,时海风习习,天阴不雨,正是游泳良时,航空处飞机亦在簇拥的人头上飞行,来回盘旋。红男绿女相偕往观者,当在千人以上,女子且占及半数。比赛起点系在距离海滨约30码地一大筏上,东为起点,西为终点。故立海滨沙滩观之甚为清楚。昨日比赛结果:

50码自由式优胜者:第一名,苏炳洋(5号),成绩37秒十分之八。第二名,王胜兴(45号)。第三名:谢植光(新加入52号)。

儿童25码自由式优胜者:第一名,黄火炎(26号),成绩20秒。第二名,杨安德烈(4号)。第三名,陈阿生(24号)。

100码自由式优胜者:第一名,洪得胜(50号),成绩1分37秒十分之七(按洪为双十中学教员)。第二名,苏炳洋(5号)。第三名,白任辰(14号)。

妇女25码自由式优胜者:第一名,陈侨珍(47号),成绩25秒十分之九。第二名,江紫微(48号)。第三名,杨筱英(30号)(杨女士年只十一二岁,活泼泼的实是一位小游泳家)。

200码自由式优胜者:第一名,王胜兴(45号),成绩3分28秒十分之四。第二名,杨子晖(16号)。第三名,林天厚(10号)。

100码仰式优胜者:第一名,黄文振(18号),成绩1分52秒十分之七。第二名,邱思志(51号)。第三名,薛领秀(17号)。

200码蛙式优胜者:第一名,刘领赐(22号),成绩4分8秒(按刘,航空处飞航员,侨生南洋,善泳,同学中有水怪之称)。此项比赛昨参加者虽多人,但俱不是蛙式泳,类于自由式。故未取第二、第三两名也。

50码自由式服装游泳优胜者:第一名,洪得胜(50号),成绩1分4秒十分之四。第二名,白任辰(14号)。第三名,王清池(25号)。

200码接力自由式(每队比赛4人)优胜者:英华中学队,成绩3分30秒。第二队:邱思志队。第三队:为王胜兴、黄国梁、周宝宽、张火炎。

比赛完毕,即在观海别墅给奖。先由青年会沈志中申述此次开游泳大会之目的,大意谓游泳为各项运动中最完美之运动,不分男女,都是可以游泳的,希望厦人士大家要注意。此次优胜诸君,仍希不断努力前进云云。继由会长黄友情夫人亲手给奖,优胜各人均各有奖。不料此时正大雨,留宾不能归去也。至个人优胜者为洪得胜,统计得6分,奖以大银杯一座,但须明年再赛优胜始能取得,时现暂由洪君保存。洪为双十教员,老将矣,明年今日不知威风尚在否乎?

《江声报》1931年9月6日

鼓浪屿到厦门　长度游泳比赛　不分国籍　26日举行

青年会体育部前日举行全厦游泳比赛,颇引起厦人注意游泳运动一项。是日观众约近四五千人,秩序井然,成绩美满,已志各报。

近闻又将举行长途游泳比赛,长度自鼓浪屿码头至厦门之任一渡头为止,已订本月26号举行。资格不分国籍,外人亦可加入,名为万国游泳比赛。现正向热心家捐赠奖品3名,以作鼓励,不日当可发表云。

《江声报》1931年9月13日

昨游泳参加55人　45人横江而过
13岁女郎压倒40余个男子

青年会万国长途游泳比赛,昨(26日)上午11时40分开始举行,参加者除昨发表之45人外,临时加入者有10人,共计55人。是晨,海关码头张一白布,横书"万国长途游泳比赛"等字。由水上公安局巡官翁俊卿率警维持秩序,陆上虽井然不乱,然海上船只来往不息,甚至将比赛之界内完全截断,使与赛者须绕向圈外,而后始得通过。不但阻碍比赛,于比赛者之生命,亦有危险,其不发生意外亦幸矣。

昨赛结果,第一名林天厚(在鼓屿龙头操双桨)与第二名刘领赐(海军航空处飞行员)相差只及数步。出发时,刘即一马争先,锐不可挡,艇上之观众皆以为水怪第一可无异矣。讵距终点约有56尺时,刘候被船艇挤至下游,其劲敌林天厚则占上游。下游水紧难泳,林一帆风顺,于是胜负分焉。林上岸不两秒钟,而刘亦抵岸,刘遂第二。林天厚成绩为23分25秒。第三名为苏炳洋,第四名为陈元逊,苏陈二人相差不远。

此外尚有一可报告者,则将举行时,忽一不速之女客来临,据云年13岁,姓凌名蕴贤。此次福州始来,愿加入比赛,当照章编入53号。结果成绩大佳,取得第10名,压倒须眉不少,诚女英雄哉!

统计游过厦者45名,照其先后游到次序录如下:林天厚、刘领赐、苏炳洋、陈元逊、Dr. Fenton、杨比德、陈金土、黄仁道、卢达仑、凌蕴贤、汪宗海、白任辰、王天筹、黄文振、周渊源、曾□□、□□、□□□、吴永森、叶祖珪、黄火炎、钟克明、邵福寿、洪英隆、黄阿丕、傅海隆、曾子铭、陈元柔、黄国梁、吴乌锁、纪阿朝、薛扶西、叶高才、林金华、林文寿、陈瑞楚、林元丰、林维新、邱勇、江华柱、王欣荣、卢斯文、叶和孝、许秉馥、蔡祥。其余半途收兵者有10人,中国7人,西人占3位。此次参加者55人,到达者45人,亦可见吾厦游泳人才之多矣。

比赛完毕后,即在海关楼下给奖,第一名林天厚君,捧着大银杯。第二名刘领赐,第三名苏炳洋,亦各获得银杯一座,春风满面归去。其余各人,均奖绣章一面,以留纪念云。

《江声报》1931年9月27日

青年会游泳比赛明日举行
男子报告者不少 女子1人

青年会举行全厦游泳比赛之消息,已载前报。兹查明(3)日下午2时即为比赛日期,地点在鼓屿田尾海滨。比赛种类有50码、100码、200码、400码等自由式泳,200码蛙式泳、100码仰式泳、妇女、儿童50码、25码自由式泳、服装游泳等。参加人数颇多,其中有去年个人冠军之洪得胜,蛙式第1名之刘领赐等。此届□均加入,兹志其各式游泳之参加者如下:50码自由式,姓名:林有廷、刘领赐、马宗瑟、林有培、汪伯川、王鸿龙、李光平、张德祥、刘福远、叶华成、郭金龙、白金珍、陈宗梁、苏炳洋、陈元逊、龚松龄、陈元柔、李元芳、白任辰、林文秀、薛芳泽、洪得胜、谢水发、谢钦琅。

100米自由式参加者姓名:林有廷、林有培、李元丰、叶华成、陈宗梁、龚松龄、刘领赐、汪伯川、王鸿龙、苏炳洋、陈元逊、李元芳、曾舜坚、薛芳泽、黄仁道、杨彼得、洪得胜、杨水龙。

200米自由式参加者:林有培、林春元、李元丰、刘领赐、苏炳洋、陈元逊、李元芳、白任辰、黄仁道、杨彼得、洪得胜。

400米自由式参加者:李元丰、萧为成、邵福寿、刘领赐、苏炳洋、周渊源、陈元逊、陈元柔、王天筹、曾舜坚、林文秀、洪得胜、林天厚、叶高才。

200米蛙式参加者,林有廷、林有培、邵马成、叶华成、刘领赐、汪伯川、王鸿飞、李元芳、曾舜坚、白任辰、黄四熊、苏祥、谢钦琅、杨水龙。

100米仰式参加者:林有廷、林有培、叶华成、刘领赐、苏炳洋、李元芳、曾舜坚、洪得胜、黄文振、薛领秀、洪得祥、马敬华、谢承义。

50米自由式服装参加者:林有廷、林有培、刘领赐、马宗瑟、王鸿龙、张筹祥、白金珍、苏炳洋、周渊源、陈元柔、白任辰、薛领秀、洪得胜、马敬华。

200米接力参加者:红队(洪得祥、邱世远、郭超熊、邱思志)、白队(汪伯川、马宗瑟、王鸿龙、LONG)、精武队(刘领赐、洪得胜、苏炳洋、刘邹宗)、英华队(名额未定)。

妇女25米自由式及50码自由式,参加者仅柯金枝1人。

儿童25码自由式参加者:吴冷客、梁永贵、白仔、张清海、蔡永金、陈芳迅。

《江声报》1932年9月2日

昨全厦游泳比赛洪得胜果然得胜连获两届冠军
女子仅二人参加

青年会二届全厦男女游泳比赛,昨(3)日下午3时许举行。结果,个人冠军洪得胜得10分,亚军刘领赐得9分。兹将各项比赛之优胜者,分志在下:

50码自由式:
第一名陈元柔,成绩37秒。第二名陈元逊,第三名陈宗标。
100码自由式:
第一名洪得胜,成绩1分25秒。第二名林有廷,第三名陈宗标。
100码仰式:
第一名刘领赐,成绩2分4秒。第二名林有廷,第三名薛领秀。
200码自由式:
第一名苏炳洋,成绩2分24秒。第二名洪得胜,第三名林有培。
200码蛙式:
第一名刘领赐,成绩3分5秒。第二名邵马成,第三名黄四熊。

400码自由式：

第一名刘领赐，成绩7分51秒。第二名洪得胜，第三名林天厚。

50码服装赛：

第一名洪得胜，成绩48秒。第二名马宗瑟，第三名白任辰。

200码接力赛：

第一队白队建群，成绩2分20秒。第二队英华队，第三队鼓屿双桨工友队。

女子25码自由式：

第一名柯金枝，成绩30秒。第二名王素锦。

女子50码自由式：

第一名王素锦，成绩1分26秒。第二名柯金枝。

(按女子加入者仅2人，柯女士住厦门，王女士则为鼓毓中女生也)

儿童25码自由式：

第一名陈芳迅，成绩8秒。第2名吴冷泉，第3名蔡永金。

比赛毕，由周醒南夫人授奖，个人得奖最多者为洪得胜、刘领赐2人。团体接力为建群白队，由19路军78师翁照垣旅长赠送银盾1座。又去年冠军为洪得胜，本届亦为洪，故大奖杯1座乃归洪保持云。

《江声报》1932年9月4日

万国长途游泳　林天厚夺得锦标　成绩12分30秒

青年会举行万国长途游泳比赛，昨(19)日下午2时举行，地点在同文路头为起点，鼓龙头永明肥皂公司为终点。参加比赛者60余人，内有英人胡克礼1人，妇女无。结果能登彼岸者，共40人。第1、2、3、4、5、6等数名，俱为先头部队，鱼贯而前，相差俱不远。结果，冠军为林天厚。观众千余人，秩序颇佳。赛毕，由水上公安分局卫生科长陈应钟给奖。来宾有首席监察范体仁等，继由该会总干事沈志中致闭幕辞毕，即摄影、散会。兹将到达彼岸名次录下：

第一名林天厚(双桨工友)，成绩为12分30秒。去年冠军亦为林得，成绩为23分25秒。海关监督许凤藻赠银杯1座，另东渡酱油厂大银杯1座，高约2尺许。

第二名陈宗隆(英华中学)，公安局长林振成、县长杨廷枢合赠银杯

1座。

第三名林有廷(香港学生),体育会长林绍裘赠银杯1座。

第四名刘领赐(海军航空处),黄友情赠银杯1座。

第五名王鸿龙(未详),林全盛赠银杯1座。

第六名以下,各赠万国长途游泳比赛奖章1面。兹先后到者名次如下:叶华成、杨约汉、陈方进、方棕水、张世雄、林文寿、汪百川、薛芳泽、黄德廷、傅维明、杨辉渊、胡碧耀、施习福、白任辰、王天筹、洪安训、吴冷泉、马宗瑟、谢炳辉、陈维谨、林超铭、陈贤灿、黄文振、陈万益、谢炳煌、刘启廉、纪条、廖永旭、李元芳、陈成材、黄德心、何桢桔、田雪畔、郑豆粒、张寿祥。以上俱系游泳到达者。

《江声报》1932年9月20日

基督教青年会游泳比赛 分男妇儿童种类定八一二举行

厦门基督教青年会,现定8月12日举行第三届全厦游泳大会。凡属中华国民,均可参加。其比赛种类有50码、100码、200码、400码、800码、自由式200码、蛙式100码、仰式50码、自由式服装200码、接力自由式(每组4人)、妇女25码、50码自由式,妇女25码、50码仰式,儿童25码、50码自由式(16岁以下合格)云。

《江声报》1933年7月29日

全厦游泳赛今日举行 午二时开赛晚八时给奖
定比赛节目十七种 截昨止报名参加八十余人

全厦泳赛本届报名者80余人,今(12)日开赛。各赛员先往小走马路青年会领取与赛号码,女界临时可加入。截至昨(11)日止,各界赠奖品者:市处长夫人、市局长夫人、工局长夫人、黄友情伉俪、林荣森、丁锡荣、王宗世、谭培棻、陈鸿文、区省三、许照寰、张锡祥、陈诗雍、郑民、李世庚、沈志中等。对于个人分数冠军,计有融明号赠银像匡1面,黄友情赠大银杯1个及上海永芳工业社厦门分行赠优等皮箱2个(男女冠军各一)。至比赛时水陆秩序,系由第五分局派汽舟2艘在海面巡逻,及第三分局派警士在该处堤岸维持。青年会体育部协同干事部全体预备先时到场布置,准于下午2时开赛。

所定项目如次：

一、50 码自由式预赛；二、儿童 50 码自由式决赛；三、100 码自由式预赛；四、400 码自由式决赛；五、妇女 50 码自由式决赛；六、50 码自由式决赛；七、50 码自由式服装决赛；八、妇女 25 码仰式决赛；九、100 码自由式决赛；十、儿童 25 码自由式决赛；十一、200 码自由式决赛；十二、妇女 25 码自由式决赛；十三、100 码仰式决赛；十四、800 码自由式决赛；十五、妇女 50 码仰式决赛；十六、200 码蛙式决赛；十九、200 码接力自由式决赛（每组 4 人）。

于比赛时，更请救世医院杨约来、海港检疫所林全盛两医生到场担任救护。同晚 8 时，在青年会天台举行游泳及乒乓两比赛给奖会，由林绍裘主席、市局长夫人主持给奖，该会体育委员长丁锡荣致词。游艺方面，有思明票友俱乐部之京曲、音乐等，更有该会国术班教师徐玉山、助教李万和表演拳术。8 时演外蒙豪杰影片云。

《江声报》1933 年 8 月 12 日

青年会筹备横渡游泳赛　定廿六日举行

基督教青年会日前举行全厦游泳比赛，兹该会又将举行第三届万国鼓厦横渡游泳比赛，定本月 26 日下午 4 时半举行。其水程系由鼓浪屿永明肥皂厂前为起点，本市同文码头为终点。不拘国籍，皆可参加，凡能泳至终点者皆有奖品，其前列五名，并由各界闻人捐赠贵重奖品。该会现正进行筹备各项手续，即日起开始报名云。

《江声报》1933 年 8 月 17 日

厦门环鼓国际游泳赛

厦门通讯　厦门青年会，7 月 28 日举行环鼓浪屿岛国际游泳赛，与赛者中国人外，有英人、美人。起点在升旗山东麓新路头，终点在升旗山北麓大德记海滩。由北麓至水麓之一角距离虽极短，惟潮流最急，非人力所能抗，故不泳。鼓屿南北纵三里许，东西约里许，环全程约八华里，结果首名王鸿龙 1 点 35 分。前 15 名均中国人（王鸿龙、吴国信、林长江、李永包、方宗水、陈吉成、陈宗本、黄连进、傅维远、洪锦绵、伍荣庆、陈温生、郑豆粒、俞奕荣、叶珍奎），15 名后仅一英人。到达终点，首名奖蒋总司令奖大银杯一座。此须保持三年冠军,始归所有,现在归本年冠军保有之。俞奕荣,年龄(11岁)最幼,亦得特奖。

《勤奋体育月报》第1卷第12期,1934年

环鼓泳赛王鸿龙昨遇劲敌　五分钟保得英名
获奖十五名中一幼童　廿五人达终点英人一

泳场布置

昨青年会环鼓泳赛,新路头横挂"环鼓国际游泳竞赛日"布标一面,两旁各树竹竿一枝,分写"起点"二字。该会各职员于12时前先后赴水警队巡船及水上侦探队电船。侦缉处主任连良顺,队长吴子安同乘两电船到场,博爱及救世两医院之救护队,亦先后莅止。12时一刻赛员毕集,计33人,各领取旗号,与其随护人乘舟,按序陈列。时参观者水陆拥塞,水上舟只尤夥。

水上驰逐

12时半,由发令员陈季如鸣枪一响,于纠察员纠察之下,同时落水,随护舟尾随而进。赛员之前,由水警队侦探队电船领导,维持交通,水警巡船则逐段巡逻。赛员33人中泳至救世医院以过,有数人体力不胜,弃权上其随护船,均由纠察员登记号码。王鸿龙以鼓厦横渡及全厦泳赛历届战胜余威,至救世医院仅费时25分,惟至五个牌时,24号之吴国信,即与之并驾齐驱,颇予王鸿龙以威胁。吴盖亦一时之雄也。查首名王鸿龙,泳至田尾时,最末者方至大屿。计到达终点者凡25人,王鸿龙夺得冠军,保留鹭江水雄座位,吴国信次之(仅差5分钟)。

到达终点

国旗一面,高出山头。是赛终点在大德记该会海浴之沙坡上,树立终点布旗一面。各终点由评判长许凤藻、副评判长陈季如及各评判员,乘船集于终点指挥并登记成绩。时水潮适涨,舟只纵横,游客如蚁。该场招待厅,中西长官及各界纷集。沙坡上搭盖给奖台,上悬国旗及万国旗,满列奖品20余件。

给奖大会

是日,党政军警要人多到场参观。4时,举行给奖大会,首由大会会长陈福恒报告开会宗旨,次评判长报告竞赛成绩,遂由公安局长王固磐给奖,并

致训词。得奖者凡 15 名（内幼童一）。给奖闭，青年会会长丁锡荣、总干事沈志中，对各界赠奖者及各界来宾与职员致谢词。

成绩总表

兹将昨各赛员号数成绩列下，王鸿龙，27 号，自起点泳至终点历 1 点 35 分；吴国信，24 号，1 点 40 分；林长江，8 号，1 点 46 分；李永炮，17 号，1 点 47 分；方棕水，2 号，1 点 52 分；陈成吉，22 号，1 点 52 分 22 秒；陈宗本，33 号，1 点 54 分；黄连进，28 号，1 点 55 分；陈方进，13 号，1 点 57 分；傅维远，12 号，1 点 58 分；洪锦绵，6 号，1 点 59 分。伍荣庆，25 号，2 点 7 分；陈温生，11 号，2 点 7 分 5 秒；郑豆粒，29 号，2 点 7 分 48 秒。领得特奖之 11 岁幼童俞奕荣，10 号。叶珍奎，4 号，2 点 22 分 50 秒。16 名以下为孙连晴、张辉渊、R.G. Morse（英国人）、杨约翰、傅福耀、叶祖奎、陈灿南、侯坪昭、李颜英，以上计 5（9）名，除一英人外，余均为大中华国人云。

《江声报》1934 年 7 月 29 日

第四届全厦泳赛廿九举行　卅日横渡赛

青年会决定本月 29 日继续举行第四届全厦游泳比赛，已聘定许凤藻、陈仲久、陈季如、章叔淳、邓世熙、杨绪宝、庄□雅、王鸿龙、黄炳坤、王天筹、庄文潮、丁锡荣、杨仲英、蔡青元等为筹委。

30 日续行横渡比赛，全厦泳赛在鼓屿新路头，横渡比赛起点在西仔路头，终点在同文路头。定 20 至 27 日报名，全厦赛每项报名费 2 角，横渡赛每人 2 角。全厦赛项目，计 50 公尺、100 公尺、400 公尺各自由式，200 公尺蛙式，100 公尺仰式，200 公尺自由接力（一组 4 人），妇女 50 公尺、100 公尺自由式、仰式，儿童 50 公尺、100 公尺自由式。大会职员亦推定云。

《江声报》1934 年 9 月 20 日

全厦泳赛明日举行报名六十余

青年会发起第四届全厦及横渡泳赛，昨开第二次筹委及职员联席会议，讨论种切。查全厦泳赛，系定明日下午 2 时半，在鼓屿新路头举行。每项比赛点名后，即行开始，由该会向荷兰香港公司借铁船 2 艘，分泊两旁，以绳连系。其国际鼓厦横渡泳赛，则系本 30 日下午 5 时举行，惟以上两种比赛，遇雨即拟顺延。

闻奖品方面,青海王公雅清斋、闽南剿匪司令萧敬、东路□□□参议张剑吾、厦门运副洪章诚、台湾公会会长陈长福、新华银行经理蔡汝津等,各有赠给,计有三四十件。而报名参加横渡赛者至昨日止,共102人(内女2童21)。全厦泳赛,报名62人(内女4童17)。所有赛员,定本日上午到该会领号云。

《江声报》1934年9月28日

横渡比赛　今日举行
全厦泳赛　改订明日

青年会泳赛,二次筹委会议决,是日以潮流关系,恐不及毕赛,特将横渡比赛提前于本(月)二十九日下午四时开赛,全厦赛则改于明三十日午后一时,在鼓浪屿新路头举行。其给奖式,另定日期。奖品除前报发表者外,后收到海关税务司福贝士、三十六师长宋希濂、高等法院首席检察官郑钺、地方法院院长赵曙岚、地方首席检察官陈宝玙、水上警察队队长王政举、海港检疫所所长王福星、电话公司经理钱咸昌,及英美烟公司、中华书局、商务印书馆、朗明书店、北新书局、永安堂、五洲药房等杯盾多件云。

《江声报》1934年9月29日

昨全厦泳赛　儿童冠军白瑞基
男冠军潘为廉　女冠军杨玛丽

青年会发起第四届全厦泳赛昨日举行,下午1时,职员干事到场,东西二向,有水警队及侦缉队电船维持秩序。下午1时半开赛,由庄吉甫发令,每项分组比赛,至4时终赛。全场冠军系潘为廉。

是日海滨旅社至新路头一带,观众云集,海上舟楫纵横,与前日横渡赛热闹相等。该会定10月6日假大德记海浴场行本季闭幕式,下午4时在该场举行泳赛给奖。昨赛结果如下:

男子

一、50公尺自由式:第一名为潘为廉,成绩33.4秒。第二名洪安训,第三名王鸿龙。

二、100公尺自由式:第一名潘为廉,成绩1分30秒。次王鸿龙、叶得胜。

三、400公尺自由式:第一名王鸿龙,成绩7分8秒。次陈顺本、周应群。

四、100公尺仰式:第一名方棕水,成绩2分0.6秒。次黄文振、洪绵绵。

五、200公尺蛙式:第一名叶得胜,成绩3分2.4秒。次方棕水、江显武。

六、儿童50公尺自由式:第一名白瑞基,成绩41.4秒。次林振武、杨元栋。

七、儿童100公尺自由式:第一名杨元栋,成绩1分41秒五分二。次白瑞基、林振武。

女(子)

50公尺自由式:第一名杨玛丽,成绩1分14秒五分三。次陈淑静、施惠治。

妇女100公尺自由式:第一名杨玛丽,成绩2分31秒。次林惠治,林秋舫。

妇女50公尺仰式:第一名施惠治,成绩1分21秒。次吴晶晶。

另200公尺自由式接力(每组4人):冠军集美队,成绩2分36秒五分二。队员叶得胜、林绍牧、潘为廉、王松恭,领队系林绍洲。

冠军

男子个人冠军:潘为廉,集美学校,得6分。

儿童冠军:白瑞基,英华学生,得5分。

妇女冠(军):杨玛丽,毓德小学,得6分。

按计分方法,系每项冠军得3分,亚军2分,殿军1分。本届比赛(总算),潘为廉与王鸿龙均得6分,妇女杨玛丽与施惠治亦各6分。经评判员评定,以潘、杨各得两项冠军,应列为全场男女冠军云。

《江声报》1934年10月1日

全厦泳赛今日给奖奖品一览

青年会今日举行全厦泳赛给奖及浴场闭幕式,其秩序除报告、演讲、训词外,有魔术、国技等游艺。

奖品方面:张剑吾大银盾二座,陈长福、蔡汝津泰山保险公司、国货促进社、陈永昌、赵曙岚、陈宝玙、王政举、厦电球队、永安堂、洪鸿儒、林向今、融明公司、谢绍曾、南洋公司等各银盾一座,宋希濂、郑钺、黄其华匾额各一,王福星、世界书局、洪章诚、雅清斋、萧敬、福贝士、英美公司、开明、北新各银杯□尊,中华书局礼券二元,商务书馆自来水笔一支,五洲药房肥皂八打,陈联芳、新的书局优胜旗各一面,密书达公司测量尺□打。

《江声报》1934年10月6日

全厦泳赛昨给奖式

昨下午5时,青年会举行泳赛给奖式及浴场闭幕式,赛员及来宾到二三百人,奖品40余件。丁锡荣报告开会宗旨及四年来泳赛成绩比较,沈志中报告浴场及泳赛经过,次许凤藻演讲泳赛观感,复次周廷洛、王固磐训词。词毕给奖,表演魔术国技,7时半始已。

《江声报》1934年10月7日

集美今日横渡泳赛

同安讯 集美学校体育馆,订本(21)日午后2时,在集美码头举行长距离横渡游泳比赛。地点自码头至隔江杏林港,参加比赛约10余名。评判员为郭麟应,时计员庄文潮云。

《江声报》1935年6月21日

今日截止报名环鼓泳赛十七日举行

基督教青年会,鉴于去年环鼓泳赛之成绩,特定本17日午12时半,举行第二届环鼓赛。赛程由鼓新路头至大德记,其赛员报名日期至本日为止。定15日上午9时至下午5时,为赛员前往该会领取号码之期。

至奖品方面,各界已陆续送到。至冠军奖品,经蒋绥靖主任于去年第一届举行时,赠有大银杯一尊,以为连得冠军3年者之奖。查去年系为王鸿龙所得,谓蒋主任夫人去年亦赠有女冠军之大银鼎一件,因去年尚缺女界参加,特留作本届之奖。希望吾厦女界从速报名,勿使男界独逞其能也。

闻比赛职员业经该会函聘如下:计总裁判邓世熙,发令长陈掌谔,纪录长杨绪宝,计时长庄吉甫,终点裁判长黄炳坤,检查长张世雄,纠察长王成章,救护主任白施恩、林全盛及博爱医院医生云。

《江声报》1935 年 7 月 13 日

全厦游泳赛大会参加比赛须知竞委会第一次会通过

竞强体育会全厦游泳比赛大会竞赛委员会,昨开第一次会议,出席者邓世熙、陈掌谔、杨绪宝、卢达仑、沈志中、林全恩、蔡镜波、张世雄。主席邓世熙,纪录叶苔痕,当经通过全厦游泳竞赛大会参加比赛须知如下:

第一条 凡中华民国国民,男子年龄满 16 岁,女子年龄满 14 岁,身体健全,无染疾病者,均得报名参加比赛。

第二条 本游泳大会竞赛项目规定如下:甲、男子比赛项目,一、50 米自由式。二、100 米自由式。三、100 米仰式。四、200 米俯式。五、400 米自由式。六、1500 米自由式。乙、女子比赛项目,一、50 米自由式。二、100 米自由式。三、100 米仰式。四、200 米俯式。丙、表演项目。一、入水比赛。二、200 米接力。三、水球比赛。四、其他表演。

第三条 游泳员参加比赛规则,及游泳比赛规则,均依照全国运动会及中华体育协进会游泳规则为标准。

第四条 凡欲参加比赛者,须依期到各报名区填具履历,及参加比赛项目(凡欲参加表演者,须本人到会筹备处接洽)。

第五条 报名日期定 7 月 17 日起,至 7 月 31 日止。

第六条 报名地点,在厦门小走马路青年会。

第七条 凡欲参加比赛者,每人须缴纳报名费大洋 1 元,由本会发给收据,俟大会闭幕后退还。但届期不出席与赛者,得将其报名费取消。

第八条 游泳参加比赛项目,以 4 项为限,惟表演项目不拘。

第九条 曾经报名之游泳员,应于 8 月 8 日上午 9 时齐到本会筹备厅领取证章及号码。

第十条 大会奖品分男女两项,每项比赛给奖 4 名。其奖品如下,第一名金色奖章,第二名银色奖章,第三名古铜奖章,第四名古铜奖章。

第十一条 凡表演成绩优良,得分别奖励。其奖励办法,其奖品另定之。

第十二条 个人得分数多者为冠军,次者亚军。分别给奖,以资鼓励。

第十三条 游泳员比赛成绩,能造成破全省、全国,或远东各运动会游泳纪录者,由大会特奖,以示优异。

第十四条　发给奖品日期及地点,由大会另定。

第十五条　游泳大会比赛时间,由大会规定8月10日、11日及12日在胡里山举行。如遇必要时,得由大会临时宣布延长云。

《江声报》1935年7月17日

环鼓游泳赛洪安训获冠军　王鸿龙退居第三
施惠治力达终点

昨为基督教青年会环鼓泳赛之期,昨晨起点新路头及终点大德记,游泳浮艇上,即由该会干事卢达仑、温曜到场布置,并在起点招待大会赛员及职员,暨设备赛员随护舟等等,工部局更派捕到场维护。终点浮艇上青年会旗帜及万国旗交叉,并飘扬悬挂布额,标明环鼓泳赛各字样。设有奖品台,满目琳琅,美不胜收。茶点具备,以资招待。

11时半,各职员先后莅止,除该会干事部外,有体育界邓世熙、杨绪宝、陈掌谔、庄吉甫、张世雄、黄炳坤、杜申元、蔡青元等20余人。部分会职务,俄而白施恩医生及博爱医院医生看护队,亦到场服务。12时顷,该会总干事沈志中、副总干事刘德仁,及摄影主任黄滇生,乘坐汽舟在起点海面指挥,开辟水路,以利比赛。时该处水面舟只纵横,非常拥挤,均系观众。

本届报名比赛者凡17人,除前报发表之15人外,尚有虞可、林木胜2人。昨全数到场与赛,12时半时届,由发令长陈掌谔枪声一响,17健将即由随护舟入水。按是日每赛员各有随护舟1艘,尾随于后,舟内有检察员1人,担任看护及检查,舟上树有号码旗1面,其号码与其随护之赛员相同。既已入水,11号吴国信,12号洪安训,靠内前泳。至救世医院时,10号王鸿龙因泳外圈,潮流阻逆,尚远在黄家渡,是以吴国信均领导在前,迤逦前进。是时,各员之地位可分为三节,第一节吴国信导前,洪安训次之。第二节为王鸿龙追随,第三节则15号福岛、16号虞可、6号施君伟、7号施惠治,及8号等比较落后。

沿途如黄家渡、救世医院、三丘田、和记码头等处,观众肩摩踵接,欢呼震天,而赛员戚友之舟楫追随鼓励者亦众。当吴国信抵石窟时,王鸿龙尚在康泰安,各人则保持原有位置,仍由吴国信占先。该会沈总干事等,及救护队人员,因见战线过长,恐赛员或生意外,即乘汽舟往返巡逻3次,以遇有舟只无人,或1舟2人,即停舟询问,以资周密。

至田尾后,潮流稍缓,各员进展颇速,王鸿龙亦急起直进,冀保留历届王冠。无奈初赛即泳外圈,失于地利,已经不及。时洪安训并力与吴国信争雄,卒战退吴国信,于2时14分(去年1小时35分)欢呼声中荣登终点浮艇。兹录各员战绩如下：

第一名,洪安训,13号,成绩1小时44分。第二名,吴国信,11号,成绩1小时47分。第三名,王鸿龙,10号。第四名,蔡连络,2号。第五名,周德祥,9号。第六名,陈温醒,5号。第七名,蔡永年,4号。第八名,黎大展,3号。第九名,施君伟,6号。第十名,伍荣庆,14号。第十一名,福岛,15号。第十二名,刘怡福,12号。第十三名,施惠治(女),7号。计17名中,到达终点者13人。施惠治以15岁弱女子,孤身与男将争强,卒能达到终点,较其余各男将未到者,实胜多多也。

终点热闹非常,船上岸际、山顶、屋脊观众并立,于炎日当空中远伫,冀饱眼福者凡二千余人。终点艇上,中西各界领袖到者极众,水上大队李大队附,及该队主任姚文钧,各率汽舟一艘,分守终点两侧,是以交通维持特别妥贴,竟无拥挤之弊。是时,英领马尔定、工部局长巴士凯,及李大队附暨中西各界重要人士到者极多。该会艇上旗帜飞扬,来宾济济,大会精神极壮。约三时半赛毕,各赛员休息,至4时,由吴冷泉及各赛员表演跳水姿势,五花八门,极为悦目,来宾掌声如雷。

至4时半,公安局沈局长到场,因潮水关系,即由沈氏简单主持该会游泳浮艇开幕礼。旋举行泳赛给奖式,先撮影纪念,后由沈总干事一一唱名,由沈局长给奖。其首名奖品,系工部局巴局长所赠大银盾一座,中刻鼓屿地形全图,意义深重,特由巴氏亲赠,以昭隆重。其到达终点者,该会于奖品外,更给纪念章一枚。至5时给奖毕,各优胜者遂于欢呼声中饱载而归。

《江声报》1935年7月18日

鼓厦横渡泳赛报名卅日止

青年会二届环鼓泳赛盛况,已志前报。兹闻该会又定8月3日下午3时,举行第五届鼓厦横渡游泳比赛。泳程由鼓屿西仔路头至是市鱼仔路头,报名时间定7月18至30日止。每人报名费小洋二角,竞赛者不拘国籍、性别。内分成人、女子、童子三组。

凡能按照规则泳达终点者,除优胜者奖赠有差外,并特赠纪念章一枚。闻各界关于该会历年努力体运,均表同情。现已收到王国磐匾一件,黄元秀手书中堂一幅,王敬玖优胜旗一面,宋希濂银杯一尊,克达德厦税务司银杯一尊,交通银行及南泰成商场优胜旗各一面云。

《江声报》1935年7月23日

环鼓泳赛报名廿二人　订明日举行

青年会发起环鼓泳赛,订明(2)日举行。赛员须于上午11:30在新路头起点集合,终点为大德记。现报名有22人。该会经聘记录长杨树宝,计时长叶文炳,终点裁判长蔡如川,检察长张□渊,检察员王金初、陈耀仁、陈耀礼、林天元、蔡清源,救护主任黄桢德、童鸣,摄影主任王李泡,并请水警队派电船,鼓工部局派巡捕,维持水陆交通。赛时由何希仁在场摄收活动电影。赛毕,即日在大德记终点给奖。

《江声报》1936年9月1日

环鼓泳赛陈亚生获得冠军

青年会举行三届环鼓游泳比赛,1日举行,起点鼓屿新路头,终点大德记,水程6500余米。水陆秩序,维持周到,陈亚生荣居冠军,即日由李市长给奖。赛员计27人。

一名陈亚生,成绩1小时36秒十分六。获得蒋主任大银杯1尊,闽赣浙皖清剿总指挥张发奎大银盾1件。二名施能焕,获奖英领马尔定银盾1座。三名方棕水,获奖2区行政专员林志棠优胜旗1件。四名福永好男,五名郭界,六名黄建志,七名蔡永年,八名施君伟,九名陈宏猷。女子一名施惠治,获奖洪朝焕银杯1件。

此外,男子十名以下洪锦顺、杨元栋、林先立、黄志明、康担辛、郑伟督、林振武、林玉海、陈传达、陈有才、颜章炎,均到达终点。

《江声报》1936年9月3日

竞强会下月举行游泳大会　所收券资概赈川灾

川黔灾情严重，各地筹款助赈，本市竞强体育会，决定下月中旬，举行游泳大会。所收券资，悉数赈灾。查前年该会亦曾举行泳赛，售券助赈各县，成绩甚佳。

《江声报》1937年5月27日

集美高崎昨横渡泳赛　水陆观众数千　赠品泉三肉粽

集美讯　集校于昨日端节，举行高崎、集美长距离横渡泳赛。参加者师中、水产等学生，集美及岑头村民，计40名。下午3时50分，赛员载由高崎沙滩出发。该校5号电轮及双桨小舟23艘，随行看护，同、厦、集各界在高崎沙滩及集美码头观望者约3000余人。渔船亦皆环海观赛，不下数十只。水上红男绿女，相映交辉，其盛况实空前仅见。查高集间海港形成三角，潮流湍急，风浪险恶，欲横渡非卖(实)力不行。

此次比赛，达到集小游泳场终点者，40名中只有13名。一名为集中吴有禄，成绩38分。二名岑头村民陈坤宁，三名集美村民陈友谅，四名集美村民陈国势，五名集中鲁珍。

旋在集小游泳场，复举行中小学生50米比赛。中学甲乙组参加者20余人，甲、一名为张登山，二名郭国贤，三名林顺来。小乙、一名为陈国泰，二名陈太原，三名林东发。小丙、一名薛□胄，二名曾私任，三名陈振兴，四名陈庆和。各组成绩均颇可观。至于女子组，因人数不足，故取消未赛。毕，校长王登溯在该校办公厅分发奖品。高集横渡比赛选手，除5名给奖外，其余8名各送泉三肉粽10个。至5时许，始摄影散会。

《江声报》1937年6月14日

厦鼓横渡游泳赛下月举行

厦市青年会每年八九月间均举行各项游泳赛。兹该会因全省及全国运动会系在双十节举行，诚恐过迟举行，于赛员不无妨碍。本年特提早，于7月21日早晨10时半举行第七届鼓厦横渡泳赛。8月26日12时半，举行第四届环鼓泳赛。

又该会会员游艇队，早经出海习航。其会员中未娴泳术者，亦可报名随艇至海滩习泳。至于会员初级泳班，一俟练习地点觅定，即行编队练习。

《江声报》1937年6月25日

厦鼓横渡游泳赛今日举行

青年会七届鼓厦横渡泳赛，定本日9时半举行。计分男女童二组，报名者60人。9时，在鼓屿西仔路头集合点名，逾时作为弃权。其起点西仔路头及终点鱼仔路头与水上交通，该会经函请鼓屿工部局、本市三分局及水警大队，加派警捕电船维持。10时赛后，即在终点线举行给奖式。

赛员须知如下：一、号布须缝于泳衣或裤上，遗失者不得与赛。二、与赛者到达终点而无号布者，概不录取。三、与赛者中途不得手扶船旁及任何休息。四、与赛者途中不得由舟只导□□泳。

《江声报》1937年7月20日

本市将举行游泳比赛

明日为"九九"体育节，本市特举行游泳比赛。比赛办法如次：

（一）组别：分男女两组。

（二）比赛项目：一、男子组，50公尺自由式、100公尺仰泳、200公尺俯泳、400公尺自由式；二、女子组，500公尺自由式、50公尺仰泳、100公尺俯泳。

（三）比赛地点：紫云岩游泳池。

（四）报名日期及地点：即日起至9月11日止，向中山路新的书店报名。

（五）比赛日期：9月13、14两天。

《江声报》1947年9月8日

游泳赛今起举行

本市国民体育会主席之"九九"体育节游泳赛，定今（13）明（14）下午4时举行。男子组参加者如下：

（虎鲨队）领队曾子铭，队员黄运森、潘鸿、杨元栋、马维坚、李乙金、郭再兴、周其生、王昭福、黄克勤；（全白队）魏春河、冯尧开、陈周安、黄天任、吴英武、杨清照、王文星；（海军炮艇）王春端、李智敏、林其栋、洪岐山、林道亮、林永雄、王世祺、任善文、黄天柱、陈国榕；（双十中学）陈天乞、黄勤、陈才铨、陈良景。其他自由团体参加者，有洪柳、郑禾、林风、苏东、陈万全、陈志亿、陈志益、张铁南、沈英凯、朱登群、王文章。女子组参加者，有谭桂兰（虎鲨）、丁美玲二名。

《江声报》1947年9月13日

游泳比赛今起举行

本报讯 本市国民体育会主办之游泳比赛，原定于昨午4时起开始。嗣因连日大雨，由该会决定延期，改定于今明两日下午3时起举行比赛，地点仍假紫云岩游泳池。至于欲参加比赛，因时间不及者，仍准尽量报名，以便如期举行。

《星光日报》1947年9月14日

游泳比赛再度延期

国民体育会主办之全市游泳比赛，原订13、14日举行。乃连日秋雨绵绵，游泳池水位暴涨，经裁判长庄文潮，暨各参赛选手同意，决定延期本20、21两天举行。报名时期，亦延至18日截止。届时除增加男子1500公尺自由式比赛外，拟请虎鲨、波浪、全白等游泳队，表演200公尺及400公尺接力赛。凡前经报名之人员，倘对参加项目有更动或增加，尽可于报名截止前，向报名处登记。

闻该会为便利观众，已函请南通运输公司，届时特派汽车在中山路载客，前往游泳池云。

《江声报》1947年9月15日

游泳赛今日举行

游泳比赛订今日下午3时假紫云岩游泳池举行，参加者有全白、波浪、虎鲨三队。个人参加者,至昨日止,复增加 20 余人,合计参加人数 60 余人。

《江声报》1947 年 9 月 20 日

游泳比赛第一日成绩报导

本报讯 本市国民体育会主办之游泳比赛于昨日下午 3 时起,在紫云岩游泳池举行。发令员周马岱,总裁判庄文潮,观众达千人以上。游泳比赛结果成绩如下:

男子组:

50 公尺自由式预赛:第一组:第一名潘鸿,第二名杨元栋,(虎鲨)第三名蔡永裕。第二组:第一名马维坚,(虎鲨)第二名沈英凯,第三名许降福。第三组:第一名蔡永金,(波浪)第二名李一金,第三名林道亮。

100 公尺自由式:第一组:第一名杨元栋,第二名马维坚,第三名苏国忠。第二组:第一名潘鸿,第二名蔡永金。

100 公尺仰泳:第一组:第一名李一金,第二名杨连金。第二组:第一名潘鸿,第二名王照福,第三名吴英武。

200 公尺俯泳:第一组:第一名黄运森,第二名周其生。第二组:第一名刘怡寿,第二名陈周安,第三名杨连金。第三组:第一名陈天乞,第二名黄天化,第三名林道亮。

400 公尺自由式:第一组:第一名黄运森。

100 公尺复赛:第一组:第一名陈鸿麟,第二名黄克勤。

50 公尺复赛:第一组:第一名李一金,第二名马维坚,第三名蔡永裕。第二组:第一名潘鸿,第二名杨元栋。

200 公尺接力赛:第一名虎鲨队,第二名波浪队,成绩 38.7 秒。

女子组表演赛:

25 公尺自由式:第一名丁美玲,第二名谭惠莲。

25 公尺仰泳:谭、丁同时到达终点。

50 公尺俯泳:第一名谭惠兰,第二名丁美玲。

本日下午继续举行各种项目决赛。

《中央日报》1947 年 9 月 21 日

紫云岩上人头攒动　万人争看游泳赛
黄运森潘威廉分获三项冠军　女子谭惠兰表演赢得掌声

本报讯 本市国民体育会主持之游泳比赛，原定"九九"体育节举行，因故一延再延，至前日刚在紫云岩游泳池开始预赛。因为时间不及，决赛在昨日下午3时举行。昨天刚巧是星期天，所以虽然天气比较热，但是冒暑往观的成千男女老幼要比前天更来得多。比赛尚未开始，池畔山上已经人山人海，但在其后赶来以图一饱眼福的，依然络绎不绝。不过已经没有了好位置，而只能自叹迟来一步了。游泳池的门票收入，想必甚为可观。

前昨两日参加比赛健儿共有160余名，不过女子组只有谭惠兰、丁美珍两人。经前日预赛淘汰结果，昨天与赛的都是比较好的，所以演出也比较精彩。

3时正，竞赛开始，一时池中水花飞溅，池畔欢呼若狂，其中尤以潘威廉的百米仰泳演来最佳，双臂疾动，划进如飞。结果成绩1分26秒，打破他自己所保持的全省最高纪录，真是此次比赛可贵的收获。1500米的自由式第三、四、五名，虽与冠亚军相差相远，但都能继续游至终点，纵然不幸屈居人下，但是这种毅力和精神是值得钦佩的。其中黄运森气魄的强健，尤为人钦佩。

女子组此次参与比赛的只有两人，在这个四围环海的南国鹭江，似乎是一件令人引以为憾的事。一共两位，经过前天一战，高下已分。昨天，只有谭惠兰，在观众热切鼓掌促驾下，一人单独表演了一次50米的俯泳。虽然大家都觉得有点不够，但总算是有"女子加"这一个节目，聊以解慰。在数千只眼睛的集中视线下，谭小姐入水出水时间是54.8秒钟，就匆匆上去了，连记者从人群中挤出了，想替她摄影的机会都没有。

经过3小时的剧烈竞争，虎鲨队的潘威廉、黄运森两人分获三项冠军，各获个人总锦标。全部比赛于焉结束，千百观众在夕阳中兴尽而散。

昨天的成绩如下：

男子，50公尺自由式：潘威廉、李乙金、杨元栋、马维坚（均虎鲨队，成绩24.2秒）。

100公尺自由式：潘威廉、杨元栋、马维坚、苏忠国（一至三虎鲨，四波浪，成绩56秒）。

100 公尺仰泳:潘威廉、李乙金、王昭福、吴英武(一至三虎鲨,成绩一分26 秒,打破全省纪录)。

400 公尺自由式:黄运森、陈鸿麟、黄克勤(一、三虎鲨,二波浪,成绩 6 分 16 秒)。

1500 公尺自由式:黄运森、蔡联、陈鸿麟、陈庭源(一、四虎鲨,二、三波浪,成绩 28 分 23.6 秒)。

200 公尺仰泳:黄运森、周其青、陈天乞、刘怡寿、杨连全(一、三虎鲨队,刘杨同时到达,成绩 3 分 25 秒)。

女子,50 公尺俯泳表演:谭惠兰(虎鲨,成绩 59.8 秒)。

《星光日报》1947 年 9 月 22 日

由"海军游泳赛"说起

本报记者　慈扬

本报特写　晨间,这一向平静的路上,居然热闹起来,太阳像一把火伞,晒得人们满身大汗。为了要看海军官兵游泳赛,大家都忍住这些苦头。

时间慢慢地逝去,可是潮水却相反地高涨了!

10 时,大会终于开始了,康处长用几句谦虚的话作大会的致词。继请来宾演说,澎湖县长徐升平首先立起,他说游泳对海军的重要性,在惊涛怒潮的国家,正像选手们乘风破浪一样。

要塞部周主秘:"今天是海军第一次举行游泳竞赛,我希望从此海陆空军会打成一片。"陈侯南:"今天的游泳大会,应该不要当它是游艺会,游泳这运动在海军方面是非常重要,尤其海军在战争中担负的使命的重大。"

何秘书国璋:"康处长曾对我说过,本年没有什么事务,可是秋季我们打算举行海上大规模的游泳比赛。过去,厦门的海军有过光荣的历史,一个国家没有海军就是没有国防。目前厦门虽然还是海军重要的根据地,但是它担负的任务还是特别重要,将来海军的重心,还是厦门呢!所以今后国家的国防,还是靠着海军来生长,来建立的!"王连元:"进步国家的军队应该要接近民众,所谓'与众同乐'就是这个意思。我们会了解海军,了解军队,国家才有办法。"

庄文潮,他是一个体育教师,他说了许多体育经,并且说了游泳对于人们身体的益处,所谓"仁者乐山,智者乐水",已是这个定义。

听完了这些来宾演说以后,记者立刻感觉到体育对于整个国家盛衰的重要,所以西谚有句话说:"要有健全的体魄,才有健全的事业。"十年来,我们的国家为了抵抗侵略者,所以一切的事业都积滞在抗战的过程中,尤其体育这部分,更是退步相当可怕。可是抗战胜利了,一切的事业也都胜利而渐渐地进步,渐渐地新生了!

民国廿三年全国海军,曾在福州马尾举行过一次全国海军运动大会。当时,全国的人民都对这运动会非常注意,也在那时我国的海军从萌芽中茁壮起来了。可是由于建设的不甚健全,表现不出他们英勇的史绩,从这一次失败的教训,国家才决意积极训练新的海军。康处长秉承了国家这种重责,也感觉到体育(尤其游泳)对于海军的重要,所以举行这一次的游泳竞赛大会,并且参加全市游泳比赛。同时,他更明白体育不是全为了锦标,失败并不是体育的目的,这种值得嘉许的精神是长官们对于体育的认识和提倡。有了这样一位贤能的长官,国家哪里不会在新生中长大起来呢!

为了要观摩别人的游泳技术,特地约请虎鲨游泳队莅场表演,这种学习的精神,可以说是进步的预兆。一个成功的人,正是从不断的学习中得来的。

看完游泳赛回来,大家都默默地祈祝着新中国海军的健儿们康健!

《厦门大报》1947年9月28日

海军巡防处游泳赛成绩

海军巡防处昨晨在虎头山脚海军码头举行游泳竞赛,成绩如下:

(一)厦鼓渡海赛,第一名李敏智,第二名王春端,第三名林永雄,第四名林道亮,第五名林依钟,第六名洪岐山,第七名王世祺,第八名陈国榕,第九名吴家彩,第十名黄天柱。(成绩13分15秒)

(二)50米水中脱衣赛,第一名陈国榕,第二名王春端,第三名何敏,第三名吴幼松,第五名康毅。(成绩49秒)

(三)200公尺接力赛,第一名小艇队,第二名南平炮艇队。(成绩2分27秒)

此外尚有虎鲨游泳队参加表演,情况热烈。

《江声报》1947年9月29日

南国水长白浪天——海军游泳竞赛纪盛

本报记者 陈常煜

是一个秋高气爽的晨曦,一群白衣蓝领海军健儿从民国路转弯抹角地经中山路鹭江道,用齐整步伐朝着海军码头迈进。这行列冲破了都市早晨的沉寂,它告诉市民们海军游泳赛快要开始了。于是这崎岖不平的鹭江道上熙熙攘攘地挤满了人群,男的女的老的幼的,怀着同一的目的向目的地前进。在虎头山下不远的地方,有两个卫兵雄赳赳地站着。冲过了他们的守卫线,一座帆布构架而成的司令台已经排在眼前了。

时针指在 10 时 20 分,游泳竞赛仪式开始,发令员陈鸿人洪亮喉音像铜钟叩敲响着,应声出现的主席康处长肇祥,用着东北口腔致开会词:他说:"今的举行本处官兵游泳竞赛的意义有四点,一、测验本处官兵水上常识,作本年度成绩考核标准。二、游泳是海军家常便饭,促使本处官兵多作游泳练习,以备国需。三、观摩外界游泳技术,改善本处官兵游泳技术。四、提倡正常运动,促进军民情感。"康处长话说完了,接着是台湾省澎湖县长徐升平起立演说,他说:"我国有很长的海岸线,要海军的需要比较其他国家来得迫切。海军官兵游泳不但要求速度迅速和技术的改良,并且还要有冒险的精神,当前的我国是在惊涛骇浪过程(中),海军更要发挥冒险牺牲精神,摆渡过去才好。"当徐县长坐下来的时候,掌声雷动,打破了会场的雍穆空气。到会来宾陈侯南、王连元、庄文潮也接二连三站起来作简单扼要的演说,各赢得一阵阵掌声,游泳竞赛仪式就告一小段落了。

当发令员宣布竞赛开始,水上(脱)衣表演运动员预备的话之后,9 名穿蓝色制服的海军健儿,从人群蜂涌而来,跑过渡头登上甲板,动作非常迅速,排列成队,静候裁判长潘威廉下令。红旗打枪三次,扑通一阵水声,白浪花涌掀而起,这群健儿的衣服早在海中(脱)光了。秒针经过 49 秒,陈国榕达成 50 米短程,造成纪录。第二名王春瑞(端),第三名何敏,第四吴幼松,也先后达到终点,第一个节目结束。波浪、虎鲨两队员跳水表演和海军水上射击表演同时举行。

海军水上射击表演选手各个拿把"大曲"短枪,全身脱得剩下一条短裤,由钢骨水泥梯阶下水,用立正姿势先排成一字形,前进式游到司令台前海面,然后向左转身,面朝向鼓浪屿。方向确定了,一阵轻声结束了射击项目。同时,跳水表演的各健儿们也跳得起劲,红男绿女视线都投射这一边来,起初是燕子式跳水,后来是仰泳式、自由式。几十个的健儿,表演十数样表演姿势,节目是何等精彩动人呀。

厦鼓横渡竞赛是继着水上射击和跳水表演之后,30多名参加横渡游泳健儿,脱光了衣裳,分别爬进海军炮艇,记者也随艇出发。炮艇烟窗冒浓烟了,艇身荡漾在海中。5分钟后,炮艇靠近鼓浪屿自来水码头,司艇扭停机件,艇身停了。竞赛的健儿爬上自来水船,发令一枪响,健儿们争先恐后跃身下海,大展身手。有的是用自由式,有的仰式,蛙式游泳更多了。可以说,这群海上英雄,他们是不择手段,只要能够达成目的。但是在逞雄斗胜的时候,他们却不断运用智慧,有的保守派,有的急进派,各有各的好处。但争到第一名的李智敏君,却是保守中人,他在竞赛开始,是落伍太远,大家都替他担心。可是在半海,他抖擞精神,猛烈奋进,冲过竞赛伙伴。经过13分15秒,很快达到终点。第二名王春端,第三名林永雄,第四名林道亮,第五名林依钟,第六名王岐山,第五(七)名世棋,第八名陈困(国)榕,第九名吴家彩,第十名黄天柱,也先后到了终点。其他竞赛虽然是得不得名次,然而他们都有始有终游至终点,是很一种好现象。

横渡健儿上水之后,水上队形变换节目便接着表演。至于200公尺接力竞赛成绩纪录是这样的:小艇队占冠军,南平炮艇队亚军自居。这两个艇队斗争之后,时间已经不允许竞赛了,因此牺牲不少精彩节目。

骄阳好像一把火伞,当空照着,人们来自各方,同样地各怀着一颗愉快心儿,从各角落消迎了。记者也带着兴奋情绪在阳光底下跑进市区来。

《星光日报》1947年9月29日

海上健儿大显身手　厦鼓渡海竞赛李智敏夺得锦标

驻厦门海军官兵游泳竞赛,昨(28日)上午10时在虎头山海军码头举行。会场系临时以帆布搭成,简单幽雅,招待长柳东莱于招待来宾时,吐词隽妙,谈趣风生。参加竞赛之海上英雄,亦健康可喜,首由巡防处处长康肇祥,报告游泳竞赛意义四点:一、此次游泳竞赛系作下半年度水事练习考绩;二、游泳为海军官兵之应具必要条件;三、有厦市闻名之虎鲨游泳队参加各等表演,可以藉此互相观摩;四、在座惠临各界首长来宾,不少有游泳界先进,希望加以指导。继来宾台湾省澎湖县长徐升平,要塞部秘书长周烈,海军总司令部秘书何国璋,市党部部长王连元,海员特别党长书记长陈侯南,厦大体育教授庄文潮等演说,语多勖勉。

至 11 时 5 分开始,各种竞赛,一、厦鼓渡海竞赛:一名李智敏,二名王春端,三名林永雄,四名林道亮,五名林依钟,六名洪岐山,七名王世祺,八名陈国榕,九名吴家彩,十名黄天柱,成绩 13 分 15 秒。二、50 米水中脱衣竞赛:一名陈国榕,二名王春端,三名何敏,四名吴幼松,五名康毅,成绩 49 秒。三、200 公尺接力竞赛:一名小艇队,二名南平炮艇,成绩 2 分 27 秒。水上射击队形变换、水上拔河、跳水等均系表演。至 1 时 20 分比赛完毕,由康处长亲自给奖。

《中央日报》1947 年 9 月 29 日

军民体育会办禄丰杯渡海游泳赛

闽南军民体育会游泳场前日开幕后,近正积极筹建一正式比赛之游泳池,不日可开工。现为鼓励各会员起见,决定于本月 25 日(星期日)举办禄丰杯公开男女渡海游泳比赛,凡属军民均得参加。报名免费,只须备有相片 3 张即可。其报名处,设于鼓浪屿菽庄花园军民游泳场云。(厚)

《江声报》1948 年 7 月 2 日

禄丰杯渡海比赛经拟定章程十条

闽南军民体育会主办禄丰杯公开男女渡海游泳比赛,昨志本报。据悉,该项比赛章程今已拟定:

一、宗旨:倡导水上运动,实施体育应用化,提高游泳水准。

二、参加资格:凡住闽南军民,体格健全,12 岁以上男女均得参加。

三、报名:即日起至 7 月 22 日止,向鼓菽庄花园办事处报名,缴相片 3 张,不收报名费。(号码布二件自备,依照报名先后自填号数,于比赛前加盖会印。)

四、检查体格:24 日下午 2 时在鼓浪屿军民游泳场。

五、比赛日期:定于 7 月 25 日下午 1 时点名,3 时比赛。

六、地点:由鼓浪屿轮渡码头起点,至厦门轮渡码头终点。

七、水流：顺流（水退）。

八、中途放弃：如因气力不足决定放弃，可仰浮示意，需登船当即驰近，以便其登船休息。

九、奖品：男女第一名，各奖禄丰杯一座。二、三名各奖锦旗一面，十名内奖赠奖状一纸，精神奖有始有终各奖状一张。

十、领奖：比赛会完毕，即在本会菽庄花园游泳场举行，想届时必有一番盛况云。

《立人日报》1948年7月3日

渡海比赛改期下月三日

闽南军民体育会主办之禄丰杯渡海比赛，原定本月25日举行。顷悉：主持该项比赛之该会体育顾问郑缉熙因在港购买体育器材未毕，电报以25日前不能赶返厦门。为比（此），该会决将比赛日期展缓至下（8）月3日（星期二），所有比赛步骤及办法依照前拟章程办理，惟比赛钟点提前于上午10时在鼓轮渡集合，10时半开始比赛。经分别通知参加人员知照云。

又该会曾接署名为"厦鼓游泳队"函一件（队址不详），对于此次渡海比赛，建议五点，以资参考。该会深表感意，惟请求改于厦门紫云岩游泳池举行一节，以与渡海原意相远，未便采取云。

《江声报》1948年7月23日

厦鼓游泳比赛将举行总练习

闽南军民体育会主办禄丰杯厦鼓游泳比赛，改于8月3日举行，已志报载。顷悉该会体育顾问郑缉熙已于日昨由港飞厦，刻正积极筹备比赛事宜。为使比赛过程进行顺利起见，该会将于7月31日上午9时半在轮渡举行总练习，凡已报名比赛或有意比赛未报名，均可参加。沿途派有救生艇保护，以策安全。（外）

《江声报》1948年7月29日

军民体育会奉准备案　渡海总练习本日早举行

军民体育会"八三"渡海比赛日期已近,该会特定今(31)日早8时在鼓浪屿轮渡码头集合比赛。人员分批先期练习,除原有报名者外,预料本市澎湃队、波浪队及海军健儿均有大队人马参加。又凡有意练习者,可临时加入,以便分组。该会特备小艇5只,沿途保护。闻大赛定1日下午7时截止报名,并发运动员须知及号码布。

《江声报》1948年7月31日

渡海竞赛昨总练习　万人争看情况热烈

本市讯　闽南军民体育会主办禄丰杯厦鼓渡海游泳比赛,筹备多时,昨(31)日上午举行预赛总练习。参如(加)人数,将及百人,破历届纪录。计分3组举行。

8时,第一组开始出发,在军乐悠扬声中,各健儿奋勇跃务(人)。蔡永金一路领先,黄龙、张亚翊,及各健儿紧紧追随。至中流,蔡永金航线忽斜西向,黄龙描对目标,鼓浪迈近,张亚翊苦苦紧随。过教仁轮以后,永金迎头赶上,与亚翊竞争激烈。后面的郭永国、黄诚铭,亦不示弱,勇往直前。终以黄龙确系能手,一马当先,到达终点。亚翊屈居第二,永金忙中有错,仍属第三。郭永国、黄诚铭等达终点者,计9名。成绩第一名,13分23秒。

第二组8时半,改由厦渡鼓,以顺水流。此时岸上真是人山人海,争看健儿大显身手。海上小艇,打气加油的小组儿,比水里健儿还要紧张、吃力,无怪健儿个个英勇非凡。在此数十人鱼当中,林伯添、杜首明、杜首达、马维骞(謇),沿途争个不休。结果马维骞(謇)第一,杜首达、杜首明分占二、三席,林伯添只差一步。

最后一组,多属海军健儿,他们果然名不虚传。昨天小试身手,许国栋活龙泳术,有如鱼雷快艇,一鼓作气,一刹那间,就抵达对岸,博得观众连声称赞。其余健儿,临时因潮流太急,改为直线泳,至海军营地为终点,由军乐歌送至江干。至此,本次练习乃告完成。预料3日正式比赛时,健儿之竞争,将空前剧烈。

观于各队月来之勤于练习,成绩必可打破以往纪录。社会各界,对此比赛热烈赞同,闻昨由该会收到各团体奖品极丰。除冠、亚、殿军3名由王禄丰中将赠予银盾锦旗外,继收到中南银行锦旗一面,香港东风画报社寄到新式名贵泳衣一件,中央信托局则赠送储蓄卷数百万元。该会决定,凡能泳至终点者,均会有奖状颁授。过3天,我们再看热闹吧。

《星光日报》1948年8月1日

禄丰杯渡海赛今晨举行　海军将继办海军杯游泳赛

本市讯　军民体育会筹备多时之渡海比赛,定今(3)日上午9时在轮渡举行。记者昨获悉此次比赛人员,凡95人,内海军队最踊跃,共43人。波浪队18人,澎湃队15人,其他个别参加者19人。系由鼓渡厦一次决赛,评判队聘请社会专门人员担任,邓缉熙为总评判。

赛后,即于下午2时在鼓浪屿菽庄花园游泳场行授奖典礼,由王禄丰中将亲为主持。查该会此次收到奖品甚多,至昨晚止,计有银盾3座,锦旗10幅,镜屏两面,及奖金数百万元。本市其他机关社团,纷纷赶制,奖品中除冠、亚、殿军外,运动员普遍有获得奖品之特权。颁奖后,备专车迎运动员在厦游行一周,并以军乐伴奏,藉资勉励而广提倡。

本市息　厦门海军巡防处,去岁夏末曾举办各项游泳竞赛及渡海表演。闻该处康处长本季将继"禄丰杯"渡海游泳比赛之后,于"九一八"再主办"海军杯"环鼓浪屿游泳比赛,及各项水上运动竞赛,以促军民游泳体育之兴趣,并联络军民感情。

《星光日报》1948年8月3日

渡海游泳赛昨举行　苏马两人并获冠军
波浪澎湃两队定今再决战

闽南军民体育会主办之禄丰盾厦鼓渡海游泳比赛,昨上午依期举行。参加者95名,实到87名。

8时许,厦鼓两岸观众云集,万头攒动,海上小艇电船往来如梭。9时正,由该会副总干事杨培生点将;9时40分,海上交通断绝,裁判员电轮及警戒轮出发终点。10时正,发令员李墨容枪声一响,80余健儿跃游海中,只见点点人头,追随于绿波中。军乐鼓舞,健儿奋进。啦啦队从旁鼓励,造成紧张局面。讵将及终点百米内,突有一小艇横在当前,致影响前头苏中国、张亚翊、蔡永金去路。此时马维謇另选路线,乘机跃进,结果苏中国、马维謇占先,成绩 13 分 40 秒。张亚翊第二,成绩 14 分 1 秒。三名蔡永金,成绩 14 分 13 秒。四名陈耀辉,五名许国栋,六名黄诚明,七名杜首明,八名林伯添,九名郭永国,十名谢绵成。87 员陆续到达终点,无中途弃权者。

比赛过程中,马维謇捷足先登,应属第一。但苏中国一向领先,如不受小艇阻挡,料在马之前,故冠军谁属,发生问题。后经裁判协议,苏马均认为冠军。为表示体育真精神起见,双方之主队波浪队、澎湃队各派 3 人(以曾经参与比赛者为限),定今(4)日同时间再在原处作两队对抗比赛,由大会将禄丰盾保留作为锦标。

昨赛毕,下午 2 时在鼓浪屿菽庄花园举行授奖典礼,2 个一名,各给盾 1 座,旗 1 面。亚军奖镜 1 面,旗 2 面。殿军盾 1 座,旗 1 面,联 1 轴。四至十名均有锦旗,十名以后,凡到达终点者各给以奖状。海军、波浪、澎湃各队,另给团体奖。礼成摄影,4 时出发游行各街道,藉以普遍引起民众对体育之兴趣云。(衣)

《江声报》1948 年 8 月 4 日

昨晨渡海比赛冠军发生问题波浪澎湃两队今再决战

市讯 禄丰盾厦鼓渡海游泳比赛于昨上午举行,参加者 95 名,实到 87 名。8 时许,厦鼓两岸,观众数万,拥满海边。海上小艇数百艘,各机关电船云集。9 时正,由该会副总干事杨培生点将。9 时 40 分,海上交通断绝,裁判员电轮及警戒输出发终点。

10 时正,发令员李墨容一声枪声,80 余健儿跃游海中,只见点点人头,追随于绿波中。军乐鼓舞加气,健儿奋勇前进。啦啦队从旁鼓励,造成紧张局面。蔡永金、许国栋、黄诚明、张亚翊、马维謇、郭永国、杜首明、林伯添等至水塔时,均标出人前。未至中流,苏中国、张亚翊、蔡永金、陈耀辉竞争剧烈。新人马维謇,苦苦紧随,亦不示弱。泳过教仁轮后,强弱渐分,不少健儿落后颇远。此时,海上观众小艇轮蜂拥而上,秩序渐见零乱,而潮流迫艇,几与游泳员混成一片。将及终点百米内,突有一小艇横在当前(据云有受人主使之嫌,一度被扣调查),至影响苏中国、张亚翊、蔡永金去路。此时,马维謇另选路径,乘机跃进,各员斗志骤紧。结果苏中国、马维謇占先,成绩 13 分

40秒;张亚翊第二名,成绩14分1秒;三名蔡永金,成绩14分13秒。四名陈耀辉,五名许国栋,六名黄诚明,七名杜首明,八名林伯添,九名郭永国,十名谢绵成。87员陆续到者(达)终点,并无中途弃权(未)达。

查比赛过程中,马维謇捷足先登。但苏中国一向领先,如不受小艇碍挡,料在马之前,故冠军之谁属,尚待讨论。后经众裁判员14人之多方研究,得获协议。为表示体育真精神起见,双方之主队波浪队、澎湃队各派3人(以曾经参与比赛者为限),定今(4)日同时间再在原处作两队对抗比赛,由大会将禄丰盾保留,作为锦标。

昨日赛毕,下午2时在鼓浪屿菽莊花园举行授奖典礼,师区王司令主持颁奖(童副司令代),强调吾国民体格积弱,锻炼体格不容稍缓。此次比赛,旨在普遍提倡,并不以养成一二专门人才而已足。继由副总干事杨培生报告比赛经过,来宾相继演说,语多勉旃。随后则给奖,2个1名,各给盾一座,旗一面。亚军奖镜一面,旗二面;殿军盾一座,旗一面,联一轴。4至10名均有锦旗,10名以后,凡到达终点者各给以奖状。海军、波浪、澎湃各队,另给团体奖。礼成摄影。4时出步游行,以专车军乐导引,途经中山、思明、大同路,市民争观优胜健儿,报以鼓掌。

《立人日报》1948年8月4日

禄丰杯渡海赛冠军确定　还是马维謇第一

本报讯　禄丰杯横渡厦鼓游泳比赛,前日因29号马维謇被取消第一资格,澎湃队提出抗议。经评判会议,临时变通办法,采取冠军制,由波浪、澎湃两队各选拔3人参加决赛,已志本报。

查昨日上午9点举行决赛,波浪队选拔14号苏中国,21号黄龙,12号张亚翊等3人;澎湃队选派29号马维謇,45号杜首达,27号李刻中等3人参加比赛。地点照前,由鼓轮渡码头起,至厦门轮渡码头终点止。海上秩序,由监护小舟负责维持,并有电船一只,满载军乐队,随行伴奏,并施号令,指挥观众小舟趋避,故秩序良好。选手落水后,14号苏中国一路领先,各观众以为当得冠军,距离终点十余米时,29号马维謇,鼓其余勇,奋力争先,终得越过苏中国而得冠军,足证赛前日第一名并非侥幸。14号苏中国以9秒之差,屈居殿军。

兹将决赛名次列下:第一名,冠军29号马维謇,成绩13分36秒(澎湃);

第二名,14号苏中国(波浪);第三名,21号黄龙(波浪);第四名,12号张亚翊(波浪);第五名,45号杜首达(澎湃)。27号李刻中,游至50米时,登舟弃权。

赛后随在青岛茶室摄影、给奖,第一名奖冠军大银盾一座,第二名奖中储券200万元,第三名奖市府"海上扬威"纸联一幅云。

《星光日报》1948年8月5日

渡海比赛昨告结束　澎湃队马维謇仍获第一
成绩十三分三十六秒

市息　前日禄丰盾渡海比赛,因小艇限程之影响,苏中国、马维謇强弱难定,秋色平分。为表示体育真精起见,双方之主队波浪队、澎湃队,昨日在原地点,又再角逐,争夺禄丰盾最后锦标。此一关系两队实力之决赛,自非小可,双方各派最精干游龙3人,以决雌雄。波浪队推苏中国、张亚翊、黄龙出阵,澎湃队派马维謇、杜首达、李振中参战,旗鼓相当,鹿死谁手,自难逆料。惟众信再度角逐,镜头必较前日更为精彩可观。故鼓厦两岸,早已人山人海。体育会主持人,老早到达起点,布置一切。两队选手,亦先期报到。

9时50分,海上轮渡停航,水上纠察员黄耀钧、叶志铭、陈绍光各驾一艇纠察。海上小艇便向两边回避,一路展开。计时员廖永明及《东风画报》摄影记者另驾一艇预备,6位健儿早站在轮渡浮板上,跃跃欲试。

10时正,起点发令员杨培生点将毕,哨声一响,一齐纵身海中,乐队随后奏乐助兴。苏一路领先,黄、张左右夹进。游50米,李气力不足,仰浮弃权。过水塔,马、杜还在后头,大家为他捏一把汗。快到教仁轮,马急起直追,突迎头赶上,一步必争。一时双方极为紧张,分成剪形前进形势。苏、黄、张居上游,马居下游,杜则在后头紧追。前面4人平排,风驰电驶,不分强弱。将及终点百米内,苏、马到底确属名手,首当其前。此最后一刻,2人均奔尽乳力力争。此时海上参观轮艇越聚越多,但未有冒犯警戒线者,秩序井然,不复似前日之纷乱矣。

岸上万千观众及两方喇喇队,为健儿打气加油。终点船上,裁判员邓缉熙、蔡清源、陈连茂、林伯添、黄桂英、陈庆湘,集中目光,预备记分。结果,马维謇以13分36秒占先。捷报传来,澎湃队员兴高采烈,交手相庆。苏中国同属敏捷,仅让9秒,屈亚军。黄龙列于第三,四名张亚翊,五名杜首达。当马维謩到"青岛"休息时,大家共喊英雄,途为之塞。总裁判当即将冠军禄丰盾授与,二名赏中信局储金 200 万元,三名奖市府联轴。优胜健儿,摄影以留纪念,载誉而归。

《立人日报》1948 年 8 月 5 日

海防处举办"海军杯"横渡鼓厦往复比赛

海军巡防处去岁夏末曾举办各项游泳竞赛及渡海表演,除海军官兵外,尚有波浪队、虎鲨队参加,结果完满。

兹悉该处又将于 9 月 18 日再主办 37 年度"海军杯"横渡鼓厦往复比赛,其比赛原则如下:(一)宗旨,为促进军民游泳体育兴趣及联络军民情感。(二)比赛日期,9 月 18 日上午 9 时至 12 时。(三)比赛地点:宏汉路海军码头为起点,横渡至鼓浪屿新路头折返海军码头为终点。(四)参加资格:凡军民各界青年,不论团体或个人对游泳有兴趣者,皆所欢迎。(五)报名日期:自 9 月 1 日起至 9 月 14 日止。(六)报名地点:民国路海军厦门巡防处副官室,不收相片、报名费,号码布亦由处发给。(七)奖励办法:本比赛共取 10 名,此外凡能到达终点者,皆酌给奖品。(八)附记:本章则如有未尽事宜,得随时修改之。

又据海军巡防处体育部消息,该处是日并备茶点招待各界来宾,海军官兵举行接力比赛、水上射击、水中脱衣竞赛等各项表演。闻波浪队、澎湃队亦将参加表演各项水上技术,届时定有一番盛况云。(衣)

《江声报》1948 年 8 月 21 日

万人争看人鱼　记厦鼓渡海游泳比赛

本报讯　为了要提倡体育,闽南师管区王司令,昨日举行宣传已久的"禄丰杯"厦鼓渡海游泳比赛。

此次报名 95 人,参加比赛的 87 名。比赛开始原定上午 9 时,8 时许,鹭江岸上及鼓浪屿龙头及轮渡码头已被趁热闹的人挤成堵墙,权充游艇的舢板和各机关电船密集,海上稠得川走厦鼓不息的轮渡被磋商暂时停航。

在趁热闹百相的仕女们淌了两个钟头的汗后,比赛出发点的鼓浪屿轮渡码头枪声一响,警戒艇、救护船向双边回避,军乐悠扬声中,闪出条广道,让"黔首"点点在绿波中沉浮前进。蔡永金、许国栋、黄诚明、张亚翊、马维謇、郭永国、杜首明、林伯添至水塔时,均标出人前。及至中流,苏中国、张亚翊、蔡永生、陈跃辉竞争激烈,新人马维謇在澎湃队昔日健将李一金挥摇队旗之小艇直前领导下,奋勇紧随,空气突形紧张。十多艘插有"救护船"三角旗子的舢板,横冲直上,追迫领先的健儿。满载红红绿绿花枝招展的姑娘、太太,放开喉咙,娇声呐喊,(为)过诸健儿拼命的打气。教仁轮后强弱渐分,不少健儿被括从教仁轮后回过,飘向海关码头。此时没有插"救护船"三角小旗子的游艇也蜂拥而上,海面的船和海中的人搅成一片。将及终点百米内,突有伫满太太、老爷的汽艇一艘横在常前,屁喷黑烟,致影响苏中国、张亚翊、(蔡)永金去路。马维謇乘机另寻出(口),跃进领前,先达终点,成绩13分40秒。

此时,少数力气较(弱)了,(为)终点的胜利英雄添差的□儿,泳越教仁轮首时,已经不济(而救护艇救了满载花枝招展的女士,挤在厦门轮渡码头),援手无人,只得紧抓锚链。在水中,海国健儿誓不中途弃权,喘过几口气后,再鼓余勇迈进,终于全部到达,好得没有意外发生。

马维謇捷足先登,本应冠军独得,但苏中国一向领先,如不受汽艇阻挡,料不在马之后,故冠军谁属,发生争执。后经裁判员14人之多方研究,得获协议,苏、马均认为冠军。为表示体育真精神起见,双方之主队波浪队、澎湃队各派3人(以曾经参加比赛为限),定今(4)日同时间再在原处作两队对抗比赛,由大会将禄丰盾保留,作为锦标。此次名次及成绩如下:苏中国、马维謇第一,成绩13分40秒;张亚翊第二,成绩14分1秒;三名,永金,成绩14分13秒。四名陈跃辉,五名许国栋,六名黄诚明,七名杜首明,八明林伯添,九名郭永国,十名谢(绵)成。

昨日赛毕,下午2时在鼓浪屿菽庄花园举行授将典礼,师区王司令主持颁奖,(童副司令代)始强调吾国民体格积弱,锻炼体格不容稍缓。此次比赛,旨在普遍提倡,并不以比赛成一二专门人才而已足。继由副总干杨培生报告比赛经过,来宾相继演说,语多勉励。随后即给奖两个1名,各给盾1座,旗1面;亚军奖镜1面,旗1面;殿军盾1座,旗1面,联1轴。4至10名均有锦旗,10名以后凡到达终点者,各给与奖状。海军、波浪、澎湃各队,另给团体奖。礼成摄影,4时出发游行,以专车军乐导引,途经中山、思明、大同路,市民争观优胜健儿,报以鼓掌。

《中央日报》1948年8月24日

今日水上盛会　举行海军杯渡海赛

本市海军巡防处于"九一八"举办海军杯厦鼓往返渡海比赛及水上运动会，业迭志前报。兹悉该项比赛运动决于本日上午9时开会，10时开始比赛及表演项目，除往返渡海外，尚有海军水上脱衣、接力、潜水等比赛及队形变换、水上射击等表演。本市波浪、澎湃两著名游泳队，并作跳水及花式接力等表演。迄至昨日止，报名参加者计波浪队13人，澎湃队14人，社会队22人，海军队53人，共102名。届时当有一番盛况云。

又该处除自备海军杯及锦标奖状外，并收到各界赠送奖品甚多云。（衣）

《江声报》1948年9月18日

昨游泳赛因雨顺延　改于今午原处举行

海军杯厦鼓往复渡海比赛及水上运动会，原定昨日（"九一八"）举行。因昨晨气候阴雨，无法办理，乃临时决定顺延，改于今日（19日）仍在原处举行。据悉参加比赛者，计厦鼓海上英雄100余名，并有本市澎湃、波浪两队参加表演花式接力及各种水上竞技。海军健儿亦不甘示弱，亦有队形变换、水上脱衣等表演。且今日（19日）为星期日，前往参观者定更踊跃云。

又讯　海军巡防处为鼓励参加比赛健儿届时奋力竞争起见，决定在比赛之初备卡车数辆，分载军乐队及参加比赛各队人员及所有锦旗奖品，环本市一周后，集合海军码头开始比赛。又因潮水关系，比赛时间定为中午12时30分云。（衣）

《江声报》1948年9月19日

渡海比赛改今举行　奖品分配排定

市讯　海军杯厦鼓往复渡海比赛，及水上运动会，原定"九一八"举行。因雨顺延，改为今（19）日仍在原处举行云。

又讯　海军巡防处为鼓励参加比赛健儿届时奋力竞争起见，决定在比赛之初，备卡车数辆，分载军乐队，及参加比赛各队人员及所有锦旗奖品，环本市一周后,集合海军码头,开始比赛。又因潮水关系,比赛时间定为 12 时 30 分云。

又讯 海军巡防处收到各界赠送"九一八"渡海比赛及水上运动会奖品,经排定,分配如附表:

1.渡海比赛:

(甲)个人奖:冠军——海军巡防处银杯 1 座,海员公会锦标 1 面。亚军——海军巡防处镜框 1 个,市政府锦标 1 面。殿军——海军巡防处镜框 1 个,要塞部锦标 1 面。第 4 名——海军造船所镜框 1 个。第 5 名——水警局镜框 1 面。第 6 名——引水业务所锦标 1 面。第 7 名——银行公会锦标 1 面。第 8 名——银行公会锦标 1 面。第 9 名——电灯公司锦标 1 面。第 10 名——招商局锦标 1 面。第 11 名——合作金库镜标 1 个。第 12 名——轮船公会镜框 1 个。第 13 名——市党部中堂 1 帧。第 14 名——总工会中堂 1 帧。第 15 名至 26 名各得毛巾 1 条,完成渡海者各得海军巡防处奖状 1 帧。

(乙)团体奖:冠军——厦海关银盾 1 座,亚军——市参议会锦标 1 面,殿军——中央银行锦标 1 面。

2.海军接力比赛:闽南师管区锦标 1 面。

3.海军脱衣比赛:警察局锦标 1 面。

4.海军潜水比赛:厦门大学锦标 1 面。

5.波浪队花式接力:市商会锦标 1 面。

6.波浪队入水表演:海港检疫所锦标 1 面。

7.澎湃队跳水表演:太古公司锦标 1 面。

8.海军射击表演:集友银行锦标 1 面。

9.海军队形变换:海员党部镜框 1 面。

《立人日报》1948 年 9 月 19 日

英华自治会举办游泳赛

市讯 鼓浪屿英华中学学生自治会为提倡水上运动暨联合同学感情起见,明日上午 10 时举行鼓浪屿横渡游泳比赛。闻该学校所有之水上健儿,均全部参加比赛,外界各游泳队,亦欢迎参加比赛。届时将有一番盛况云。

《立人日报》1948 年 10 月 1 日

秋季游泳比赛九月四日举行

本报讯 市体育会于昨（14）日下午4时，召开理监事联席会。由庄友德主持，讨论议决：（一）关于记者联谊会兴办记者杯，由本会协办，办法另定。（二）秋季活动举办游泳比赛，日期定9月4日，地点由大屿起点，海关码头为终点。报名时期：自8月21日至8月31日止。报名地点：中山路新的书店，参加单位，以个人为标准。（行）

《星光日报》1949年8月15日

波浪游泳队昨举行计程试渡

本报讯 市体育协会举办之秋季渡海游泳比赛，经决定于下月4日举行，已志昨报。兹悉该协会为供各参加健儿参考，特于昨（16）日下午6时敦请波浪游泳队，作计程试渡。参加者共9人，自大屿起点至海关码头，全程经测出为2316公尺。计到达终点者有人，第一名成绩45分，第二名为51分，试渡结果颇为圆满。闻该协会日内即将发布报名规则及运动员须知，届时泳国健儿，当可一显身手云。

《星光日报》1949年8月18日

今日波浪队作横渡试泳

本报讯 本市横鼓渡海游泳比赛，经订于9月4日举行，报名参加者甚为踊跃，号称为游泳劲旅之波浪队，已有健儿17名参加比赛。该队健儿于以往各种游泳比赛中，均以斐然成绩，独占优胜。为欲争取此次渡海比赛之锦标起见，连日来在鼓浪屿大德记游泳场，正进行积极加紧练习。该队并订今（23）日上午9时，由领队洽泉率领，集中大屿，以大屿为起点，海关码头为终点，作横渡试泳。

《星光日报》1949年8月23日

渡海游泳赛宣告流产

又讯 市体协会主办之渡海游泳比赛,原定明(4)日举行。嗣因筹备部以"时局紧张,此项运动暂缓举行"批示,故是项活动已告流产。

《星光日报》1949年9月3日

(二)划 龙 舟

鼓屿龙头渡赛龙舟未成 黄家渡水上举行掠猪仔

昨(28)日为农历端午节,鼓屿龙头渡有竞赛龙舟之举,后经本市水上当局禁止,结果仍在黄家渡举行"掠猪仔"。计自下午3时至5时30分止,颇形热闹。市第五公安分局为维持海面治安,特派查验舰主任许郁,率舰前往维持秩序云。

《江声报》1933年5月29日

青年会海浴场今日开幕 明日龙舟赛

厦门青年会组织海浴场筹委会,推黄友情为委员长,陈鸿礼、曾佐周、陈诗雍、章叔浮(淳)、陈仲久、丁锡荣、杨仲英、沈志中8人为委员。经向鼓浪屿黄宗宣处,假用大德记于本夏开办海浴场,所有场中行政,以上筹委会主持。

该场建有房屋,内设办公室、男女更衣室、男女淡水沐浴室、寄物室、乘凉处等,设备颇完全,该会会员有优待之权利。此外于每星期六及星期日晚间,特开音乐游艺交谊等会。

本日下午3时,即系该场举行开幕之期,由该会事前发柬各机关、各界等与会。明日(17日)该场举行龙舟大比赛,兹录今日开幕秩序如下:一、报告开会宗旨。二、报告海浴场筹备经过。三、训词。四、演说。五、音乐。六、参观。七、表演:1.跳水表演。2.救护表演。3.服装游泳。4.□□人泳。

5.海底取玉。6.长蛇泳。7.开花泳。8.接力比赛。八、庆祝端午节,捉猪仔大会。

《江声报》1934年6月16日

青年会发起航舟比赛　环游猴屿定廿四日举行

小走马路青年会对于夏季各项运动颇多计划,体育部除游泳、球班检查体格、卫生展览外,更定本月24日下午4时在下塔□举行航舟比赛。参加者除舟子外,并欢迎各界,每名交费1元。所有船只由该会预备,与赛时不得由舟子代为驾驶。报名期间,系截至本月22日止。赛后,一二三名均由名人赠奖鼓励云。

《江声报》1933年6月17日

竞斗龙舟两渡头高悬旗帜
水警队禁止举行　昨鼓屿继续竞赛

废历五月五日,各地多有竞斗龙舟之举,厦门尤盛。自为当局禁止,数年来已不复见有竞渡之举。本年废历端午节,鼓浪屿忽又举行。一时风声所播,观者不下万人,昨仍继续举行。以是磁街、史巷两渡头舟人闻讯,亦拟继起竞赛。业将旧龙舟两艘,陈于史巷渡头,大加修葺,并在该两渡头高悬旗帜,上书"广益堂水路平安"等字样。史巷定废历十五、十六、十七(即廿六、廿七、廿八)三日,磁街定十八、十九、二十(廿九、三十、七月一日)三日,为竞赛之期。事为水上警察队探悉,认此举有碍水陆交通,于昨(二十四)午派警将该两渡头之竞赛旗帜拔去,禁止竞赛云。

《江声报》1934年6月25日

划船比赛预备参加已六单位

本市划船比赛大会订15日起举行3天,昨该会出发捐款经费,已得二百余元。已拟参加比赛之单位,计有提督、磁街、史巷、龙头、典宝、洪本部等,将各备一船竞赛,其他渡头亦在计议中。

《江声报》1937年6月4日

划船比赛征求雅乐结花船游海
比赛规程分二类　聘定大会会长

厦市二届划船比赛已向各界征求奖品,于14日以前送会。昨该会二次筹备会议,除分配各股工作外,决聘李时霖、陈联芬、杨虎、黄涛、林国赓、张锡杰、洪鸿儒为大会名誉会长,推郭礼宗为大会会长,陈家孔、黄仲光为副会长,通告各商号市人于大会开幕日起,自动结扎花船,分备雅乐,参加游海,以助余兴,惟须于6日起至14日止先行向会登记。至大会乐队,则决函请新华音乐队义务奏乐。一面函请集安堂票友俱乐部、锦华阁及各票房,届时在海上参加演奏。另函漳嵩、金门、泰利三公司于大会3日内拨借轮船一艘,以备应用。大会职员制服规定为白色,开幕礼司仪聘甘国章担任,制备记者证分送各报。比赛规程亦已制定,摘录如下:

一、略。二、本会分龙舟、双桨、大船三项举行比赛,除双桨组以个人为单位外,其余均以船为单位。三、本会比赛采用淘汰式,斟酌参加单位之多寡,分组举行预赛、复赛、决赛三程序。四、本会比赛之船只,由各参加者自备。五、凡属中华民国之国民,年满十八岁,身体健全,品行端正者,均得报名参加。六、七、八、九、十、十一略。十二、比赛项目临时酌定。十三、凡参加各单位,至多参加二项。十四、龙船每船规定参加人数,为船只大小不均,得由大会审查情形,分别比赛。十五、大驳每船规定参加人数由临时酌定。十六、双桨规定单人、双人及桨橹两种。十七、双桨每项竞赛录取六名,龙船每项竞赛录取三名,大驳每项竞赛录取三名,均予奖品,以资鼓励。十八、本会分设锦标三个:(一)龙船锦标。(二)大驳锦标。(三)双桨锦标。十九、本会比赛规则另定。二十、二十一略。

《江声报》1937年6月6日

划船比赛各界奖品陆续送会

本市划船比赛订15日起举行,前日参加龙舟,报名9艘。现粪船工会复向海澄借得2艘,亦将参加,故计已11艘。洪本部、史巷、磁街,又各加造新式龙舟一艘,连日召工赶造,能否赶及,尚不可知。大会连日收到奖品,计有黄涛、林国赓、陈式锐、沈□、江亚醒、郭礼宗、民船工会、海员特党部、绸布公会、佛教会、国华等之银盾、缎旗、镜屏。

其比赛规程,订定如下:一、比赛计分五组。甲、大龙船(四丈以上)。乙、小龙船(三丈以上)。丙、单人摇橹。丁、单人双桨。戊、双人双桨。二、大号龙船不得超过46人以上,小号龙船不得超过28人以上。三、每组决赛录取4名。四、起点:龙船由土尾浮鼓出发,双桨由旧太古浮鼓出发。五、终点:龙船至一号浮鼓止,双桨至大坂浮鼓止。六、犯规:比赛中不遵守下列规则者,作为犯规,并取消其比赛资格。(一)赛时须由起点向终点直线前进。(二)赛时龙船苟非距离其最近之对方五丈以外者(双桨二丈以外),不得斜划领先至他方之前。(三)如两方迫近时,不得阻碍他方之前进。(四)参加比赛者,不得违反裁判员之命令。(五)参加者不得缺席或中途退出,犯者由大会停止其下届参加比赛权。七、附则。

《江声报》1937年6月13日

划船比赛粪船会表演翻江龙　陈掌水遁尤见功夫

本市二届划船大会于15日开幕,昨正式比赛。大会备金星轮为司令船,泊于典宝社团商号,各租小轮船或专船,结以群花彩球。船中分备南乐北管,或往或来,丝竹并奏,真有荡荡乎志在流水之概。而岸上观众,更属人山人海。厦市禁止竞渡多年,此次之热闹,实破历来纪录。

最扫兴者当3时许将行比赛,有粪船会之11号龙舟,自典宝将开往司令船候令,竟被美德堂票友所雇之同安轮一撞,全舟翻覆。舟中人全数落海,舟之中部,撞破一处。卒经水警及各商号之小电船赴援,救起24人,或言已全数获救,或称尚有4人未起。此事至昨晚犹言人人殊,深望其失事为不实也。嗣该龙舟向大会报(告),称舟自厦港驶来,舟人是否全部救起,尚待详查,物质损失仅现款24元云云。旋水警拘同安轮伙吴照添,送大队部查讯,吴供,27岁,同安人,为同安轮水手。司舵系船主吴在临,司车为吴渺、吴仰。但吴仰他往,由陈掌开车,肇事后即已跳海逃脱云。

龙舟比赛于4时开始,由陈掌谔发令,从土尾浮鼓起点,环虎头山前至原处为终点。结果,甲组:一、洪本部1号对水仙码头4号,洪本部获胜,时间为19分35秒。二、典宝五号对史巷6号,典宝中途被双桨截撞,中途折回,史巷直进,由始至终,成绩颇好。乙组:一、磁街2号对益同人9号,益同人弃权,磁街胜利。二、鼓屿13号对落海工会8号,落海工会获胜。三、磁街3号对鼓屿12号,磁街获胜。三、担水巷14号对15号,因船过小,故环太古锭(碇)而返,14号获胜。四、10号、11号粪船之龙舟,因船身一伤,一弃权,10号获胜。

单人双桨昨五艘比赛,由典宝驶至1号(碇)锭止。结果一名为21号李再传,二名18号陈准,三名16号陈红,四名20号李镜来,五名17号陈水临。订今日继续决赛。

裁判会议,昨晚裁判员开谈话会,议决:一、明天比赛秩序。甲、在大会开始比赛时,所有留在海面轮船、帆船、双桨不得自由行驶。乙、司令船上非大会职员,不得擅登。以上两项,由水警队负责纠察。丙、在起点与终点之间,由水警队派警于一直线上,以电船四艘往来巡弋,将游船赶开,以免阻碍比赛船之进行。二、甲组龙舟第二组第6号对第5号比赛,发生争执。议决:第6号龙舟能达到终点,当以获胜论。第5号中途因受双桨阻碍,赛员受伤,致中途退回,其比赛权自应予以保留,并函请水警队查究该阻碍之双桨。三、参加比赛各龙舟于下午二时半须到司令船报到,等候比赛。报到以后,不得再有自由行动,否则由大会取消其比赛资格。

《江声报》1937年6月17日

划船比赛明会议结束
昨日一赛两弃权　大部分临阵退缩

本市划船比赛昨为最后一日,下午□时以后,观众拥挤。□4时开赛,天气忽变,大雨倾盆,红男绿女,争相奔避,惟比赛则照常举行。龙舟甲组:1号洪本部对6号史巷,4号水仙宫对5号典宝。乙组:2号磁街对11号鼓屿,14号担水巷对15号浮屿,3号磁街对8号落海工会,9号益同人对13号鼓屿。结果14号担水巷胜12号鼓屿,1号洪本部与6号史巷中间发生争执。其余各号,亦多比赛未完,殆不再赛矣。

昨晚裁判员开三次谈话会,讨论:

一、本日为大会最后一日,因天雨关系,所有报名参加各龙舟,未全数出场,惟乙组14号担水巷对12号鼓屿,比赛结果第14号胜。乙组2号磁街对13号鼓屿,13号弃权,2号当然优胜。3号磁街对8号落海,8号弃权,3号当然优胜。其余9号益同人,15号浮屿等艘,均未出场。甲组1号洪本部对6号史巷,4号水仙宫对5号典宝,因1号不服从大会裁判员之命令,由大会取消其比赛资格,并予以解散,以示警戒。

二、昨日同安轮撞翻龙舟一案,所有失踪四选手已确查安全,惟同安轮在大会开始比赛时间,随便开车行驶,以致肇事。殊属不合,亟应由大会函请水警队,予以查究。

三、定19日下午3时召集各筹备委员、各裁判员,开结束会议,讨论办理结束及分发奖品。又查同安轮伙吴照添,前日被水警队拘讯,对于撞翻龙舟,实于(与)吴无关,当予释放。肇事之司舵陈掌,候再查缉惩处。

《江声报》1937年6月18日

划船比赛昨给奖到百余人

本市二届划船比赛昨假市党部给奖,到各机关团体代表暨各龙舟代表、双桨选手等百余人,推海员党部特派员郭礼宗主席。郭报告,略谓:这次比赛大会是由本市19个机关团体共同举办,聘请100多个职员,费了半个多月时间,花了400多块钱。参加比赛的也很踊跃,龙舟有14个单位,选手三百多人,双桨6个单位。这种现象都是本市过去所未有的。但一般选手,未能十分了解中央提倡体育的真意,对于大会的规程和规则,未能十分遵守。所以比赛不能达到完满的结果。希望各选手代表,要知道划船比赛是一种最有利益于身心的水上的固有运动,不但于体育上有很重要的意义,而且含有民族的意识,绝不是一种平常的游戏。能了解这一点,下届自然有良好的成绩云云。

次市党务特派员陈联芬训词,略谓:本届比赛,虽然没有好成绩,但是各界热诚的赞助,选手踊跃的参加,已是难能可贵,远非去年所及。不过各机关团体和地方热心人士,这回惠赠奖品甚多,意在鼓励各选手。对于体育的发展,各选手应以体育为重,毅然除去不良习惯,遵守秩序,后来自然有良好的现象,良好的成绩云。词毕,即由陈特派员给奖,各龙舟代表及双桨选手依次领奖。至11时摄影后散会,各得奖者纷纷持奖品,沿途燃放爆竹而归。

《江声报》1937年6月23日

龙舟竞渡鹭江滨　端午佳节在厦门

王寿椿

　　蓝的天,广阔的海,沉寂八年的鹭江,也趁着胜利后第一次端午节的来临,掀起了浩荡的浪花,把整个鹭江充满着蓬勃的生气……

　　清晨,天气异常晴朗,这里生活充裕的人们,一起床,都忙着缚棕粽。大概可分三种,碱粽,较小蘸糖吃的;花生粽,调味可甜可咸;第三种就是大家所缚的油滑滑的肉粽了。

　　街道上,随便可以看到送节的使者,提着一大串的碱粽、花生粽、肉粽,还有许多匆匆忙忙的人,在送请单宴客。

　　中午气候转热,阳光直向大地拼命舔咬,家家户户门楣上挂着一束一束的葱蒲,当中套窄上一条红纸,或悬垂门侧,门上有的写着黄色"合家平安,共庆升平"等字样。有的煮葱蒲汤洗澡,据说可以清毒;有的把雄黄酒涂上头面,据说可以避邪。正午,俗例传说有毒气流行,迷信的愚人多不敢在街上行走。

　　午后,有的商店在闭市,各机关学校也不约而同地停了工,罢了课。鹭江沿岸,由鹭江道起至太古码头止,拥满了数万者热闹的群众。中山路十字街头,给红男绿女挤得水泄不通,那时"春风徐来,水波不兴",汽船五六艘,满载游客,往返江干。据说是某机关固定免费给高贵人们游览的,还有数十艘小舟,在江滨往来游弋,每人收舟资 100 元,可驾上 1 个钟头。江干挤满男女老幼,排成长列,如躺在热烈的骄阳下底一条长银光,伫立远望,两艘簇新的龙舟。

　　今天参加的单位,第一组是挑挽工会。飘扬红边三角形白旗,十余个划水,穿着白□心短裤子,分坐两旁;第二组是宝藏分会,高举金黄色三角形绸旗。两组阵容,均极坚固,都是肌肉结实的好男儿。这次竞赛是市党部社会服务处发起的,龚金水任评判员。

　　当未开始竞渡前,沿岸(群)众为好奇心所驱使,竟不顾烈日晒身,端立观光。倒霉的即是些身材矮小的钻来钻去,还是看不见,让身(高)的人端立前头。

炮声一响,终于开始了,观众的精神突告兴奋,大家都注视出发地点。邮政码头锦兴电船,那时二只龙舟,好像二只竞走的蜈蚣,向前直匐。岸上观众,热烈喝彩,掌声如雷。有时而白旗前,黄旗后;有时而黄旗前,白旗后。或落后又给追及,或追及而再落后。划手抖擞精神,观众提心吊胆,手舞足蹈,欢呼之声,两岸呼应。鼓浪屿观众从黄家渡码头起,就拥挤绵延至轮渡码头,厦门即从水警码头绵延至太古码头,龙舟是环岛碇回驶锦兴船。终于白旗顺风,畅行无阻,黄旗落后,越急越慢。结果,第一组挑挽公会获胜,得了冠军。接着水警第二大队长王福青雄纠立轮上,主持给奖式,并宣布第二日节目,为民船公会铁巷分会对赛港水分会,第三日为挑挽工会对民船工友。至是闹热半天的龙舟竞渡,在春色苍茫里闭幕,观众亦陆续星散。清凉的海风,吹遍了鹭江之滨,大有令人心旷神怡,乐而忘返之慨。入晚,江滨游客仍络绎不绝,只有马路上街头巷尾猜拳喝酒,杯盘碗箸声、优美音乐声,还有打骂声、吵闹声,躺在墙壁边和人行道上那饥病交迫的呻吟声……一阵一阵的吹入人们的耳朵里,这也许是厦门收复后的一幅写真图画吧!

《星光日报》1946 年 6 月 6 日

民船工会发起龙舟竞赛

本市民船工会为提倡水上运动,特发起端午节龙舟竞赛,欢迎各团体参加助兴。时间定古历初五起至初七止,地点择定邮政码头与水仙宫码头附近海面,报名日期自即日起至五月初三日止。各参加单位经费自筹自给,奖品向各机关团体征募云。

《江声报》1948 年 6 月 6 日

龙舟竞赛已有报名参加

端午节龙舟竞赛已由民船工会主办举行,情志本报。据息,现报名参加者已有二单位以上。其竞赛海面,经选定鹭江道及海关码头海面。其龙船工具,亦由民船工会新造两条,准备将来参加单位如乏工具,可予以借用,以示鼓励。至于奖品,现经工会函请各界赠送。(支)

《江声报》1948 年 6 月 7 日

今起举行龙舟竞赛

民船工会为提倡水上运动,定今日端午节起到后日为止,在邮政码头与水仙宫码头附近海面举行龙舟竞赛3天。经柬请各机关参观,并赠送奖品。

《江声报》1948年6月11日

端午佳节阵雨淋头　榕厦水上竞看龙舟

昨天是端午佳节,前几天是家家户户绑粽忙,昨天却是家家户户吃粽香。因为家家户户有粽子吃,莫怪小食店门庭冷落,大馆子却反较往常热闹,因为藉着佳节请客的特别多。

一年一度的龙舟竞赛,从昨天起开始举行。午饭后,鹭江道上就挤满了人,大家争向堤岸旁边站,一阵阵的雨水,淋得那些没带雨伞的人在埋怨老天不作美。然而大多数仍旧站在原地方,为要看龙舟。更风骚的花了钱,雇了小船在"横中流兮扬素波",有的到了停泊在港中的汽船上,睁着眼睛在看龙舟。

4点钟左右,两条颀长的新造龙舟停在水警码头海面锦兴轮的旁边,船上各插了三面旗,其中两面比较小的各写着"水龙先彩"、"水马荣华"斗大的字,另一面比较大的,一面是红的,一面是黄的。船上捉对儿坐了二十多人,红旗船上的水上英雄穿着贴上红字的白背心,黄旗船上的穿着贴上蓝字的白背心,个个短裤赤脚,手里拿着一把桨。

等等两条船并排在锦兴船头,个个摩拳擦掌,忽闻枪声一响,两条船就飞也似的顺着潮水往东流。那敲锣的当的一声,几十把的桨就齐齐整整地向前划,远远的看起来,好似会泅(泗)水的蜈蚣在爬动一样。观众争相叫喊,那两条船起初并驾齐驶,到了从水仙宫转往近鼓浪屿塔子海面要回头的时候,黄旗的看看稍为落后,敲锣的差点把锣敲破,划桨的把吃奶力都用出来。谁可以获胜还没人敢断定,然而红旗的似乎比较镇静,所以结果获得锦标。

昨天据说是"请水",所以只赛了一趟,今天和明天将连续比赛几次。倘若天晴,应会更热闹的。(邵)(中央社福州十一日电)

《江声报》1948年6月12日

龙舟竞赛昨正式举行

　　昨天是龙舟正式竞赛的第一日,因为天气放晴,所以看热闹的人比前天更多。3时过后,鹭江道上就已拥塞得水泄不通,从第五码头起至太古码头一带的江干尽是站满了人。有的则自雇舟子,在海上遨游,所以昨天的民船利市百倍,从岸上坐到招待来宾的汽船上,每名2万元;在海上遨游,每名索价5万元。比赛还没有开始,邮政码头附近的海面即已漂浮着点点的轻船,平添了不少的热闹。5时左右,有几位码头、民船的工友在海上表演"捉鸭"的绝技,博得不少掌声。龙舟比赛时6时15分才开始,参加的龙舟有两只,一只是宝铁挑挽分会的(插黄旗),另一只是铁巷民船分会(插红旗)。由下锭(碇)于邮政码头的凯歌轮作为起点及终点,舟上的英雄们都穿着红字白色的背心,头上扎着毛巾,个个有如青龙活虎。比赛之前,两只龙舟各试水数环,作比赛前的准备。时间一到,发令员一面把两只龙舟系在凯歌轮上的绳子切断,一面响起炮声,龙舟便各自拨水前进。那时因为风浪大,不能迅速地前进,而且时常碰在一起,难得分出高低来。从太古海面回航后,插红旗的一路领先,而插黄旗的也不甘示弱,在后猛追。舟上负责指挥的各拿着棒子,用劲地打着,英雄们应着拍子,挥动手中的桨,龙舟便飞也似地前进。曾有一度两舟并列前进,岸上的掌声、喊声闹作一团。毕竟民船分会的英雄平日训练有素,抢先到达终点,而挑挽分会的差着半个舟身后到,来往共费时15分钟。本打算再比赛一次,但因民船分会的英雄们已纷纷泳水登岸,只好作罢。今天下午仍有比赛,参加单位是上路头及下路头的工友。(厚)

《江声报》1948年6月13日

龙舟竞赛定今夺锦

　　本报讯　端午节龙舟竞渡,昨为第2日。因天气放晴,下午4时许,沿鹭江道海滨一带,即已游人拥挤,一般红男绿女,挈老携幼,万头攒动,站立江边以争睹黄江(红)旗两龙舟之竞渡为快。不旋有一龙舟健儿,姗姗来迟,害得万头颇有望眼欲穿之慨!直延至5时许,始行开始。结果港水分会仍获占先,再度优胜。最后夺锦,定今下午4时继续举行。

《星光日报》1948年6月13日

龙舟竞渡 红旗得胜

本报讯 端午龙舟竞渡,昨因风雨所阻,改于今日举行。午后,鹭江道上看热闹的人潮即已挤得水泄不通,而一般双桨亦乘机大揽生理,每人船资5万元,红男绿女,均乐得泛游海上。惟直到下午6时25分,一声天地炮响,站在裁判船(凯歌)上的总裁判、总工会龚金水、曾幻痴,举力将船索斩断,52条桨同时开动,两只龙船一只插红旗,一只插黄旗,由邮政码头开向太古码头,从黑浮标处转弯回到邮政码头。这时红旗船早已抢先一步,一时码头上万头攒动,掌声如雷。而黄旗亦不示弱,极力抢先,待到达目的地时,结果还是红旗先到一分钟(先到半只船而已)。红旗船(铁巷民船分会)胜利,黄旗船(宝铁挑挽分会)输了一步。闻明日为顶路头与下路头决赛云。

《中央日报》1948年6月13日

龙舟竞赛昨日夺标

昨日龙舟夺标赛,盛况不减首二两日。比赛于下午5时50分开始,由社会科股长陈咏沂任总裁判,参加单位仍为铁巷民船分会(黄旗),及宝铁挑挽公会(红旗)。第一次黄旗胜,第二次仍为黄旗首先抵达终点。惟因航路走错,经总裁判判令无效,由红旗得胜。(厚)

《江声报》1948年6月14日

龙舟竞渡民船工会获锦标

本报讯 端午节民船工会发起之龙舟竞赛,虽参加者仅有挑挽工会及民船工会龙舟两艘,但3日来,江干万头攒动,拥挤不开。双桨小舟,满载游客,海上船舶如鲫,情况至为热烈。前2日友谊赛,俱为红旗之龙舟民船工友获胜,昨为最后一日,步入决赛阶段。挑挽工会建议换舟比赛,于是黄红交换。4时许开始角逐,双方健儿用命争夺锦标,陌上船中观众鼓掌呼吁,为竞赛者加油。往返间,黄旗龙舟一路领先,第一次结束,民船获胜。休息后,继续举行二次比赛,挑挽龙舟上健儿拼命奋臂疾军,期争夺此最(最)后5分钟。但终以气力不逮,第二次抵达终点时,仍旧遥遥落伍,锦标为民船所夺,于是龙舟竣赛给奖结束。

《星光日报》1948年6月14日

三、民间运动

(一) 登　　高

登高规定各组路线　分配童军负责秩序
聘定审判等委员

本市重九登高比赛筹备会,昨二次会议,陈联芬主席。议决：

一、通过比赛规程。

二、通过比赛规则。

三、规定各组路线。甲、自由组由自来水沙漏池起,登五老峰之鼓山,越五老峰□面□五老峰之钟山峰止。乙、老年组由大南新区起,登至钟山止。丙、女子组由大南新区起,登至五老峰之中峰止。儿童组由大南新区起,登至东第一峰止。

四、各站秩序。(一)由出发点至第一关,厦中童子军负责维持。名额60名,负责指挥赵邦彦。(二)由第一关至第二关,大同中学童子军负责,名额40名,孙世赏负责指挥。(三)由第二关至第三关,中华中学童子军负责。名额40名,孙世赏负责指挥。(四)第三关至第四关,同文中学童子军负责。名额40名,林光焕负责指挥。第四关至终点,双十中学童子军负责。名额40名,沈文片负责指挥。

五、(甲)聘请陈联芬、李时霖、林国赓、郑永祥、张锡杰、李襄宇、洪鸿儒、刘际唐、舒石父、侯倬云、胡资周、沈志中、黄超群、丁玉树等为比赛审判委员。乙、聘请林绍裘为总裁判,叶文炳为干事,陈文麟为发令,陈掌谔为起点指挥,叶苔痕、杨渭溪为检录员,叶沧州(洲)为报告员,李锡爵、谢逢元、王守仁为计时员,任飞龙、杜申元为纪录员,廖超照为终点裁判长,杨绪宝、蔡如川、邱应葵、叶文炳、吴有思、吴锦祺、薛永泰、徐素凤、赵邦彦、杨维清为终点裁判员,马亮、黄一民为第一组检察员,叶维德、刘有土为第二组检察员,卢达伦、张世雄为三组检察员,潘国石、沈文炳为第四组检察员,林光焕、孙世赏为五组检察员。

六、函请工务局派技术人员一名,于18日到南普陀寺,会同本会登高比赛计划委员叶苔痕等,前往五老峰勘测地形。

七、请市政府转令本市各学校,除各校童子军举行大露营外,其他教职员及学生,应尽量前往五老峰登高。

八、推举胡资周、叶维德负责一切摄影。

九、函请市公安局派号兵6名,于是日9时至五老峰升旗司号。

《江声报》1936年10月16日

大同中学男女生今日总动员爬山比赛

本市大同中学,近对体育活动颇有□足□□。本学期拟定比赛十余种,其中尤注重于普遍之训练,中有爬山比赛,订今日下午2时举行。分甲、乙、丙、女四组,全校男女生一律参加。起点虎园路口,甲组循破布山和仙洞山峰,到达虎溪岩山顶终点。乙组循虎园路经虎溪公园浴□亭后山峰而达终点,丙组、女子组由虎园路从虎溪岩直达终点。将□此次比赛成绩为第(一)学期体育分数,故学生大都精神紧张,甚(为)踊跃。

《江声报》1936年10月19日

禾山登高比赛
地点:洪山柄至云顶岩　办法:与厦市大同小异

禾山特种区署,昨函各联保主任及张宝镜等,订今(19)日开重九登高筹备会,并经拟定办法,俾届时提出讨论:

(一)本办法依据厦、禾、鼓各界重九筹备会议决案订定。

(二)登高地点云顶岩。

(三)登高比赛分为两种,甲、大众总动员登高。一、全区保甲长由联保主任率领参加。二、全区壮丁队由各队长领队参加。三、各机关公务员由主管长官率领参加。四、各学校教职员学生由校长领队参加。五、全区民众自由参加。乙、分组登高比赛,每组取优胜10名。一、老年组(50岁以上)由各联保选送2人参加。二、成年组(18岁以上)由各壮丁队选送3人参加。三、妇女组(16岁以上)由各学校团体自由选送参加。四、儿童组(12岁以上)由各学校选送3人参加。

(四)比赛费用,由区署函请各机关、团体、公司捐助,奖品发函征求。

(五)比赛规则及评判办法,采用厦禾鼓办法,酌予修正公布。

(六)比赛跑径,地点洪山柄大树下,终点云顶岩寺庙前。

(七)比赛时间定23日上午九时起,12时行升旗礼,随带鞭炮。

(八)宣传品由民教馆印发。

(九)比赛职员:总指挥刘际唐,指挥周昌□、颜静山、梁清钧,总纠察胡家权,裁判委员陈菊□、林能隐、陈允和、张宝金、蔡芋年、吴幼莼、叶天来、陈昌喷、陈日铭、叶丕承、林兴邦、陈安晋、曾国秋、王悲蝉、江定邦,总裁判金宗岱、张厚之。起点裁判长陈侯南,裁判员洪学琛、洪爵、郑鹤寿、黄存恭、江松春、郑玉琴,终点裁判员陈新,裁判员王佐才、许铁如、郭民列、何省吾、刘世英、蔡泉水、林高琴、吕维□、刘青云,检察员□英、黄汉忠、邵立□,干事欧愚高、李振龙、何文彬、倪文朋、□端生。救护队队员林朝贵,看护一人。

(十)集中地点为洪山柄大树下,参加登高比赛人员,务于23日上午9时前到达该地。

《江声报》1936年10月19日

登高今日厦禾大动员　沈觐康指挥步登五老峰

禾山报名参加百二十人　洪晓春大出"峰"头

今日为夏历之重阳节,俗有登高之举。本年以党政军工商学各界之提倡,预料届时登高者必较往年为热闹,而五老峰头必有人满之盛可知也。至登高比赛筹备情形及报名之众,已迭志报端。昨午后2时,各组比赛员号布,已在市府部、青年会分别发给。本早9时,决可正式比赛。

男男女女看谁捷足先登,自必众山响应。[民]众总动员队定本早8时齐集中山公园,由沈觐康总指挥领导至厦大体育场参加升旗礼,然后步登五老峰。陆战队军事技术团并有于登高比赛后,举行技能表演之举。果尔,届时(应)必增加兴趣不少。

闻厦门之老少年洪晓春氏,及半老少年杨子晖、余少文等,均□于今着中山装、踏芒鞋参加比赛。老当益壮,兴致不浅。又市府各局科职员,今日均休假一天,参加比赛。各县壮丁队、各店员亦一律参加,禾山各界报名参加者亦有120名。

赠品有海军陆队二旅三团之冠[军]优胜旗一(面),及其余赠品甚夥,共百余件。有银飞机地球,有银杯、银盾,有缎旗、镜屏,有罐头鱼肉,悦目果类。各色咸备,不能□□。

兹将筹备会登高宣言录之列左(下):"在这阢陧不安、弱肉强食的时代,整个寰宇弥漫着战争的风云,残酷的杀戮,大有一触即发之势。各国为应付□急将到来的非常事变,都在加紧做其准备工作。我国在各种努力救国紧迫之下,在领土残缺、民族垂危的情景中,更要(痛)下决心,努力奋斗,要做救亡图存的工作。我们深信要挽救中国的危局,除团结苦干,自力更生外,(别无他)途。我们更深知现代战争非如昔日的局部战争,而是整个国力的角逐。所以凡是中国的民众,(应)皆是疆场的战士,都是救国的成员,都愿受严格的训练。(这)次我们举行登高比赛,就是借此实施国民体育训练,以作救亡图存之准备。大家知道,身体强壮,不仅是学人事业成功的主要条件,而是民族生命延续的基本因素。我国民众向来重文轻武,忽视体格锻炼,致文弱成风,暮气沉沉,而有今日国衰民弱的现象。现在我们应深悟前非,把我们的体魄训练成钢铁一般的强壮,使登峻岭而不厌,下深渊而不倦,而后才可以救自己、救国家,取得最后的胜利。登高比赛的其次目的,在乎团体纪律的训练,纪律系集体行动的准则,若单马虎苟且,便无以应付危局。我国民众因乏组织行动,致有一盘散沙之讥。今后大家应集中意志,齐一步伐,合全国的力量,作民族解放的斗争,宁可牺牲个人自由,不能违反国家纲纪的观念,庶能挽回团体,复兴民族。本会奉令在这秋高气爽的佳日,集全厦男女老幼作五老峰登高比赛之举。此日大家既可锻炼健强的体魄,复可解抑郁的殉情。唯瞻首北望,难免□人□残缺之痛。然那种(奋)勇直(上),争先恐后的精神,却使我们□得□□的兴奋。同胞们,(过)去重九登高的习俗,是含有禳灾去祸的迷信,唯(有)现在登高比赛,是体育训练转弱为强的救(亡)工作。事虽(小),而意义大,我们应(将)这比赛的同目标作不懈的努力。"

又禾山特区民教馆,亦发有登高比赛告民众书,文义略同,从略。

《江声报》1936 年 10 月 23 日

厦禾鼓昨万众登高
陈肇英陈仪蒋鼎文同登鼓山至晚方回

福州 23 日晚 11 时电 蒋鼎文、陈仪、陈肇英夫妇,今晨赴鼓山登高,至晚方返。蒋定下周内赴瓯,绥署人员辎重,三轮运省,明(24 日)晨可到。

本市各界登高比赛,举行升旗礼。男女老幼分四组,报名参加之赛员 300 余人,昨晨 8 时在中山公园齐集。8 时半出发,经中华路、中山路、思明南路、大同路、横竹路、镇邦路,转中山路、思明南路,径至厦大体育场,举行半旗礼。沿镇南关至南普陀,观众拥挤,途为之塞。南普陀附近大南新区、自来水沙漏地、厦门大学等处,以及五老峰各山巅,满山皆人,其数当不下二三万。沿途燃放爆竹,热闹异常。

10 时正,开始成年组比赛,由厦大体育场出发,经自来水沙漏地,横点五老峰,至第五关终点。结果,第一名陈炳煌,成绩 15 分 45 秒。二名徐文龙,三名陈添进,四名谢升沛,五名林玉明,六名方兆祥,七名王谷,八名许志木,九名吴水生。

次儿童组比赛,由厦大体育场出发,经大南新区,直登五老第四峰。结果,一名王阿福,成绩 8 分 48 秒。二名纪水龙,三名雷森芬,四名吕呈祥,五名许火石,六名王玉驹,七名周修田,八名王通甫,九名叶德兴。

又次老年组比赛,由大南新区起点,步登五老第五峰。结果,一名周炳□,二名李解纷,三名阮天谅,四名□连□,五名苏碧□,六名谢保和,七名蔡志国,八名周茂,九名张巽。

最后,妇女组比赛,亦以大南新区为起点,直登中峰。结果,第一名蔡金治,成绩 9 分 15 秒。二名黄秀玉,三名傅俊德,四名李□□,五名曾萃珍,六名陈秀珍,七名叶姿容,八名林智勤,九名黄素月。

比赛既毕,继而陆战队三团选派之数百人,在第三峰表演军事技术,青年会举行风筝比赛。比赛会职员,特假南普陀佛教学分会,设立临时办事处,将各界所赠皮山柚、香蕉、糕饼、汽水等,分送赛员餐用。各组比赛优胜,筹备会预定录取几名,现因人数甚多,认有增加必要,决于第四次会议决定。至各组优胜奖品,据筹备会负责人云,拟订本月 31 日蒋委员长 50 寿辰之日颁给。

当比赛时,李市长亦随大众登五老最高峰,曾告记者云,吾国国民,近两年来,咸能注意体格训练,政府亦极力提倡,普遍风行,实一良好现象。本日登高之举,市民踊跃参加,及其奋发情绪,尤所仅见。深信我国今后官民能本此合作精神,努力迈进,不久之将来,无处不可置国家于磐石之安云云。

9时,李市长亦偕孙督学、周委员等,共至厦大操场,参加升旗礼,并对厦大学生作简单训话。李市长训词,略谓,军事训练,关系民族体格强壮,为政府近年来所力倡。诸生应切实遵行,努力训练,以期复兴民族云云。并参观该校自修室、宿舍等。孙督学、周委员对该校各种设备秩序,均表满意。

禾山区登高比赛,参加者壮丁队,各私立学校,各短期小学学生,各联保主任、保甲长,及厦市群惠男女生□人众1000余。10时号角一吹,云顶岩观(日)台上国旗高升,随风飘扬,区(长)刘际唐,率众肃立,向国旗行致敬礼。赛员计成年组□猜,壮丁队席地野餐。迨至黄昏,始各兴尽而散。

鼓浪屿登高比赛,计20余学校,10余团体,13名(个人),十六七名到达观日台终点,余均半途弃权。结果,一名刘□匕,二名林振中,三名林荣□,四名吴九治,五名林连传,六陈福印,七陈根生,八王天助,九吴傅寿,十张向珍。

儿童组比赛,一名吴德成,二孙马意,三翁马喜,四吴宽敬,五孙心明,六王启□,七喜水为,八孙□寿,九孙永盛,十周坤乾。

妇女组比赛,一名黄鑽,二童添花,三吴心意,四林才治,五叶□花,六叶玉串,七吴合治,八薛淑珍,九江金满,十薛招治。

老年组赛员仅2人,一为潘宅保民陈水沙,年57岁。二为前埔保长林举光,年□十八岁。发号时,两人迈步登山,至云顶岩前平地,乃稍竞歇。结果,林得第一名,陈列第二。于是比赛结果。次奎壁学生竞赛风筝,云梯教员壁上贴满字谜体。2000余人,由百余代表,登日光岩光复台行升旗礼。后由各学校各团体自行比赛,慈勤女中小举行环鼓□赛跑,怀仁女中10余人。比赛由港仔后跑到鸡母山,70余岁之叶独醒、李家麒,亦与五六岁之幼稚生□跑到最高峰。海滨小学生比赛,起点至终点,计长600余米,参加73名,直登笔架山。结果,男生潘海棠冠军,女生李亚市冠军。

下午,又举行教职员登高比赛,精一国学讲习所,比赛学生8人。结果,林清辉得一名,郑□禧二名。闽南职中福民小学,全体师生600余人,先整队环鼓绕行一周,后登日光岩,分四组比赛,中学部一名吴启元,二名甘□富,三名高天□。小学部高级组,一名叶逊福,二名吕人庆,三名马水兴。中级组,一名杨连络,二名王建来,三名陈天机。初级组,一名刘建中,二名林来法,三名王金英。

《江声报》1936年10月24日

登高比赛儿童女子首名争执

本市重九登高比赛,儿童与女子组,皆有余波。盖儿童组之优胜旗,现两面,而妇女组之第一名亦起争执也。

儿童一组名优胜旗,原为紫阳小学王阿福获得,而蒙泉学生,亦执有一名优胜旗。王阿福昨已呈请筹备会查究。

女子组第(一)名,中华中学将向大会提出交涉,谓先到终点线内者,系中华中学生白碧华,被蒙泉小学教员无单令往取旗。而后到者即蒙泉学生蔡金治,该教员就令其取单领旗。白碧华欲向持旗人取旗,持旗人以无领旗单拒之,致被落选云云。又谓,蔡金治原名招治,平日生活常越山过岭,厦港人尽知之,理应(以)个人名义参加,实非为蒙泉学生云。

《江声报》1936年10月25日

同安各界登高风筝比赛情形

同安讯 县党部、民教馆23日发起各界登高风筝比赛,地点大轮山,由山麓至山顶为终点。赛员齐集梵天寺,一区署并派壮丁队在场保护,计成人组22名,陈笃嘉取得冠军,成绩为4分钟(阳翟学校)。二名戴秋,成绩4分3秒(民众)。三名朱秀三,4分5秒(养正学校)。四名张秀青,4分6秒(阳翟学校)。五名张金撰,5分(阳翟学校)。

儿童组35名,第一名黄词林,5分(集小)。二名陈进发,5分1秒(集小)。三名叶水岩,5分2秒(阳翟)。四名陈文忠,5分20秒(集小)。五名出双嘉,5分30秒(集小)。各界赠□奖品20件。又集小师生分两组,一赴同安,一往凤林尾社及农林一带远足。商科水产等校亦举行学生登高比赛,由集美出发,沿汽车路,直达天马山。中学部定24日补行登高云。

《江声报》1936年10月26日

登高比赛本廿二日举行

通俗教育社定本月22日,举行登高比赛。比赛简则如下:

(一)比赛地点:南普陀五老峰(由南普陀前大埕起点,至五老峰顶为终点,不限途径)。

(二)比赛日期:10月22日(旧9月初9日)。

(三)比赛时间:下午3时起(夏令钟)。

(四)报名地点:A、公园西门通俗教育社。B、中山路新的书店。C、中山路新生书店。

(五)报名日期:自即日起至20日止。

(六)报名资格:年满18岁以上者(男性)均可参加。

(七)录取名额:满50人参加以上者,取10名;不满20名以上者,取5名。

(八)参加须知:凡报名者,须于10月21日下午5时,向中山路新的书店领取号码布。

《江声报》1947年10月15日

(二)射 击

竞强射击比赛

竞强会射击场、网球场均已完成,订双十节前后举行网球及射击比赛。昨决议,聘杨绪宝、蔡如川等为网球竞赛委员,推举李琴堂、伊家勋、沈觐康、张锡杰、陈文麟等为射击竞赛委员。

《江声报》1936年9月14日

竞强杯射击赛内地各县亦有参加

竞强杯射击锦标赛,定国庆日举行,省委李清泉所赠连胜两届奖品,暨庄缦星、丁玉树、黄超群、黄天恩、各赠网球奖品,已由安庆轮买办徐尚德带厦。本届射击比赛,同安、漳州、海澄、漳浦及各县军政人民团体,多有前来报名参加者。丁玉树昨日由省回厦,协理比赛事宜。该会菲岛会员李焕彩,亦定下期轮寄来前次该会女子篮球队赴菲比赛电影片,以存纪念。昨日网球续赛,第一场洪祝明胜任飞龙,成绩6:0,又6:3。第二场林全恩胜吴威廉,成绩6:2,又6:2。

《江声报》1936年10月7日

报名参加射击赛六七十人
网球同日决赛

竞强杯射击锦标赛,至昨报名参加者警界已35名,各界亦30余名。定国庆日举行,请李清泉主持开幕礼,水陆警维持秩序。出有专刊,征名人题字。

又竞强杯二过单打预赛,第三、四场昨日举行。计林维良胜吕建元,6:1,又6:2。王有楣胜叶昭元,6:3,又7:5。订本日举行半结赛,一场林金恩对洪祝明,林维良对王有楣。十日决赛,女子单打林佩华对林必省。由李其昌行起球礼。

《江声报》1936年10月9日

胡里山今日射击比赛　赛员五十人　技术十一种

竞强杯射击比赛,订今日下午2时,在竞强体育场举行。各界参观,可自由入场,不收券资。该会除专车迎接大会职员外,并与厦禾汽车公司接洽,凡是日前往参观人众,由中山路、思明路口至胡里山,往返车资概收1角。大会秩序,比赛项目,经已预先规定。赛员号码,亦已编好,兹分志如下:

赛员编号　1.邱铮,2.骆俊扬,3.洪书卿,4.李福顺,5.司徒芳,6.王松山,7.王佑,8.何君义,9.詹仰文,10.刘木生,11.杨荣昌,12.詹元豹,13.唐英,14.伍雄,15.邢仪,16.仇连云,17.徐士美,18.王清轩,19.姜鹏,20.宋彬,21.董玉山,22.陈伟,23.哈志祥,24.何镜明,25.杨祥村,26.王焰,27.任文亭,28.赖淳滔,29.陈文成,30.向爵,31.徐远灏,32.李子康,33.谢鸿钦,34.曹瑛,35.金石开,36.许道祖,37.邱延传,38.吴有恩,39.陈昭雄,40.蔡贻鸿,41.吴春台,42.

张谷山,43.张钟声,44.庄则忠,45.王克振,46.刘启治,47.韩士魁,48.叶曦元,49.吴天从,50.吴有才。

比赛项目 一、曲七 50 公尺慢击,参加 7 人。二、驳壳 50 公尺双手慢击,参加 4 人。三、左轮 50 公尺慢击,参加 18 人。四、曲七 25 公尺慢击,参加 15 人。五、驳壳 50 公尺双手快击,1 人。六、左轮 25 公尺慢击,参加 24 人。七、曲七 50 公尺快击,参加 5 人。八、驳壳 50 公尺单手慢击,参加 6 人。九、左轮 50 公尺快击,参加 6 人。十、曲七 25 公尺快击,参加 11 人。十一、驳壳 50 公尺单手快击,参加 3 人。十二、左轮 25 公尺快击,参加 14 人。

大会裁判,总裁判李时霖,裁判沈觐康、张锡杰、李琴堂、尹家勋、刘学周、周希文、廖超烈、林绍裘。检录叶苔痕、马育才、张世雄,纪录杨绪宝、蔡加川、叶文炳。纠察,市公安局特务队、双十中学、水警队。

审委竞委 审判委员会主席陈联芬,委员陈文麟、丁玉树、黄超群、黄天恩、庄缦星、胡资周、沈志中。大会竞赛委员,沈觐康、李琴堂、张锡杰、尹家勋、陈文麟。

《江声报》1936 年 10 月 10 日

射击赛张钟声冠军　杨家姊弟皆善射　李市长亦发六弹

竞强杯射击赛,于国庆日举行。由李清泉揭幕,李时霖主席。结果总优胜为海关张钟声,计 4 项冠军,得 28 分,获清泉奖品。2 名邱延传□□射中目标,成绩最优,大会拟奖李时霖奖品赠之。

本届参加者,政商界居为多,前分局长谭培棨,教练所金石开,地方法院看守员杨慎徽,前海澄公安局长叶昭元,海关张钟声等皆踊跃出场。又余□表□,李市长 6 弹,计得 15 分,技术甚精。杨慎徽之子乃京,年 14,行 25 公尺卜壳射击,发还 6 岁公,计得 3 分。杨女绰儒,年 17,发 6 弹,计中 11 弹。姊弟 2 人皆足为大会生色。兹录大会赛员成绩名次如下:

曲七慢举 50 公尺决赛,1 名张钟声,2 名郭庭硕,3 名许道祖。卜壳 50 公尺决赛,1 名杨慎徽,2 名邱延传,3 名姜鹏,4 名郭庭硕,5 名叶昭元,6 名邱铮。左轮慢击 50 公尺决赛,1 名金石开,2 名蒋火炉,3 名韩士魁,4 名吴春台,5 名赖淳滔,6 名陈伟。曲七慢击 25 公尺决赛,1 名张钟声,2 名陈昭雄,3 名蔡贻鸿,4 名邱延传,5 名吴有恩,6 名杨玉琛。卜壳双手快击 50 公尺决赛,1 名邱延传,2 名杨慎徽,3 名刘易,4 名叶昭元。左轮双击 25 公尺决赛,1名陈昭雄,2名邱延传,3名叶昭元,4名陆式禹,5名金石开,6名郭廷硕。曲七快击50公尺决赛,1名张钟声。左轮快击50公尺决赛,1名韩士魁。曲七快击25公尺决赛,1名张钟声,2名杨玉琛。卜壳单手快击50公尺决赛,1名王清轩。左轮快击25公尺决赛,1名王松山,2名陈昭雄,3名王守文,4名吴春台,5名邢仪,6名李子。

《江声报》1936年10月12日

竞强会筹备射击比赛

竞强会聘邱延传为射击组委员主任,杨慎徽、叶昭元、蔡贻鸿、陈昭雄为委员。昨该会议决,6、7、8月间举行会员射击比赛对抗第2届竞杯及全省射击大会。规定:一、非本会会员介绍者,不得携枪械到本射击场。二、携枪械者须有中国政府许可证,方为合法。三、参加练习者,须先向本会办事处登记,俾会中防备,以免发生危险。四、射击目标,以本会所指定为限,不得任意射击。五、枪械非射击时,不得任意玩弄,以免发生危险。六、递接枪械时,不得实弹,同时递传者,须以枪杆交与接受者。七、射击练习时间定每日上午9时,至下午6时。

《江声报》1937年5月9日

(三)赛 马

厦门竞强体育会骑术会举行

第一届闽南赛马大会简章

一、名称——大会定名为闽南赛马大会。

二、日期——大会定国历二十五年1月1日至3日每日举行,比赛时间定下午2时起至5时止。

三、地点——地点定在厦门胡里山本会跑马场举行比赛。

四、资格——凡闽南各界对于骑术素有研究者,均得参加比赛。

五、报名日期——大会赛马报名日期定本年11月27日起至12月25

日止。

六、报名处——大会报名处设在厦门胡里山竞强体育会内,电话1515,凡欲向大会报名者,须向骑术会填具马主姓名、住址及马匹毛色等。

七、项目——分甲乙两组,每组各取四名。

八、对抗淘汰制——大会比赛采用对抗淘汰制,每次以两匹马决胜,互相淘汰,至最后优胜者获得锦标。其第二、三、四名亦以对抗淘汰制,另赛决定之。

九、奖品——比赛锦标每组第一名,奖金牌一枚,第二、三名各奖银牌一枚,一、二、三、四名各奖红缎金花。

十、试跑日期——定12月30、31日在本会跑马场试跑,由马师计时编组。

十一、招待——本会备有宿舍铺盖、马棚马场招待应用。

十二、骑师——赛马骑师由马主自己指定。

厦门竞强体育会骑术会第一届闽南赛马大会筹备委员会启

厦门体育1935年12月19日

竞强今日赛马
乌花大红袍可望夺锦标

竞强体育会今日在胡里山会场举行赛马,参加之马,已报名者24匹。其中以乌花、大红袍两匹比较有夺锦标之希望。乌花,年七岁,产于新鞍,为吴有恩所畜。大红袍,产于禾山桥头,马主为林天助。该会今日下午2时起比赛,门票2角。座位分二等,甲等2角,乙等1角云。

《江声报》1936年1月1日

灌口儿童节举行赛马

同安讯 灌口赛马俱乐部,订儿童节在公路举行赛马。参加者不限资格,并订头名给奖4元,二名3元,三名2元。各乡骑师均积极训练,预备参加。

《江声报》1936年4月1日

灌口举行赛马会
各地参加良马数十匹

同安讯 灌口銮尾乡归侨王俊生,对于骑术深感兴趣,自养良马数匹。现为提倡骑术,特订本月7日下午2时在本乡銮尾社开赛马大会。参加者有禾山、同安、漳州、海澄、长泰、安溪等县,可集良马40多匹。王为鼓励参加者计,并广征奖品,王本人及銮尾乡奖品外,有海军陆战队第四团长陈明扬、团附、营长,第三区署,灌口各联保、各学校之奖品计百余件。全会经费预算四百余元云。

《江声报》1936年6月5日

竞强二届赛马会元旦举行

本市竞强会昨讨论二届闽南赛马大会,推王守仁、邱长久、林大弼、林能允、吴有恩、杜沧江、陈清汉、马育才、邵清泉、倪启明等为筹备员,并定日期为元旦,地点胡里山该会跑马场。凡闽南各界对于骑术素有研究者,均得参加比赛。报名处设该会内,限1月1日上午截止报名。跑道以1周为限,计650米。比赛锦标计取4名,由名人赠予奖品。公开比赛,不售门票,并由会备(马)厩多间,以应参加马匹之用。规则从略。

《江声报》1936年12月22日

竞强会今日赛马

本市竞强会订今(25)日下午1时,再在胡里山该会骑术场,举行第3届闽南赛马大会,推洪鸿儒、杜沧江、王守仁、邱思潮、邱思志、邱玉琛、林天赞、林天厚、吴有恩、陈清汉、王俊生等为筹委。林文庆、林卞弼、蒋义和、林天恩、沈扬德、邱久长、黄翠庭、马育才等为评判员。各县参加者,均已于昨日抵厦。该会对观众暨不收门票云。

《江声报》1937年2月25日

(四)风　　筝

风筝竞赛分十六组今日举行

青年会重九风筝竞赛,决准时举行。报名参加夺标者凡 16 组,奖品昨又收到林国赓、李襄宇、严焰、陈联芳、罗忠谌、张锡杰、沈觐康及中南银行等,计 29 件。该比赛队员本晨 8 时到该会报到登记后,由该会体育干事卢达仑等领导到中山公园,取齐出发。

《江声报》1936 年 10 月 23 日

风筝赛优胜者名次比赛情形

青年会风筝竞赛,昨晨在五老峰举行。由裁判长萧鸣演讲风筝历史,解释比赛规则。于是号旗一挥,各筝即竞升天空,五光十色,映日争辉。报名分 16 组,中除 6 与 12 两组缺席,及第十组改作表演外,所有 13 组分三次竞赛。至 11 时在五老峰东第一峰,表演升降,至 12 时演毕。下午 4 时半,在该会给奖。评判标准分体式与技术两部,体式又分意义 15 分,精彩 15 分;技术分姿势与时间各 35 分。其体式与技术两部,又各有赠奖。

两部竞赛等第如次,技术部优胜者名次龚丕渺、周宗侨、郑崇德、李瑞勉(魁);银盾(大王),柯俊卿、李仲良、张焰秋、林贻再、蔡勖奇、蔡南浦、黄松山、杨再山。体式部优胜者名次,郑崇德、李瑞勉(魁)、龚丕渺、陈(永)来(表演),林贻再、张焰秋、柯俊卿;银盾(大王)、蔡南浦、周宗侨、黄松山、蔡勖奇、李仲良、杨再山。

《江声报》1936 年 10 月 24 日

第一届风筝竞赛大会

本会风筝竞赛,原定重九日在厦门大学操场举行。嗣接厦市各界重九登高比赛筹备会来函,商洽合作,当经复函赞成,因将地点改于五老峰,仍定重九日开幕。各界对于本会此举深表兴趣,颁给奖品,纷至沓来,计 30 件,满目琳琅，美不胜收。报名参加者计16组，而参加本会之登高同往者亦多。重九晨8时半，各赛员及登高队由本会干事领导出发后，即逾"虎溪"，上"万石"，登"太平"各岩，在五老峰后峰，展开一字长蛇阵。9时半，由裁判长董鸣皋演述风筝历史，并解释竞赛规则后，由摄影主任卓高祺摄全体一影。于是裁判股董明皋、沈志中、高剑云、蔡朝阳，检查股陈焕良、郑惠超等即各执其事。时届，司令员卢达仑号旗一挥，各筝即竞先升空，五光十色，映日争辉，煞是好看。各组中除6与12两组临时缺席，及第10组改作表演外，其余13组分3次竞赛。至11时赛毕，更在老峰东第一峰表演升降，至12时毕。此赛因属破天荒第一遭，加以与各界登高比赛同时举行，市民往观，如鱼趋壑，凡数千人，洵盛举也。翌日下午4时，在本会举行给奖式，特请李市长及市党部陈特派员颁奖，以资激励。由沈总干事志中主席，解释风筝赛之意义及开会宗旨，次由李市长颁给技术部优胜者奖品，由沈总干事唱名，卢达仑同工司奖；次由陈特派员颁给体式部优胜者奖品。颁毕，由李市长训词，大意谓："风筝创制极早，奈近人忽视，不久由褚民谊先生提倡，渐为人注意。此次青年会为厦市开风筝赛之纪元，意义殊为深重，希望明年更能扩大运动，以宏贡献云。"次由陈特派员训词，略谓："市党部奉中央明令，发起重九登高比赛，得青年会当局沈志中君毅然加入合作，发起破天荒之风筝赛，对于厦市精诚团结之精神，贡献极大。且于短时间筹备周密，得到多量奖品，多数报名，足见青年会对于服务上之信誉，更希努力运动"云云。末由得奖者代表周宗侨致谢词，大意谓："此次风筝比赛，由青年会热心举办，各长官及各界奖赠有加，殊足庆幸。本人年将六十，愿随诸公之后，由风筝赛唤起民族之复兴精神。明年举行时，希望老翁幼童均更普遍参加，更望李市长陈特派员亦下场参加竞赛，以资提倡，谨此鸣谢"云云。至5时一刻摄影纪念，乃行散会。按本届竞赛之得分法，系定技术与体式两标准，计技术部分姿势与升降时间各35分，体式部分则意义与精彩各15分，两部各给奖有差。

兹录两部优胜者芳名及所得奖品如次：

技术部优胜者

名次	姓名	奖品
第一名	龚丕渺	福建省政府委员李清泉先生赠大银杯一尊"壮志凌云" 福建水上警察第二大队大队长张亦璋先生赠银盾一座"扶摇直上"

续表

名次	姓名	奖品
第二名	郑崇德	厦门市党务特派员陈联芬先生赠优胜旗一面"备战空中"
第二名	李瑞魁	海军厦门要港司令林向今先生赠优胜旗一面"云霄高举"
第二名	周宗侨	厦门市统税查验所所长林寄凡先生赠银杯一尊"空战称雄"
第三名	银盾大王	华侨银行经理洪朝焕先生赠运动衫一件
第四名	柯俊卿	海军陆战队第二独立旅第三团团长史绩堂先生赠银盾一座"青云直上"
第五名	李仲良	厦门市公安局局长沈觐康先生赠匾额一件"一飞冲天"
第六名	张焰秋	厦门市政府参事宋启文先生赠银盾一座"坚持到底"
第七名	林贻再	厦门市侨务局局长江亚醒先生赠匾额一件"扶摇直上"
第八名	蔡勘奇	厦门市公安局特务队队长丁超先生赠银盾一件"空界争霸"
第九名	叶南浦	严灼如先生赠银盾一件"鹏程万里"
第九名	黄松山	厦门市竞强体育会总干事陈掌谔先生赠银盾一座"引丝而上"
第十名	杨再山	中国商行赠银盾一件"青云直上"

体式部优胜者

名次	姓名	奖品
第一名	郑崇德	厦门市市长李海霞先生赠匾额一件"就日穿崖" 厦门市立图书馆馆长余少文先生赠银盾一件"青云直上"
第二名	李瑞魁	厦门市商会会长汪晓春先生赠银盾一座"努力向上"
第三名	龚丕渺	福建高等法院厦门分院院长李意白先生赠匾额一件"登峰造极"
第四名	陈永来	厦门市工务局局长刘元瓒先生赠银盾额一件"鸢飞戾天" 厦门华侨银行副经理杨诚铨先生赠运动衫一件
第五名	林贻再	厦门市地方法院院长严穆世先生赠匾额一件"壮志凌云"
第六名	张焰秋	厦门市地方法院首席检察官田劭甫先生赠匾额一件"云路先得"
第七名	柯俊卿	厦门中南银行赠匾额一件"壮志凌云"

续表

名次	姓名	奖品
第八名	银盾大王	厦门市公安局第三分局分局长陈秀清先生赠匾额一件"乘风万里"
第九名	蔡南浦	厦门交通银行赠银盾一座"努力前途"
第九名	周宗侨	厦门市第四分局分局长徐励先生赠匾额一件"国粹精神"
第十名	黄松山	厦门海军医院赠银盾一座"迈进"
十一名	蔡勖奇	银盾大王赠银盾一座"遇雨不妨收掌握乘风仍可上云端"
十二名	李仲良	鼓浪屿会审公堂堂长罗仪朱先生赠优胜旗一面"优胜"
十三名	杨再山	厦门市政府参事陈衡心先生赠银镜框一面"努力上进"

鸣谢：荷蒙市内外长官及各界热心家颁赠奖品，以为本会象棋、乒乓及风筝各项比赛之激励，并荷贲降，训诲指导。感佩之忱，匪可言喻，谨此鸣谢！

《厦门青年》第25卷第6期，1936年10月31日

（五）武　术

同安城万人空巷　争看打擂台
黄元秀自舞长枪厦演员获奖归来

　　五区专署发起国术表演大会，于前（6）昨（7）两日，在同安运动场举行。会场办事，分评判、纠察、招待三组，评判主任黄元秀、副伍崇仁，评判员林志远、袁伟、李树同、刘朝美，纠察主任叶照林、副林志忠实，招待主任刘玉、副陈浩，招待员朱云、孙仲英、陈金昭、刘作耀、郭则诔等。开会时，由主席黄元秀致开会词，谓提倡国术，为个人健康，亦关民族精神，强种强国，实利赖之。继曾文墨、林德耀、吴东哲、黄水田等演说，各发挥提倡国术旨趣。

表演开始以教导队队员9人,由一教官领率,作团体拳术操练。次海澄、晋江、安溪,各国术家表演。复次为来宾袁伟、林志远、李树同之拳术,刘朝美之双刀,滕南旋(女)之太极剑,皆有足观。11时许,天忽阴雨,乃宣布停演。下午2时天晴,继续开会,由同安、南安、思明等属国术家表演拳术。再由海澄演员作器械表演,循序而及于各属表演员。

最后,自由表演,或玩枪刀,或以旱烟袋为武器,各逞身手。黄元秀亦为长枪之表演,均堪赞赏。于6时散会,此第一日情形也。昨(7日)10时,在党部给奖并行闭会式。同安向未举行武术表演,民众皆误为比赛拳术,万人空巷,群欲瞻此"打擂台"情况,即晋江、思明拳术家,亦选练武功较好者到同,意在夺取擂台锦标。嗣知只有表演而不比赛,观者演者,均失其热望。

给奖仪式,演员及各界代表齐聚党部,先由主席黄元秀布告开会,勖各演员应注意精气灵三要项。继第九师代表杨善同、党委曾文墨演说。于是分给奖品,一、老年组受奖者黄水成、傅点水、张福生、陈周坠等4名。二、壮年组,受奖者王联德、陈章璧、梁振武、何沙武、薛玉亮、陈文种、周志强、王碧龙、吴若木、邱思志、许神送、陈江宁、柯剑峰、姚醒狮、庄子深、陈逢春、江明山、邱剑冈、庄克昌、邱□皇、林章建、王明智、柴剑痴、刘积鹤、林嘉泉等25名。三、童子组,受奖者邱武标、李明褒、叶恩典、叶万福、邱武贤等5名。四、团体受奖者叶仁和国术研究会、同安国术馆、同安国术研究会、海澄国术研究会、厦门精武体育会(即益同人体育会)、晋江国术馆、教导队、同安民众教育馆等。各地表演员,原订由大会各给以纪念证章,嗣以制备不及,拟他日再行邮寄。

又息,厦门参加表演者益同人会员6人,仁和国术馆12人。结果仁和获得个人优胜第一,第二、第三悉归益同人。仁和得奖品3项,益同人得奖品6项云。

《江声报》1935年6月8日

四、田径运动

本市今日七千米越野赛跑
自航空处起虎园路止参加比赛者计四十人

青年会发起越野赛跑,订今(1)日举行。计赛员 40 人,职员 60 余人。下午 3 时,在小走马路取齐,用汽车分载到曾厝垵航空处门前出发点,职员则沿途分段掌职。赛跑路线系由曾厝垵航空处门前起步,经胡里山、镇北关、磐石炮台、出大学路、民生路,转碧山路、大生里、鸿山寺、思明南路、中山路、中华路、民国路、公园南路,至虎园路为终点,长 7000 余米。沿途由检察员协同中华、双十、同文、厦中、大同五校童子军,分段维持指挥,并请公安局饬属派警保护,及维持交通。午后 4 时,在虎园路举行给奖式,由丁锡荣主席。

附赛员规则如下:

1.号布须缝缀于胸前及背后,遗失者不得与赛。
2.赛员到达终点而无号布者,概不录取。
3.赛员沿途须受检察员之指示,按照路线前进。
4.赛员不得越近取巧,及受友人乘车护行。
5.跑时不得手持物件。

《江声报》1935 年 6 月 1 日

一蹶再振昨越野赛温树榛冠军
陈兴宇气力不继　张辉渊保得二名

青年会发起越野赛跑,于昨日举行。下午 3 时 20 分,赛员 40 名,齐集曾厝垵航空处,由邓世熙宣布规则。3 时半,由发令长陈文麟鸣枪为号,四十赛员即尾随向路之汽车,潮涌而前。8 号陈兴宇领导于前,7 号张辉渊尾随不放,一路由检察之机器脚踏车队纠察。至大学路,7 号居优越地位,34 号温树榛猛追,占得第 2 位,吴文庆第 3。至距虎园路终点约 20 码时,7 号渐疲退后,34 号忽蹶,卒能疾起。遥望 7 号,尚差数武,即勉强冲入终点,遂获冠军。7 号次之,18 号又次之。是时天公作美,不曾下雨,故观者甚众。各中学童子军及检察(查)员长警等,沿途维持秩序,亦甚得力。其虎园路终点,悬挂白布红字大旗一面,石阶上置椅,布置奖品等件。4时50分赛毕(经45分钟),计到达终点者凡25名,惟31号遥遥断后。4时半举行给奖,丁锡荣报告开会宗旨,并致谢词后,市府代表郑永祥训词,庄文潮报告成绩,沈觐康给奖,共计8名,至5时散会。得奖者名次成绩如下:

温树榛32分23秒五分二,获奖王固磐匾、聚宝银楼杯各一。

张辉渊32分52秒五分一,获奖戴恩赛银盾一。

吴文庆33分9秒五分四,获奖林国赓银盾一。

以下黎大展得奖陈文麟杯一,周金水奖沈觐康旗一,陈桑惠奖王成章旗一,黄洸烈奖美的照相馆大照相一,黄义芳获青年会活动哑铃一双。其余8名以下到达终点者,各赠纪念章1枚。

《江声报》1935年6月2日

田径九赛六破省纪录

厦门哥儿　莆田姐儿大出泉州风头

下午2时起,按照预定秩序开始比赛,田径预赛六项,决赛三项。男子铁饼:厦门傅余庆,成绩30.64公尺,破省纪录。男子撑竿跳高:晋江蔡子显,成绩3.31公尺,破省纪录。男子百公尺:晋江邓灿荣,成绩23秒,破省纪录。男子400公尺:同安王明午,56秒十分一,破本人省纪录。惟晋江邓灿荣,成绩54秒十分二,突破其本人最高纪录。男子百米高栏:莆田周元芳19秒,破省纪录。女子百米预赛:莆田罗玉珠14秒十分二,破省纪录。女子200公尺决赛:莆田罗玉珠30秒十分一,平省纪录。以上为运会第一日之成绩最佳者。

《江声报》1936年5月16日

通教社举办环市赛跑时间本月廿三日

通俗教育社举办环市赛跑比赛,其办法如下:

一、比赛期间:11月23日(星期日)下午3时起。

二、报名日期:即日起至11月22日止。

三、报名地点:公园西路本社,中山路新的书店,中山路新生书店。

四、比赛路程：由公园南门起点，经公园东路、美仁宫、厦禾路、鹭江道、双十路，至南门为终点。

五、录取名额：满50名以上取10名，不满50名取5名。

六、比赛须知：凡参加比赛者，请于22日往中山路新的书店领取号码布，自用针线缝粘于制服上，以防替换。

（附注）雨天改期，另再通知。

《江声报》1947年11月7日

环市赛跑改订卅日举行

通俗教育社举办之环市赛跑，原订11月23日举行。现因筹备不及，改订11月30日举行。凡参加报名者，可于11月29日到中山路新的书局领取号码布。

《江声报》1947年11月20日

环市赛跑昨日举行

通俗教育社于昨日下午3时，在公园南门举行环市赛跑。参加者30余人，由市立中学童军自由车队沿途参加纠察，结果达到终点8人。第一名徐培根（雷电田径队），第二名黄绍溪（雷电田径队），第三名曾金田（邮局职员），第四名李新躬（雷电），第五名叶狮（通俗社），第六名吴阿钢（个人），第七名张泰山（雷电），第八名吴锦芸（雷电）。赛跑路程由公园南门起点，经公园东路、美仁宫、禾泰街、厦禾路、浮屿、帆礁、鹭江道、同文路、双十路，至公园南门终点，成绩15分4秒。赛后，由该社理事长分发奖品。

《江声报》1947年12月1日

鼓环岛赛跑经分别给奖

又讯 鼓浪屿区各界庆祝37年元旦游艺会，于元旦日下午3时在该区公共体育场举行。到有各机关首长及各学校全体师生，民众逾千逾万，各游艺节目精彩异常，在场数只手拍机各纷纷争取美丽镜头，最后更有消防队表演跳楼救火，堪称空前盛举。游艺表演结果由该区代表会主席蔡丕杰、区长庄肇昌及教员苏蔚章等评判优胜如下：第一名：毓德小学之西藏舞。第二名：怀仁女中之切图案。第三名：怀仁小学之彩蝶翩迁（跹）优秀舞。第四名：毓德女中之行军乐土风舞。以上各赠有银盾、锦旗、镜框等优胜纪念品，又凡有参加游艺表演者，均各赠有礼物。

又讯 鼓区环岛赛跑于本月2日9时如期举行，除弃权外，有17人参加，由庄吉甫担任发令员及裁判员，沿途由英华中学军训团担任纠察记录。比赛结果：到达终点者共有15名，冠军曾仁和，时间28分30秒；亚军汪天生，时间29分；殿军张泽邦，时间30分。第四名为潘仲灿（以上系英华学生），第五名陈厦藩，第六名王坤生，第七名张庆裕（区公所保干事），第八名张庆元。以上共取8名。赛后，由该区庄区长给奖，并（摄）影以留纪念。

《星光日报》1948年1月5日

全市田径竞赛会前言

碧上官

这一次市体协排除万难，倾用全力筹办"全市男子组田径公开竞赛大会"，并已订定本月21日启幕。在此时此地，这一个计划的实现可谓极不容易，而其意义之深重，可使各界人士对目下全市体育活动推进，获有警觉性之认识。所以这一个竞赛大会之成就，其影响所及，实不容吾人忽视。

忆自抗战前厦市于民国廿五年最后一次举办全市运动大会，迄今十余载，除逐年间有各种球赛之举行绌（外），正式之田径运动会竟未尝召开。当局每因经费支外（绌）为词，延宕敷衍，终至一再流产，致令全市体育水准一落千丈，国民健康日见衰退。思之令人痛心！

夫田径运动为各种体育活动之基础，此为全世界人士所共知。田径水准若不能提高，其它运动水准更难望其有较高之成就。吾人如欲普遍推进全市体育活动，促其走上正确之大道，与求其显著之进步，即就不能舍本逐末，单单偏向举办球类之比赛，便算责任完毕，一了百了。所以这一次市体协肩起领导全市体育活动的大纛，埋首苦干，按步就序的策动。结果将第一届田径竞赛大会筹办成功，规模虽然不若运动会之范围那么广泛，但实际上与运动会的本质毫无二致。市体协的今春篮球联赛，门票收入剩存下来的些微经费,运用来举办这"麻雀虽小,五脏俱全"的田径竞赛大会。其勉负巨艰的精神,实值得本人钦佩的,尤其是之站在舆论立场,我们更应予以精神上绝大的支持。

全市田径竞赛大会开幕在即,笔者谨以至诚预祝其会开功成,收获美满并能为厦市体坛竖起一历史性之里程碑。

《厦门大报》1949年5月15日

田径竞赛明起举行　中华中学开校运会

市息　体协会主持男子田径竞赛,明起在厦门大学运动场举行。该会定今日下午3时在镇邦路友益行召开第一次裁判员会议,明(21)日下午1时各裁判员、职员应在中山路新的书店集中,以便出发前往会场云。(默)

又息　中华中学自复员以来,经逾三载。兹为提倡体育,增进学生健康起见,特定本月21日(星期六)假中山公园体育场举行复员后第一届全校运动大会。节目除开幕式全校高初中阅兵礼外,计团体操、佛舞(高中部女生)、村姑舞(初中部女生)、拔河、西洋拳术及其他田径赛球类多种,各项表演已经准备纯熟,届时当有一番热闹云。

又讯　闻该校运动大会订于是日上午8时开始,并由各组举行火炬接力赛跑(路线由该校体育场为起点,环跑鹭江道,经中山路、中华路)。至公园大会终点后,举行开幕礼云云。

《江声报》1949年5月20日

田径竞赛今起举行

市息　本市第一届田径竞赛,定今日下午3时起在厦门大学运动场举行。参加选手194人,其中参加800米之241号张绪滋,乃伞兵张司令。张氏身居司令之职,仍极热心体育,除本人参加外,并竭力鼓励官兵参加。至大会成绩布送,由雷达电料行负责。体协会为使新闻记者采访便利起见,特备汽车一辆,于新的书店门口,可于下午1时至地集中,以便与裁判员同时出发参观。厦禾汽车公司增派车辆,在中山路载运。兹将今午竞赛秩序探录于下:

(一)100公尺,(二)推铅球,(三)110公尺跳栏,(四)800公尺,(五)跳远,(六)400公尺接力,(七)400公尺跳栏,(八)200公尺,(九)5000公尺,(十)400公尺,(十一)400公尺接力,(十三)1500公尺异程接力预赛。(默)

《江声报》1949年5月21日

厦市体坛突见活跃　田径竞赛昨日成绩

市息　本市育协会主办第一届男子田径竞赛,昨下午3时在厦大运动场举行,选手100余人,准时莅场。伞兵、海校各以汽车载运选手进场,并由各该单位乐队伴奏,乐声洋洋。选手精神奋发,为胜利后仅有之现象。是赛成绩虽未见惊人纪录,但体协此举,众信其精神尚值得体育同仁推许。

抗战八年,内战三年,遍地烽火,生灵涂灰,民不聊生,因之全国体育亦陷于停止不前之中。20年前,篮球国手李震中,曾代表我国出席远东运会;20年后之去年,依然代表我国篮球队长,出席"世运会"。由此可以证之,我国体育之一斑情形。至于本市体育之未见进步,原不足厚非。总之,提倡者已尽了应负之任务矣。

迩来因战局关系,部分军事机关,纷纷南迁,使本市沉寂体育空气,突然好转。是以本市月来体育之进步,不能说托之外来宾客,故此次田径赛参加者海校占1/3强,全市参加人数竟不上50%。倘非外来宾客之支持,大会恐不能有此之收获。兹将昨下午举行各种成绩列下：

(一)100公尺预赛：第一组：第一名王铁夫,二名蔡祖枚,三名王长庆(成绩12秒8)。第二组：第一名葛镜如,二名朱普华,三名陈肇创(成绩13秒)。第三组：第一名王受端,二名王蕴山,三名敖朝智(成绩12秒)。第四组：第一名杨济民,二名高徵铭,三名刘景耀(成绩12秒9)。第五组：第一名唐崇平,二名甲茂林,三名吴兆熊(成绩12秒8)。

(二)110公尺高栏决赛,第一名苏锡芬,二名葛镜如,三名陈占伟,四名管纪泽(成绩20秒)。

(三)铅球决赛：第一名林启训,二名刘醒华,三名马秀樾,四名刘新民(成绩9米30)。

(四)800公尺决赛：第一名张国勋,二名朱景骞,三名谢祥英,四名李规办(成绩2分9秒)。

(五)跳远决赛：第一名刘立权,二名张秀山,三名王志珪,四名林启训。

(六)400公尺接力：第一名海校甲,二名厦大,三名海校乙,四名海校丙

(成绩 50 秒)。

（七）200公尺预赛：第一组：第一名程浩，二名王铁夫（成绩26秒2）。第二组：第一名任敬吾，二名王受端（成绩26秒2）。第三组：第一名王蕴山，二名杨济民（成绩25秒8）。

（八）400公尺低栏决赛：第一名苏锡芬，二名郭国顺，三名崔熙询，四名甲茂林（成绩1分9秒）。

（九）5000公尺决赛：第一名王善武，二名何国忠，三名王发文，四名曾听环（成绩18分26秒）。

（十）400公尺预赛：第一组：第一名程浩，二名高徵铭，三名谢江财（成绩一分正）。第二组：第一名潭（谭）乃盛，二名许龙基，三名朱柳昌（成绩1分6秒）。第三组：第一名王铁夫，二名任敬吾，三名张国勋（成绩一分二秒）。

今日秩序：（一）1500尺异程接力决赛，（二）100公尺复赛，（三）掷铁饼赛，（四）跳高决赛，（五）1500公尺决赛，（六）200公尺复决赛，（七）掷标枪决赛，（八）撑竿跳高决赛，（九）三级跳远，（十）10000公尺，（十一）1600公尺接力。赛后如期间许可，即行给奖云。（默军）

《江声报》1949年5月22日

演武亭上健儿献技　昨田径赛成绩一斑

市息　风和日暖，演武亭上，汇集各方健儿，争一技之长。昨天田径赛的节目，是接续前天未完的项目。此次海校风头十足，可惜运动道德较差，在昨午举行的各项节目中，节外生枝，未作尊重大会职权，甚至以全体退出为威胁，大会各职员颇感不平。现将昨天竞赛成绩发表于后：

田赛部分：（一）标枪：第一名洪章和，二名杨渊隆，三名庄炳泉，四名黄志威（成绩35公尺）。（二）铁饼：第一名林启训，二名厉建堂，三名应汉荣，四名张秀山（成绩27米75）。（三）三级跳远：第一名管纪泽，二名刘景耀，三名崔熙询，四名刘立权（成绩11米36）。（四）跳高：第一名马秀樾，二名刘景耀，三名曹福华，四名崔熙询，（成绩1米64）。（五）撑竿跳高：第一名张腾云，二名江宗畔，三名杨友超。

径赛部分：（一）1600公尺接力：第1名镇邦队（参加者只有该队，故无雄可争，成绩4分22秒）。（二）1500公尺决赛：第1名黎航，2名谢祥英，3名张国勋，4名朱景骞（成绩4分56秒3）。（三）1500公尺异程接力：第一名海甲,二名海乙,三名镇邦,三名英华(成绩4分7秒)。(四)200公尺决赛,第一名王蕴山,二名王铁夫,三名王受端,四名杨济民(成绩25秒2)。(五)100公尺决赛:第一名谢祥英,二名杨济民,三名王受端,四名江宗畔,(成绩12秒8)。(六)400公尺决赛:第一名谭乃盛,二名高徵铭,三名张国勋,四名朱柳昌(成绩2分18秒)。(七)1万公尺:第一名葛镜如,二名郭国顺,三名何国忠,四名张溪泉(成绩39分33秒)。至奖品,因时间不及,另日由体协会颁发云。(默军)

《江声报》1949年5月23日

田径赛审委昨开审查会

市息 体育协会主办田径竞赛审查委员会,昨晚8时在聚春园召开审查会议:(一)厦门大学来函抗议跳高赛,因抗议手续未依照抗议规程,本会歉难受理。是项抗议,另函解释。(二)400公尺决赛时,竞赛员于转圈时故意撞住伞兵。经伞兵提出抗议,检察员认为与事实相符,应根据江声报给奖。其他异议,不予受理。又1万公尺冠军,为王喜武。

《江声报》1949年5月24日

五、棋类比赛

象棋比赛经评定甲乙

该会本届象棋赛,自8月21日开赛,将届一月。每日争战,观众拥挤。兹经决赛结果,冠军为蔡藤牌(去年为吴在澳),亚军为唐棠镛(去年为杨青峰),殿军为许弼德(去年为蔡藤牌)。惟本届保持两届冠军之吴在澳,及去年次名之杨青峰,均未加入云。

《江声报》1933年9年19日

青年会围棋比赛今日拈阄

基督教青年会为提倡艺术改进生活起见,每年发起各种游艺大比赛。本年仍继续举行,计有围棋、象棋、台球、乒乓各比赛。兹闻该会围棋比赛,系定本下午4时抽阄,4时半即在该会游艺室开战(计本日至8月1日止,每下午4时半开赛)。会场各优胜者奖赠有差,冠军者更悬挂玉照,以资纪念。(去年围赛冠军系杨青峰)查本届报赛者,有杨青峰、陈新造、王盛桥、王盛典、林维馨,及日人名手上原、边见、泽见等共10余人,均一时之选。届时龙争虎斗,同嗜者必然先睹为快也。

又闻象赛已定8月5日至24日为赛期。以上两赛,均欢迎各界报名参加及参观云。

《江声报》1935年7月22日

围棋赛昨日开始

青年会本季围棋赛,昨日下午4时半开始。计加入者有名手8人,同嗜者于微雨新霁中,咸来参观,游艺室一隅顿见热闹。兹录比赛日期及对手者姓名如次:7月24日,朱华甫对杨青峰。7月25日,陈新造对叶天枢。同日,王盛桥对王秋英。7月26日,王友芬对王盛铨。

《江声报》1935年7月25日

象棋名手到厦发起公开比赛

象棋名家谢侠逊,应本市青年会及鹭□棋社之请,到厦发起象棋比赛。昨晨谢已由粤抵厦,往欢迎者青年会及棋社多人。谢氏寓青年会,分别接见棋界及文艺界同志。

下午,该会与棋社特开欢迎会并讨论一切,议决:一:比赛人员选吴在澳、蒋良德、白锦祥、刘寿彭、杨青峰、王添顺。二、登报征求外界棋手。三、报名地点:青年会。四、循环比赛选手:筹备员全体参加。五、比赛日期,5月9日起。

《江声报》1936年5月9日

江滨咖啡室象棋比赛

鹭江道江滨咖啡室,自元旦日起,每日下午2时举行象棋比赛,一般棋友均踊跃前往参加。昨日该室特聘素誉神童之白锦祥,与虎将张金国作友谊比赛,观众甚为拥挤。嗣因时间匆迫,未待终局,乃留于今日下午1时继续比赛。

《江声报》1948年1月13日

江滨咖啡室日来有棋赛

本市讯 前(12)日江滨咖啡室聘请战胜中国棋王谢侠逊的厦门棋王白锦祥,与数年来横扫本市未遇敌手的张金国作友谊比赛。盛况空前,使沉寂已久的厦门棋坛死灰复燃。

第一局白先和,第二局因时间关系,比赛到黄昏的时候,才把残局保留起来,到昨(13)日下午1时再继续比赛。那局白锦祥实在危险极了,本来这局张金国已操必胜的形势,后来神差鬼使,使张金国一着之差,给白锦祥挤出许多妙着来。结果白锦祥的马绊着张金国的帅,乃转危而获胜。观众既替张可惜又要替白欢喜,一时情绪,啼笑皆非。第三局张金国因错把劲"兵"骗入虎牢,而打成和局。第四局精妙百出,而张金国一时疏忽,把轰天巨炮牺牲了。那时时间已晚,再留下来,待本(14)日下午1时再赛。

闻今后将由张、白二位和厦鼓名手、漳泉各地专家继续比赛,藉资提倡。

《星光日报》1948年1月14日

江滨棋讯

昨为鹭江滨咖啡室象棋赛第三日,象棋神童白锦祥与虎将张金国,继续前日未完残局,结果白胜。第五局和棋,第六局张金国已可获胜,唯因身体微恙,一时疏忽,不上士而吃卒,致被白胜。第七局尚在争持中,因时间已晚,仍留待今日再赛。

《江声报》1948年1月15日

江滨棋战各失一马

江滨咖啡室第四日棋赛,观众益形拥挤。时间一到,张金国、白锦祥相继登台,继续昨日第七局未完残局,结果张胜。第八局张金国先失一马,而白锦祥因过于疏忽,亦失一马。此局虽互有失着,而精警百出,结果和局。第九局未定,待今日再赛。闻该室已派人往泉,聘请泉州怪侠康启明来厦应战,并欢迎各界参加比赛。

《江声报》1948年1月16日

江滨棋赛白胜一局

市息 江滨棋赛,昨为第五日,先决前(14)日未完局,结果白胜。第十局和局,明日再继续决战。

又讯 闻该室所聘康启明,乃泉厦五县棋王,棋艺之情,闽南实无其还,泉人号为通城虎。又因其棋步奇特,常常出人意外,是以又号为怪杰。想此人来时,当更有奇观也。

《立人日报》1948年1月17日

江滨棋赛明日继续

市息 本市鹭江道江滨咖啡室举行象棋友谊赛,经已半月于兹,详情迭志本报。嗣因张金国身体偶染微恙,而泉州康启明,亦因事未能到厦,乃暂停数日,致本市棋友颇为悬望。该室于是派人往泉促康启明克日来厦,与张金国、白棉(锦)祥现暨厦鼓各地名手循环比赛,经再订自今(22日)继续云。

《立人日报》1948年1月22日

棋坛两杰定期对垒

鹭江道江滨咖啡室,原定昨午2时请泉州棋杰康启明、□□□、神童白锦祥作友谊比赛。旋因白君身染微恙,致未克应战,该室乃改请厦鼓素誉棋手郑子琛与康作友谊比赛。闻今天再与厦鼓选手连续比赛三天,然后与白对垒。

《江声报》1948年1月23日

江滨棋赛两王斗智

江滨咖啡室棋赛，昨因观众热烈请求，敦请本市棋王白锦祥、泉州棋王康启明提前出场比赛。第一局白先本能和局，惟因情绪欠佳，失乎进车，致被康胜。第二局康先颇占优势，而白睹此状，乃急绞用脑汁，渐脱危境。妙在包（炮）五进二，遂被全局得胜。第三局尚在争持中，因时已晚，决于今日下午1时，继续比赛。查该三局，神妙异常，两棋王各斗机智，使一般观客无从捉摸，诚棋坛盛事。

《江声报》1948年1月24日

昨棋赛剧烈　明新军参战

昨江滨棋坛，战鼓一鸣，康白两棋王，登台续决前（23）日未完残局，白锦祥以车马包（炮）临门局势，弃卒平车，终胜康启明。第四局康先手以中炮对局，白以屏风马应付，双方沉着应战，取万全态势，未敢随意浪险，步步生莲，堪为棋学者楷模。因双方均无失着，两成和局。第五局白先，用仙人指路着法，抵康启明当头炮，白锦祥的双马，像关云长的赤兔，东奔西跑；康启明的双炮，像李元霸的双锤，一举万斤。正在争执不下时，白锦祥忽应以马五退七，使康无法应付而告败。第六局康先取立中头炮，白仍以屏风马应付，虽打成胶着状态，而白锦祥不敢轻敌，小心在意，应付自如。康因酣酒微醉，精神失差，虽怪步百出，终难挽回颓势，而告失败。第七局白先，康启明以顺炮横车，和白锦祥。第八局康先，胜负未决，定本午1时续赛。

该室闻十年前轰动厦门棋坛虎将蒋良德，昨日抵厦，乃敦请明（26）日出场对泉州棋王康启明及白锦祥。届时盛况，谅必空前。

《江声报》1948年1月25日

江滨棋讯

市息　昨（25）日本棋坛宿将蒋良德与泉州棋王康启明在江滨咖啡室对

弈,观众极为拥挤,虽气候寒冷,而情绪之热烈,异乎平日。该日计弈6局,各胜2局和2局,均甚精彩。但见双方车马炮如布机之银梭,东穿西窜,掩人耳目,无从见其痕迹。蒋之双炮似连珠箭一样,实难应付,幸康系国手,始能获得此成果。明日仍为康蒋对弈云。

《立人日报》1948年1月27日

棋坛战将纷纷出阵

本报讯 昨(27)日江滨咖啡室敦请本市棋坛宿将姚嘉松、林捷星对弈。第一局姚先,以中头炮六五卒,直迫过河,又以单马环中,由中路进攻,颇得优势。林系久经历练战将,全无惧怯,泰然以右炮过河,硬保皇宫,极金汤之固。弃(在)相持四五十着后,姚以破釜沉舟之势弃马取象,林见局势已危,先弃一子,近姚兑车换炮。此时,姚方仅胜一车一包(炮),在疲惫之余,旁再战,乃与林一车一卒言和。第二局林以中炮迫车过河进攻,姚以顺炮横车应战,战况极为剧烈,使观众无暇喘息。但见姚退炮打车,又平炮打车打炮,使林以车换马。然林虽失一子,而局势尚占风。后姚设阱陷林之卒于虎岛,而以车炮胜林马卒。是局极为精彩,观众纷纷记录。

施该室又请本市彦俊郑子珠与康启明比赛,真是棋逢敌手,结果2∶0郑胜。闻本(28)日为泉州名手吴道长与本市宿将林捷星比赛云。

《立人日报》1948年1月28日

江滨棋讯

市息 沉寂10日间之江滨棋赛,经于昨(14)日在新春爆竹声中举行,参观者颇为拥挤。该日为本市名手朱甘芦与鼓浪屿虎将郑德丰比赛,2人均为本市一流名手,棋艺程度,不甚上下,且均系年少英俊,精神饱满,所弈四局,殊少失着,极为精彩。至5时许,始告结束。闻此次棋赛,系欲提高本市棋艺素质,与增进一般棋友兴趣,特广聘各地名手,循环比赛,借供观摩。计泉州方面有怪杰康启明与名手郑瑶琼、李自成、吴道长等,本市方面有虎将张金国、老将傅化龙,及名手郑子琛、林捷升、翁凤仪、郑德丰、黄江溪、黄常山、朱甘芦等。查此项名手表演赛,系创本市棋坛新纪录云。

又讯 本日请老将傅化龙出马,闻傅化龙在吴在澳以前不池以后的棋坛泰斗,当其压倒五虎将时,年仅未艾。吴在澳常就傅弈,故进步甚速。现傅□龙钟,而精神矍铄,未减当年,届时当有盛况云。

《立人日报》1948 年 2 月 15 日

江滨今举行闭目战棋赛

厦门棋社以本市棋界名手白锦祥行将离厦,特于昨日在江滨咖啡室开欢送会,并定今午再假江滨举行口弈(即闭目战)。查是项"闭目战",系名手谢侠逊以后之首创。

《江声报》1948 年 2 月 17 日

江滨棋赛今起继续

本报讯 本市厦门棋社为提高本市棋艺素质,特于本月 20 日选派姚嘉松、朱甘芦、林捷升等 3 人,先往泉属一带,联络棋友,来厦比赛,庶本市嗜好斯道者得以观摩外地名手之棋艺。姚等经于昨日归厦,记者特往探询此行事迹,承谓当余等抵泉之时,怪杰康启明、虎将郑瑶琼等数人,已先一日来厦。余等乃返安海,与该地名手黄龙眼、陈琼玫、王光区等比赛,互有胜负。因接获白水营商黄裳来信,谓于上元日来厦,乃匆匆而返。此行殊无成绩可言,惟自本(24)日起聘请本市虎将张金国与泉州怪杰康启明、虎将郑瑶琼及同安名手洪赐平等,(尚有本市名手多人)在江滨咖啡室举行循环比赛。

查郑瑶琼,系泉州虎将,泉州所属,殊无其匹。想此次比赛,非但可以增进本市棋艺素质,而各地名手定能陆续而来云云。

《立人日报》1948 年 2 月 24 日

第四章

体育交流

一、来　访

泉永国术团今日在运动会表演
陈国辉昨率团员到厦

省防军第一混成旅旅长陈国辉应教育厅厅长程时奎之邀，来厦参观运动会，并率泉永国术团40余人，于昨(16)日下午到厦。将于本(17)日下午4时在厦大运动场表演，由陈世德、黄汉忠、林天恩领导。兹将该团团员姓名及预定表演项目详列于下：

姓　名	年龄	籍贯	项目
黄锡喜	48	晋江	连环八卦
魏木器	57	晋江	六步摇
卢言秋	51	晋江	连城
僧妙月	49	晋江	双飞鹤
林国治		晋江	双绥
刘马云		晋江	四札
陈周坠	51	晋江	直弓战

姓名	年龄	籍贯	项目
邱志竹			
陈京明		晋江	三战十二
柳开明	31	晋江	三战
林天恩	37	晋江	
黄秀俊	45		三角摇
傅云卿	53	南安	虎子樱桃
傅若景	28	南安	太子游四门
傅仰更	28	南安	五朵
傅子九	17	南安	连战
陈 笃	83	南安	梅花
陈 漱		南安	短棍
陈 道		南安	四门棍
黄信福	41	南安	千字打
陈 招	15	南安	梅花
陈 业	47	南安	中栏棍
林宝山	42	永春	行者偷桃
潘孝德	51	永春	仙人摘花
李万悦	51	永春	八门开金锁
宋忠达	51	永春	太祖三战
郑奕盘	65	永春	三战四门
郑奕清	59	永春	三战
郑隆明	29	永春	小千字
黄子荣	45	永春	三战
陈添恩	25	永春	四大沉中
叶子奇	12	永春	四门双刀
林芳超	43	永春	战摇
林碧珠	13	永春	双刀
郑誉金	56	永春	

《江声报》1931年9月17日

圣士提反足网球明后可到

又讯 香港圣士提反书院足球、网球队,乘春假之便,来厦与各界人士作友谊比赛。期后日即可到厦云。

《江声报》1932年4月1日

球战! 昨香港胜英华 今日厦大战香港

香港圣士提反足球队将来厦比赛各节,经志本报。兹查前(3)日该队业已抵厦,昨(4)日在英华中学足球场与英华队比赛。结果2∶1,香港队胜。厦大足球队,亦约该队今(5)日在厦大足球场比赛,上午比赛网球,下午足球。又群□发起之厦大足、篮球大比赛,本星期四(即7日)□□举行云。

《江声报》1932年4月5日

香港中南篮球队已到 16 日在厦大开始接触

香港中南体育会篮球队已于昨(13)日乘海阳轮抵厦,厦门体育会事先闻讯,即派员下轮欢迎。全队10人,现寄宿厦门大学,并已定16日(星期二)起举行比赛。与赛者有侨菲队、苦笑队、厦大队、同文队、白鹰队、精武队等六队。比赛地点假定厦大篮球场,时间下午5时起。入场券收小洋2角,所收券资即充为招待该队膳费、船费等用也。附全队队员姓名列下:领队陈照奎(兼左卫)、秘书杨兆钟(兼右卫)、干事郭尚伟、队长刘德禹(兼右锋)、副队长伍宝銮(兼右卫)、队员刘润田(中锋)、刘景明(左锋)、刘德修(左锋)、李沛炎(左锋)、赵象乾(右锋)。以上各队员,均曾代表埠际参加全国运动会,球术精良云。

《江声报》1932年8月14日

香港来厦球队今日起比赛

香港中南体育会篮球队来厦比赛,地点定在厦大球场,并收入场券2角。今(15)日起开始比赛,每日下午5时举行。其时间上之分配如下:

日期	对手	评判员
星期一	对侨菲队	蔡联科
星期二	对白鹰队	庄文潮
星期三	对苦笑队	杨绪宝
星期四	对同文队	蔡联科
星期五	对厦大队	曾学鲁
星期六	对精武队	杨绪宝
星期日	对厦门联合队	曾学鲁、庄文潮

又该队逗留厦拟一星期之久，下星期一返香港云。

《江声报》1932年8月15日

苦笑之后　同文复败于中南　十三对十四相差只一分

香港中南篮球队抵厦后，连日向侨菲、新青、苦笑各队挑战情形，已迭载本报。昨(18)为第4次比赛，应战者为同文队。同文之有篮球队，远在10年前，为厦篮球战之较有悠远历史者。昨观众较前多数倍，观球台上，万头攒动，为球战以来最拥挤之一日。

鏖战结果，中南队以14∶13险胜，同文输1分。昨日中南之胜同文，犹之前日新青之胜中南，同差1分，而胜负分焉。总观昨日之战，双方均兢兢业业，未敢或懈。中南队出战者与前同，同文队为吴义成、叶文炳、黄宗标、黄世路、陈守谦、林沧金等。兹述其接触情形如下：

开始接战不久，即为中南右锋(即1号)刘德禹罚1球得1分，但未久同文右锋陈守谦冲进，夺回1球，成3∶2之数。如是相持有数分钟久，中南中锋刘景明、同文右卫黄世路各得1球，成5∶4之数。双方勾心斗角，各展智能。

《江声报》1932年8月19日

中南六次挑战　精武果然不弱
廿六对廿六打成平局　最后一天　厦联队今日如何

昨(20)为中南抵厦后第6次挑战，应战者为精武体育会篮球队，该队队员多为厦大、同文健将。厦大球场上，昨观众颇拥挤。上半时以12对11，精武占先,结果为26对26打成平局。真乃棋逢敌手,厮杀半天,不见胜负也。

总观昨日之战,双方皆取急攻急进策。中南队球艺之佳,连日来均得好评。中南队此次来厦,计有10人,惟其中能任实战者只得6人。中南之特长,则在临危镇静,虽在极危已为敌占区,仍能从容转危。又该队此次来厦友谊比赛,计已久矣。

《江声报》1932年8月21日

中南队已返粤　经汕时拟逗留数日

中南篮球队定昨南归,已志本报号外。兹查该队昨(22)下午3时许,业已乘海澄轮返途矣,前往欢送者有体育会诸人士。

又据该队主持人云,此次南归轮经汕头,拟留汕数日,以与该地体育界人士作友谊比赛数次,闻以4场为限。现已定者为汕头体育会篮球队、大中篮球队等。按此两队,为该地较有声望之篮球队云。

《江声报》1932年8月23日

补述中南篮球队来厦比赛

球迷

中南篮球队为港中劲旅,战无不胜,攻无不克。此次乘在港夺获全港锦标之余威来厦比赛,以正式队员6人之队,冀与全厦之队相周旋,虽谓实力足恃,亦殊失算,七战四胜。所胜无几,结果溃不成军,实意中事。论其球术,比之吾厦各队,各有短长,堪称伯仲。而镇定之态度,涵养之精神,远非吾厦各队所能及。比之去年来厦之暨南大学队,相差何啻天壤。然其精神与道德,则能深印吾厦人士脑中,可谓已得无上之代价矣。兹将其比赛经过,评述于后:

第一日,胜侨菲——侨菲队系集全厦之菲侨健将,临时成军,攻守二法,实欠联络。论个人球术,如林川泽、吴义成,冲锋夺球,堪称神勇。但有时用力过甚,易于犯规,不能支撑全局,且予敌人自由投篮之机会。此为失败之大原因。其他如许荣水、刘有土,动作活泼,投篮准确,亦实难得。但防守方面,有时力气不足,不能各尽其责。阵线散乱,敌人得从容进攻,亦为致败之一因。港队则因初次出马,不能不胜,是以细心应战,毫无慌乱,能于最后反败为胜,洵属难能可贵。个人技术,当推刘德禹,传球、投篮各种技能,毫无弱点。其弟刘德修,身轻如燕,活泼如猿,堪称能手,惟有时则表现骄矜之态度,易惹对方之误会。其余刘润田、李沛炎、刘景明等,人才平均,进退得法,有时则用4人防守法,刘德禹立于敌方篮下,接远传之球。而投诸篮,十发九中,与侨菲以重创,结果以5分之差胜侨菲。

第二日,败于新青——新青队虽系最近组织,其队员亦多沙场健将。在与中南队比赛前一天,曾与集美O.Y.C队对垒于厦大球场,双方球术未见出众。是日,中南队员在场参观,以新青队实力平常,非其敌手。临战之时,以为把握十分,毫无注意而现有骄傲轻蔑之气概,因此益使新青队员奋发自强,各尽其责,始终不懈。林维爵、张锡熙之远射,每奏奇功,中南队则毫不提防,以为远射甚难奏效。因此前锋退守迟慢,后卫则株守篮下,首尾不接,新青队员则从容投篮球、运球,安有不中?及至分数既负,时间将完,悔已不及,卒以1分之差败于新青队。(待续)

《江声报》1932年12月7日

补述中南篮球来厦比赛(续)

球迷

第三战克苦笑——苦笑队系集美队之变名,因其队员如陈健、俞文彩、周马岱等,均系集美学校之健将。论其个人技术,不亚于中南队,惟临阵不能镇定,进攻退守亦见散漫,与敌人机会不少,且前锋缺少冲锋夺球之力,若投篮不中,则无再接触板弹回之球,而作第二次之投篮。中南队接球后,则用短传进攻法,在苦笑队尚未完全退防之时,已冲进而奏功以归。

是日,中南队新调萧殿廉加入作战。萧资格老练,球法精熟,一人兼三职,难能可贵。此君曾代表广州埠际足排球队,每战必捷,其所以用为替补员者,因其非中南队基本队员,恐联络方面不能循熟耳。其他如刘德禹、李沛炎、刘润田等,打法不错,与前二场相差无几,未见特色。中锋刘景明投篮准确,惟身瘦力微,若遇强敌,食亏不少。

第四次胜同文——同文为厦门最有篮球历史之一队,曾于去年远征港粤,连战皆捷,在港胜过青年会队。是时中南队员如刘德禹、李沛炎、刘润田等,均为青年会队员,双方球术各已领略,且本年均得当地公开赛锦标。故是日之战最有精彩,双方队员均各提心吊胆,各斗智能,前进后退,未敢稍慢。中南精于攻,同文善于守,故记录相差甚少。同文队使用五人联防法,甚为精熟,后卫吴义成、叶文炳,监视敌人甚严,寸步不离。中南队绝无近投之机会,于是改变策略,后卫刘德修、刘润田,乘同文前锋之不备,用远投射篮,刘德修曾于40尺余外投入(篮)球,为同文之重创。其前锋刘德禹、李沛炎等,虽近篮不能命中,未见稍馁,退守亦甚迅速,于是同文队亦少近射之机会,改用远射法。但求胜之心过切,用力过猛,多未命中,失却良机甚多。论其传球夺球诸技术,亦属不差。

总之,是役同文之败,在于投篮不准;中南之胜,在于沉着应战,毫无恐慌,而博最后之胜利。比赛结果为14对13,相差只1分,足见是日双方搏战之激烈也。

《江声报》1932年12月21日

补述中南篮球队来厦比赛(三)

球迷

第五次胜厦大——厦大篮球队在厦颇负盛名,曾一度远征上海各大学,成绩斐然。队员如刘有土、林川泽,本菲岛华侨健将,经验丰富。林君曾参加赴美比赛之中国队,任后卫之职,为该队之重要队员。其他蔡如川、叶茂发等,亦为厦门队之勇将,在中学时代已受相当训练,现则进步甚多,球术精良。全队攻守两法,亦见循熟。

是日比赛,裁判员曾学鲁执法严明,林川泽于10分内被罚4次犯规出场,中南队得自由投篮之机,分数占先,厦大队受重大打击。中南队虽刘德禹受伤,不能出场应战,其他队员全无惧馁,不以胜败为意,故应战自如,始终不懈。是场李沛炎、萧殿廉二人,表演尤为出色。李君沛炎,曾于场角从容射中数球,厦大甚为骇异,以在场角射篮断难命中,实已失算。因近端线投篮,虽无遮板,但善于投篮者,多不碰板。设厦大后卫能设法阻其投篮,是赛胜利必归诸厦大无疑。厦大队员当推叶茂发、蔡如川二人最为难得。虽分数始终未能追及,其奋斗精神未尝稍馁。刘有土虽有神射手之誉,但身材短小,气力亦差,受敌人严密之监视,不能越雷池一步。比赛结果:以5分之差败于中南队。

第六次和精武——精武队则侨菲队员所组织,多添一叶茂发。论其冲锋夺球之神勇,堪为各队冠,惟打法不能刚柔兼用,殊为弱点。故队员林沧金、吴义成均被罚出场,未能维持全局,否则夺得胜利,殊非难事。是日中南队,以劳疲之师,当此孟勇之军,能得不败,实为大幸。但队员虽分数未能追及,毫无恐慌之态,于最后5分钟转败为和,其镇定之精神,为该队此次来厦比赛之特种技能。个人球术当以刘润田、刘德修、萧殿廉,最得观众之好评。(待续)

《江声报》1932年12月28日

华南球队改二十七日首途

华南体育会足、蓝、排球队,本定去月中旬来厦比赛一节,事曾登载本报。兹查该会以筹措需时,未能如期来厦。昨(8)日厦门体育会接得该会来厦(之)男足球队,男女篮排球队等,现在拟定本月27日由粤首途来厦。又闻该会尚有男女网球队之组织,此来网球队或能同来也。

《江声报》1932年12月9日

将有激烈之球战！　　各路客军会师厦门

汕头体育队将派球队来厦比赛,日前曾由该会主干李惠官致函本埠体育会,商得同意,各情已详志前报。兹悉该会接得厦门体育会表示欢迎之函后,已决于本23日,由李惠官带队,乘金马轮来厦云。

华南队将来厦门挑战消息,已数志本报。昨得确讯,谓该队经决于本24日,由广州动身,乘直透轮来厦。

梅芳队为香港劲旅,曾获该埠女子篮球队冠军荣衔,惟年初集美姑娘远征汕粤时,竟甘败于客军短裙下,以50余分之差屈服。该队经此惨败后,卧薪尝胆,发愤图强,大有此耻不雪小姐不做之概。现闻将乘新年假期,整队来厦,与集美姑娘一较高低云。

岭南大学篮球队在全粤堪称劲旅,因该队员多系南洋侨生,富有运动天才。近闻该校当局以本埠各学校社团对于篮球素颇注意,技术亦有佳处,觉有此(远)征之必要,以便观察、切磋、求技术之增进。爰于日前由该校体育指导马丕显致函同文中学,接洽于最近期间来厦比赛。同文当局亦已赞同,日期及参加团体,已在接洽中。

《江声报》1932年12月17日

十九路军足排球队昨与厦大之战
结果　排球三比〇失败　足球二比二和局　赛后即整队返漳

十九路军足排球队,定昨由漳来厦比赛一节,已先志昨本报。兹查昨早9时许,一行约30人,由漳嵩车抵厦。

领队者为总部参谋处处长赵一肩、七八师长区寿年、七八师军械处长王大文、七八师刘军法处长等,足球队长卢也明,队员吴履逊、向家昌、谢云甫、吴树森、廖光人、杨晓峰、黄日中、施昌烈、邹虹、邱廷栋、于训等。先由青年会总干事沈志中,导至外走马路青年会。略事休息后,参谋长黄强亦同至。

11时许,至中山公园稍事练习。12时半,与厦大排球队比赛。厦大队员为叶茂发、杜申元、刘有土等,评判员为杨绪宝,结果3∶0厦大胜。比赛时双方均极热烈,四周空气亦甚紧张。

2时许,开始足球赛,足球场上四面拥挤,男女观众,4000余人,人人皆欲一看十九路军健儿之球艺。赛前两队合拍一照,然后开始比赛。评判员叶有仁,军械处长王大文担任巡边员。至最后12分钟为2∶1,十九路队犹占胜,不意突被厦大攻进一球,故终局时遂成2∶2打个平仗。两队阵线如下:

十九路队:于训、邱廷栋、邹虹、黄日中(下)、吴树森(上)、吴履逊、施昌烈、卢也明、廖光人、向家昌、谢云声(甫)、杨晓峰。

厦大队:谢植光、邱新民、叶茂发、林文鲵、杜申元、卢达仑、陈德福、邱世远、杨保森、孙晓生、林先峰。

观昨日之战,十九路队实颇不弱。按厦大为此次联青社之冠军,而十九路队能(征)善战,尤以谢云甫、吴履逊、卢也明为厉害,所差者太乏联络,故传球每为敌所乘耳。据王处长告记者,该队球员均为各师旅团集合而成,因军事上行动,甚少有时间集合练习联络工夫云。

赛毕,厦大假精武会所开茶会欢迎,由黄炳坤致欢迎词,略谓此次十九路球队来厦比赛,极为欢迎。以前,民众一见军队就怕,现十九路军对民和蔼可亲,实为现在中国军人之模范。该队赠厦大旗一面,文曰"闽中健儿"。

区氏并致答词,略谓提倡体育,则所以锻炼身体,人人身体能得健康,国家民族始能振云云。乃由黄代表厦大队赠该队旗帜一面,文曰"模范军人"。由七八师队长区寿年亲手接过,并代表强云云。继遂互相欢迎而散,即至青年会休息。四时许,由总干事沈志中等欢送该队返漳,又闻黄参谋长等尚留厦云。

《江声报》1932年12月19日

周醒南邀体育界领袖筹备欢迎华南队
组织筹备会分股负责进行

广州华南体育会将派男女篮排球队来厦比赛,已数志本报。该队确定本27日由粤乘安徽轮来厦,及全队点将录亦经详刊前报。

兹闻周醒南为筹备该队到厦时一切欢迎招待事宜,特于昨日上午10时邀请本埠体育界各领袖邓世熙、王大文、林振成、陈能方、沈志中、蔡镜波、周贤育等,在本市公安局内集会,讨论欢迎办法,至下午2时始行散会。闻结果议定由厦门体育会、十九路军、路政处、厦门基督教青年会及厦门公安局等五机关,共同组成"厦门欢迎华南体育会来厦球类比赛筹备委员会",定中山公园办事处为会址,分股负责进行一切。观于各界对球赛提倡之热心,届时必有一番盛况也。兹探志该会组织如下:

筹委会主席周醒南,副主席林绍裘、赵一肩、邓世熙。总务部部长沈志中,下分4股,会计股股长叶苔痕,庶务股股长于恩盛,文书股股长郭双南,救护股股长翁俊明。宣传部部长王大文,下分4股,通□股、摄影股、记录股、编辑股(以上各股由王大文部长另日函请本埠各报馆当局集会,征邀分任之)。球赛编配部部长邓世熙,副部长黄炳坤、庄文潮、杨绪宝,总干事张世雄。招待部部长周醒南,副部长林德曜、陈能方。膳食股股长叶苔痕,参观股长陈能方。球场设备部部长蔡镜波,副部长周贤育。看台设置股股长刘江瑞,球场布置股股长王华庭。纠察部部长林振成,副部长叶可元、陈文龙。

《江声报》1932年12月20日

筹备欢迎华南队筹委会　昨第一次集会

本埠各机关各团体,欢迎华南球队来厦比赛消息,已纪本报。昨为该欢迎筹委会第一次集会之期,地点在中山公园办事处。到者有周贤育、沈志中、邓世熙、叶苔痕、叶可元、陈文龙、王华庭、杨绪宝、刘江瑞、于恩盛、蔡镜波、黄炳坤、林德曜、张世雄、朱作人等。

对于总务招待编配及球场设置各事宜,各部股均有报告。讨论结果,定以中山医院为华南队招待场所,如十九路军及华英中学,加入亦招待于该处。于本26日安徽轮抵埠,(华南队即趁是轮),时由邓世熙、沈志中、林德曜、叶苔痕、于恩盛等,于是早7时集海关码头,分乘路政处及水上公安局电船下轮欢迎。其比赛之编配事项,亦待该队到厦后,再行商定。大约系赛篮排两球类,地点至中山公园内。如各校另订之赛程,则地点自由订定云。

又闻十九路军本届亦参加欢迎,并于30日午邀订该队入漳友赛,于1月元旦午返厦。闻届时蔡绥靖主任亦将来厦观赛云,盛况可想矣。

《江声报》1932年12月25日

华南球队昨乘"安徽"到厦　男队员卅三女队员十二
今日女篮球对集美男对健群　连赛五日均中山公园
赴漳二日　一月五日南归

广州华南体育会球队定昨抵厦,暨该会远征南洋照片等,均选载本报各栏。兹查昨(27)晨8时20分,安徽轮抵厦,即遥见华南会之会帜飘扬于轮上矣。时细雨霏霏,欢迎各界皆冒雨登轮,握手言欢。继即相将分乘电艇两艘登陆,记者亦与俱行,由第八码头上岸后,即全体步行,浩浩荡荡,由中山路直抵虎头山中山医院歇息。绿衣满街,旗帜飘扬,市民皆知华南队抵厦矣。

是日未赛,下午3时半,该会并假中山医院招待报界教育界,到各报记者各校代表数十人。兹分志详情如下:

欢迎与登陆　昨早前往轮上欢迎者,有厦门体育会会长邓世熙、厦门大学黄炳坤、同文中学杨绪宝、青年会总干事沈志中、集美学校陈能方、庄文潮、教育局长林德曜、华南球赛筹会叶苔痕等。后十九路军七十八师军械处长王大文亦赶到,上岸后□排列鱼贯,直到中山医院休息。

到厦之战士　查此次来厦球队,总领队为六十一师副师长兼一八三旅旅长张炎,因事尚未到。昨到厦(共)计30余人,兹将该队此次来厦职员男女队员列下:领队,朱寮生、钟超群;顾问,吴子芹、林翎球;总教练,朱寮生;事务主任,□锦垣;司库,方玠;中文秘书,吴钦尧;交际,黄荫钧、何厌;男篮球队长,梁杰棠;男排球队长,胡召屏、邱广燮、伍永钦;女篮球队长,司徒薇、许桂馨;女排球队长,萧惠灵、卢慧娴。男队员,梁杰棠、邱广燮、胡召屏、伍永钦、刘泽民、苏祖荫、刘润田、陈汝正、方玠、郑旭坤、叶隐森;女队员,司徒薇、萧惠灵、许桂馨、卢慧娴、钟汝宁、容羡红、容羡葵、黄若兰、高丽娥、邹秀娟、马庆申、鲍以微。女队员尚有余素馨、朱教新、吴秀闲,罗少兰4人,在汕未到。邓名禹、陈瑞屏在申未到,男球员有徐亨、黄鼎芬在申未到。

战期今日起　连环战5日　再征漳2天　抵院后,10时许即开会分配比赛时间,现已分配定,计在厦比赛5天,在漳州2天,元旦后5号即返港,因各人皆有职业工作也。兹列比赛分配时间及行程如下:

今(28)日上午10时,男排球赛对台强队,下午3时女篮球赛对集美队,4时,男篮球赛对健群队。29日上午10时男篮球赛对鹭光队,下午3时,女篮球赛对集星队,4时男篮球对精武队。30早10时入漳州,下午1时赴各界欢迎会,3时男女排球队比赛。31早10时,男篮球赛对十九路队,下午男排球赛对十九路队,同时女篮球对女师,女排球对进德女中。元旦早参加十九路军阅兵典礼毕,12时即返厦,下午1时并参加该队总队长、张副师长婚礼。2日上午10时,男排球对厦大,下午2时,女篮球赛对集美,4时男篮球对同文。同日下午,十九路军与华南合队对全厦队足球赛。3日上午10时,男排球赛对鹭光队,下午3时女篮球赛对集美队,4时男篮球赛对厦大。4日上午10时,男篮球赛对集美,下午1时,男篮球赛对台强。以上除漳州未定外,地点皆会。现在香港、汕头皆设有分会,希望厦门将来亦有此组织。此次不远千里而来,希予教益。午5时许遂散会。今日上午坐台每人收2角,下午收4角云。

又曾出席远东运动会,上海田径赛名将钟连基,昨亦与该会同来。

《江声报》1932年12月28日

欢迎广州华南队

不为着别的,只为观摩艺术,不远由广州乘风破浪而来。这种爱好体育的精神,已够令人欣慰欢人!

该队未到厦时,各界就组织筹备会,安排一切招待欢迎的事,已是闹得风雨满楼。该队到埠时,虽然天气不佳,下轮迎迓的、在码头伫候的竟大不乏。迎尤其是整队过市时,街众大都住足停止作业,用一种羡慕、爱惜的眼光在欢送他们通过。这些足见本埠各界人士对于该队的爱护与欢迎!但欢迎不只是开开会,演演说,喊喊口号就算数了,应该有下列的几个希望才有意义:

一、希望该队能将高超的艺术尽量表演出来,使本埠的球员得以观摩切磋而增进自己的艺术。

二、希望本埠应战的团体球员随时随地要注意尽主人的礼仪与道德,胜与败都要使客队感到欣然满足。

三、希望该队此次到厦也有远征星洲时那种完满的精神,美妙的表演,把整星洲冲激得震动起来,使所有的体育集团都努力向上发展,重整起旗鼓来,给本埠运动界一种新动力,使现象为之焕然。

四、希望本埠体育界的领袖能趁此机会与该队切实携手,订出一种什么锦标,每年你来或我往,举行埠际的比赛,使这亲密的友谊得延续下去,于球艺的增进也当非浅鲜。

《江声报》1932年12月28日

华南联合十九路战本埠足球混合队
时间三月二日　华南到漳比赛程序

漳州特讯　华南球队抵厦情形及其比赛日程,经志本报。兹查莅漳招待日程如下:12月30日上午10时,集中十九路军厦门通讯处,乘电船渡嵩屿,11时由嵩屿乘十九路军用车(2辆)到漳卫生楼休息。下午2时30分赴漳州各界欢迎会(会场在龙溪女子师范),3时30分对漳州排球比赛(总部球场)。31日上午10时至11时,对漳州与十九路军篮球混合队比赛(总部球场)。12时至2时游览。下午3时30分至4时30分,与十九路军排球队比赛（总部操场）。7时至9时，总指挥宴会联迎社（预祝元旦）。元旦日上午10时，参加阅兵典礼，12时与十九路军球队同返厦门。2日1时至3时，华南与十九路军足球混合队对厦门混合队。漳州女子球队时间另定。

《江声报》1932年12月29日

昨日华南队球赛

男篮球对鹭光和对精武胜　女篮球对集美败对集星胜
场中职员对记者误会后谅解

昨日上午10时，华南女子篮球对集美，裁判员王华庭，计时员邓世熙，纪录陈明华，结果为19：15，集美胜。11时，男篮球对鹭光队赛，裁判员庄文潮，计时员邓世熙，纪录陈明华，结果为24：24和局。下午3时，女篮球对集星赛，裁判员黄炳坤，计时员王守仁，纪录陈明华，结果13：6，华南队胜。4时半，华南男篮球对精武，裁判员杨绪宝，计时员王守仁，纪录陈明华，结果29：18，华南胜。

当第二场对鹭光队，将近开始时，《江声》《商学》《商报》三记者，暨香港《超然报》《公□报》记者皆一起在场边坐，时该会筹委邓世熙在充计时员，忽驱逐坐球场线外地上之各报记者，当众盛气喝叱。各报记者认邓系有意侮辱，即全体退场，先是该处坐有观众十一二人，交椅覆倒地上，少数人坐于椅脚上，新闻记者5人则席地而坐，各出细笔记录。该会事前发有白布条□各报馆，在场未设记者席，邓意欲各记者坐于两旁之椅上，各记者以粤沪各地探访新（规），除遵守球场规则外，亦予绝对探访自由。各记者坐球场外地上，既未妨害场内球员，亦未遮场外观众视线，而突遭此，当时为维持全场秩序起见，虽被盛气之驱逐，亦默然退出。全体退出场后，即讨论向该会交涉。

下午3时，该会筹委遇记者林纯仁、杨耀钦，即向咨询（该）事，林等当将事实经过叙述。结果，该会主席周醒南闻讯后，亦派周贤育君代表向各记者解释，邓君亦亲自向各记者道歉，认系一时误会，且会场中设置亦有欠妥。周君并允以后另在球场边设记者席，并由该筹备会函各报，向记者道歉，各记者亦以邓君初非出于恶意，亦表示谅解。兹录其致本（报）函如下：

敬（启）者，敝会为提倡体育起见，本届特行欢迎华南球队来厦，发起友赛，以时间迫促，设置诸欠妥帖，本日比赛在中山公园，敝会职员致与贵报记者发生误会，抱歉实深。兹特专函道歉，尚祈体念彼此服务精神,曲予原谅是幸!此致江声日报社。

厦门欢迎华南体育会来厦球类比赛筹备委员会启(墨章)

《江声报》1932年12月30日

岭南篮球队昨晨抵厦　梅芳女篮队事阻未同来
一行共十三人住宿同文中学
即午战英南57∶32取胜　今日战健群队

广州岭南大学篮球队定昨日可抵厦一节,已志昨本报。兹查昨早该队一行十余人,已乘海阳轮抵厦矣。至香江梅芳女学篮球队,昨未同来,因临行为事阻也。6时许,海阳轮抛锭(碇)后,前往欢迎者有厦体育会长邓世熙、鹭光体育会代表张世雄,同文中学体育会代表杨绪宝、吴义成、黄宗标等十余人,分乘谦顺行电艇前往轮上迎接。在轮中,宾主相见握手致敬意,盖有且为旧时相识也。行李物件点齐后,即乘原电艇登陆,直赴同文中学休息。

全队人数　查该队此次来厦,领队马廷瑞、区宏恩,秘书黄庆鸣,司库刘青波,队长黄树邦,队员萧殿廉、马丕显、郭琳骧、黄鼎芬、李可樂、雷攀荣、司徒蕃、李福林等13人。队中多为知名人士,如队长黄树邦曾代表我国篮球出席远动会,黄鼎芬为第八届远东运动会我国田径选手,对于足、篮、排球竟件件皆能也。其余如左卫萧殿廉,萧去年曾偕中南篮球队来厦,并曾代表香港埠际比赛出征上海。陈柏年、□道彰二位则因事未得偕来,马丕显则系以前同文队砥柱,已是旧相识也。

战情报告　该队抵厦后,其比赛队名、时间等等,已预先议定。地点即在同文中学篮球场。该球场系新近改建,并用石筑有看(台)一面,座位从低而上,颇为完美,计约可容三四百也。其余两旁,总计约容纳观众五六百人。昨男女观众亦颇多,首出应战者为英南队。球证杨绪宝,计时陈诗雍,纪录叶文炳。4时,正球证笛鸣,于是相方开始攻守。英南队短小精干,岭南队初出应战,未知虚实,故亦小心翼翼,你来我往。最先得球者为英南右锋陈福安,自此而后即皆岭南占先。结果上半时,岭南队以21∶13占先鞭。下半时开始后,岭南队前方三锋,各建奇勋不少。双方换将后,英南左锋陈福泽反攻5球,结果为57∶32,岭南队胜。

总观昨战,岭南右锋马丕显射球术,离隔别经年而英气犹在也。中锋黄鼎芬果然名不虚传,五将皆能联络。战法时或五进五退,时或划分二路。英南队队员颇短小,全队实力亦似觉太差,此其失败之点欤。

《江声报》1933 年 1 月 31 日

岭南队三战三胜 "精武"改定三日出马
"白鹰"昨竟一蹶不振

岭南球赛昨日秩序本战精武,嗣因白鹰队同意,昨改战白鹰。下午 4 时许,双方列阵后,球证黄炳坤,纪录吴义成,计时叶文炳,观众约 300 余人,市公安局长林鸿飞亦亲临观战。白鹰队方面,右卫刘领赐因病不能出场。双方开始(对)战后,上半时 10 分钟前,白鹰队颇占优势。不料过此黄金时代后,竟一蹶不振。岭南队遂乘势而起,上半时结果 28∶18。下半时开始后,岭南声势更为浩大,白鹰方面虽不逢时,惟自失着之处亦有。下半时为 41∶11,结果为 69∶29,岭南队胜。

总观昨日战情,双方皆极为热烈,白鹰下半时虽自始至终立于失败地位,但战斗则始终坚持到底,未尝气馁。岭南队亦不敢轻敌,故始终战情都是紧张也。兹志两队阵势如下:

	位置	姓名	得分	犯规
岭南队	右锋	李可燊	4	
	左锋	马丕显	22	
	中锋	黄鼎芬	12	
		郭琳骧	14	2 次
	右卫	黄树邦	7	
	左卫	萧殿廉	10	
	总计得		69	2 次
	位置	姓名	得分	犯规
白鹰队	右锋	林维爵	9	2 次
	左锋	许景煌	4	
	中锋	林忠如	8	
		薛怡景		
	右卫	陈昆山	2	2 次
	左卫	蔡子显	6	1 次
	总计得		29	5 次

又昨日下午1时,岭南队与鹭光体育会排球队作比赛,评判员邓世熙,纪录叶文炳。结果为3∶2,鹭光胜。比赛秩序昨再有更变,岭南队定今(2日)晨赴漳比赛。届时将由同文体育会派员偕往,故今日停战。3日战精武,4日战鹭光,5日战同文,时间、地点皆无变更。

《江声报》1933年2月2日

"岭南"昨又击败"同文"　今日"鹭光"如何

岭南队昨乘漳厦五战五胜之威,又复击败去年秋季全县冠军之同文队,诚非逆料所及。兹分志昨战情如下:

昨日虽微雨霏霏,寒风吹面,然观战者仍不因是而减少,甚或有从鼓来者。此场可谓万人注目之战矣。4时正,双方抵场后,球证黄炳坤,纪录陈明华,计时张世雄。岭南队员无变更,同文队前锋陈守谦、黄宗标、黄锡爵,后卫吴义成、叶文炳。银笛一声,双方开始攻守,上半时岭南队先颇占优势,着着胜利。曾被右卫黄树邦、中锋黄鼎芬连得8分。在最后之10分钟内,同文队突变战略,前锋、后卫雷电奔驰,迅速之间,右锋陈守谦连得3球。继双方互有进分。上半时结束后,成19∶18分,同文队输1分,时双方之胜败固尚未分也。

迄下半时开始,岭南左锋刘毓熙、中锋黄鼎芬,联络左右翼奋勇进攻,递球急进,连中三元,一时声势煊赫,成绩牌上竟成31∶22,同文输去9分矣。时天雨淋漓,观战者并不因是而退,冒雨立观。又因球场上颇滑,球员两方皆感吃力,同文此时失分甚多,但仍力图恢复。最后数分钟,左卫吴义成奋返2分,惟以大势已去,时间上固未容许也。下半时岭南队以26∶8胜,合计为45∶26分,岭南队胜。

总观昨战,据个人之观点论,以右锋李可燊为最佳,此为传球而言。若言射篮,则当让中锋黄鼎芬。黄射时能从侧击,球到手则难免。同文昨日之败,败于传球上有时似觉太慢,及待敌军赶至固守后,则攻时颇感困难,每不能深入,远射则极危险也,此点失败之因欤。兹志两队阵势如下:

岭南队	位置	姓名	得分	犯规
	右锋	李可燊	10	
	左锋	马丕显	3	
		刘毓熙	10	1次

	中锋	黄鼎芬	14	
	右卫	黄树邦	6	1次
	左卫	萧殿廉	2	3次
	总计得		45	5次
同文队	位置	姓名	得分	犯规
	右锋	陈守谦	10	
	左锋	黄锡爵	4	
	中锋	黄宗标	7	
	右卫	叶文炳	2	
		黄慰庭		
	左卫	吴义成	3	2次
	总计得		26	2次

今日为最后之战鹭光队,记者祝双方努力为队作战,以结束此次热烈之球赛。

《江声报》1933年2月5日

"鹭光"昨战胜"岭南"62∶34　今晨"合强"出马

昨日下午4时,为岭南与鹭光比战之期。岭南来厦五战五胜,昨为第6战,是日适值星期日,又逢天气清朗,士女如云,看台几有人满之患。比赛结果,鹭光以62∶34取胜。双方攻守之热烈,不减于战同文也。兹志昨战情报告如下:

查昨之战,在未战前,记者已知系一场恶战矣。在岭南方面而言,战若胜则其喜可知,虽然胜败固无关宏旨,然能六战而六胜,是亦难能而可贵也。在鹭光队方面而言,鹭光队为鹭光体育会之代表队,亦则系一团体之代表队而已。然其胜也,又岂仅会之光荣哉!两队之心理同抱此之决心,于是其战也遂益剧烈。

昨球证蔡联科,纪录陈明华,计时张世雄。一声银笛,双方开始攻战,岭南前锋为李可燊、马丕显、黄鼎芬,后卫黄树邦、萧殿廉;鹭光前锋陈守谦、徐克培、黄宗标,后卫吴义成、林绍洲。

甫开战,先为岭南右锋得2分。3分钟过后,则为鹭光队占优势。左锋与中锋接连击射数球,后卫之防守极为强硬,于是岭南前锋皆不得逞,大有英雄无用武之叹。向前进攻既屡告失败,惟敌又屡屡反攻,球每为鹭光射击。岭南后卫睹此情状,遂为勇力抵,左卫萧殿廉上半时未终以犯规4次退出,改由刘毓熙接替,一时岭南队失却护卫力不少。鹭光左锋徐克培为新近由沪抵厦之将,昨一献身手,颇称良材;中锋黄宗标与前日同文之战不同,球运大亨通;左卫林绍洲,昨全场之胜败得力于林不少。上半时遂以27:12,鹭光队占先。

迄下半时开始,鹭光队以乘胜之威,仍着着进攻。岭南以进攻不利,右卫黄树邦又以犯规3次,守卫力较前稍差。盖以若再犯一次则有退出之虞也。然右锋李可燊从左面侧击,与中锋之奋勇冲入,仍被夺回分数不少。时鹭光中锋以犯规4次退出,中锋一席由林绍洲递补,林席由叶文炳补上。林就职后,接二连三射得数球,鹭光生气更勃发。岭南不幸此时右卫黄树邦又被退出,改由李福林补上,李力较黄太差,岭南后卫大感不足矣。

在最后七八分钟,鹭光阵线略变更,仍以林绍洲任后卫,张锡熙担中锋,黄锡爵任右锋,一路顺风,皆为鹭光占优势。迄比赛告终,鹭光遂以62:34取胜。

总观昨日之战,鹭光之胜得力于左卫不少,岭南之球屡为所截,屡攻而屡截。岭南以此不得逞,遂改变策略,希以远射取胜。远射虽不乏能手,惟到底是危险工作,虽则养由基复生,亦未必粒粒能中。故曰昨日之胜,左卫当居首功,其次为左锋徐克培。

闻徐为沪青光队将云。岭南之败则因敌守卫严密不得深入,进攻既不如连日之顺利,上半时左卫萧殿廉又以犯规退出,右卫黄树邦犯规3次不敢力战,此亦系一原因也。兹并志两队昨阵势如下:

鹭光队	位置	姓名	得分	犯规
	右锋	陈守谦	12	
	左锋	徐克培	14	
		黄锡爵	2	
	中锋	黄宗标	15	4次
		张锡熙		
	右锋	吴义成	3	
	左卫	林绍洲	16	
		叶文炳		1次
	总计得		62	5次

岭南队	位置	姓名	得分	犯规
	右锋	李可燊	11	
	左锋	马丕显	4	
	中锋	黄鼎芬	11	
	右卫	黄树邦	4	4次
		李福林		
	左卫	萧殿廉	2	4次
		刘毓熙	2	
	总计得		34	8次

查岭南队以开学在即，已决定今日下午搭海宁轮返港转粤。今早10时与厦门合强队作最后比赛，地点仍在同文球场，球证陈诗雍。

《江声报》1933年2月6日

"岭南"昨乘轮返粤　临别之赛合强获胜

昨（6）日为岭南队返旌之期，上午10时，与合强队作最后临别之比赛，结果以43：36合强队胜。下午3时，该队已附海澄轮首途返粤。前往欢送者有厦大、同文、厦门体育会等数十人，雇电艇2艘，扬巾欢送。再会何时？望明年今日或暑假期间能再相逢也。兹志昨早球战情形如下：

昨日，球证陈诗雍，纪绿陈明华，匪（区）宏恩，计时张世雄。人马到齐，阵势排列，岭南与合强各据一方，银笛一声，双方开始攻守。合强屡占上风，岭南亦奋勇力战，上半时后卫颇严密，前锋进攻仍屡受截。合强守卫力极强，前锋为徐克培、叶茂发、陈宗标。叶有赛张飞之誉，雷霆一发即不可制，昨日之战，不减当年也。昨战球证严明，双方兢兢业业。下半时，岭南左卫萧殿廉以犯规4次退出，上半时，22：19合强队占先；下半时结果为43：36，合强队胜。两队阵势如下：

合强队	位置	姓名	得分	犯规
	右锋	叶茂发	16	
		刘有土	4	
	左锋	徐克培	2	
		陈守谦	6	
	中锋	黄宗标	8	1次

	右卫	林绍洲	7	3次
		叶文炳		
	左卫	吴义成		3次
	总计得	43	计9次	
岭南队	位置	姓名	得分	犯规
	右锋	李可燊	8	
	左锋	马丕显	6	1次
		刘毓熙	4	1次
	中锋	黄鼎芬	8	
	右卫	黄树邦	5	
	左卫	萧殿廉	5	4次
		李福林		2次
	总计得		26	计8次

又查该队来厦比赛，系由同文负责招待，每场皆有收入场券，每张2角。昨同文报告，截至昨早止，共收得大洋237.9元，小洋195.1元，合计得大洋407.9元。支出为船费100元，伙食百余元，设筵招待90余元，其他零费等，合计419.84元，不敷10余元云。

《江声报》1933年2月7日

汕头足篮网球队首途来厦　三日可到

本市体育界筹备欢迎

　　汕头体育会足篮网球队，定3月3日乘金马轮来厦一节，已志本报。兹查该队已决定2日首途，计程3日早即可抵厦。此次由汕海关监员领队，拟留厦数日即返，比赛日期极为短促。昨日下午5时，汕厦球类埠际比赛筹备委员会，假国际联欢社开筹备会。到会者黄友情、许友超（黄代）、丁玉树、洪朝焕、林绍裘、叶沧洲、曾学鲁、廖超照、张世雄、叶清华、蔡镜波、邓世熙、曾佐周、王守仁、黄炳坤、陈鸿礼、杨绪宝，主席邓世熙，纪录杨绪宝。

　　一、关于本会工作应如何分配案。议决，总务部许友超、黄伯权、黄友情、苏琛、林绍裘、邓世熙、丁玉树，总干事黄友情，财政洪朝焕，交际徐□宾、曾佐周、陈鸿礼、叶清华、林德曜、陈能方，纠察林鸿飞、叶沧洲，编配黄炳坤、杨绪宝，布置蔡镜波、张世雄、王华庭，评判曾学鲁、陈诗雍、丁锡荣，宣传杨元通、沈志中，救护廖超照、章茂林、陈念谨，文牍杨绪宝、杨文昭，摄影郭水生。

二、关于汕头队住宿事。议决，推举丁玉树、洪朝焕负责接洽大千旅社。

三、关于膳食事。议决，推举黄友情、邓世熙、丁玉树负责料理。

四、关于3日晨汕头队抵厦欢迎事。议决，推举曾佐周负责预备电船两艘，由全体筹备员下轮迎接。

五、关于汕头队往漳比赛事。议决，由会具函十九路军，于本星期日上午来厦比赛。

六、关于本会经济应如何筹措。议决，由全体委员向各界募捐。

七、关于比赛事宜应如何分配案。议决，由黄炳坤、杨绪宝等负责办理。

八、关于赠送汕头队纪念品事。议决，由张世雄负责。

《江声报》1933年3月1日

汕头体育会球队　第三次埠际赛揭幕前
黄友情"御驾亲征"　邓世熙"开章明义"

汕头体育会男女球队来厦，计程明（3）日早可抵地。汕厦埠际赛筹备会委员，已定届时雇电船3艘前往欢迎。昨下午5时，该会假万国俱乐部招待本市各报记者，由邓世熙、黄友情、洪朝焕、曾佐周、杨绪宝等招待。先由邓世熙报告此次筹备经过，继述汕头体育界与本市体育界之历史关系，曾历次比赛，此次来厦可谓第三次埠际赛。次黄友情报告，本早由自己御驾亲征，两小时功（工）夫，各界自动捐助经费者共计1500余元，将来结束后列表报告收支。昨并有市筹备处长许友超捐赠银盾一座，林国庚司令捐赠银盾1座，章茂林赠网球1打，新的书店赠篮球一粒。比赛时间，第一天星期五下午1时30分赛网球，4时赛足球。星期六及星期日早比赛程序，须俟该队到厦始能确定。星期日下午，该队搭金马轮返汕，因各人皆有职业，不能久留也。至比赛场所，足、网球在中山公园，篮球在同文球场。昨晚7时，该会并电汕体育会致欢迎来厦。兹录该会此次议决来厦之职员及球员如下：

职员：领队萧松琴、陈玉潜，总务主任李启明，秘书林奎城，交际游剑池、林玺新，财政陈宗炎，摄影李景开，救护主任郑国贤，干事饶灼基。

足球队：队长李华家，副队长李惠官，顾问李启明，队员陈宗炎、饶灼基、黄耀东、李震君、林蔼贤、卢保连、赖希孔、吴茂德、张兴汉、陈文忠、陈清江、黄邦任、陈森泉、洪良山、陈宗佑。

网球队：队长李华菊，副队长陈宗炎，顾问施欣荣，队员李华家、沈鸿璇、王华廷。

篮球队：队长林蔼贤，副队长饶灼基，队员张兴汉、洪良山、黄邦任、陈清江、赖希孔、林春锦。

女子篮球队：队长方文清，副队长罗少关，队员邱楚卿、饶惠芬、吴玉华、郑得憕、郑得珠、吴秀娴、李华珠、李金英。

《江声报》1933年3月2日

汕球队今晨到厦宣战　战场上午同文下午中山公园

汕头体育会球队，昨（2）日已有覆电来厦，定今（3）日晨6时许乘金马轮抵厦，筹备会委会已预备届时前往欢迎。

又查此次比赛秩序，全部已决定如下：3月3日（星期五）上午10时，男篮球（同文球场）；下午2时，女篮球（同文球场）；下午4时，足球（中山公园）。4日（星期六），上午1时，网球（中山公园）；下午2时，女篮球（同文球场）；下午4时，足球（中山公园）。5日（星期日）上午10时，与十九路军赛足球，地点仍在公园。如十九路军不能来，改为男篮球，地点亦改在同文。

《江声报》1933年3月3日

汕厦球队昨日之战
上午篮球厦门队胜　下午足球打成和局　女篮球鹭光败

汕头体育会足篮网球队，一行男女40余人，由潮梅海关监督萧松琴率领，于昨晨搭金马轮抵厦。前往欢迎者，有汕厦埠际筹会全体委员，及各学校团体代表等。忆华南抵厦时，亦值细雨霏霏，昨日情景，宛然相似。上陆后，寓大千二楼，由筹备会诸人招待膳点。

10时许，至同文球场，与厦门队比赛篮球，评判员陈诗雍，纪录陈明华，计时叶文炳。两队初逢，战斗颇烈，细雨吹面，如荷叶旋珠，地滑球（溜），战时皆感吃力。昨皆有收入场券，观众亦不因雨而减少。上半时16：12，汕头队占先。下半时结束，38：27，厦门队胜。战斗员如下：

厦门队，右锋叶茂发、刘有土，左锋陈守谦、杜申元，中锋黄宗标，右卫蔡如川、吴义成,左卫林绍洲、叶文炳、王华庭,总计38分。汕头队,右锋陈清江、陈宗佑,左锋张兴汉、林春锦,中锋黄邦任,右卫饶灼基、林梧,左卫洪良山,总计27分。

下午2时,为女子篮球赛,地点仍在同文。与赛者为鹭光体育会女球队,比赛用女规则,评判员庄文潮,纪录黄宗标,计时叶文炳。时天已放晴,观战者甚多。第一局8:1,第二局9:7,第三局8:2,第四局10:3,结果总计为35:13,汕头队胜。

观昨之战绩,以汕队言,射球以中锋、左锋为佳,守卫则以中卫吴玉华为最。两队战斗员如下:(汕头队)郑德珠、邱楚卿、方文清、饶惠芬、吴玉华、李金英;(鹭光队)徐素凤、卢莲珍、杨佩珠、方赛华、孙美灼、唐崇芬、林玉彩。

下午4时足球比赛,为厦门队对汕头队,地点中山公园。观众约千余人,同文军乐队到场助兴,厦门市政筹备处长许有超亲驾汽车,莅场观战。在未开赛前,两队合摄一影毕,已4时20分,即开始比赛。评判员黄炳坤。接触未3分钟,厦门队被汕头队攻入1球,掌声雷鸣。厦门队受折后益提起精神,守城冲锋,奋不顾身。旋汕头队被罚12步,球被踢入,1:1,两均。嗣后汕头队再攻入2球,前半时结果,3:1,厦门队败。休息后,换地再战,下半时结果2:0,厦门队胜。合计3:3,和局。

总观昨日战况,汕头队陈清江、李惠官战术最巧,李启、林霭贤守城颇佳。厦门队徐亚辉弄球极妙,余如庄友仁、叶茂发亦骁勇善战。战斗员如下:(汕头队)林霭贤、吴茂德、陈宗炎、黄耀东、赖希孔、陈清江、李惠官、李启明、李治、饶灼基、陈森泉,候补陈文忠、陈宗佑、张兴汉、黄邦任。(厦门队)徐承勋、杨宝淼、容于华、叶茂发、赖庆林、徐亚辉、薛领秀、庄友仁、蔡如川、廖永旭、陈德福,候补徐晓生。

晚7时,黄友情欢宴该队于国际联欢社。总部参谋长黄强、本市筹备处长许友超、本市公安局长林鸿飞、厦大校长林文庆、总部经理处长叶少泉、军械处长王大文,及商界洪朝焕、黄伯权等各界男女百余人。餐毕,举行大跳舞会,始散。

《江声报》1933年3月4日

汕球队今日赋归　昨日之战网球单双打汕厦各胜其一
足球赛五比〇厦门队胜　女篮球非埠赛集美大胜
体育会昨晚设宴欢叙

汕头体育会球队,昨日上午、下午皆有比赛,计网球单打双打各二场,结果汕厦各胜一场。足球赛为5∶0厦门胜,女篮球47∶7集美胜。昨晚体育会宴全体各界于南轩酒楼。该队今晨或再比赛网球,下午即首途返汕云。兹志昨日战情如下:

网球赛

上午10时,在公园举行埠际赛。第一场单打,汕头李华菊,厦门陈国廷,评判员陈能方。第一局6∶1,第二局6∶1,第三局6∶1,结果成3∶0,厦门胜。继举行双打,汕头李华家、陈宗炎,厦门林全盛、林全恩,评判员黄炳坤。第一局7∶5,第二局7∶5,第三局6∶3,第四局6∶4,第三局厦门胜,余三局汕头胜。其结果成3∶1,汕头胜。

下午4时,第二场单打,汕头施欣荣,厦门叶超元,评判员李华菊。第一局6∶1,第二局6∶2,第三局6∶1,成3∶0,汕头胜。继双打第二场赛,汕头沈鸿璇、王华廷,厦门李国忠、陈国廷,评判员曾学鲁。第一局6∶3厦胜,第二局6∶3汕胜,第三局8∶6厦胜,第四局6∶3厦胜。其结果为3∶1,厦门胜。

足球赛

汕头体育会球队来厦比赛球类,昨(4)日为第2日,而足球队前(3)日与厦队打个平局。昨第二次与厦门赛,评判员曾学鲁,观众二千余人,秩序甚佳。球甫开始,双方队员均精神饱满,冲锋肉搏。至半小时久,不分胜负。先由厦门队攻进一球,掌声雷鸣。后又进一球,上半时遂成2∶0,下半时为3∶0。结果为5∶0,厦门队胜。其战斗员如下:

厦门队:薛领秀、庄友仁、叶茂发、蔡如川、赖庆林、杨保森、容子华、孙晓生、徐亚辉、廖永旭、陈德福。

汕头队:赖希孔、张兴汉、陈文忠、林齐贤、陈清江、李华菊、吴茂德、陈宗贞、黄耀东、李启明、李惠官、饶灼基。

女篮球赛

昨下午2时,汕头女队与集美队作非埠际赛,地点在同文球场,评判员杨绪宝,计时邓世煕,纪录黄宗标。用女规则赛。第一局16∶1,第二局17∶

2，第三局 6∶2，第四局 8∶2，皆集美胜。总计为 47∶7，汕头 7 分皆系罚得之球，集美优胜。两队阵势如下：

集美队	得分	犯规
陈雪芳	2 分	
薛匹侠	21 分	
苏剪花	4 分	1 次
陈荣棠	10 分	
陈金璇		
陈金钗	8 分	1 次
黎才珍	2 分	
陈畹卿		3 次
游惠芳		3 次
陈锦香		
吴玉珍		2 次
总计	47 分	共 10 次

汕头队	得分	犯规
郑德珠		1 次
丘楚卿	3 分	1 次
方文清	4 分	1 次
李华珠		
李金英		
郑得惜		
吴玉华		
饶惠芬		1 次
总计	7 分	共 4 次

《江声报》1933 年 3 月 5 日

汕头队昨战胜归去　三日战绩一览

汕头体育会男女球队定昨返汕，已志前报。查昨早再赛一场双打网球，结果为 3∶0，汕头队胜。全队人员于上午 11 时许，由公安局长林鸿飞偕领，分乘汽车环游全市名胜，继即返大千午餐，林局长亦前往大千为欢送。至下

午2时许,该队人员遂仍搭金马轮返汕。前往欢送者,有体育界等20余人。兹将二日来比赛战绩,列表如下:

3日	上午10时	篮球赛	38：27	厦门队胜
	下午2时	女篮球赛	35：23	汕头队胜
	4时	足球赛	3：3	和局
4日	10时	网球单打	3：0	厦门队胜
		网球双打	3：1	汕头队胜
	下午4时	网球单打	3：0	汕头队胜
		网球双打	3：1	厦门队胜
	下午2时	女篮球赛	47：7	集美队胜
	4时	足球赛	5：0	厦门队胜
5日	10时	网球赛双打	3：0	汕头队胜

《江声报》1933年3月6日

球世界——不太平！"南星"今日杀入厦门
下午四时半"英南队"迎头痛击 车轮战连六天

香港南星篮球队员计程昨(16日)可抵厦门一节,曾志本报。兹查昨日同文中学体育指导杨绪宝诸人皆往迎候,至昨下午4时轮尚未到,须本早始能抵厦。其比赛秩序已由邓世熙、杨绪宝等与该队前日先抵厦领队鲍榕亨、队长刘德修等磋商完毕。计比赛6队,每日下午4时半,在同文足球场比赛,门票小洋2角。今(17)日该队员抵厦后,即日下午对英南队比赛,评判员王华庭。兹志其逐日比赛秩序如下:

		评判员
17(日礼)拜一	对英南队	王华庭
18(日礼)拜二	对鹭光B	杨绪宝
19(日礼)拜三	对同文队	陈诗雍
20(日礼)拜四	对精武队	杨绪宝
21(日礼)拜五	对集美队	王华庭
22(日礼)拜六	对鹭光A	蔡联科
每日下午4时半	在同文球场	门票小(洋)2角

《江声报》1933年4月17日

足球一比〇　中英均是劲敌
"厦门"对"肯特"　"肯特"胜

昨日下午3时,英舰(Kent)肯特号足球队与厦门队比赛于中山公园,观众三四千人。盖昨下午公园同时举行国术表演也。球证吴国治。上半时为0∶0,下半时为1∶0,结果为1∶0,英舰队胜利。按,该舰足球队在华南颇负盛名,曾与香港有名之足球队挑战,时胜时负,球艺甚佳。昨如非厦队努力,恐不只(止)输一球也。

今日下午3时,该英舰队挑选两队同时出战,其一战英华队,地点在鼓浪屿英华足球场。另一队战集美队,地点仍在公园。此事昨已接洽完妥,兹并志昨赛两队阵势如下:

英舰队　　Longby、Heath、Frame、Alwyn、Hensham、Machean、Hudspeth、Green、Stephenson、Hills、Flindall。

厦门队　　薛领秀、徐承勋、庄友仁、杨金陵、赖庆林、杨保淼、杨子华、孙晓生、陈庆和、廖永旭、陈德福。

《江声报》1933年4月17日

"南星"攻厦势如破竹　昨以五三比三七再败"鹭光B"

南星队昨下午4时半作第二次比赛,迎战为鹭光B队。按,鹭光此次分A、B两队比赛也,裁判员杨绪宝,纪录吴义成。两方阵势展开之始,鹭光颇占优势,左锋林维爵动辄得机射球。于是南星队立即鸣金收兵,讨论策略。再度之下,南队传球迅急,连被左锋得多分;鹭队虽前锋、后卫辅弼反攻,皆不得利,中锋上半时未终先退出。于是南队更合力进攻,上半时以32∶19南队占先。

下半时开始,鹭队调将,南队亦换生力,两相战斗之下,极为激烈。相方互有进取,所差来往仅三四分之比,此时最为努力。鹭队右锋亦犯规退出,截球之力不免稍差。南队方面亦人人自危,盖左右锋与右卫皆犯规3次也。下半时结果为21∶18,鹭队仅输3分。总结果为53∶37,南星队胜。今(19)日下午4时半对同文队,裁判员陈诗雍,地点同文。收门票2角,学生一律半价。兹志昨两阵列如下:

队	位置	球员	得分	犯规
南星队	右锋	李沛炎	8	3次
	左锋	陈汝正	22	3次
		陈仕鸿		
	中锋	卢振暄	16	1次
	右卫	潘尧君	2	3次
		苏伯辉		
	左卫	刘德修	5	2次
	总计		53分	12次
鹭光队	右锋	叶文炳	4	4次
	左锋	林维爵	12	
		薛安狮	10	1次
	中锋	张锡熙	2	4次
		张辉渊	5	
	右卫	黄德心	4	2次
	左卫	黄慰庭		3次
	总计		37	14次

《江声报》1933年4月19日

三战三北　厦门不抗"南星"　精武多名将竟输一打

南星球队两战两胜后，昨与精武队对垒。天阴不雨，幸得举行无阻。精武队中多厦大将士，如刘有土、蔡如川、叶茂发等，昨由粤甫返厦。盖此次由黄炳坤率领赴粤参加四大学球赛也。次如杜申元、沈乃润、宋恩祥等，皆厦大之士。昨战裁判员为杨绪宝，司录吴义成。两方开始，上半时以26：21，南星占先。下半时以39：20，仍南星胜。总计为65：41南队胜。

观昨之战，上半时双方胜败尚未分晓，所差仅5分耳。惟其胜败关键，则紧于下半时，相差至19分之多。南队之胜，得力左卫不少，截球、攻射皆有独到处。前锋二将相伯仲，全场并未替换。五将辅弼进行，于是大功告成矣。精武多厦埠名将，不幸竟输球一打。右卫蔡如川，昨方由粤返厦，征尘甫卸，即奋勇欲为精武效劳。不幸撞伤，鼻子血流，然仍裹创上阵。精武昨守卫力稍薄弱，致屡为敌所乘，前方虽努力，后门常开方便也。今（21）日下午4时半，集美队对垒，仍假地于同文。门票2角，学生减半。星期六（即明

日)战同文,继同文而战者为厦大队。兹志昨两队阵容如下:

南星队	右锋	李沛炎	12	
	左锋	陈汝正	16	
	中锋	卢振暄	21	1次
	右卫	潘尧君	9	
	左卫	刘德修	7	2次
	总计		65分	计3次
精武队	右锋	刘有土	26	1次
	左锋	杜申元	4	
		庄友仁		
	中锋	叶茂发	6	
		沈乃润	4	1次
	右卫	蔡子显		3次
		王华庭		2次
	左卫	宋恩祥	1	4次
		蔡如川		1次
	总计		41分	计12次

《江声报》1933年4月21日

不振　集美复败于"南星"　廿八比五十一

南星球队入厦三战三胜之后,昨复与集美队战,结果集队亦告失利。兹略志昨战如下:

昨裁判员黄炳坤,纪录吴义成。双方开始攻守,集队前锋甚少得机,右卫虽强劲能战,但前方警耗频传,敌乘其弱而攻,上半时为24:11,南星先。下半时以27:17,仍南队胜。结果计为51:28,南队胜利。今(22)日下午4时,鹭光A队出战,A队多能征惯战之士,当能努力作战。门票仍收2角,学界减半。今日星期六,观战者当更众也。兹志昨两队战绩如下:

南星队	右锋	李沛炎	(1)	10	
	左锋	陈汝正	(2)	14	
		陈仕鸿	(3)	1	
	中锋	卢振暄	(4)	15	1次

	右卫	潘尧君	(8)	8	1次
	左卫	刘德修	(7)	3	
		苏伯辉	(6)		3次
	总计			51分	计5次
集美队	右锋	叶得胜	(1)	4	1次
	左锋	谢有光	(2)	12	
	中锋	蔡继冷	(5)	3	
	右卫	林绍洲	(8)	7	4次
		沈济乾	(4)		2次
	左卫	姚海棠	(9)	2	4次
		黄伯龄	(15)		
	总计			28分	计11次

又昨报厦大刘有土、叶茂发、蔡如川由粤返一节,查其中之刘有土,因事未往。合为志之,以符事实。

《江声报》1933年4月22日

"厦门其不守耶" "鹭光A"昨又败于"南星"
"二十六比三十四" 且看"厦大"最后一击

昨(23)日为星期日,系南星对鹭光A队之期,观众较昨更为拥挤。盖鹭光之威名,亦不减同文也。裁判员蔡联科,司录叶文炳,计时王华庭。银笛一声,双方即开始作战。两队皆鉴于同文之役,故更加兢兢业业,上半时告终,鹭光以18:14占先。观众至此皆以为鹭光全胜之希望矣,惟鹭光本身尚不敢以此自许,盖所差仅两球耳。

下半时开始,鹭队仍极激烈作战,南队反攻亦甚急,鹭队防守亦甚严,攻常迅捷,守常五将同防,因是南队反攻亦大不易。在最后之15分钟内,前锋二将几经危险杀入敌阵,接连射中三球,胜负乃分。下半时遂以20:8,南队胜。上下时合计为34:26,仍南星全胜。一场恶战,至此告终。综"南星",此来已五胜一和(同文)矣。

昨日球场中一部观众大呼小叫,如马嘶,似牛鸣,使双方队员皆不能镇定。非所以奖励之,实扰乱其精神耳。邓世熙君起立劝止,其声始息。据今(24)日下午4时半,为厦大队出战,厦大前锋为叶茂发、刘有土、杜申元等,

后卫为蔡如川、林嘉良、宋恩祥等,且看厦大最后一击也。门票仍收 2 角,学生减半。兹并志昨战两队阵势如下:

南星队	右锋	李沛炎	1 号	10 分	
	左锋	陈汝正	2 号	4 分	1 次
	中锋	卢振暄	4 号	15 分	3 次
	右锋	潘尧君	8 号	1 分	2 次
	左卫	刘德修	7 号	3 分	2 次
	总计			34 分	计 8 次
鹭光 A 队	右锋	陈守谦	6 号	9 分	1 次
	左锋	徐克培	2 号	4 分	2 次
	中锋	黄宗标	4 号	8 分	
	右卫	林绍洲	1 号	5 分	3 次
		黄锡爵	5 号		
	左卫	吴义成	7 号		2 次
	总计			26 分	计 8 次

《江声报》1933 年 4 月 24 日

南星拔队抵厦今日开仗　决留厦五日　中休战一天

香港南星篮球队全体队员昨可由沪抵厦,已志本报。昨晨该队已乘芝利加纳轮到达,寓同文中学。定今(14)日下午 4 时与鹭光队战,地点系同文球场。15 日对厦大,即在厦大球场。16 日休息一天,17 日对同文,18 日对厦联。以上两日,地点均假同文。时间每日下午 4 时 30 分,门票一律小洋 2 角,收入券资充招待费。

《江声报》1933 年 5 月 14 日

欢迎两江来厦比赛

爱德

两江女子篮球队历年来在我国女篮中,可说是数一数二的劲旅,她曾远赴东洋三岛，于是威名更显赫一时。现在虽然时过境迁，当日群英而今四散了。然而语云"后生可畏"，今日之两江，依然生气勃勃啊！

这次她们又想远征欧美，虽然结果计划是失败了，然雄心不死，依然跃跃欲试。近该队高君返厦，曾偕诸友向厦门体育会接洽，并分头向各人征求意见，已得邓世熙、杨绪宝、黄炳坤等诸君赞助，惟以经费无所出为难。结果，体育会已允将此次来厦比赛所收券资，全部赞助为该队经费。于是此一难关又得打破，而两江来厦已有八成可能性！

两江未曾来过厦门，我们亦希望有此眼福，见见此队球术。厦门年来女子篮球队亦如风雨后春笋的勃发，如鹭江队、慈勤队、毓德队、双十队、厦南队……此外远隔银同别树一帜的集美姑娘，黑黝的脸庞，健康的体格，都是表示集美姑娘的特征。她们的田径赛而外，篮球是有名八闽，这次也定能出挑战的。

我们热烈的欢迎两江，欢迎两江队来厦比赛，以饱我们眼福！

《江声报》1933年6月1日

海星舰到厦奉派沿海缉私　今与同文赛球

海关缉私舰在厦者，原有并征、春星等数艘，昨（1日）又由上海开到海星一艘，并载有外班见习生20名，拟在华南沿海一带实地见习。该舰留厦数日，日内开汕头、香港。其任务系奉上海总税务司命，派在闽厦、粤汕沿海一带缉私也。

又海星舰员定今（2）日下午4时半，与同文篮球队在同文球场作友谊比赛，不收门票云。

《江声报》1933年6月2日

同文篮球战胜海星　青天白日今日锦标赛

昨日下午4时，同文队在同文球场，与海关舰海星号比赛篮球，裁判员为陈诗雍，计时叶在坊，纪录郭金陵。海星队员多系上海税专学生，球术颇精，惟觉久停不常练习，致气力不继。结果为87∶38，败于同文。今（3）日下午4时半，为青天白日球赛最后锦标决赛，计有两场，日对青，天对白。昨两队阵线如下：

同文队	得分	海星队	得分
右锋陈守谦	17	右锋徐震刚	18
薛安狮	22	左锋傅玉魁	12
左锋叶文炳	11	中锋张鸣雷	2
左锋薛怡景	10	幸肇康	0
中锋黄宗标	18	右卫杨俊	0
右卫吴义成	2	左卫孟昭鼎	6
戴祥妙	4		
左卫黄慰庭	1		
刘如曦	2		
合计	87分		38分

《江声报》1933年6月3日

两江征厦必先电告体育会行期
报告球迷不要"急得眼巴巴"

上海两江女子篮球队将来厦比赛一节,业志前日各报。兹查该校教员高兆烈君,月前由沪返厦省亲,以暑假之便,乃向厦体育会接洽办法完妥后,经于本期乘太原轮返沪,即整装率队来厦。行期约在6月中旬,起行时必即先电厦体会报告。此次来厦领队为邵锦英,队员能来者为杨森、潘梦、陈白雪、陈聚才、石瑞霞、黄淑华等。届时女将军抵厦咆哮风云,必盛极一时,料现一般球迷必急得眼巴巴矣。

《江声报》1933年6月7日

两江征厦有期　厦体育会长邓世熙接两江当局正式函告
"愿与各人士相握手相攻错"下战书！谦和有礼

两江女子篮球队将来厦一节,已迭志本报。兹查昨日厦门体育会长邓世熙君,已接得该校当局正式来函,亦报告20日前可到厦矣。原函录如下:

"世熙会长大鉴:久仰鸿名,无缘识荆,为怅！窃敝校创设十余年,以造就体育师资为职志,幸蒙体育界各先进极力指导,得以成绩未落人后。爰值暑期业余之际,敝校篮球队为观光体育,以期借镜深造,拟来贵地一游,作友谊篮球比赛。且敝队队员乡里多为厦门,亦极愿返梓与各界人士相握手,相攻错。敬念先生为厦门体育界先进,热心提倡,不遗余力,前高兆烈先生回闽,即请代为陈及。敝校球队大概不逾本月 20 日,准可首途前来。敬祈届时,鼎力主持,指导一切,不胜感祷之至! 谨特专函奉达,敬希查照为荷,即颂台安。两江女子体育师范学校谨启,6 月 7 日(印)。"

《江声报》1933 年 6 月 14 日

华南队昨到　今日战厦联　过江龙地头虎势均力敌

十九路随军服务团足球队日前过厦,曾与厦门联队比赛足球。旋即赴沪,该服务团抵沪后,因华北当局已签订停战协定,即改用华南足球队原旧名义,往无锡比赛足球。近由陈向雄领率,搭太原轮于昨日抵厦,寓大千旅社 19 号房。定今(24)明(25)两日下午 5 时,在中山公园再与厦门联队比赛足球。一个是过江龙,一个是地头虎,实力匹敌,不言可喻。而谁操胜券,则当俟战后而定也。

《江声报》1933 年 6 月 23 日

华南队昨一战而捷　二城守将伤足厦联致败

香港华南足球队抵厦,已志本报。昨(24)日该队与厦联队在中山公园作足球比赛。下午 5 时半开始,观众数百人,初战数十合,胜负犹未分。后厦联取攻,后方卒至失守,致被华南乘虚攻入一球。幸士气不馁,鼓勇再进,其传球功夫颇为巧妙,客军虽勇,终难再寻其隙,未几即被夺回一球。上半时结果成 1:1 和局。

休息后,换地再战,华南勇往直前,厦队防御严密,经久胜负难分。旋因厦队二城叶茂发伤脚,不能应战。厦队失此健将,虽曾另调接充,终有逊色。华南队得此良机,径即冲锋,迫得厦队应付不及,在终局之 5 分钟内被冲入一球。厦队此时尚思挽回,但时间已到,评判员鸣笛停战。结果以 2:1 华南获胜。今(25)日下午 5 时,两队仍在中山公园再决最后胜负。两队阵容如下:

华南队:林大成、汤耀坤、钟辉林、钟云清、许耀光、杨国华、郑小康、梁达荣、黄美顺、甘锡惠、钟勇森。

厦联队：薛领袖、徐承勋、叶茂发、孙晓生、庄友仁、蔡如川、容子华、黄炳坤、赖庆林、廖永旭、陈德福。

《江声报》1933年6月25日

轰动全市之两江队昨晨抵厦记　体育会暨各界登轮欢迎
今日体会开会讨论各事　大概须星期一起比赛

阿德

上海两江女子篮球队将来厦比赛，已轰传全市。昨（24）日上午7时15分，该队果已搭芝莎丹尼轮抵厦矣。兹分志各情如下：

两江队来厦人员题名再志

两江来厦人员一共14人，陈白雪因家事先期轮已来厦，昨抵厦者除管理郭子东因事须下轮来，其余皆已到。计领队高兆烈，教练邵锦英，干事张华珍，队长杨森，队辅黄淑华，队员潘梦、杨治、陈聚才、陈荣明、石瑞霞、陈绣璋、萧钟琼等。全队皆着灰色自由布旗袍，为该校之校服，颇为朴素也。

住宿问题最后决定厦中

住宿问题颇难解决，盖本市各校近尚多未放假也，则或放假而又因种种上之关系，而不方便者。前一日由诸人向厦大秘书詹汝嘉君接洽，詹君极愿帮忙，乃写条交事务处。至下午3时许，詹又致电话诸人，乃悉该校各处乘假修理，爱莫能助。继向雅化女学接洽，该校校长康李怜悯闻悉，立即允许，并即晚派人设备，以免临时仓促，可谓热心体育矣。昨日抵厦，各人即到该校，内并有女浴室4间，设备上颇周到。惟以接洽比赛一切事不便，故只得向李校长表示歉意。嗣厦中体育教员王华庭君至，乃往向该校长庄奎章磋商同意后，最后遂决定在厦中。

厦体育会及各界登轮欢迎

该轮于8时正停泊在虎头山脚海面，前往欢迎者，有厦门体育会代表杨绪宝、吴义成，两江毕业同学庄淑玉、王兰、苏蔚章，及麦邦镇、沈省愚、邵锦绣、黄挺秀暨记者等十数人，并由黄君备靖安电艇前往欢接。盖黄与该队高、邵二君皆有交谊也。

握手言欢先往同文休息

欢迎者一齐登轮,彼时该队教练邵锦英早鹄立于梯上,与欢迎者一一握手言欢,并致谢忱。旋全体即下电艇,先驶靠同文附近码头登陆,由杨绪宝招待至同文中学内休息。9时许,由黄挺秀邀请该队往海南用膳。

根据全运比赛采用女规则

此次比赛大致已决定,采取全国运动会公布之女规则,地点经得同文中学同意,已决定在同文篮球场。门票收小洋2角。至比赛日期,须俟今日讨论始能决定,大概须星期一起赛。比赛时间因炎热关系,或须下午5时开始也。两江队势阵探列如下:

右锋:杨森、陈聚才

左锋:潘梦、杨治

中锋:陈荣明

中卫:黄淑华

右卫:陈白雪、萧钟琼

左卫:石瑞霞、陈秀璋

比赛事宜今日假同文讨论

12时许,两江领队高兆烈、教练邵锦英,拟先访厦体育会长林绍裘、邓世熙接洽比赛事。林不遇,仅往同文晤邓君,对于比赛事宜,种种方面皆有谈及。结果,决定今(25)日下午2时,假同文中学召集体育界林绍裘、黄炳坤、蔡如川、蔡镜波、杨绪宝、吴义成、庄淑玉、王兰、庄文潮、周天民、王华庭、林达仁等讨论。至集美庄、周二君,昨并由体育会专函托人送达矣。

《江声报》1933年6月25日

两江队今日战全鼓 毓德集美慈勤亦各下战书
青天白日定最后之战 华南队昨已奏凯歌归

两江女子篮球队比赛日程,昨(25)日厦门体育会决定如下:26日(星期一)对全鼓,评判员杨绪宝。27日(星期二)对毓德,评判员王华庭。28日(星期三)休息。29日(星期四)对集美,评判员黄炳坤。30日(星期五)对慈勤,评判员陈诗雍。7月1日(星期六)休息。7月2日(星期日)对合强,评判员杨绪宝。地点在同文中学体育场,时间每日下午5时。门票每张小洋2

角,收入概充该队经费。

又前厦市青天白日四队连环赛,尚有一场未赛,亦定于7月1日(星期六)下午5时,假同文体育场重行比赛,借以结束。门票亦定为每张2角。查全鼓队队员为徐素凤、苏晓钟、田昆明、叶知年、周达英、王秀文、林庆华、徐珊秋、黄宝球、陈玉麟等。

又昨晚7时半,厦门体育会假兰亭宴请两江全队人员,被邀者尚有体育界等数十人。至8时许散席后,并邀往中华观影。

又华南足球队原定昨(25)日下午5时,仍在中山公园与厦联再战。卒以该队归期迫促,已于昨午后3时,搭金马轮回粤矣。

《江声报》1933年6月26日

两江队全队将帅钩奇录

童娇

两江来厦第一、第二次赛,球艺如何已在吾人目中矣。然此时技术如何,余以为尚未见分晓,留待下回分解。但其中将帅之履历,必多为各人所欲知者,爰为逐一志如下,聊当介绍。

主将邵锦英 当民十六年时,邵君(为)毓德中学之平常学生耳!而聪慧活泼,若已伏下日后为女体育界先驱之预兆。民十七年毕业毓中,与庄淑玉携手赴沪,考入两江女子体育学校。自是凡课堂或操场功课,闻一知十,术学俱进,擅长球类及舞蹈、棍棒等。十九年毕业,在篮球界里已露头角,任两江队队长。于投篮、传球、运球均准确,而姿势美妙,沪上无出其右者。即于代表中华参万国赛及代表上海市赴全运会,亦建功最伟。十九年冬,与庄淑玉、王兰等领袖两江女篮球队北伐天津,大小凡十二战。战无不克,攻无不取。凯歌奏后,斐声全国。二十年春,再领袖两江队东征日本,开我国女体育界远征国外之纪录。途经东京、长崎、神户,及朝鲜等地,凡十四战,失一和一,余皆得胜。技术之深造,为各该地人士所赞叹。我国妇女柔弱之耻,洗雪几尽!归国后,致力于教练方法,任两江篮球教练。现来厦轰动各界之两江女球队,即系邵君于一年中从最基础训练成功者。邵君现为沪上女篮球资格裁判员,经全国体育协进会裁判员会所审查公认,其于沪上体育界位置可见。

队长杨森 现年18岁,籍贯广东潮州。早年迁往暹罗,遂侨居焉。好学简朴,待人有方,因视华侨之遭辱待,于前年奋志归国,入集美幼师,学业成绩辄列前茅。二十一年春,邵锦英任职该校,和风甘露,遂种良材之本。旋转上海两江女体专,时势造英雄,技术日进,任两江队队长。去年参加沪中华女篮球赛,及西青女球赛,风头最健,颇有乃师之风。扬于运球、递球及投篮,学习最有心得。每赛任右锋,吾人只见身体一滚,其手上之球,已成篮中流出之物,故沪上球迷号之为"土行孙"是。

队辅黄淑华 吾人其忆去年集美队中有一雄伟肥实之后卫黄淑华乎? 即此君也。然人事沧桑,今已是赫赫两江队队辅矣! 黄君籍贯漳浦,其叔父即禾山海军办事处主任黄扶云先生。性温和而善辞令,独得叔欢。集美女中毕业后,曾在高师继读一年,旋任禾山海军办事处职员,对于篮球技术,在集美时已成绩绰现。去年因欲遂深造之志,得叔许允,赴申入两江攻读,并任两江队中卫,得教练良训善诱,刻意加工,技术益见进步。于冲球、截球具有上乘功夫。每于比赛时,敌方急攻危难之际,只见于百万军中有高捧着球传递而出者,视之,即此君也。

陈聚才 远东篮球牛耳,菲律宾执之有年,我国迩来虽急起直追,终是望尘莫及。无他,盖环境使然也。观菲岛篮球普遍之现象,令人称服不置。两江队陈聚才,籍贯永春,侨居菲岛,日受环境之陶冶,已早具兴趣。而因体质强壮,乃父亦立意造成,使为体育界人才。民十九年,毕业于岷里拉第一女子学校,归国入集美幼师。廿一年夏,与杨森相约转入两江。日从乃师邵君学习,遂成前锋能将,于投篮姿势极像邵君,准确而美妙,每赛建功不少。陈君平素寡言沉静,建功不夸,得势不骄,在沪人士口中颇多称之谓"大树将军"。

《江声报》1933年6月28日

两江队昨大获全胜 53比12
毓德四战皆北 今日休战明日对集美

两江球赛昨为第二日,4时半球场即已满,数约千五六百人,对敌为毓德队。5时10分开赛,裁判员王华庭,司录庄友仁,计时王守仁。第一局开始,毓德队起先下分颇多,两江从容应战。结果,10∶5,两江胜。第二局21∶2,第三局14∶1,第四局8∶4。结果,53∶12,两江大获全胜。今日停战,明

(29)日下午5时战集美,地点仍在同文。同日下午4时,先举行全市篮球最后锦标赛。昨两队阵势如下:

两江队	右锋	杨 森	23	1次
		潘 梦	2	
	中锋	陈荣明	16	1次
	左锋	陈聚才	8	
		杨 治	4	
	右卫	陈白雪		2次
		萧钟琼		
	中卫	黄淑华		2次
	左卫	石瑞霞		
		陈秀璋		1次
	计		53分	计7次
毓德队	右锋	叶知年	4	2次
	左锋	王秀文	4	
	中锋	林庆华	4	
	右卫	王双游		1次
		陈宝珍		1次
	中卫	黄宝珠		2次
	左卫	徐珊秋		2次
		纪瑞昆		2次
	计		12分	计8次

又昨晚工程师雷文锭夫妇假大三元宴请两江全队,由教练邵锦英率领前往。至10时许散席云。

《江声报》1933年6月28日

两江集美球赛 昨以雨未终局无结果
改期决赛时间有争执 惟不决赛将为无意义

两江队昨战集美,全市篮球队,同场决赛,业志本报。昨下午4时半,青队与日队之战,裁判员为杨绪宝。结果成为和局,当再定期决赛。至集美与两江之战,裁判员为黄炳坤,观众约千余。开赛前由黄鼎铭、叶沧洲各赠两江银杯一座,高尺许。黄、叶又合赠集美一杯,高度相等。未赛已雨,旋止而密云四布,两江主改期,体育会主如期开赛。旋少止,乃开赛。

第一局,9∶9和。第二局,12∶8,两江居先。第三局,开始黑云益重,大雨倾盆。旋两江邵锦英、高兆烈主依例停赛,集美庄文潮、周天民主冒雨终局,与裁判员磋商。结果,由裁判员当众宣布,暂停五分钟,雨止继赛,如仍雨,则停赛。然五分钟后,雨仍不稍止,球员、职员以及观众衣衫尽湿,或已离座。两江此时,亦避入体育课(室)内,乃停赛。集美队亦出场。于是此场球赛遂而无结局,胜败尚犹未分也。

昨晚,黄鼎铭假兰亭欢宴两江队,席中议论再度决赛期。集队主今明日即赛,两江则拟俟慈勤、合强比赛结束后再赛。于是时间上颇发生周折,昨晚尚未解决,俟今日再定。今(30)日下午5时,两江与慈勤对垒,门票仍小洋二角。

(按)昨日两江、集美球赛,以雨未终局,胜负未分,依例当然改期决赛。且两江此次来厦比赛,社会上一般的均认集美为唯一劲敌,棋逢敌手,胜负谁属?无人敢为前定。

两江此次自沪出发,标明出战闽、粤,而以厦门、广州两地为其对象。是两江、集美不决赛,虽胜遍各队,不能谓为胜了厦门,胜了福建。集美方准备出席全国运动会,不与两江决赛,则不能表现其有无代表福建出席全运与他省竞赛之力量。而一般的社会与观众对此次球赛,皆集中精神于此两队,不能见两江、集美胜负之分,对于此次球赛将感到空虚,于两江、于厦门亦均为无意义。

昨日两队因改赛时期之争执,似有将以时间的关系与事实的关系,而不一定再为决赛,以无结果了之之势。吾人以为体育界不应有此不彻底现象,而坚决主张两江、集美务必再定期决赛。

《江声报》1933年6月30日

两江集美定今日下午五时决赛　须天不雨

两江与集美篮球赛,前日(即29日)方赛二局,因雨未终局,胜负未分。昨(30日)两江邵锦英、高兆烈,集美庄文潮、周天民与体育会长林绍裘、张世雄、叶沧洲等10余人,在厦中讨论决赛日期。结果,定今(1日)即于下午5时,如天不雨举行决赛。地点仍在同文球场,门票小洋2角。

又昨(30日)两江与慈勤篮球赛因雨阻未赛,改定星期日(2日)云。

《江声报》1933年7月1日

复旦征星洲明日过厦
决扎营厦大乘便游击　黄炳坤联络各方应战

本年间,球队来厦比赛,有华南汕头、南星、十九路军足球队、两江女子篮球队等。兹查上海复旦大学篮排球队将赴星洲,道经厦门,亦将留厦比赛,然后由港而星。

昨厦大教练黄炳坤已接该校由沪来电,报告昨(2)日已乘山东轮起程,预计明(4)日当可抵厦。到后住宿,厦大已在准备招待,比赛亦拟定在厦大球场。至厦各队与赛者为谁,已由黄向同文、鹭光、精武、集美、厦大等接洽。日期须俟该队到厦后,始能决定。

查复旦篮球队,为海上各大学之负有盛名者,曾一度击败来厦之强敌南星队。排球队曾保持各大学锦标赛8年之久,其声誉可知。兹录此次来厦之人员如下:教练陈□德,干事曹日唯、黄雪冬,队长丘广燮,队员邹秉新、周志满、蔡天民、陈博才、程明觉、谢宝常、周洁明、张锦祥、赵不黍、陈宗祺、梅凤起、潘鼎新。

《江声报》1933年7月3日

永春星光队来厦比赛　今明日可到

永春星光球队为该县唯力体育协进会,及南星球队合组而成。去月,曾至德化与当地各球队作友谊比赛,兹又得该地各界之资助,拟与泉、厦各队作友谊比赛。经于前(20)日抵泉,一行队员18人。前昨两日在泉与泉队赛,今明日即可来厦云。

《江声报》1933年8月22日

星光到厦在泉胜教导队　今日与厦队赛

永春星光球队将来厦比赛,业志本报。该队前(21)日抵泉,即拟与当地晋江体育社,及六十一师教导队比赛。是日,因时间匆迫,故未举行。昨

(22)日又复急欲治装来厦,故上午仅在培元球场与教导队一赛,结果第一场篮球比赛,40∶10星光胜。第二场排球比赛3∶0,亦星光胜。该队全体球员18人,即于下午来厦。5时,抵步下榻小走马路桃源小学校。闻于明日起,即欲与厦各队比赛,程序尚未规定云。

《江声报》1933年8月23日

菲侨篮球队再胜同文　卅五比廿六

昨(16)日下午4时,菲侨篮球队战同文队,观众较前为多,裁判黄炳坤,纪录陈明华。上半时25∶13菲队占先,结果35∶26,菲队获胜。昨日之役,战情极热烈,自始至终,双方均不稍懈。盖菲队亦知相逢劲敌。看台上,万目集中于一球,虽寒风扑面,情绪仍极紧张也。

《江声报》1933年11月16日

菲侨队三战皆捷　昨再胜厦大　今与菲学会战

昨(18)日下午4时,菲篮球队对厦大队赛,裁判杨绪宝、陈诗雍2人,记录俞文彩。菲队首先登场,前锋为林庭儒、张良雄、许泽腰,后方为林敖溜、杨淑惠。厦大前锋林嘉扬、刘有土、叶茂发,后卫为蔡如川、宋恩祥等。上半时17比11,菲队占先。继而厦大前锋先后易杨希川、杜申元二将,菲队后卫亦以杨淑惠换林天启。嗣至最后10分钟,林及前锋林庭儒犯规告退,以蔡月朗、陈炳煌继位。下半场为双方生死关头,战情之烈,较日前两次更紧张,观众鉴于同文之役,极注目于此战也。下半时结果32比28分,厦大不幸再败于菲侨矣。

按吾厦篮球厦大、同文两队,素负盛名,此次受挫,诚出乎意料之外。今(19)日下午4时,厦菲律宾学会队与菲侨队比赛,该队能将有刘有土、许荣水、林忠如、戴祥妙、薛怡景、林川泽、吴义成、俞文彩、杨照生、景水等云。

《江声报》1933年11月19日

菲侨与侨菲昨决雌雄　五十比四七　菲侨占先

菲侨篮球队昨与厦门菲侨学会之侨菲队比赛,4时许,双方莅场。因系星期日,故观众特多,裁判为叶文炳。上半时以 26∶18,菲侨占先。结果,下半时为 50∶47,菲侨仍占胜利。

是役战情,菲侨队出全力应战,始终不稍懈,尤以下半时为最卖力。侨菲则左卫林川泽,右卫吴义成,把守后方,均极严紧,其时救出险球不少。右方刘有土,短小精悍,有球怪之称,惟近觉老气横秋,不肯太下死劲矣。左锋许荣水,独力支持到底,建功最伟,先后得 22 分。最后 10 分钟,另调主力军出阵,节节进攻,前后辅弼,果已夺回数球,分数牌上高悬 50∶47。菲侨队亦为之心慌,俄而时间已届,胜败遂分。两队阵容如下:

菲侨队	右锋	林澄儒	5	1次
		蔡月朗	7	1次
	左锋	张良雄	8	2次
	中锋	许泽腰	10	
	右卫	林敖溜	17	
		陈炳煌	2	
	左卫	林天启	2	2次
	总计		50分	计6次
侨菲队	右锋	刘有土	2	
		杨昭生	3	
		薛怡景	8	
	左锋	许荣水	22	1次
		俞文彩	2	1次
	中锋	戴祥妙		
		林忠如		1次
		苏盛昌	4	
	右卫	吴义成	2	
	左卫	林川泽	4	
		杨彬洲		
	总计		47分	计3次

明(21)日为菲侨队最后之战,对手方系合强队。

又菲律宾华侨学会,昨日下午3时,假同文中学开会欢迎菲侨队。由该会常委陈耀荣致开会词,并继介绍该队队员与各人相识,共同摄影留一纪念云。

《江声报》1933年11月20日

岭东球队下战书　贞文市长杯昨日停赛

岭东东亚体专同学会会员,定 26 日到厦旅行,并组排球队,欲与厦各队友谊,已函向厦体育会接治比赛办法。市长杯贞文杯排球赛,昨又因雨未举,所有昨日值赛各队,改于本月 27 日仍在原地点比赛。至本日(20 日)比赛队,市长杯为健群对厦生,贞文杯双十对中华,厦大附中对慈勤,同文对厦大实小。

《江声报》1935 年 6 月 20 日

岭东球队昨到厦　今开始与厦队赛

岭东东亚体专同学会排球队昨晨到厦,双十校长黄其华及沈文炳、林光焕、张俊如等,于中午在东园设宴,为该队洗尘。该队拟留厦四五天,今日起与本市各队友谊赛,计今(28)日对教联,明(29)日对海白,30 日对健群。裁判员邓世熙、黄炳坤、杨绪宝,记录与巡边员为庄雍夫、叶文炳、沈文炳、黄宗标、黄其华、林光焕等,并由双十中学童子军负责纠察球场秩序。昨该队在双十排球场与该校友赛,结果为 3∶1,岭东队获胜。

《江声报》1935 年 6 月 28 日

鱼虾美人订期来厦　鱼兵与虾将 14 名同来

竞强会派陈掌谔赴港,迎接杨秀琼及香港游泳队来厦,曾志报端。兹查该会昨接陈由港来电云,美人鱼已订 8 月 7 日来厦,同来者男女游泳员及水球队共 14 人,杨之父母姊弟同来。

又最近名扬港粤之美人虾,亦将网游鹭江,届时鱼虾东跃,为该会生色不小。故该会已着手筹备欢迎,并订 7 月 17 日起至 31 日止,为参加游泳比赛者之报名日期云。

《江声报》1935 年 7 月 23 日

菲球队今日到厦　林宝华同来

林珠光在菲律宾组织篮球队，曾于前年远征美利坚合众国。此次参加全运，林以事缠未往，乃由杨淑芳领率。兹林于前日由菲来厦，昨接该队由沪来电，谓即乘太原轮来厦，本日可抵埠。该队计13人，多系华侨子弟。同轮而来者有网球能手林宝菲，竞强及厦门两体育会，准备今早破晓前往码头欢迎，并将挽留该队留厦数日，与本埠篮球队作友谊比赛。是晚庄缦星假竞强会设宴，邀体育界陪席，余兴则由通俗社表演京剧云。

《江声报》1935年11月9日

华声篮球队留厦献技　将与同余等比赛

菲岛华声篮球队乘恩典轮来厦转沪出征，遇难东山，协力救护同舟难侨，于前搭舟抵厦。市府以该队义务可嘉，昨特派吴春熙假华侨服务社招待该队，并予慰问。同时商定于未赴沪前，与本市同余、鹭光、厦大等队作友谊赛。以所收入场券资，救济恩典轮难侨，及救灾之用。

《江声报》1946年8月4日

菲岛华声篮球队将三战厦健儿
入场券每位一千元　将影响本市篮球艺

菲律宾华声篮球队，乘恩典轮返国，拟赴沪远征，在候轮期与本市篮球精锐队互相观摩。第一场为8日下午，在公园与华星队作友谊赛，评判员为蔡如川、马丕显。第二场9日下午战同余，评判员石振达、庄文潮。第三场11日下午，战厦大，评判员为杨绪宝、杜申元。至入场券票资，座位1000元，普通500元，惟待今日吴春熙与郭薰风会商始能决定云。

查华声队球员，多为岷里拉华侨埠际赛选手，技术甚佳。此次来厦表演，对本市篮球技艺，必有相当影响。

《江声报》1946年8月5日

菲篮球队今日试锋　门票分为三等　名誉券为一万

菲岛群声篮球队,由林珠光带队远征沪市,经志本报。今日下午6时,该队将先与本市群星队在中山公园体育场较身手。其在未赴沪时,拟与本市各篮球队作友谊赛。收入门票分三等,名誉券1万元,特别券1000元,普通券500元,所收悉充救灾之用。

《江声报》1946年8月6日

群声篮球队昨初露锋芒　以六十九比二十轻易击败群星队

菲岛群声篮球队,昨(7)日下午6时首战本市群星队,双方实力悬殊,甫稍接触,胜负已分。群星阵容涣散,联络欠佳,而技术又幼稚,成(一)面倒,上半场12∶26,败于菲群声队。柠檬时间一过,双方继起接战,厦群星队益不振,以8∶43惨败。全局为69∶20,菲群声队大胜。

又讯　菲群声篮球队领队林珠光,昨接上海市体育协进会篮球委员会钱旭沧来电文云,菲律宾华侨群声篮球队林珠光先生,闻途遭恩典轮溺礁脱险,无任庆幸,专电慰问。上海市体育协进会暨篮球委员会钱旭沧□。

《江声报》1946年8月8日

昨篮球义赛群声队首露锋芒　群星队大败而归

本报讯　菲岛华侨群声队,昨在厦首试锋芒,(两)场均告大捷,为厦岛光复后各类球赛,最热烈紧张场面。查其对手,为厦岛最露头角之篮球爱好者所组成之群星队。其队员多出身自石码青白队,为抗战期间始终操执闽西南篮球赛牛耳者,曾一度远征永安,亦连战皆捷。故当开场之前,一般咸谓该属棋逢敌手。第不料对战之初,则居劣势,尤以传递迟慢坐失时机之事时见。首场结束,即以12∶26败居下方。第二场开始,败北态势益现,夙称沙场健将之群星队,至此亦不能不呈现慌乱迹象,以致□场告终时,成为20与69之比,相差几达两倍半。兹志双方先后与赛队员如次:

群声队陈金智、蔡文章、朱世英、庄清华、陈金德、杨人辉、蔡连科、张毓文、全天祥10人,群星队黄奕精、邱廷享、孙连情、叶振桂、张锡熙、郑鑫、李俊民、陈昆山、苏仕波、吴永标10人。

  又讯 查昨群声、群星篮球义赛，所得票资，尚在清理中，约计在34.3万元左右云。

《中央日报》1946年8月8日

菲篮球队三次表演获赈款百余万
昨复大胜厦大队七十七比三十三

  菲律宾群声队，前日两赛击败群星及同余队，已志本报。昨该队以战胜余威，复与厦大队鏖战，评判员杨绪宝、蔡如川。群声队上半场仍以精税部队出马，厦大队实力亦不弱，银笛吹，双方开始角逐。群声队4号先开纪录，一往直上；厦大队急谋反攻，来往冲杀，虽较同余、群星，场面为精彩，然亦成（一）面倒。上半时为40：14，厦大败北。柠檬过，群声队以后备军出场，厦大队力图挽回败局，猛力反攻，终以投篮技术欠佳，且至70：14，（唯称）悍马之8号球员犯规5次退出，致以士气益挫。5号快进，以37：19，结束下半场。□局77：33，群声队大胜。

  查群声队至昨止共出战3次，第（一）次收券资642500元，第二次为32万余元，昨收236500元，合共120万元，悉充本市救灾之用。该队定今日休息，明（13）下午6时与晋江队比赛。

  又讯 该队因候轮系月底始能赴沪，本市记者篮球队原应漳州税队，于今日比赛，因漳税队球员急公退漳，乃取消比赛。惟为求技术之进步，特（于）昨向菲群声队接洽，定期作友谊赛云。

《江声报》1946年8月12日

菲岛群声队会战晋江队

  菲律宾群声队与群星、同余、厦大三队比赛，情况热烈，经志前报。兹悉今（13）日下午6时，将由晋江队续与群声队作最后决战，门票价目仍分1万元、1000元、500元三种。查晋江队，前曾一度来厦远征，连战皆捷，大获全胜而归。此次赶程来厦参战，预料必有一翻恶斗。

《江声报》1946年8月13日

菲群声队大破美兵

菲岛群声篮球队,在厦未遇敌手。市国民体育会乃邀美舰□摩号篮球选手,于昨晨9时在公园一决雄雌。一般球迷闻息,满拟定有剧烈角逐,不避骄阳,围堵观战。讵美兵亦徒拥虚名,不堪(一)击,仅有招架工夫,数□战役,终未挽救危局。上半场20:10,下半场49:18,美兵大败,群声再奏凯而还。

《江声报》1946年8月24日

菲黑白篮球队昨日抵厦 拟即订期举行义赛

本报讯 菲岛华侨黑白男女篮球队继群声远征队之后,于10月14日由蔡联发领队,一行28人,分乘两机,先后飞港、粤、沪各地作篮球义赛。收入门票,悉作为当地慈善金。查其比赛成绩,结果男球作战22场,十五胜七败。女球队先后十三战,八胜五败。球技高超博得各地不少好评。该队经在沪比赛完毕,一部球员由李金造代表领队,于昨早6时乘中航机飞厦。9时抵达本市,暂假局口街128号为该队办事处。兹将来厦男女球员姓名探志于下:

代表领队李金造,秘书黄杰,正队长傅永信,副队长邱清通,队员沈仁寿、林子仪、郭国业、施荣螺、许国珍、庄玉玺、施性伦。女队干事邱清海,女队管理宋雁声,队员陈玉润、黄如兰、叶怡情、杨秀玫、蔡淑琼、欧阳美兰等19人。尚有领队蔡联发,女教练许书捷,总干事汪文伟,女球员萧香冷、陈丽湘、卢淑惠等6人,因事留沪,订本星期五第二批来厦。至于男队员萧华陀、蔡金典及女队副队长吴玉物,则因假期已满,已由沪先行搭轮返岷云。

又讯 该队首次来厦远征,为参加胜利后之祖国与切磋球艺联络友谊起见,拟定本日分谒各有关首长及本市体育界,订期举行义赛,藉以资助慈善事业云。

《中央日报》1946年12月3日

黑白义赛订期举行

又讯 菲岛黑白篮球队来厦远征,情志本报。该队昨已与本市体育界订期举行义赛。自本 8 日(星期日)起,每日下 3 时在中山公园体育场举行。凭票入场,门票分为三等,名誉券 1 万元,特等券 1000 元,普通券 500 元,可用 4 日。其比赛秩序如下:8 日黑白对记者,9 日黑白对群星,10 日黑白对厦大,11 日黑白对同余。

《中央日报》1946 年 12 月 6 日

菲黑白篮球队在厦公开比赛　体育会商讨主持事宜

菲律宾华侨黑白篮球队于日前莅厦,本市国民体育委员会,于前(5)日假市府教育局召开委员及职员联席会议。出席杨绪宝、周马岱、杜申元、庄文潮、叶书德,列席黑白队代表李金造、邱清通、黄如兰,主席叶书德。行礼如仪后,开始讨论:

一、关于菲律宾黑白队莅厦,本市球队筹备参加比赛时间、地点应如何决定案。议决:男篮球队举行三场,女篮球队举行一场,时间女篮球队于 12 月 7 日(星期六)举行,队员由庄文潮先生负责征集。男篮球于 12 月 8 日起至 10 日止举行,是日下午 3 时半开始,地点假中山公园体育场。

二、关于男篮球队比赛日期及裁判员应如何分配,以便分别函请案。议决:12 月 8 日记者队参加,裁判员刘有完、潘约翰。12 月 9 日,群声队参加,裁判员庄文潮、周马岱。12 月 10 日,厦大队参加,裁判员杨绪宝、杜申元。

三、关于为修建本市公园体育场球赛,拟酌收票资,请公决案。议决:票资名誉券每张国币 2 万元,特别券每张 1000 元,普通券每张 500 元。

四、关于体育场布置及纠纷应如何办理案。议决:体育场坐椅布置及印票由市府庶务股负责,纠察由会函请警察及宪兵派队维持之。

菲律宾黑白男女篮球女队原拟于本 7 日午与市妇女队比赛,然经国民体育会负责人连日奔走,结果市妇女队无法召集。该黑白队于昨午 3 时半,在体育场现场表演,划分黑白黄队与黑白绿对抗,以男式比赛法,双方均不示弱,一场恶战。结果 18∶22,黑白绿胜。接着系男队与记者队比赛,上半场 10∶30 记者队大败。下半场 59∶26,黑白队获胜。今午系黑白队战群声队,观众咸谓双方敌手,决有一番恶战云。

《星光日报》1946年12月9日

黑白首试锋芒　记者队惨败　今日为厦大出马应战

本报讯　黑白男子篮球队于昨日下午在中山公园初试锋芒,首当其冲者为记者队。该队虽亦调兵遣将,秣马厉兵以待,但既非久经沙场,能征惯将,自非菲队之敌手。兵刃初接,菲队长驱直入,势如破竹,以16:0,遥遥占先。观众多为记者队捏一把汗。迨10余分钟后,由九号罚中一球,打破纪录,气势稍壮。3号又连攻数城,记录进至26:10。易地再战之后,菲队仍一帆风顺,记者队亦紧追其后。无如实力悬殊,结果以59:24,客军胜利。

又讯　本日原为黑白对群星,昨经决定,改为黑白对厦大。查厦大实力较记者队雄厚,故今日战况当能较昨日紧张。

《中央日报》1946年12月9日

公开篮球赛黑白胜厦大

菲律宾黑白篮球队,昨原按程序,乃对市群星队。后因临时更改,与厦大队比赛。下午3时半,双方球员下场。上半场,黑白队以22分比7大败厦大队,下半场厦大队以26分比48分败于黑白队。查市国民体育委员会欢迎黑白队莅厦,系收门票,然因纠察队维持秩序欠佳,被混进不少。况球场布置座位不足,一般持票者无法欣赏球赛,尤为甚者,则有赠送记者证,而无座位,不无遗憾云。

《星光日报》1946年12月10日

黑白出战第二日　昨再挫厦大　今日为群星出阵交战

本报讯　昨天下午黑白队以前天战胜记者队的雄姿,与厦大队恶战百合,观众比中华戏院招待刘主席和各机关首长的"五虎征虎"多得不可胜数,把战场围得密密层层,水泄不通,争看十虎搏斗。

银笛一声响,双方将士就不管你死我活的动起武来,你抢我锋夺,彼进此退,杀声震天。黑白中路军邱清通首建功勋,接着沈仁寿、傅永信也相继攻陷敌阵,一连片报捷声,告诉人们黑白队以 14∶0 结束了第一阶段的战事。刚刚停战了 2 分钟,战事又爆发。厦大中锋第 7 号偷过敌阵,从边关上进攻,手起处弹丸中的。不多久,又来个成双,得了 4 分,洗刷了"穷光蛋"之耻,大家为他鼓掌。记者查一查他姓名,是姓黄名古季,不知他可是黄帝的嫡孙。

却说厦大乘着观众呐喊助威之势,各路将士摩拳擦掌,奋勇急追。然而黑白的后卫许国珍,有万夫不当之勇,谁冲到他关下,往往都给他"打回老家去"。因此厦大虽报复心切,也只好叹一声"心有余而力不足"。上半时的战绩是 22∶7,厦大输了 15 分。第 2 节是 30∶15,厦大总是以 15 分之差落后。

在第三节中,厦大第 7 号和黑白第 7 号各得了 3 个球,但假如厦大第 7 号投篮准确的话,至少会多得两个球,因他曾在篮下偷了几次鸡,都偷不成功。第四阶段为最紧要关头,黑白队虽赢了 15 分"做本钱",但究怕本钱少,丝毫不敢大意。正队长傅永信,副队长邱清通,又亲自临阵,有人说"邱清通"应改为"球亨通",因为他的球运着实亨通,接二连三的建功。厦大的 3 号和 7 号虽也连克名城,无如时间无情,在裁判杜申元吹长笛宣告战事结束之当时,以 26∶48 之差宣告受挫。

虽说厦大已全部迁到厦门来了,可是照昨天参战队员看起来,除了 14 号郑天海之外,仍旧是参与市长杯赛那几员战将,而且郑天海的球艺还比不上短小精悍的黄古季,勇冠三军的吕基渊,再加上 1 号管纪泽。昨天下午太过看重后方,于自家队伍传球前进时候,很少冲上前,以致前面以四将敌五将,很难冲过敌阵,不然不会输得那么多哩。然而前天记者队给碰坏了,昨天厦大又被碰倒了,不知道今天群星会被碰掉下来多少?

《中央日报》1946 年 12 月 10 日

黑白群星球赛各有胜负

菲律宾黑白队昨午 3 时半,仍在公园体育场与市群星队比赛篮球,双方各不表弱,多不遵守球规,致罚球处分,每节中间均有数起,使裁判员大有罚不胜罚。查志,上半场群星队以 8∶23 败于黑白队,下半场黑白队以 46∶28 获胜。又市同余篮球队,决于今午与黑白队比赛。查同余队,系客岁市长杯夺取冠军者,今午定有一番恶战云。

《星光日报》1946 年 12 月 11 日

篮球义赛第三日　群星力战黑白　46比28客军再胜
今日且看同余显身手

本报球讯　自从黑白队冲坏了无冕帝王的记者队,再捣毁了最高学府的厦大队消息传布之后,本市群星遂相约"下凡",大兴问罪之师。哪知黑白队说"是非黑白",自有公论,遂调兵布阵,特请要港司令刘世桢开球督战,又请庄文潮先生吹哨子主持公道。

战事爆发初,群星如流星般的东撞西冲,有违禁令,被7号沈仁寿、施英缪先后各罚中一球,又被11号庄玉玺,连罚中两球。群星眼见对方已得了4分,就召开秘密军事会议,商讨作战方略,决定调8号黄添梓、3号叶振佳替叶志仁、谢继周两位胖将军,加紧反攻。但率以复仇心急,7号苏仕波屡屡犯规,被黑白的7号沈仁寿罚了几个球添添寿。群星队长陈昆山眼见不是道路,急忙上阵督战,打中1球,军威稍振,(更)加上篮。这可急坏了落后的群星队9号孙将军连情发愤图强,辄克名城,追到12∶25。对方急调被绰号为"铁甲车"的13号庄玉玺拦住群星出路,同时采用群星队所用的"团团转"战术,恰似"纺车",又像"走马灯"的好看,弄得群星队员大多目迷头昏。

然而忙家不会,会家不忙,8号黄添梓夺了骁勇善战的黄添梓,在第2节刚开始之时,连中三元,声势更大,从2∶11追上到8∶13。黑白队遂急忙鸣金收军,队长傅永信也亲自上阵督战,叫声:"众将军,切别慌张。"众将军答应一声:"遵令。"果然阵容不乱,敌人没法乘虚而入。反观对方,自黄添梓连中三元之后,士气竟再衰三竭,黑板上老是个"八"字。黑白在上半场虽以23∶8之差,赢了15分,但究不敢轻率,非等到十分有把握,不肯轻易投球之后,连打带击,勇往直前,迫近城下观准目标,手起处掌声雷动。2号陈昆山是远射球炮手,你看他在远远地方,双手把球一抛,那颗球不偏不颇乖乖进入篮里。可是大势已去,全局46∶28,黑白又奏凯。

在战事快要结束的当儿,也就是最紧张的时候,黑白不因赢了不少而爱打不打,群星不因输得多而气馁,这种贯彻始终的运动精神,是值得夸奖的。而在第三节当中,双方都有些手来脚去的举动,却是遗憾的。

昨天群星战败原因,除了平时少练习之外,还有两大原因,第一是刚开赛之前想胜之心过急,心急则忙乱。第二是犯规太多,昨天因犯规被罚中的分数达14分之多,尤以上班时被罚中9个,更为吃亏。如果上半时扣去了9

分,比赛为14∶8,只差6分。下半时声势当会更振作,加上在旁边呐喊的小妖声势得了人和之利,鹿死谁手还未可卜。至于本来投篮还准确的苏仕波,昨天竟然投无一中,运气欠佳也是原因之一。

今天下午是黑白对同余,欲知胜负如何,请到球场分解。

《中央日报》1946年12月11日

赛球同余败北

本市夺获市长冠军之同余篮球队,于昨午向菲律宾黑白队宣战,双方各有抱负。三时半到后,球员宽衣下场,结果第一场15分比37分,黑白队胜。下半场以31分比83分,同余队惨败,弃甲而去。

《星光日报》1946年12月12日

培元球赛

晋江私立培元中学球队来厦访问各校友,并邀请各友校作篮球友谊比赛,以资联络感情,继志前报。昨日下午第二次与厦门大学新生院篮球队比赛,地点仍假鼓浪屿英华中学球场举行。于下午6时开始,观众围立如堵,裁判员杜申元。

第一场17∶16,厦大新生院遂占先。第二场培元队发奋争战,形势转变,结果为27分比11。二场合计43∶28,培元队获全胜。

又今日下午5时对大同中学,于名明(9)日对双十中学,地点皆在本市中山公园篮球场。10日对厦门大学校本部球队,11日对中华中学(地点中山公园)。

《江声报》1947年5月8日

培元球队败于厦大

昨为晋江培元中学篮球队访厦第五日,下午5时假厦门大学球场与厦大球队举行友谊赛。厦大队以连日培元队征厦,声势浩大,乃大事部署阵容,该校新生院健将吴善忠等三人亦赶来参加。

球赛于5时半开始,裁判吴正戈,银笛一鸣,双方即入猛烈撕杀状态。

上半场之前半节,两队队员均注精会神,严密攻守,相持约五分钟,双方均未掷中一球。及后厦大队先进一球,观众情绪始见松弛,至是厦大队即渐趋优越地位,上半场结果以 22∶10 胜培元队。

休息 5 分钟后,下半场继续比赛,厦大队复一再调遣兵将,阵容益坚,其中以吕基渊、庄汉卿二员技术纯熟,投篮准确,建树特多。而培元队五队员则始终屹立不动,未加调换,且培元队员年龄体力及经验均远逊于厦大队,加以场址生疏,故结果以 44∶24 为厦大队获胜。

又培元队前日原订对双十中学比赛,因故未能举行。闻今明日比赛正在与各校接洽中云。

《江声报》1947 年 5 月 11 日

华联厦声球队近日到厦本市各球队将作友谊赛
沪申星足球队南下远征

上海华侨联谊社厦声球队暨华联球队,因出征香港,不日过厦,拟与本市篮球队作友谊赛,情志本报。昨本市国民体育会接该华侨联谊社厦声体育组函,以该社所属厦声队暨争夺上海篮球冠军之华联队,因出征香港,顺途过厦,拟在厦作数场友谊赛。门票收入,悉充善举。该会接函后,经呈报市府转知本市各球队,准备应战。至于赛程,当候该队到达时决定云。

又讯　厦市足球赛久已沉寂无闻,昨接体育界息,上海申星足球队拟已南下远征,并定 23 日到厦。事先已派该队负责人颜谁莅厦,与本市体育界接洽比赛一切手续。闻本市足球队已有数队,准备届时予以周旋云。

《江声报》1947 年 5 月 15 日

福华厦声两球队今可由沪飞厦　晋江沪星足球队昨日抵此

本市讯　喧闹多时之上海福华篮球队、厦声足球队联袂征厦,终于实现。据确息,该两队今日上午决由程伯庵、庄友仁两氏率领,搭乘中央客机离沪飞厦。此间国民体育会、青年体育会、白马体育会及参与比赛各队代表,将于今午驱车前往机场迎接。兹将该两队征厦名单列下:

福华篮球队,领队:程伯庵、戴廷芳。干事朱连耕,队长李震中,队员包松圆、任相成、孔广益、陈学崇、吴成章、祝国荣、张邦纶、贾幼良,医师杨水荣。

厦声足球队,领队:庄友仁。干事叶贻佳,队长张尚义,队员黄仲川、黄友志、袭鼎图、林家铮、吴景云、郭宜顺、苏浩忠、林英锦、钱□驹、王思泽、韩龙海、贾幼良、张林根、李尧、张邦纶。

至于此次比赛场地,仍在中山公园。门票收入,概作建筑新篮球场之经费云。

《星光日报》1947年5月23日

上海篮球盟主"福华队"昨抵厦 赛程排定厦大充先锋

本报讯 上海福华篮球队、厦声足球队,本拟联袂征厦。兹悉厦声足球队以准备不及,拟延至29日始能来厦。福华篮球队一行14人,已于昨日由程伯庵、庄友仁两氏领队,搭乘中央客机抵厦,住青年服务社。其总领队为程伯庵、戴廷芳,干事朱连耕,队长李震中,队员包松圆、任相成、孔广益、陈学崇、吴成章、祝国荣、张邦纶、贾幼良,医师杨水荣等。

查该队原为上海篮球盟主"华联"队化身,球艺之高,读者当可想像。本市体坛沉寂,该队征厦,诚为空前盛举。本市白马体育会于昨晚7时假青年服务社招待,闻篮球比赛,日期经由市国民体育委员会排定:24日对厦大,25日对菲侨,26日对同余,27日对群星,地点仍在中山公园篮球场。门票经已拟定,计分2000元、2万元、5万元三种。门票收入,概作为建筑体育场之经费云。

又讯 晋江南门外深沪乡旅外华侨热心体育人士组织"晋江沪声足球队"一行十余人,昨日抵市,住华侨服务社。领队陈取评、吴天竺,秘书颜永安,指导员危转安、吴剑青,顾问林梦飞、陈而滚。该队此次集合晋江足球宿将危转安、蔡继墀、杨光斗、林心汉、吴世池,首次来厦访问。昨(23)日下午,该队特假华侨服务社招待体育界人士及新闻记者,报告该队来厦目的,并要求即日开始友谊赛云。

《星光日报》1947年5月24日

今日开始比赛 第一场篮球对厦大

本报讯 上海福华篮球队及沪声足球队联袂征厦,已志本报。查福华,历经于昨日抵厦,而沪声队队员亦于昨日先到一部分,其余队员定今日抵此。昨晚7时许,本市白马体育会假青年服务社,设宴招待福华及沪声两队球员及各机关首管、新闻记者等。当由沪声领队庄友仁(庄亦白马体育会之主脑)代表白马体育会,报告该会成立经过,并报告(该)队过去之战绩,为曾两(两)度称雄江南。此次来厦无非作为观光,故白马体育会承此表示欢迎,同时作为成立典礼,并招待各机关。继由黄市长代表致词,福华队队长等答词,宾主尽欢,至10时而散。

又讯 福华与沪声两球队抵厦后,其赛程经本市国民体育会排定,兹探录如下:24日篮球赛厦大对福华,下午5时半,地址中山公园。25日足球,沪声对英华,3时30分;篮球菲侨对福华,5时30分。26日篮球,同余对福华。27日群星对福华。至于足球赛,尚有厦大、白马、青年三队应战,惟赛程尚未排定云。

《江声报》1947年5月24日

"福华"征厦第一战　客军出师大捷
67比21轻取厦大　今对本市劲旅菲侨队

本报讯 上海福华篮球队征厦第一战,昨日下午首次与本市厦大队角逐。时针指6时10分,两队健儿鱼贯入场,投篮良久,帷幕揭开,由黄市长举行开球礼,裁判杜申元、杨绪宝。

银笛一鸣,一场恶战遂告开始。数分钟后,福华队前锋包松圆首建大功,入一球。厦大队吕基渊不让贵宾客场逞能,手起球落,还与颜色。福华胖子孔广益(10号),从容不迫,长距离投下数球。厦大遭者番挫折,虽庄汉卿(2号)屡次一独(斗),企图报复。然客军队员均体高六尺,防御坚强,终未得逞,以致军心散乱,只有招架之力,并无还击之手。上半场结束,福华队以28:11获占上风。

休息15分钟,彼此媾和,连同黄市长等联合拍照留念。此一刹那间,摄影记者纷纷争取宝贵镜头。迨柠檬时间一过,和谈宣告破裂,易地再战。福华队喧声夺主,李震中(12号)、包松圆(8号)、吴成章(6号)三前锋大显身手,建功屡屡,势如泰山盖顶,赛完第三节,福华队以50占绝对优势遥领。

最后一节,厦大队知大势已去,无挽救危局。然为顾全体面,尤作困兽之斗,12号吕基渊横攻侧击,曾两次突破阵地,惟全场战局始终站于一面倒

之势,时间已到。鸣笛收军,福华队以 67∶21 轻取厦大。本日战绩于下:

福华队	姓名	掷	罚	犯	得分
	李震中	8	0	0	16
	包松圆	6	2	0	14
	吴成章	10	1	0	21
	张邦伦	1	0	0	2
	孔广益	5	0	1	11
	陈学崇	2	0	0	4
	卓国荣	0	0	0	0
	合计	32	3	1	67
厦大队	姓名	掷	罚	犯	得分
	吕基渊	5	0	0	10
	庄汉卿	2	0	0	4
	卢善忠	2	1	1	5
	郑天海	0	0	3	0
	蓝克栋	0	0	2	0
	管纪泽	0	0	2	0
	马维垣	1	0	0	2
	合计	10	1	8	21

又讯 本日球赛,下午 5 时半福华对菲侨。查菲侨队为去冬相率征沪之菲律宾群英、黑白两队队员所组成,该两队劲旅,曾横扫京沪,并曾与华联(即福华)二度会面。此番仇人狭路相见,届时必有一番恶斗云。

又讯 明(星期一)日下午 3 时半,有晋江沪声足球队与本市英华足球队比赛。上海东华足球队队长庄友仁为英华校友,明日当为英华队效劳。庄为吾国当代足球名宿,本市球迷当可一开眼界云。

《星光日报》1947 年 5 月 25 日

细雨蒙蒙起战鼓　福华苦战克菲侨　28∶19 再度获胜
下午 5 时半对垒同余

本报讯 昨日午后,乌云密布,雨意浓厚,中山公园南门外球迷络绎不绝。盖是时为上海福华篮球队征厦二战试锋芒,对象为本市劲旅菲侨队,故观众无不默向天公祷告,望能风消云散,俾得赛完一幕精彩球战,以饱眼福。

时至5时30分,仍蒙蒙细雨,双方整束鱼贯入场。投篮达数分钟后,裁判员杨绪宝、杜申元银笛齐鸣,比赛遂告开始。双方球技烂熟,彼此角逐良久,菲侨队李世侨如出海蛟龙,运用神出鬼没绝技,投下穿心球,首开纪录,观众热烈喝彩。继而施维罴(熊)复进一球,共获4分。福华刘福善不甘示弱,奋勇夺回一城,第一节结果,菲侨以4∶2占先。

第二节开始,菲侨李世侨左冲右撞,勇冠三军。铁卫施维罴,有张飞之猛,再兼蔡文章替入庄玉玺,灵活异常。此为菲侨全盛时期,上半场结束,菲侨仍以6∶4再度领前。第三节,易地再战,福华李震中指挥若定,稳扎稳打,分数渐成拉锯状态,节终为14∶14,平分秋色。

最后一节,因时间有限,双方均有慌态,福华队员均体格魁昂,守则防御森严,每使菲侨尝试难越雷池之苦。攻则如巨浪汹涛,招架不及,致犯规屡屡,庄玉玺五次毕业被罚出。菲侨增援无人,遂为客军所乘,终以19∶28客军后来居上,结束全局。

是战福华吴成章有赵子龙之胆,诚为该队一石柱及个人成绩最优良者;包松园(圆)因跌地受伤出演,已无前日水准;李震中,督管三军为全队灵魂,个人无甚表演。菲侨蔡文章、施维罴、李世侨三杰,不愧有美式配备,假动作及施用挡人法等,演来异常美观。平心而论,福华昨赛可谓相当吃力,尚幸棋高一着,未为菲侨侥幸获胜。兹将客队阵容介绍如下:福华队队长孔广益(10号),中锋李震中(12号)、刘福善(7号),前锋吴成章(6号)、包松园(8号)、张邦伦(4号)、陈学崇(9号),后卫孔广益、卓国荣(5号)。

兹将昨日战绩列下:

福华队	掷	罚	犯	得分
孔广益	1	0	0	2
李震中	2	0	2	4
包松园	1	2	0	4
吴成章	5	1	0	11
陈学崇	0	1	1	1
刘福善	2	2	1	6
合 计	11	6	4	28
菲侨队	掷	罚	犯	得分
施维罴	2	1	3	5

蔡文章	2	2	3	6
李世侨	3	0	1	6
庄玉玺	0	0	5	0
李木谋	0	0	1	0
泉州	1	0	0	2
合　计	8	3	13	19

《星光日报》1947年5月26日

篮球迷撑伞观战　福华同余昨逐鹿
因大雨倾盆仅赛半场　今对群星展开压轴战

本报讯　上海福华篮球队昨为征厦第三战，下午5时30分，冒雨向同余队挑战。战端一启，双方健儿开展身手，观众撑伞观战，战况热烈。约数分钟后，同余健将周再兴首建大功，投下一球，观众喝彩雷动。又谢宏梧（9号）见同伴取胜，亦不慌不忙投下一球。同余先后计获4分，福华队陈学崇采取报复手段，讨回一球，因此一来一往，第一节同余以9：10小负于福华。第二节开始，大雨琳璃（淋漓），同余军心不振，演出失常，仅有固守阵地之力，并无突击之功。福华乘机进攻，屡冲屡破，结果上半场以9：23再挫同余队。下半场因雨倾盆直降，无法继赛，乃不终而散云。

《星光日报》1947年5月27日

（晋江"沪声"足球队对战英华校友队）

又讯　昨日下午3时半，为晋江"沪声"足球队征厦首战对英华校友队。"沪声"训练有素，"英华"有名宿庄友仁压阵，战来秋色平分，以1：1打成平手。本日如天公作美，有篮球两场，第一场（4时半）为上海"东华"篮球队，对本市"同余"队作友谊比赛。第二场（5时半）则为"福华"征厦第四战，对本市冠军"群星"队。是场可谓客军征厦压轴战，双方旗鼓相当，鹿死谁手，诚难预料云。

《星光日报》1947年5月27日

球赛被雨阻　昨天未举行

本报讯　昨整日大雨滂沱,球场几成泽国,球赛无法举行。今下午 5 时半,福华篮球队出战群星队,该队定明(29)晨赶搭中航机离厦征港,对同余之赛就此作罢。一般球迷咸盼老天放晴,今如继续淫雨,球迷只好望雨兴叹。

又讯　晋江沪星足球队,今下午 4 时对抗厦大队。

又讯　上海厦声足球队队员,因客机缺少座位,无法全部出发。其未抵厦者,定今晨赶厦,以便明日征战英华队云。

《江声报》1947 年 5 月 28 日

老天如作美　今日球再赛

本报讯　市府昨下午 3 时,在会议厅举行茶会,招待莅厦各足篮球队。出席者黄市长、警局长,暨福华、厦星、沪星等队员 50 余人,由黄市长主持,略谓此次各球队抵厦,作筹建篮球场经费比赛,增进本市球队观摩,深可欢悦。继由福华、厦星足篮球领队致答词,并献旗与黄市长以为纪念。

《江声报》1947 年 5 月 29 日

福华队四战四胜　昨大破群星队
51 比 24 势成一面倒　今日足球赛沪声对青年

本报讯　雨后晴天,气候凉爽,上海福华篮球队因机票事延期返沪,得完成征厦四战赛程。昨日为最后一幕,对本市群星队。5 时 30 分未至,球场四周已为球迷围得水泄不通,裁判杜申元战令一下,双方即展开恶战。福华以李震中(12 号)、包松园(圆)(8 号)、吴成章(6 号)、刘福善(7 号)、陈学崇(9 号)上阵,群星则遣李木谋(12 号)、李俊民(4 号)、邱延亨(6 号)、郭允仁(10 号)、叶振佳(21 号)出战。剧战达 5 分钟,两方相持不下,追后福华吴成章罚入一球,继而刘福善二罚俱中,以 3∶0,首创纪录。后复包松园(圆)、李震中再召罚入一球,造成 7∶0,福华净胜三球半。群星虽郭允仁扳回一球,打破零局,但亦无济于事,致上半场比赛结束,以 12∶25 败于福华,分数约为2以(与)1之比。

休息10分钟,战事再起,福华调张邦伦(4号)、孔广益(10号)替下刘福善、陈学崇,群星亦派陈昆山(5号)上场压阵。赛达数分钟,福华张邦伦个人连中二元,李震中每发中的,分数扶摇直上。至36分时,群星仍于12分屹立不动,适为3以(与)1之比。群星虽力图反攻,奈福华队员均体格高大,难越雷池,客军则以战胜余威,大肆进攻,场终遂以51∶24大破群星队。昨日战绩如下:

福华队	掷	罚	犯	得分	群星队	掷	罚	犯	得分
陈学崇	4	0	0	8	邱延亨	0	0	1	0
张邦伦	2	0	0	4	李木谋	4	0	0	8
吴成章	4	3	0	11	李俊民	3	0	1	6
李震中	8	1	1	17	叶振佳	1	0	3	2
刘福善	2	2	1	6	郭允仁	2	0	0	4
包松园	1	1	1	3	陈昆山	2	0	2	4
孔广益	1	0	1	2	陈锦泰	0	0	0	0
卓国荣	0	0	0	0					
合计	22	7	4	51	合计	12	0	7	24

又讯 昨日下午原为晋江"沪声"足球队征厦二战,对"厦大"。因厦大罢课,球员星散,临时拟改排对"白马"队,因未得客军同意,无法成赛。本日足球赛为"沪声"对市"青年"队,门票2000元。

《星光日报》1947年5月30日

客队四战胜群星 今日足球赛 虎将出场战况必烈

本报讯 连日大雨,球赛停止三天,昨天放晴,为福华篮球队征厦第四战。群星系本市有名篮球队,开赛前十分钟,观众已挤满球场四周。5点40分,先礼后兵,摄影纪念,互换队旗,而客北主南,立定战局。接触后,主队侵入犯规,吴成章一中状元,包松圆迎头赶上,成7∶0。休息时间,主队变更策略,争得两分,大战数十回合后,结局51∶24,客队四度告捷。群星如此失败,咎在人马不齐,球运欠佳,且3号与10号油水较差,大有非战术罪之慨。

又讯 昨足球赛原为沪星对厦大,厦大因学生罢课,无法举行,临时改对白马,而客队以未请求之意,不愿出场,因是徒劳数千观众。今下午5时,为上海厦星足球队首抗青年队。明(31)日为沪联队(内有上海东华五虎将贾幼良、李尧、张邦伦、张林根、赵良海等)对厦门联合队友谊赛,届时定有精彩表演云。

《江声报》1947年5月30日

足球赛厦声再捷　篮球赛东华败北
今为沪联厦联足球表演赛　篮球友谊赛东华应邀记者

本报讯 上海厦声足球队,于昨日下午5时正,与本市青年队起角逐。上半场比赛结果,厦声队净胜2球,下半场以2:1青年再度落后,总数为4:1,厦声胜。又5时半为群星对上海乐华篮球作友谊比赛,东华队即为上海足球霸主之东华足球队一部球员所组合,有猛将张邦伦、李尧、韩龙海、张林根等陷阵。体健如龙,然对篮球门槛不精,率(卒)以36:47败于群星。今日为沪联对厦联足球表演赛,这是足球名将的大集会,是团体与个人的技术表演,为名队征厦足球赛的结晶,希请球迷切勿错过良机。

本报讯 本市记者篮球队为联络感情,增进球艺起见,特约定上海东华篮球队于今日(31)下午5时30分,假中山公园球场举行友谊赛。查东华队,足球名震全国,篮球亦颇不弱,唯记者队目的纯为提倡体育,胜败在所不计。兹将记者队阵容发表如下:领队许祖馨,干事王人言,队长许荣椿,队员郑梦麟、黄文富、潘敏智、戴生德、黄必栋、任成水、李竹心、林辉明、张弩、曾子铭等。

《星光日报》1947年5月31日

沪联对厦联　今日足球赛

本报讯 上海东华篮球队于日昨为群星所败,经志报端。该队原定昨日与记者队作友谊赛,因队员数人于昨飞回上海,其余球员原拟应约出场。因一球员适出任足球赛评判,致散不成军,未能出战。鹄立球场之球迷,只好扫兴而归云。

又讯 昨午足球赛系沪声对厦大,上半时4:1,客队胜。下半时,厦大又失一球,结果5∶1,客队告捷。

又讯 今午足球赛,系沪联对厦联,两队实力雄厚,届时定有一番恶战。兹将双方阵容探志于下:厦联队守门陈培元,后卫陈炳华、杜申元,左前卫蔡士聪,中坚黄友志,右前卫陈世豪,前锋林家铮、郭宜顺、李哂、黄长柏、钱家驹。沪联队守门龙鼎图,后卫庄友仁、苏浩忠,左前卫王恩晶,中坚张林根,右前卫吴景云,前锋李尧、张尚义、韩龙海、黄仲川、陈明哲云。

《江声报》1947年6月2日

公园足球赛　沪联胜厦联

本报讯 本市足球联合队,昨下午6时在中山公园应战上海联队。客队拥有名将李森、张林根、韩龙海,摄影后,裁判庄文渐(潮)鸣笛开战,客队先开纪录。主队抱恨雪耻,于三分钟内连攻两球,客队亦立还颜色,上半时2∶2和局。休息后易场再战,15分钟中,双方毫无所获,客队于结束前五分钟踢中一球,造成3∶2,客队获得最后胜利云。

《江声报》1947年6月2日

昨日足球战　白马胜厦声

本报讯 昨为上海厦声足球队征厦第三战,对垒者系本市异军突起之白马队。因天气阴郁,观众仅百余人,冒雨举行,黄市长亦临场参观。水中血战,情况甚热,上半时白马中锋李哂连中2球占先,下半时白马以2∶1再胜。结果为4∶1,客军厦声低头。

今午若天大放晴,厦声约白马二度会师。昨午因场地湿滑,双方表演失常。今日战况当益热烈,此为厦声征厦最后一战云。又日前沪联对厦联足球赛,系3∶3,打成和局云。

又讯 上海东华球队健将李尧、张林根、韩龙海等已于2日乘机返沪,致对记者队篮球赛无法举行。

《江声报》1947年6月4日

昨日两雄交锋　厦声初度受挫
谁是主人且看今日分解

本报讯　厦声足球队征厦第三战,昨下午6时对白马。白马足球队为本市之雄,且此次加入勇将多员,厦声队健将多人未参加。队长庄友仁则未出场,自任裁判员,故两军冒雨对垒时,观众咸料厦声必居下风。第一场结果2∶0,白马胜。易守阵地后,白马又首攻一城,厦声前锋虽奋勇直追,踢入一球,而白马队油水充足,最后球又中。第二场遂成2∶1,总成绩为4∶1,厦声初次告败。惟昨因雨,场地湿滑,球员表现均感失常。本日下午5时,厦声、白马二度会师,再决雌雄,今日甚盼天晴,表演得较为精彩。此为厦声征厦最后一战,球迷勿失良机。

《中央日报》1947年6月4日

英舰向白马队挑战　明日公园足球赛

又讯　现泊厦港之英护航舰,昨日向本市白马体育会足球队挑战。该队经分别召集队员,决定于明(26)日下午3时假中山公园应战,白马队日前与英舰黑天鹅号之战绩,颇得各界好评。最近该队要角增加数人,届时当有一番恶战。

《江声报》1947年12月25日

英舰与白马队今再度赛足球

市讯　白马足球队于昨午3时在中山公园与英舰水兵交锋,球迷们早已将球场图(围)得铁桶般似的,以致球场秩序难以维持,诚美中不足也。上半场全为番将天下,因白马队处于逆风之不利环境,进攻解围颇为吃力,20分钟后被番将射进一球,结束上半场。下半场易地再战,白马队全力反攻,一反上半场之招架形势,步步进迫,围射龙门,曾有数度紧张精彩演出。下半场白马队徒劳无功,以打成平手结束。下半场两队实力半斤八两,番将因有体格体力之优越条件,故处处占便宜,技术方面则比不上黑天鹅号。

白马队昨日有上海饶(骁)将黄有志及菲岛铁门等拔刀相助,实力增加不少。黄有志负责中卫,实在有劲,前后策卫甚为实力。守门员颇能尽职,抢救险球甚见功夫,博得观众掌声雷动。后卫肥将军杜申元坐镇,固若金汤。前锋尚能同心协力,然盘球殊嫌过多,致失良机不少。现两队为互相切磋,经议定于明(28)日下午3时仍在公园作友谊赛。

《星光日报》1947年12月27日

筹募救济海家班义演

市息 上海海家班武艺团自来厦,在大同戏院公演以来,技艺超群,颇得各界好评。兹应本市冬令救济委员会邀请,决于本(3)日下午2时及明(4日)上午9时及下午2时,假中山公园广场举行义演,每人只收门票一万元,全部拨充冬令救济金。闻此次海家班在戏院公演,因舞台狭小,未能大展身手。现假广场义演,料必大显绝技,一饱观众福。

《立人日报》1948年2月3日

菲全运选手编成足球队　今日战英华

本报讯 菲律宾华侨全运选手,自全运会闭幕后陆续离沪。28日,菲华总领队林珠光氏偕一部分足球游泳及女篮球选手一行十六七人,自沪飞厦省亲,本市白马体育会为联络感情及略尽地主之谊,特于是晚在虎园路该会会所设筵招待,作盛大之欢迎。即席林珠光代表"菲华""青华""群生"等菲岛体育团体赠送白马体育会锦旗三面,上书"提倡体育""健身强国""体育之光"留念。而白马体育会亦由庄友让代表持赠该会会旗一面还敬,互祝健康,尽欢而散。

又讯 菲华足球队藉番返厦省亲,约有七八人。彼等拟集合其他队员,组成一"偏师",与本市足球劲旅互相观摩。首战已邀约英华足球队,订于明(31日)下午4时在中山公园足球场作友谊比赛。该队守门将柯腾经被沪东南日报与言称吾国目下最"健门将",除世运队张邦伦外之第一人。惜该队抵厦,因人数不足,柯君调充左前卫,不然必可一悦吾人之耳目。至第二赛,拟约厦大足球队云。

《中央日报》1948年5月30日

中山公园足球友谊赛　菲华偏师大破英华
下次战厦大能否成赛未定

本报讯 昨日下午5时许,中山公园有一盛会,出席全运之菲华足球队一部分人马经厦省亲,临时凑合在厦旅菲华侨组成一偏师,与本市英华队作友谊观摩赛。一场鏖战,以两队实力相差甚远,菲华以3∶0大破英华。昨日斜阳西射,天气甚热,然中山公园之足球场边,仍围以层层密密之人群,观众约有二千之谱,足见厦门球迷亦为不少。

两军开战后,菲华即采攻势,混战甚久,双方俱无所获,球尽在英华方面滴溜溜滚动,菲华门庭冷落,各(守)门将柯腾经虽英雄,亦无用武之地,置于闲荡。菲华锋卫齐攻,英华诸将竭力防守,虽有数次企图进攻,但未到菲华门边即遭(劫)回,而英华禁城边缘则险象环生。20分钟后,陈珠君自右边切入,轻轻一蹴,英华门将蓝江溢一扑落空,球滚入网底,得功而还。至上半场结束,1∶0菲华占先。

柠檬过后,英华以蔡乃哲代卓仁禧,蔡乃颖代陈荣道。菲华原阵未动。英华全力进攻,甚见起色,屡次带球冲入菲华阵线。数度射门,均以脚头软弱,悉被柯腾经踢出,毫无建树。菲华中卫陈世和接获传球,冲入敌阵,再度开花,2∶0,英华显居下风。嗣后虽力图振作,右锋曾多次接得角球机会,但孤军深入,旁无助手,均被菲方卫将逐出,失去良机甚多,殊可惋惜。其间一次射门,球经菲华门将抢拨于场外,由场边一小孩推回而蹴入,然已作废。最后数分钟间,英华队员似已力尽,行动缓慢,无法反攻,陈珠君再度叩关,应声而入,形成3∶0而终场。

综观全场,双方实力显甚悬殊,菲方虽未臻理想,然均经训练,久历沙场者,与尚在校之英华对垒,其胜利固无足怪,门将柯腾经著有声名,邱稳镇、邱清泉亦甚出色。英华自属难攻,然以一尚在校之中学生论,则有如许就亦属难能矣。

菲华第二次拟邀厦大队作观摩赛,闻厦大迄今尚未确切置复,能否成为事实,尚未可知。兹将昨日双方阵容录志如下:

菲华队:柯腾经、邱清泉、陈永南、林章珍、邱稳镇、陈世和、陈尚稚、陈朱君、林罗挽、蔡怀追、施并杉。

英华队:蓝江溢、陈安槐、陈鸿敏、陈建光、卓仁禧、蔡乃哲、陈福来、陈荣道、蔡乃颖、杨友三、林应欣、王咸熙、王主德。

《星光日报》1948年6月1日

昨足球战菲华奏凯

昨天下午4点半钟,菲华和英华两足球队在中山公园会师,虽然是炎阳迫人,球迷却聪明的站在树荫下观战。双方先试试头脚,等到裁判杜申元一声银角,双方就摆开阵势。菲华面南称帝,英华却率军北伐。菲华队原班人马不齐,临时拉拢脚色凑数,甚至白马的陈世豪也被拉上去。虽然是这样,他们的球艺却在英华之上,所以交起阵来,常常站在主动的地位。加上队长柯腾经是个"铁门",他昨天下午原预定充当右前卫,临阵时候却亲自守在城门。前有猛将,后有铁门,莫怪英华虽有善战的林应欣,跷(骁)勇的蔡乃哲、蔡乃颖弟兄,但总抵不住菲华的攻势。

但见一颗圆球,时常在英华阵地滚来滚去,往往叩关,守门将蓝江溢虽然眼疾手快,但挡不住敌将围攻。刚抢救了个险球,冷汗还没擦干,第2个球又来了,真是应接不暇。你看尘头起处,菲华中锋林罗挽,右腿一挥,那颗你争我夺的球已经攻破英华的最后关头了。英华于上半时以1:0屈居下风,前后方将士莫不希望于下半时来个反败为胜,奋勇争先,球从高处来,用头顶去;从低处来,举腿猛踢。无如战斗能力终输对方一等,所以下半时仍是招架时候多,反攻时候少,又被陈世豪攻进了1球。续战十多分钟,菲队众将又迫近城下,林罗挽又送进了1球,全场以3:0,让菲队唱了凯歌。

菲队长柯腾经是被推誉为我国数一数二的守门能将,可惜昨天该队被攻的机会比较少,不能看他大显身手。据记者看起来,柯氏的守门作风和我国守门前辈周贤言、包家平二人比较起来,是比较近于周贤言的。包家平是以镇静不擅离开城门著名的,而周贤言却是以不待敌临城下,冲出外围抢救而著名的,同属名将而技术各有千秋。菲华队员中又有几个人将于今日南飞菲岛,因此不能再与其他球队作友谊赛。(邵)

《江声报》1948年6月1日

黑白篮球队在厦作义赛 门票收入充社救基金

本报讯 菲律宾华侨黑白篮(球)队,经于日前由港抵厦,承本市体育界之邀请,决定在中山公园为筹募社会救济基金,举行义赛3场。其秩序昨经各队同意排定:第一场18日(星期日),对本市记者联谊会篮球队;第二场20日(星期三),对常胜军群星队;第三场22日,对出席省运会本市代表同余队。每场比赛时间下午6时,至门票及场内秩序,由社救协会派员主持。

查该队此次抵厦者,仅有教练邱清通,队长傅永信,队员叶克熙、施荣螺、郭国荣等。□健将许因珍、尤龙潭、林珠德、沈仁寿等,因返国时间已久,商务及学业关系,乃由港返菲。该队原不拟在厦比赛,因盛情难却,且系救济基金,故临时请在厦旧队员施维熊、许山、王龙炮三老将参加助阵。

又中山公园损坏篮球场,记者队昨已雇工赶修,以为义赛之场地。

本报讯 菲律宾华侨组织之黑白篮球队,于日前抵厦,本市体育界为表示欢迎热忱,拟轮流与该队作友谊赛。市社会救协会昨函请黑白队负责人,以请该队与本市篮球队比赛时,出售门票,将所有收入充作该会基金,以广救济范围。

《星光日报》1948年7月15日

黑白队旗开得胜老爷兵甘拜下风
黑白今战群星将有精彩表现

本报讯 旅菲华侨黑白篮球队来厦后,本市体育界为表示欢迎,特邀本市各篮球队作友谊赛,以门票收入拨充救济协会基金。首次与之对抗者,为本市报人组织之记者队。老爷队成立未久,球艺既差,更欠联络,以乌合之众迎击蜚声中外之劲旅,挫败自在意中。结果以51:34,黑白队旗开得胜,净赢八球又半。

昨夕之战,于6时30分在中山公园球场展开,观众数百人,裁判陈昆山。开球不(到)三分钟,客军傅永信以闪电战术,夺球投篮中鹄,首开纪录。丘清通、许山先后破网,加罚1分,以7:0遥遥领先。主军始由胡资仲击破鸭蛋,老爷兵虽谋挽救,然以实力相差过远,全局均成一面倒之势。第一节23:10,上半场终结41:14,相差达27分之多。下半场开始后,客将处处逊让,不复成赛,而为表演矣。黑白锋将叶克熙几次假动作,赢将漏(得全)场掌声,老爷兵于客队逊让之下,将以51:34勉强终场。全役过程,噱头时起,笑声不绝,演来轻发异常,不啻观一场喜剧。

黑白队在菲与群声并称,实力五强,惟部分人马业已经由港返菲,到厦者仅五六人,系为返里省亲,借此机会与本市球队联谊者。记者队自知力绌,而敢于出场对抗者,纯为提倡体育风气。此次得未输满 20 分,可谓大幸。盖均为客队谦谅所致也。黑白队一以明知老爷兵无法与之抗衡,二则尚系初战,未肯用出全力。今日下午 6 时与群星之役,将有极精彩之表演。群星队为本市精锐之伍,黑白势须以全力出战,紧张剧烈,迨不待言也。

《星光日报》1948 年 7 月 19 日

"黑白"旗开得胜　记者队受挫　今日战群星

　　本市记者联谊会会员组织篮球队,昨下午 6 时 30 分,在中山公园球场与菲侨黑白队作筹募社救协会基金"处女战"。黑白队技术早为海内外体育界所称许,而纯以报人组织之记者队,在苦斗之下,仅败 17 分,亦系难能可贵。该队如能不断训练,本市将多一新军。

　　裁判陈昆山银笛一鸣,两队健儿合摄一照留念。开战后,黑白队傅永信、叶克熙相继建功。记者队因组织未久,联络较差,上半时告终,以 23∶10 为黑白占先。

　　朦胧(柠檬)时间一过,易场再战,记者虽换生力军上阵,卒非黑白敌手,结果 51 比 34 受挫。

　　该队原定明日对群星,因队员出国已久,急于返菲,故是战改定今日下午 6 时举行。地点仍在中山公园,门票分 10 万、20 万两种。查昨日收入门票,共 3280 万元。(默)

《江声报》1948 年 7 月 19 日

黑白首挫记者　明日再战群星

　　本报讯　市社会事业救济协会为劝募基金,特请菲律宾黑白篮球队举行义赛,已于昨(18)日下午 6 时在中山公园球场举行。对敌者为记者队,唯双方技术相差甚远,记者队之受挫早在意料中。摄影留念后,裁判员陈昆山银笛一鸣,双方健儿遂逐鹿沙场。

　　首先黑白乘罚球机会,3 号托进 1 球,创开纪录后一帆风顺,造成 7∶0 之局。记者队极力挽回,先后投中两球,成为 7∶4。未几记者队易将,7 号下场,双方在拉锯情势下,上半场以 23∶10 黑白队获胜。

柠檬时间一过,双方易场再战。黑白队以 11 号换 6 号入场,开始后即攻入 4 分,记者继入 2 分。直至黑白队再换 6 号下场时,记分牌上为 43：14,相差达 29 分。嗣后记者队极力反攻,在最后 5 分钟中连进 5 球,亦难挽回颓局,结果下半场结束为 28：24 黑白再捷。总分数则为 51：34,记者队以 9 球之差受挫。

又讯 明(20)日黑白队将再战本市雄军群星队。

《中央日报》1948 年 7 月 19 日

记者首战黑白队　分数相近　虽败犹荣

市息 记者篮球队于昨日下午(6)时在中山公园球场,首战来厦为筹募社救基金义赛之菲律宾劲旅黑白球队。记者队虽然此次加紧训练,并参加生力军甚多,但不能取胜黑白队,乃在意料中。因黑白、群声同为菲岛两大劲军也。

比赛开始,记者队打来十分卖力,但不敌对方,处处屈居下风,第一节 23：10,第二节 18：4,第三节 6：13,第四节 4：8,总结 51：34。出乎意外,败并不惨,故咸谓虽败犹荣。（放）

《立人日报》1948 年 7 月 19 日

"群星"非"黑白"对手　58 比 41 受挫
客军明日三战同余队

菲岛华侨黑白篮球队,昨下午 6 时 20 分对群星队作一次筹募社会救济基金义赛。裁判刘如羲,战鼓一响,两队卸下战中(甲),上场肉搏。开战后,客队傅永信接一连二屡建奇功。6 分后,群星急行改变战略,果然李俊民远射两中,成 8：4。林有诗于邱清通得分后,亦投一球,第一节 16：6 黑白胜。

第二节开始,双方替换人员,因未报裁判员,故各被罚一球,黑白不中,群星由昆山主罚,不负使命。至 22：13 时,群星俊民、有诗相继犯规,黑白两罚不中,上半时终 27：17 客队胜。

休息后,易篮再战,群星球运欠佳,斗力渐呈退化。最后虽力图反攻,终非黑白对手,结局 58：41,黑白再获胜利。昨日收入门票,共得 6040 万元。今日停战,明日三战全运会省选拔赛本市代表之同余队。（默）

《江声报》1948年7月20日

客军再克群星　黑白队明战同余后赴省

本报讯　本来规定于今日举行的黑白对群星,为社救协会筹募基金第一场义赛,因为黑白队队员有急欲返乡省亲,故提早改期于昨(19)日上午6时,仍在中山球场举行。

昨日赛出甚轻松,双方在毫不卖(费)力的情况下,完成一役战绩。第一节黑白队以16:6领先,上半场结束为27:17,客军奏捷。休息10分钟后,易阵再战,第一节结束时为46:26,群星受挫。嗣后虽经极力反攻,无奈预(颓)势已成,下半场又以29:14之差占下风。全场总分数为58:41,黑白队获胜。

又讯　今日休息一天后,明(21)日最后一场,对敌本市出席省运队之劲旅同余队。届时或有一番恶斗。

《中央日报》1948年7月20日

黑白队声势凌厉　群星苦战遭惨败
今午原地相逢同余将有剧斗

本报讯　黑白篮球队到厦第二战,又以58:41之绝大比数压倒劲敌群星队,连战连捷,声势喧吓(煊赫)。今日下午6时,再战本市出席省运代表队同余,是为黑白在厦最末一战,届时将有更热烈之演出。

昨日之战,过程较前次对记者队稍见紧张,而群星队即因紧张过度,演来颇多慌张失常,以致屡失应获之分,甚可惋惜。昔日李俊民、马丕谟投篮甚准,而于强敌之前,则无施展其技。黑白战来仍甚轻松,卫将尤见出色,使敌锋无法近篮,前锋丘清通、傅永信凌厉如昔。而叶克熙则不如前日之活跃,闻系右手稍受伤损之故。

6时20分,战事仍在中山公园展开,由刘如羲执法。双方初出时阵容如下:

黑白:傅永信、丘清通、王良炮、施荣螺、郭国业。

群星:蔡有沧、马丕谟、林有诗、李俊民、苏士波。

择定场地后,银笛起处,黑白丘清通接得传球,篮下反身探篮入网,首先建功。群星林有诗一投，弹筐而出，即告失球。黑白傅永信单手射篮中的，4∶0。群星反攻，蔡有沧再度探篮，仍不获中。傅永信钻入篮下，反身一跃射入，6∶0，声势甚盛。群星见状不佳呼停，以吴添寿易出马丕谟，果然见功。李俊民中距离射篮，球触篮筐弹起，下而入网，纪录首开。丘清通立报颜色，由左角切入一球，8∶2。李俊民再中，8∶4。傅永信得长传，轻易挥入，10∶4。群星再度易将，以叶龙潘换出蔡有沧，林有诗于篮前单手探篮，应声入网，10∶6。后球尽为黑白控制，丘清通、王良炮、施荣螺各得一球，至16∶6。第一节告终，黑白领先10分。

第二节开始，双方调动人马，黑白以叶克熙易出王良炮，群星以陈昆山换下叶龙潘。以均未得裁判许可，各罚一球，群星陈昆山罚得一分，黑白郭国业主罚未入，16∶7。丘清通、郭国业各别掷中，成20∶7。群星急起直追，陈昆山、苏士波、李俊民远射连获6分，叶克熙亦投一球，22∶13。李俊民犯规，傅永信罚而未入，郭国业两度破网，26∶13。群星复再调兵，以马丕谟调出苏士波。嗣后双方频频犯规，黑白得一分，群星得二分，加吴添寿掷入，27∶17。上半场结束，此节双方各得五球半，群星仍差10分。

休息过后，战幕重启，荣螺一掷未中，永信一托入网，俊民犯规，永信罚中，30∶17。添寿亦占一城，30∶19。清通篮底跃起，反身挥入，克熙两番得后方远传投入，平添六分，36∶19。群星又告遭将，蔡有沧重入，更易吴添寿。国业犯规，有诗罚入，克熙急运探篮破网，荣螺、昆山分于中距离射中，40∶22。清通获远传球掷入，克熙亦获2分，群星李俊民、苏士波分别射中，44∶26。清通钻隙而进，第三节于此完毕，46∶26。此节群星又输10分，共计落后20分。

最后一节开始时，群星叶龙潘重行入场，马丕谟退出，国业、永信、有诗、士波各中一球，50∶30。克熙犯规，昆山罚入，再补一球。国业于中距离单手掷入，克熙继中，有诗跃起射篮中的，克熙得国业传球，亦获一球，56∶35。最后3分钟中，群星鼓其余勇，有诗、士波、龙潘接连掷中，黑白荣螺自右角切入一球。至鸣金收兵时，黑白以58∶41再传捷报。群星负分与记者队相等，则记者队亦感有荣矣。

《星光日报》1948年7月20日

黑白球队今战同余

菲岛华侨黑白篮球队由港抵厦,作筹募社救基金义赛,经战记者、群星,两告胜利,收入门票合计9320万元。今日下午6时,仍假中山公园再战同余队。裁判刘如羲、陈昆山。查同余,系本市全省选拔赛本市选拔代表队,一般慕名球迷到场观战定必较前拥挤。

又黑白队在今赛完毕后,各队员即将返晋江原籍一行,如能凑足队员,亦拟在该地举行比赛云。(默)

《江声报》1948年7月21日

黑白在厦无敌手　末战勇克同余队
上半场同余领先终遭覆没

本报讯　沉寂已久之厦门体育界,自威震全国之黑白篮球队来市接连数次精彩表现,予一般球迷饱尽眼福。酷热并不为球迷所畏惧,30万元门券,更不致吝于球迷身上。由这而观,本市对运动感兴趣者并不乏人,而为提倡运动者之寥落可怜耳!

昨赛为黑白征厦第3战,对本市省运代表同余队,全赛紧张异常,尤以一二节中,黑白队因12号邱清通未曾出场,及6号卫将施荣螺抱病,不能上阵,致全队实力锐减,几为同余队所乘,两节均以十胜领先。11号左卫郭国业已无前赛那样镇静,故犯规累累,同余中锋谢宏梧单是罚球竟得7分,占总分1/4强。平心而论,同余演出的确颇称人意,4号洪永祥,10号郑勋钟的备守森严,9号谢宏梧的冲刺抢劫,及3号郭祥霖掷中,均够水准。惜三四节中,体力渐差,更加黑白邱清通调进后,未能挡其锋锐,致以27∶40败北,黑白得获征厦全胜。兹将开赛时两队阵容及战程录后:

黑白队:黄海滨、叶克熙、许山、傅永信、郭国业。

同余队:周鹏南、郑勋钟、谢宏梧、郭祥霖、洪永祥。

执法刘如羲、陈昆山,银笛一响,20条飞毛腿奔驰全场。不及半分钟,黑白6号许山篮下切进,首开纪录。同余郑勋钟不甘示弱,立即报以颜色,2∶2。黑白黄海滨角球掷进,4∶2。宏梧两罚俱中,4∶4。许山犯规,宏梧主罚未中,同余郑勋钟犯规,傅永信罚进添一分,5∶4,黑白超出。郭国业犯规,宏梧又未罚中。嗣得球跃投破篮,同余以 6：5 领先,完成第一节。

第二节开赛,许山与叶克熙更调位置,同余郭祥霖犯规,黄海滨罚进,追成平手。海滨中距离掷进,国业罚入,再添 3 分,9：6。黑白再告超出,同余呼停,洪永祥掷进,永信报回,11：8。同余宏梧、祥霖、鹏南相继破篮,一举获得 6 分,反以 14：11 超出,黑白队略呈慌张。国业得球,直冲筐下摆进,14 比 13,仅负一分。同余二次呼停,祥霖远投中鹄,16：13。海滨持球欲掷,银笛骤响,同余再以 3 分领前。

下半场易地开战,黑白以邱沽(清)通易出许山,同余骆连益调入接周鹏南缺。黑白自清通进场后,攻势犀利,几使同余无策以对。不数分钟,黑白海滨两次投篮,克熙、清通各在篮下,进(尽)一切气,呵成 21：17,超出 4 分。而同余仅赖宏梧罚入一球,迫得 3 次呼停,再议对策。果见宏梧、祥霖活跃,各中一球,黑白傅永罚进,造成 22：21 最接近局面。然好景不常,清通、海滨、国业、克熙又各破篮,而同余则仅由祥霖掷入一球及宏梧罚进两球。是时,郭国业犯规 5 次毕业,比数为 32：25,同余落后 7 分。

最末一节,同余周鹏南重换出骆连益,黑白黄海滨入中,34：25。同余周鹏南得绝好机会托篮未入,是节早为黑白所控制。海滨、清通、许山均有建树,而同余则仅由谢宏梧罚进 2 分,终场比数为 40：27,黑白完成征厦全胜。兹志两队纪录如下:

黑白队	邱清通	傅永信	叶克熙	许山	郭国业	黄海滨
掷	3	1	1	2	2	8
罚	0	2	1	0	2	1
犯	0	0	0	2	5	1
得分	6	4	3	4	6	17
合计	40					

同余队	郭祥霖	谢宏梧	周鹏南	洪永祥	郑勋钟	骆连益
掷	4	2	2	1	1	0
罚	0	7	0	0	0	0
犯	1	2	0	0	4	2
得分	8	11	4	2	2	0
合计	27					

《星光日报》1948 年 7 月 22 日

"黑白"连战皆捷　昨日四十比廿七击败"同余"
三日义赛得款近两亿元

话说黑白篮球队五员战将先后战胜了记者、群星两队,昨天下午又和同余会师于中山公园。

夕阳的余威还相当的迫人,但球迷们却早已把球场层层围住,等等听见正副裁判官刘如羲、陈昆山哨子一次,双方早已布下阵势。哨子再吹,就厮杀起来。同余队员在体格上是远比不上黑白队员身高体壮的,却短小精悍,追奔逐北,杀气腾腾,进退有度。黑白队员虽个个骁勇,但总未敢轻敌。

初交了阵是黑白的许山,首在功劳簿上记了头功,但同余的郑勋钟立刻收复失地,成为 2 与 2 之比。未几,黑白队中那穿红裤子的黄海滨(他是给拉上代替抱病的许山),显出了独手抛球的本领,接连抛进了几个球。同余队长郭尚霖眼见不对,鸣金收军,召开秘密军事会议,商讨作战方略。说时迟,那时快,你看谢宏梧、洪永祥、周鹏南、郭尚霖迫近对方城下,各有建树,上半时以 16∶13 压倒了客军。

易地再战之后,黑白队兢兢业业,穿红裤子的黄海滨走了红运,大家把投篮的机会多多让送给他,而他也就却之不恭的,于接到了球之时,对准目标,用右手轻轻一托,那颗球竟乖乖的跑进圈套。等急急的逃脱了网罗,而红裤子的黄海滨已博得了不少掌声,再加上邱清通得突击,黑白队已转败为胜。

同余虽也自知非黑白敌手,但俗语说来者不惧,惧者不来,他们在下半时虽处于被动地位,却也抓住机会就反攻。可惜郭尚霖贪功过急,往往在遥远地方就开炮轰击,偶然再打中了几次目标,但总嫌浪费"球弹"。投篮不中的球落入对方手里,对方就处于主动地位。固然将士可以防守阵地,但防终是不胜防的,以致屡屡失地。结果下半时 27∶11,总计 40∶27,黑白三度胜利。

这次来厦的黑白队仅仅一小部分,总共才 5 个人,其中个人技术公推 12 号邱清通和 18 号叶克熙最不错。至于零号的傅永信,昨天未有惊人表演。

昨天晋江队特派人来向黑白队下战书,黑白队原急于回菲,经施维熊挽留后,将于明天前往晋江作战。晋江队是这次出席全运的本省代表队,但听说猛将蔡文章他往,实力大差,然总有一番鏖战哩。(邵)

又昨日筹募社会救济基金篮球义赛,收入门票10400万元,破收入最高纪录。连前两场,共计19720万元。

又黑白队以本市比赛完毕,定明日前往晋江,拟在该地比赛。如时间允许,再返厦作筹募本市体育基金比赛两场,或继续前往台湾。(默)

《江声报》1948年7月22日

黑白又胜同余　客军三战三捷

本报讯　市社会事业救济协会主持的篮球义赛,昨(21)日为黑白对同余。此最后一场之义赛,演来较为精彩,裁判员为陈昆山及刘如義。银笛一鸣,双方健儿遂驰骋沙场,首先黑白托入一球领先,同余乘罚球机会连得2分。后双方各入一球,造成4∶4局面。结束(果)第一节以6∶5同余领先。

休息后再战,黑白罚中两球,投进一球,计得4分,为9∶6之局。至此同余喊停。配合战略后,同余士气大振,一度超越占先,为14∶11,同余吐气。追后黑白投得2分,同余队再度喊停。上半场结束时为16∶13,同余依然领先。

易场再战,黑白15号边角径射一球,18号长距远射中的,造成16∶19,黑白反败为胜。至是同余三度叫停,两方各有往返。后客军渐入佳境,一帆风顺。最后结束为40∶27,黑白队三战三胜。

又讯　此次劝募社救协会基金所举行之篮球义赛门票收入,第一日为3280万元,第二日为6030万元,第三日为10400万元。合计三场收入为19710万元,除少数开支外,全部拨充救济基金。

《中央日报》1948年7月22日

大公篮球队传将到厦门

日前,本市体育界人士接到上海私人消息,说上海大公篮球队一行十多人将由沈昆南率领,远征印尼。可能于本(25)日抵厦,希望能和黑白队作一友谊赛。但迄至昨晚,尚没再接获其他消息,所以该队能否于明日抵厦,尚成疑问。(邵)

《江声报》1948年7月24日

明同文球场篮球义赛
今晚市体协欢迎菲华队

市体育协会定今晚7时假高亭餐室欢迎篮球国手李世侨、李清泉夫人,暨菲华全体队员。该队此次为体协筹募基金,明(17)日起假同文球场举行义赛,第一场对全白,每场票资一律1元,惟学生制服齐全者半价优待。所收票资,概充体协基金。兹查出场队员如下:前锋李世侨、蔡文章,中锋傅永信,后卫施荣螺、郭国业。

又昨市长杯篮球赛,第一场群星以31:18打胜青友队。第二场中华对全白,中华人慌心乱,结果47:18全白获胜。明日同文球场排球友谊赛,莆友对健华(群),莆友拥有健将田春澜。今日第一场蓝燕对记者,第二场商友对大同,届时恶战自当难免云。(默)

《中央日报》1948年10月16日

同文球场猛将如云　篮排球战盛况空前
菲华绝技致胜群星虽败犹荣

昨天同文球场球赛为本市胜利后情况最热烈之一场,下午3时,球场四周已告满座,后至球迷虽购票入场,只好站于场角以观。开场戏开台,友联对健群排球赛,友联拥有前远东排球选手田春澜,实力较健群为强。结果3:2友联获得最后胜利,其球艺颇得观众不少好评。

4时30分,压台戏开始,群星篮球队首先出场练习,菲华队亦于千余观众掌声雷鸣之下,姗姗莅场。稍予练习,裁判周马岱、庄文潮银笛一吹,择阵待战,客东主西,菲华以李世侨、傅永信、黄柏龄、陈万成、施维熊下场,群星即以马丕谟、叶良蟠、郑在纯、叶振佳、郭允仁应战。

中圈跳球由市长行开球礼,菲华维熊犯规,良蟠得一分打开纪录。万成带球,振佳侵入,1:1颜色平分。5分钟后,世侨篮下得球,一托球入红心,3:1菲华领先。群星在纯篮下只手钩球,应声入网。振佳得允仁传球,角边一瞄,反以5:3占先。菲华呼停,维熊、万成出场,生力军蔡文章、郭国业上阵,阵容大振。群星在纯先后两次犯规,国业相继获得两分,5:5平。自是战略好转,文章、柏龄各得一球,9:5菲华再领前。群星呼停,讨论策略,接触后,文章投桃,世侨报李,15∶6,菲华锋芒千丈。群星在战略变更之下,果然扳回一面倒之局势,良蟠再接再厉,在纯、振佳互相呼应,在 6 分钟内,群星一气连得 4 球,15∶14,以 1 分之差输于菲华,上半时告终。

柠檬时间过后,双方易阵,菲华万成进场,柏龄离阵。群星张溪滩(汉)入替郑在纯,再度交锋。良蟠乘敌不备,偷袭得球,文章立还颜色。丕谟篮底得球,群星 18∶17,二度领前。良蟠犯规,永信首得 1 分,18 比 18 平分。世侨翻身单手入篮,20∶18。群星三度呼停,五将会议,允仁首建奇功,再次秋色平分。距离终场 7 分钟,菲华呼停,钉人更紧,丕谟犯规,世侨罚中,永信初破红心。世侨篮下燕子翻身,式样美妙,两翻两中,27∶20,奠定胜利基础。振佳远射一球,鹄得球篮而入,27∶22。文章得世侨传球,篮边持球一跃,手离球入,29∶22。至此,群星由良蟠得一球,稍镇军心。负者急于得分,努力卫锋,然计时员下令停战,结果 29∶24。群星于苦斗之下,仅以 5 分败于菲华队。

昨战菲华世侨、文章表演令人叫绝,永信、国业忠于职位,新将万成钉人颇有功夫,而群星振佳、允仁、良蟠是战均较过去为优,丕谟、在纯溪滩(汉)位置不乱。战后,队长陈昆山自称虽败尤荣。

今日下午 4 时,菲华出战"记者杯"盟主同余队,地点仍在同文球场。
(默)

《江声报》1948 年 10 月 18 日

篮球义赛次日　菲华复胜同余
今日下午战合强队　大公队在菲与群声打平手

篮球义赛昨为第二日,同余对菲华,观众比第一日更为拥挤。但门票只收 670 圆,第一日为 856 圆,(两日合共 1526 圆)盖白票者多于购票也。今日菲华对抗本市最精锐之合强队,为维持秩序起见,拟予提高票资,且是赛为临别之最后一场。球迷若避免拥挤,可先向新的书店购买。

昨日下午 4 时 15 分开战,菲华、同余下场阵容如下:
菲华:蔡文章　李世侨　池扬清　黄柏龄　郭国业
同余:郭尚霖　洪永祥　谢宏梧　郑勋钟　周再兴
裁判马丕显、庄文潮下令开战,柏龄首先打开纪录,尚霖还以颜色。菲华犯规,同余得分。顷而同余犯规,世侨罚中,宏梧还射投中,文章续世侨之后再得 1 分。之后,文章犯规,永祥罚中,6∶4 同余占先。国业只手飞球,再度篮下托球,8 比 6 菲华初度驾同余之上。柏龄篮下转身,10∶6,同余呼停,企图起死回生,但永祥罚而不中。时宏梧篮下得球,一跳入网,10∶8,仅差一球。文章边线一球,12∶8,菲华呼停,永信入替池扬清。同余再兴出场,勋钟补进,果有效验,宏梧中圈一球,12∶10。世侨亦于中圈步宏梧之后,14∶10。宏梧因国业犯规而获 1 分,14∶11。文章、尚霖互撞各得 1 分,15∶12。国业犯规,宏梧得分。菲华于球出界时,国业出场,换入陈万成,战略好转。永信篮下翻身,世侨乘虚偷袭,19∶13。万成得文章传来一球,轻轻一托,顺篮而入。文章翻身,世侨单手钩球,25∶13。同余一度呼停,万成犯规,永祥罚中,25∶14,上半时告终。同余于是战竟败 11 分,虽欲挽回颓局,殊感困难。

下半时开始,菲华柏龄、万成出阵,维熊、国业进场,同余连益代替再兴。战笛再鸣,维熊于中圈跳球后偷得一球,宏梧不甘示弱,永祥远射再得。永信罚得 1 分后,世侨于假动作中投进一球,30∶18。宏梧相继篮下连中两球,30∶22。维熊出场,万成再度上阵,国业得一球,连益犯规,世侨鹄中,35∶22。再兴于大势紧张之下,亦得一球,35∶24,永信篮下翻身,37∶24。永信于得分后,宏梧运球,永信碰人,再夺一球,37∶25。开球后,世侨截球,传与永信,永信边界一瞄,应声而入,39∶25。再兴得永祥递送,跳跃而起,果中红心,39∶27。柏龄替补万成,永信犯规,宏梧独得。时而永信于纷乱中托球入篮,41∶28。宏梧乘人不备,效下迁手法,偷得一球,41∶30。同余虽欲奋斗,无奈时不我留,下半时打成平手。但上半时鱼池共失 11 座,因而无法收回失地。今日下午 4 时对战合强队,队容如下:

领队吴春熙、庄友让、教练马丕显、庄文潮、干事杜申元、陈昆山、刘如羲、叶维德、队长郭尚霖、队员谢宏梧、洪永祥、郑勋钟、骆连益(以上同余)、郭允仁、叶振佳、郑在纯(以上群星)、林述鼎、吕基渊、卢善忠(以上全白)、郑德南(中华)。(默)

本报岷里拉十八日电 远征印尼顺途抵菲之上海大公报大公篮球队,今晚 7 时出战群声队。开战后,大公一路领先。迨至最后,群星竟迎头赶上,步步紧追,结果 44∶44 打成平手。(香)

《江声报》1948 年 10 月 19 日

篮球义赛结束
菲华三战三胜将回师港菲

沉寂了十个年头的望高石同文球场，连日举行篮球义赛，男女球迷无不以一睹为快。昨为义赛最后一场，球迷恐失良机，3时许，球场四周已座无虚席。因围墙太矮，半数以上白票越墙而入，门票虽然提高2元，也不过发售968元而已！

4时25分，两队健儿在裁判周马岱、刘如羲一阵哨子鸣后，至中圈择阵，客据西，主占东。菲华先头部队李世侨、傅永信、蔡文章、郭国业、施维熊，合强五虎为郭尚霖、洪永祥、谢宏梧、林述鼎、郭允仁。于是战事一触即发，维熊犯规，宏梧徒劳无功。顷刻之间，永祥于篮边得球，打破记分牌上鸭蛋。尚霖锦上添花，4比0菲华仍吃鸭蛋，国业于永祥犯规为菲华建了小小勋功。永祥、宏梧前锋活跃，伏阵以待，各杀一关，8：1，合强以迅雷不及掩耳战略，领先菲华。菲华遭此重创，急呼停调将，维熊休息，新将柏林（昨误柏龄）赶上前方。但局势仍陷于四面楚歌，永祥篮底托进一球，10：1。球迷为菲华着急，永信争气，为菲华得第一只球。文章篮下夺球，竟三投不中，时掌声终止，球在篮上转一周始入网，10：5。至此，文章得心应手，篮底翻身，篮边托球，弹无浪费，而允仁亦于中圈远发一箭，果然获中，12：9。国业只手托球，施展独脚一跳拿手好戏，12：11，菲华只输合强一分，球迷加油之声四起。文章不负众望，中程射进，再得世侨传球，又获两分，15：12，迎头赶上合强。就比20分钟，战斗结束。

休息时间过后，菲华与黄市长，暨诸侨领在战场上摄影纪念。号角一响，再度交锋。文章由世侨送来一球，篮底腾空，球徐徐入篮。文章带球正瞄准投篮，述鼎犯规。文章两罚均中，世侨不让文章专美，亦攻一城，21：12。自是之后，合强渐感不支，停战召开紧急会议，无如失地未见收复。永祥截球犯规，世侨得1分，22：12。允仁二度建功，宏梧卫锋有术，22：14。永祥再来一个，永信冲过述鼎而获两分，24：16。述鼎坐镇后方，眼精手快，单人匹马，长驱直入，24：18。文章、柏林一呼一应，28：18。合强被对方杀得片甲不留，呼停再调勇将卢善忠入替允仁。国业于兵荒马乱中，使用闪电战，柏林再来一个，32：18。合强呼停，讨论战略，但已成一面倒，虽努力挣扎，回生乏术，反而菲华如入无人之境，国业、文章、世侨有求必应,38∶18。永祥中线一球,38∶20。世侨只手钩球,又来篮下托球,42∶20。永祥看得眼红,还以秋波,42∶22。国业、世侨福至心灵,有投必中,46∶22。永祥连得两球,后成46∶26。时已鸣金收鼓,日落西山。是战合强联络欠佳,致遭毒手。

菲华在厦赛毕,定22日离厦飞港转菲,参加国庆杯。该队决定经港时留港比赛两场,昨已电《大公报》大公篮球队代为接洽。兹探悉赴港阵容如下:领队施维熊,指导谢盛明,秘书蔡文进,干事许竹音,队长傅永信,副队长李世侨,队员蔡文章、郭国业、池扬清、刘兴智、黄柏林。

又市长杯继续比赛,今日第一场青友对蓝燕,第二场要塞对海军。明日第一场起卸对蓝燕,第二场记者对同余。(默)

《江声报》1948年10月20日

伍中队来厦挑战

继市长杯篮球赛决战后,晋江伍中排球队,将于本月3日率师来会。市体育协会接获战书后,已复函欢迎,并代约定市府(市府与法院联军)、厦大、健群、友联四队应战。赛程经体协安排后,可于明日公布。

查伍中排球队,在晋江为历届县运会、区运会之盟主,今年春代表晋江队出席省运,有二分之一队员入选为全省代表队。实力充沛,曾横扫仙、莆、漳、码,战绩彪炳。此番特来厦挑战,实全市球迷之福。兹将该队阵容列后,顾问兼指导姚贻藩,领队杨邦通,管理杨绪报,队长姚贻评,队员林树彦、杨志辉、张子琛、杨荣电、张启炭、姚桂林、杨邦尧、王昭鍊、杨家管、杨邦晗、姚贻拔。

《江声报》1948年11月3日

晋伍中排球队抵厦　赛程排定今战市府初试锋芒
市长杯篮球全白亚军

本报讯 晋江伍中排球队日昨(3日)一行近20人,由泉开拔抵厦。登岸后,各队员虽舟车劳顿,但精神仍饱满,异常斗志甚强。市体育协会已将该队在厦全部赛程列出:首战(4日)市府队初试锋芒,二战(5日)对垒厦大,三战(6日)兵迫市长杯盟主健群,四战(7日)与田春澜先生领导下之友聊队会师。比赛地点均在中山公园排球场,时间每日下午3时半始开。采用五赛三胜制。

又市体育协会为略尽地主之谊及联络各球队友情起见,特订今日下午2时,在虎园路15号体协会所开盛大茶话会,欢迎伍中客军,并招待参战各球队,届时当有一番盛况。

点将录

伍中排球队之点将录详列如下:

顾问兼指导姚贻藩　32岁,为全队之参谋总长。对排球战术,素深研究。编配阵容,指挥若定,为全队之主脑。

领队杨邦通　24岁,卒业于省立体专,为该队排球健将,曾代表永安青年队荣获榕市梅友鼎。彼转战沙场,历时甚久,经验丰富。现任泉晦鸣中举(学)体育主任。

队长姚贻评　22岁,年轻有为,原隶菲岛青白排球队,今年春为赴省运会,特返国参加。身高6尺,跃网过半。飞扬击球,左右开弓,弹不虚发,实一危险人物。曾入选为福建代表队。

林树彦　22岁,亦菲岛青白排球队队员。此次随姚贻评返国参加省运,亦入选为福建代表队。

杨志辉　28岁,身体硕健雄伟,为伍中队老将。十年来为该队效力疆场,获得不少战果。亦入选为福建代表队。

张子琛　26岁,伍中队之首排中坚分子。锁网拦截,绞剪施压,且出手极快,急(似)闪电,的是骁将。

杨荣电　23岁,伍中一二行侧攻悍将。大刀阔斧,有若"半路杀出一个程咬金"之人物。

《星光日报》1948年11月4日

伍中排球队征厦第一仗　客军轻取市府
今战本市亚军厦大队

本报讯　继市长杯篮球赛之后,突袭来了一支晋江伍中排球劲旅。昨天为客军征厦第一仗,对市府队。午后2时,虎园路15号市体协会举行盛大茶话会,欢迎客军而尽地主之谊后,伍中健儿随步入中山公园球场,与市府队开始比赛。

"市府"在市长杯锦标赛内,虽榜上有名,然对技术高超之客队,实无法抵御。比赛结果,主军不但以 0∶3 败阵,而且每一场积分均相差甚远(计第一场 2∶21,第二场 7∶21,第三场 6∶21)。

综观客军演出,因主队实力薄弱,似未以全力应战。本日挡关者为市长杯亚军厦大队。届时必有一番恶战,且客军实力当可窥其全豹矣。

《星光日报》1948 年 11 月 5 日

"厦大"不争气 "伍中"破二关 今对本市冠军健群队

本报讯 晋江伍中征厦排球队,乘前日战胜市府队余威,昨日再以 3 比 0 克厦大队,突破第二关。观众比前天多了许多,判官马丕显。号角一吹,双方健儿开始一较高下。第一二两场战斗中,双方在拉锯状态下进行,厦大且曾数度领先,然将至终场时,却均为客队一跃而上。

第三场主队(难)得渐见松懈,至负分较多。全赛比数,计第一场 21∶16,第二场 21∶15,第三场 21∶8。客军昨日演出,除 16 及 21 号杀球稍具威力外,余均(看)来平凡。今日迎战者为本市冠军健群队,照昨日演出看来,客军恐难越过此关,至少也不会胜来容易。

《星光日报》1948 年 11 月 6 日

"伍中"征厦排球赛 客军再克健群队 压轴戏今战友联

本报讯 晋江伍中征厦排球队,昨日又以 3∶0 压倒健群队,三局比数为 21∶9,21∶14,21∶8。健群演出失常,漏洞百出,而伍中队却因慕此冠军队之威名,小心翼翼。全赛势形一面倒,远不及前日厦大队来得精彩,伍中可谓胜来容易。

今日压轴战(也就是最后一战)为田春澜率师之友联队出阵,按健群曾于不久前表演赛中败于友联队,实力可想而知。且看客军能否一扫厦鼓,全胜而归。

《星光日报》1948 年 11 月 7 日

泉中篮球队来厦作比赛

又泉州泉中中学篮球队,于日昨到厦,拟与本市中学作友谊比赛。经体育协会代为约定,于本(17)日下午4时对省立厦门中学,明(18)日对大同中学,地点在各该校篮球场。本(19)日对中华中学,地点在中山公园云。(体)

《江声报》1948年11月17日

联勤球队来厦观摩

本报讯 联勤总部特勤学校原设南京,最近迁漳闽。该校篮球队实力雄厚,在京沪一带颇有声誉,此次委托市体育协会代为约定本市篮球队作友谊比赛。该特勤学校篮球队,经由学员大队长郭震率领,本日可以抵埠。闻本(26)日下午4时对余余篮球队,明(27)对记者队,地点均同文球场云。

《星光日报》1949年2月26日

篮球友谊赛　联勤大破余余
42比27客队技术高超　今午4时联勤再战记者队

本报讯 沉寂了几月来的球赛,迩因数海陆等机构南迁来厦,又渐趋活跃。自海军队邀赛"记者"及"余余"后,继之联勤队又于昨日露脸。抗衡者为余余队,结果联勤以42:27大胜。昨赛"余余"因人马未齐,勉强应战,主将郭允仁亦迟迟于第二节上阵。至上半时,终场已于10:21见负11分矣。

然综观联勤球艺及体力,似驾"余余"之上。该队定今日出战"记者",星期三(2日)对晋江队。晋江队拥有蔡文章、黄柏林等名将,是赛当推客队来厦观摩战中最精彩的一场。

又海军队前因阵容不整,致败于"余余"。闻该队"援军"已自青岛陆续抵此,特定明日再战"余余",一见高下。(中)

《星光日报》1949年2月27日

晋篮球队近战海联　联勤队亦有意迎战

市息　晋江篮球队,以南迁来厦之各军事机关、军校等,对于篮球颇负盛名,深望获有机会切磋观摩,特于日前函本市体协会,请代洽约战队。原定与联勤队比赛,适该队队员因事务关系已返漳,致晋江队人马到厦时,大失所望。现经市体协会再为洽约对手,经决定与海军联合队比赛,时间为今日下午4时,假同文篮球场举行。查晋江队,拥有凹鼻将军蔡文章及大公队队员黄柏龄(林)等。海联战将,间亦有数位系代表海军队出席去年之全国运动会篮球赛云。(睦)

又讯　晋江队此次来厦,原系约战"联勤"队。嗣因联勤队员多人离厦,故比赛之议,即行搁浅。兹据记者调查所得,联勤仍有意迎战晋江队,其比赛日期,俟今日该队战海联后,当可决定。查晋江队,名震八闽,而联勤则拥有全运选手多名,声扬沪滨。双方已摩拳擦掌,届时当有一番恶战以饱球迷眼福云。(默)

《江声报》1949年3月8日

晋江球队战果辉煌　邀击两军连挫劲敌
今与特勤将再一决雌雄

市息　昨午同文球场接连举行篮球友谊赛两场,盛况空前,观众拥挤为年来球赛所罕有。先为晋江友联队对海军联合队,裁判傅永吉、庄文潮。4时30分战幕启开,由特勤学校校长明玕东行开球礼。接触后,晋江队以闪电战迎击敌人,蔡文章球术比前更为特色,9：0后,海联始由黄维廉打破纪录,军心虽一时奋发,但挡不住晋江队之前冲后击。上半时31：6,海联失分过多,士气大馁。休息后易篮再战,海联调换生力军上阵,虽矢志复仇,但心不从愿,结果50：26晋江告捷。

是赛结束之后,观众欲睹特勤学校球艺,故临时请其下场挑战晋江队,因时间关系,赛程略有缩短,观众均以一饱眼福为快。特勤威扬沪滨,其球术采用北方派,虽与晋江队迥然不同,但在本土堪称劲旅。是战仍请傅、庄两君执法,号令一响,特勤首先篮下投球,惜不中红心,反为晋江队所获。文章、柏龄(林)一呼一应,特勤疏于防守,竟被看中弱点。上半场20：11,晋江队先声夺人。下半场开始,特勤投篮欠准,且屡失良机,幸12号沉着应战,使军心不致散乱,始挽回数球。终场44∶25,特勤受挫。

查特勤为应战晋江队,其间队员恐耽误时间,多由海沧长途跋涉,辗转来厦,故队员精力疲倦,下场时颇受影响。兹为再度观摩晋江队球艺起见,昨晚该校派人欲向市协会负责人接洽今天继续比赛一场,终因未知住址。嗣由本报体育记者代为洽定,会战时间定为下午4时,地点仍在同文球场。据闻体协会为维持场内秩序,拟出售门票,充作体协建设费用云。

又讯 市协会定本月29日举行春季甲乙组篮球联赛,特勤学校校长明玕东明天因公飞沪,返厦时拟购赠甲组冠军大银杯一座云。(默)

《江声报》1949年3月9日

晋江对特勤球赛再捷 今仍有义赛

市息 昨天特勤对晋江篮球赛,可说是今春本市篮球界的压轴战,门票虽出售每位400元,观众依然人山人海。原因是两队都有相当号召力,特勤在明校长领导之下,名扬京沪。队长郭震(12号)战前是国内球坛五虎之一,其球艺与王玉增、唐宝堃威名并驾。队员阎国栋(10号),刚由美国学成返国,在美国时是宪兵学校代表队,颇受该校器重。王辉(8号),他和郭震在中央陆军军官学校,同为代表。该校组队出征西南各省,连战皆捷。齐剑虹(4号),国立体专高材生,在特勤学校,他是杰出的一员。林熙明(6号),全队最年青(轻)的一将。至于晋江队蔡文章、黄柏龄(林)等,不用介绍球迷早已认识。

开战后,特勤一路领先,第二节开始,晋江始告抬头。自是之后,反败为胜。最后4分钟内,特勤仅负2球,观众加油之声不绝于耳,然球运不济,非战之罪。结果50∶37,小挫于晋江队。

国立厦门大学救饥委员会为筹募救饥基金,经商请特勤同意,今天与该校队继续举行义赛一场。门票每位仍售400元,所收票资,悉数充为该校救饥之用。地点、时间与昨天同,届时拟请国内闻名裁判黄少良为裁判云。

又晋江队定今晨离厦,前往集美挑战云。(默)

《江声报》1949年3月10日

昨日球战特勤胜厦大

市息 特勤学校篮球队为应厦大救饥委员会之邀请,昨与该校队在同文球场举行义赛,并请全国第一流有名裁判,曾代表中国篮球队出席远东运动会之黄少良担任裁判。特勤队之北派作风早为一般观众所认识,厦大虽乃本市有数劲旅,惜缺少经验,致为特勤所败。

又晋江篮球队昨往集美,约战集美队,结果是47比33大挫该校队。赛后即乘轮返厦云。(默)

《江声报》1949年3月11日

英舰足球队来厦战两场

市息 英舰"亚勒"号14日来下访问,该舰足球队为观摩本市足球水准起见,即日约战海军队于中山公园,结果1∶0客队告捷。昨下午4时,再战本市足球劲旅白马队于公园。开战后,白马先攻1球,客队于最后十数分钟亦克一城,结果1∶1握手言和。

又记者篮球队定本月18日下午4时在中山公园球场,与青友队作友谊赛,经请陈昆山为裁判。查青友队为参加体协杯,日来加紧训练,届时或有一番恶战云。(默)

《江声报》1949年3月16日

二、出　　访

集美队在漳获胜　今日英华出岛

漳州13日下午10时20分电 昨日下午3时许,19路78师教导队与集美比赛,地点在总部右边球场,颇宽敞。结果5对1集美胜。按教队多为上海各大学学生军,今日集队将返厦,英华队留漳与赛云。

《江声报》1932年10月14日

漳厦球讯

集美足球队入漳比赛,已志前报。续查13日为英华队与总部球队剧战,结果7∶0英华胜。是晚蔡军长以两队劳苦,特在总部开映电影,并茗点招待云。又昨本埠球赛,集美1∶0胜鹭江。

《江声报》1932年10月16日

星洲体育会与厦门男女篮球队远征之筹备

麟

星洲,吾旧游地也。该地整年如夏天,炎气逼人,虽南国风光,别有一番滋味。而酷热之太阳,已足困人。是故居民造成新生活计,每于夕阳西下,工作之余,组织种种户外运动,借使精神焕发,身体健康,而间以华侨体育团体为活动。此华侨子弟之所以较为活泼,实乃环境使然也。

星洲,英殖民地也。足球一类,既策源于英国。故其间游戏,亦以足球为最普通。每次比赛,观众比肩接踵,途为之塞,座为之满。虽门票高昂,而抱向隅之叹者不可胜数。我侨胞之在星洲者,有华人足球与网球协会之组织,在公开比赛中间获冠军荣衔,为吾民族争光不少。民国廿年,有马华运会之组织,遣送男女健儿返国赴(赛)机会。后因"九一八"事发,中途拆(折)回。去年,广州华侨体育会鉴于星洲华侨素少篮球之戏,乃率男女健儿远征。随行并有篮、排球队,藉资提倡,名为"广州体育研究团"。师之所至,百战百胜。但事非属创举,已足使侨胞认识祖国对于体育提倡之竭力矣!迩来星洲有篮球协会之组织,此会乃成立于华南队南征归后。现各球队均极力练习,进步之速,出人意外,其实力有与港沪鼎足而立之势。而厦门篮球队之实力,比之港沪,亦素不示弱。兹为赴全运之准备,拟远征星洲,既可得联络华侨之感情,又可得观摩之机会,以资借鉴。事属提倡,谅为吾厦人士所乐于赞助焉。

关于南征事宜,已有"厦门男女篮球队远征星洲筹备会"之组织,选定职员,分工合作,共策进行。闻经济方面约需2000元,拟向热心家募集,而川资方面,闻亦已得某公司优待,起程日期约在 7 月中旬。除星洲外,尚拟转往槟城、吉隆坡等处。届时筹备成功,整队南征,望各选手本厦门体育界之精神,运动之道德,乐与侨胞周旋,则他日满载荣归,是亦吾厦之光荣也。

《江声报》1933 年 6 月 25 日

厦门南游队星洲鏖战记
男女两队皆攻无不胜　战无不克
两日战情　作个报告

星洲讯　宣传已久而姗姗来迟之厦门男女篮球南游队,一行 32 人已于本月 5 日晨抵步。船抛锚后,全体登陆,一律戎装,神气活泼,下榻尼律友联体育会。9 日,男队第一战应新,结果以 26∶11 胜利。女队首战"木兰",结果 50∶10 大胜。10 日,男队第二战又以 32∶21 胜业余友队,女队又以 35∶11 胜利。兹分纪如下:

9 晚夜幕既垂,皓月悬空之际,一般男女球迷便纷纷奔向金星路上来,踏进大世界外门,便向球场挺进。掌声中,思明姑娘先出场,赳赳然有勇士之风,对方木兰队亦颇活泼。战鼓频催,双方在球证指挥下大杀起来。甘宣珠与陈荣棠同时奋发,陈有高脚小姐之誉,以逸待劳。□推球于薛匹侠,老薛柘榴般面貌,射术早已闻名。第一功仍推让陈荣棠,球篮下旗开得胜。再□薛得一功,木兰至是谋反攻,皆不得逞。薛匹侠锐不可当,更得陈小姐之助。于是上半时独得 14 分,上半时以 31∶4 占先。再度开始,木兰队中如美琴、兰英皆极勇敢,无如缺乏刽子手何,结果遂以 50∶10 大败。

厦门队

队员	职守	得分	犯规
陈雪芳	右锋	4	0
徐素凤	右锋	3	0
薛匹侠	左锋	27	1
陈荣棠	中锋	14	3
王秀文	中锋	0	1
游惠芳	右卫		0

续表

队员	职守	得分	犯规
吴玉珍	右卫	0	0
陈金钗	左卫	0	0
黄淑华	左卫	0	2

木兰队

队员	职守	得分	犯规
吴惠卿	右锋	0	2
张慕贤	右锋	0	2
甘宣珠	中锋	0	0
何□英	右卫	2	0
邵爱常	右卫	4	0
阮□琴	左卫	0	2
朱侣仙	左卫	4	0

停战后,男队继续开场,对方为应新队。厦队实力如何,可以不必吾人之介绍,是好是坏早得定评也。未战前早预料厦队必操左券,果然一行交锋,客军便占优势。应新虽极力抵御,终成不支,开赛未久,右锋刘有土攻进两球,继之叶茂发亦续建4分,声势异常煊赫。惟下半场应新则采取守势,但结果仍以26∶11应新受挫,胜利归厦门队。

厦门队

队员	职守	得分	犯规
刘有土	右锋	8	1
陈守谦	右锋	0	0
黄锡爵	右锋	2	0
叶茂发	左锋	4	
黄宗标	中锋	6	0
叶文炳	右卫	2	2

续表

队员	职守	得分	犯规
蔡如川	右卫	2	
吴戈登	左卫	2	0

应新队

队员	职守	得分	犯规
张师□	右锋	9	0
钟卮仙	左锋	0	0
杨锦兴	中锋	2	2
谢琼华	右锋	0	0
黄航阙	左锋	0	2

华灯初上,10日女队再战工商。双方开始,陈荣棠枕戈以待,工商李方白跃跃欲试。两队交锋,薛匹侠首先一针见血,工商调郑宗麟防守。郑君战马甫骑,陈雪芳举兵来犯,余锵措手不及,薛小姊又乘火打劫。工商阵线起了动摇,厦门采连进攻,前后辅弼,大获胜利,上半时以18∶2大占风头。下场开始,薛匹侠、陈荣棠皆行归隐,新军锐气却不减阿姊也。徐素凤球艺看来较有根底,陈婉卿、陈金钗皆善战劫,综合计35∶11胜工商队,思明姑娘抱着胜利之神,甜吻而退沙场。经过15分钟沉寂后,战事又爆发,其好斗有如现今世界之局面,飞沙走石。男队与业余开始火拼,教练杨绪宝诸人皆莅场,球证一声命令下,黄宗标与龚镜环互争高低。肉搏中,刘有土偷运球,郭亚堆不准通过。辗转循环,老刘终得大显神通,掌声起处,又进□球。银笛再响,刘君奇功再建,厦门占(先),5∶0。业余加紧努力,双方便趋于猛烈酣战中。吴戈登因抢球失慎,被罚一球,业余得以打破鸭蛋纪录。厦队趁着气焰方张,再接再厉,叶茂发亦显威风,蔡如川、蔡文炳两块"叫扇板"阻住后路,功德完满。32∶21,大功告成,厦门胜利。

《江声报》1933年8月23日

南游队打得胜鼓回厦
一行卅余人昨日抵步　铜乐队前行浩浩荡荡(续)

厦门男女篮球南游队,昨(9日)早一行30余人,已附鸭家轮沙丹拿抵厦。诸热心体育家暨素识亲友,多停立江间欢迎。该队全体登陆后,由乐队领导前行,沿途观者颇众。远征月余,各人多感疲劳,先至兰亭休息。旋各分访亲友。此行乘宗悫风,破万里浪,为厦门体育界生色不少云。

《江声报》1933年9月10日

南游队开消(销)万元以上
昨体育会为队员洗尘　备叙各地侨胞之资助

厦门体育会昨(10日)晚招待各界及南游队男女队员,到四五十人。此次南游队远征,经费皆由本市热心家及各地华侨资助,惟一部分系靠比赛门票收入。其总共开费在万元以上,惟细目尚未核实。此行颇得各地侨胞热烈欢迎云。

《江声报》1933年9月11日

集美球队征泉州今日出发

集美学校英光篮球队,此次乘春假之暇,该校各教职之资助,于昨(30)日由集首程来厦。本早将乘轮取道东石,前往泉州,向该地各校及团体挑战云。

《江声报》1934年3月30日

集美青年将南征港粤
昨假同文与友军会操　今与青友群惠斗战

集美国外青年体育会男女篮球队,于昨(25)日到厦,假同文球场与厦鼓各篮球队作友谊比赛,每人收入场券资2角。午后4时半,该体育会篮球OYC男球员对鼓屿精武队比赛,观众200余,评判员杨绪宝。恶斗开始,上半时16：8,OYC男队员占优势。下半时休息后,继续奋斗,结果37：28,OYC胜。继OYC女队员与群惠校友队比赛,结果28：12,群友女队胜。今(26)日下午4时半,OYC男队对厦门青友队。5时半,OYC女队对群惠学校队,地点仍假同文球场。

又闻该队俟与港粤等埠篮球队接洽就绪后,即率队南征。行期当在本月底云。

《江声报》1934年7月26日

集美队香港之战　女队胜梅芳　男队输青年

港讯　集美男女篮球队一行20余人,8日乘丰庆轮抵港,下榻于福建商会。该队原订前夕对青年会,后因舟车劳顿,未有举行,改于9日夕7时,男队对青年会,8时女子队对梅芳。男队双方势均力敌,结果青年会以47：42获胜。女子比赛,梅芳队因健将林杏玉、杨渭滨、汤美玉等转入他校,逼得以新进接充,实力影响。集美则人强马壮,梅芳因此不支,结果9：29,梅芳败北云。

《江声报》1934年8月14日

群惠球队自菲返厦　洪鸿儒今出席常会

商会主席洪鸿儒赴菲参观嘉年华会,前日乘安庆轮遄返抵厦。轮被海关制止起客,故洪亦延至昨晨始得登陆,商会全体委员及洪亲友,均下轮迎接,公安局长王固磐亦派行政科长叶伯孚代表迎接。洪于9时上陆,即返洪本部住宅。原定于昨午4时到商会出席常务会议,报告嘉年华会盛况,及受菲侨招待经过。嗣因身体不适,故未到会,改定今22日出席常会。

又本市群惠学校篮球队,亦乘该轮返厦。该校全体师生,均下轮欢迎,沿途鸣放鞭炮云。

《江声报》1935年3月22日

群声篮球队痛创雪兰峨

新加坡18日专电　群声篮球队昨在其第二次比赛中,以49对37痛创雪兰峨队。出征队之攻势,较守势更为适宜。其投篮尤为准确,甚至雪兰峨队中国籍猛将尹凤祥、李国锐与(采)学杰三能手亦非其敌。

《中央日报》1947年6月19日

中华篮球队出征晋江

中华中学篮球队应泉州友校之请,于昨晨搭锦兴轮赴泉,由纪乃志、陈进益率领。此次在泉拟作一星期逗留,并与海疆、省中、县中、泉中、培元、民生、建国等高中作友谊赛。

《江声报》1947年12月9日

第五章

体育人才和体育团体

一、体育名人

（第九届远东运动会中华全体选手姓名）

▲男田径赛队（29人）

刘长春　钟基连　周恩德　周兆元　郝春德　麦国珍　王健吾
朱瑞洪　邓志明　郎大奎　姜云龙　赵德新　林绍洲　萧鼎华
梁景平　潘南顺　逢　明　赵文藻　杨春泰　王季淮　李仲三
司徒光　符宝卢　曹　裕　张龄佳　赵汝功　龙泽咸　孙安亭
程锦官

▲女田径赛队（6人）

孙桂云　刘有庆　吴梅仙　黄淑炜　刘静贞　诚恩慈

▲足球（15人）

周贤言　李天生　冯运佑　李　宁　梁贤赞　黄瑞华　陈镇和
孙恩敬　叶北华　李惠堂　戴麟经　陈家球　孙锦顺　陈光耀
曹桂成

▲男排球队（12人）

曹延赞　陈锡炳　曾经全　李福申　叶隐森　陈从超　李桂荣

朱祖成　徐　亨　黎连楹　伍永钦　丘广燮

▲女排球队(15人)

邓志豪　许桂馨　李粹美　吕连英　郑丽华　朱民宝　黄淑慎
康锡志　廖四宜　汪春若　卢慧娴　陈佩月　吴秀娴　萧慧灵
司徒薇

▲男网球队(2人)

邱飞海　林宝华

▲女网球队(2人)

李杏花　李牡丹

▲男篮球队(10人)

刘建常　魏篷云　唐宝堃　陆钟恩　姚恩汉　陈盛魁　王玉增
王锡良　刘冠军　李国琛

▲棒球队(16人)

郑　发　何东汉　陈运芳　黎　利　何玉朋　余献三　林　炎
杨东照　叶俊贤　冯恩赐　冯玉和　程观炳　钟　友　张荣安
陆树阶　蔡运平

▲男游泳队(6人)

陈振兴　史兴隆　罗次卿　梁兆文　杨元华　郭凤震

▲女游泳队(2人)

陈届辉　朱教新

《第九届远东运动会特刊》1930年6月

注：

林绍洲(1905—1987)，台湾省台南人，1925年被迫偷渡到福建厦门，就读于集美中学。1929年代表集美学校参加福建省第三届学校联合运动会，获高栏、低栏、铅球、铁饼四项冠军。1930年，他代表中国参加了在日本东京举办的第九届远东运动会。1934年，他又参加了在菲律宾举办的第十届远东运动会。连续参加旧中国第三、四、五届全国运动会，蝉联110米高栏冠军，获得"跨栏王"美誉。1936年，赴柏林参加第11届奥运会，成为第一个参加奥运会跨栏比赛的中国人。1949年后，历任西南军区田径队总教练，重庆大学体育室主任、副教授、教授，四川省体育总会委员等。

陈振兴，厦门人，著名游泳运动员。

女篮球健将邵锦英回厦

两江女子篮球队队长邵锦英女士,自沪搭芝巴达轮昨(6)日抵厦。女士为同安人,家寓鼓浪屿,此来为归省。按两江队以女子篮球无敌国中,近东渡与日本比赛,结果胜 11 次,负 3 次。甫归上海,邵女士即其领队,以投篮准确,每赛得分最多(著)。

《江声报》1931 年 6 月 7 日

又一女篮球健将庄淑玉回厦

两江女子篮球队,近自日本赛球归沪,队员庄淑玉女士昨(20 日)乘济南轮自沪抵厦。女士在未赴日前,天津南开中学曾聘为体育教员,嗣以不欲遽脱离球队,未就任。女士惠安人,与前两周回厦之队长邵锦英女士(同安人)同为国中之闽南女运动家。家寓鼓浪屿,此来亦为省亲。又闻两江队将代表上海市参与本年全国运动会。

《江声报》1931 年 6 月 21 日

历届远东运动会田径赛福建选手访问记——陈掌谔

他是一个刻苦训练成功的体育家,留美学成归国然后始谈恋爱。现在他任暨南大学体育主任。

爱德

在一个上午 10 时,L 君来访我,约我访陈君去。夜眠迟起的我,那时尚躺在床上。我们一起出发,到外清去。陈君与我本是邻居,但他十余年来都很少在家。儿童时代的我常见陈君整天的跑,往后就很少见,屈指一计已 15 年了。

我们到他家的时候,他正独自一人在拾理沪战后残余的书籍,桌上地下置满。此种情景,予人无限的感触!我们倾谈菲律宾过往和现下的情形,继而又谈各人儿童时代的生活,不觉大笑不止。顽皮的孩子,天真烂漫的生活,真是人生不可多得的快乐啊！陈君又告诉我门美国体育发达情形，及各处体育情形。因适大家都没有事，竟谈了3个多钟头，陈君并和我介绍他的夫人刘女士，瓜子和烟也是我们谈料之一。

陈君现年35岁，厦门人，别字幼穆。他的父亲名陈穆斋。3岁时就非常顽皮好动，所以他父亲就和(给)他取名叫"谔"，意乃人谔之谓也。不幸是年他父亲去世，就由他母亲勤劳抚养。他祖上是世家，所以生活还过得去。10岁时入附近竞存小学读书，入校第一天因踢球踢伤人家的头部，就给校长记了一次大过。他从小就好跳高，所以(在)后来他各项运动中，跳高的成绩最好。其后入厦门中学(当时竞存是属该校)，高世雍老先生根本就反对体育，他的见解以为学生体育就是顽皮。所以每次见到学生踢球跑跳，他老就执着藤条从后赶，第二天的功课还要扣去二十分，以为儆戒你以后不敢再跳。家庭中见到他整天的跳啊跑啊，老夫人也非常忧苦反对，她认为整天地跳是有损无益的。

1913年的一天下午，他跑到同文运动场，见柯孝思在练习跳高，当时柯的跳高也很有名。他技痒也加入练习，结果成绩很不错，他们俩志同道合，就变作好朋友了。当时邓世熙君很赞许他，于是他具□心，即日入同文，他说他当时的心理，入同文只想训练足球和田径，却并未想到读书。那时同文已有体育会之组织，每年春夏之交，即开运动会。

1915年，闽南第一次运动大会，他代表同文出席，跳高得第一名，黄学礼得第二名，叶品品得第三名。1916年第二次闽南运会，因适开全校运会后，手部受伤未愈，仅获高跳第二、撑篙跳第二。而因为眼睛近视，也食亏不少。1917年第三次闽南运动开幕时，同文师生就送他一副十足洋式的近视眼镜，他□得到甚大的帮助。那年他得到全场冠军，获撑篙跳、880名第一，铁饼、百码各第二，跳远、440各第二，这是他中学时代的一个荣誉纪念！

1918年，粤军陈炯明在漳州开漳汀龙联运会，及北□李厚基在福州开之世界和平庆祝运动会，同文由教师邓世熙、马大庆等率领，皆去参加。他此时跳高的成绩已打破各处纪录。

1919年，第四届远东运动大会在菲开幕了。四月间，预选会在上海举行，他备(被)取为16项选手，代表中国出席。5月2日，乘哥伦比亚轮首途往菲。这时他的心中真有无限的快乐，学生时代的黄金梦至此实现！比赛闭幕，受菲华侨学校聘为指导兼教员。于是他就离别厦门，在菲更专心攻体育了。

他在同文时曾于演武亭洪宅赁一小楼居住,以便于练习运动。他练习时非常刻苦,常由演武亭、白石头、胡里山跑到同文,如是者有四五年。曾于1918年间与数同学,作江东桥与嵩屿之18里赛跑。厦门那时运动器具尚未普及,购置甚难,铁球无则以炮台边之铁弹代之,铁饼无则以石饼当之,现在想来不禁大笑!

他感到求学之迫切,在菲半工半读共二年,乃考入菲律宾国立大学体育科。同时与吴果、高祖川、王天中、黄鼎铭、苏香川、王清溪、王清辉、王守仁等组织中华学生足球队,参加菲岛足球赛大会,一时声势煊赫,菲人不敢轻视。

1921年,华侨学界筹备菲岛各校联运会,他任总干事。1922年,中华青年会成立,他又被任为该会体育部干事。是年他组设华人体育场,提倡华侨商人、工人从事体育,10月召开第一次华侨各团体联运会。1923年7月四五两日国际联运会,他曾与华侨十余团体参加。

1924年,得侨胞之助,渡美入芝加哥体育专门学校(其后并在芝城商业大学不动产学院研究建设等)。曾任芝城中央青年会体育教职及中华青年会体育主任,率队参加各校足篮球赛。1925至1927年,在万国青年会大学肄业时,该校组田径队,与各大学联运会选次对抗,东方人参加者,以君为第一人。他的跳高成绩是5尺11寸半,当时美人惊异,这种光荣□□罢。

留美凡4年,1927年得体育学士及社会学士即归国,任职菲中华青年会总干事。曾选次招请上海乐华足球队、复旦足球队、香港足球队到菲比赛。

学成归国后,于是始谈恋爱,1928年12月,和岷侨商刘伯达女公子玉英举行结婚礼。刘女士为侨商林珠光之表妹(林君曾以独资七万元组织中华篮球队,远征美洲,一时体育界知名)。婚后往广州度蜜月,受该处体专学校聘演讲,提倡建设广州市中山体育场,现在中山体育场行将实现了。他们每年至结婚之日都拍像作纪念,1932年12月是他和她结婚四周年纪念,这就是他们四周(年)之像。他们婚已四年了,然尚未制造一个小囡囡呢!

1930年受暨南大学聘,为体育主任,他曾说一生志愿至此已偿了。是年率暨南足篮球队远征菲岛,募捐筹建暨南体育馆。翌年"九一八事变",日本侵略我东北,继而"一二八"沪战发生,忠勇的十九路军卫国抗日,日军以飞机乱掷炸弹,致华侨最高学府之"暨南"几成为瓦砾矣!损失甚巨,而他的历年购置的书籍,也损失了1/3。最近他就告假,携眷返厦。

他曾任江南八大学体育会副会长,上海中学以上体育指导会编辑主任,教育部全国体育委员会课程委员。他可说是一个刻苦训练成功的运动家，从不避艰险，□□□□□力进取。

《江声报》1933年2月15日

春申江上领袖群雄的陈白雪

跳远女王沪市中运会冠军
吴梅仙钱行素不及陈小姐　谈谈跳远练习方法

潮悦

一、"体育天才"独钟我闽

沪上的媒体，我们闽南人确占有相当的地位，这是充分表现我们闽南人的□□□天才，这是谁也不能否认的事实。如果缩小谈到女子体育，远者邵锦英、庄淑玉等的赫赫一时，不但是名震华北东三省且及东邻，使凶悍的倭女相视变色，她们的威风不想可知。近者邵的门徒，如陈白雪、杨森、陈聚才、黄淑华、潘梦、石瑞霞等，人才辈出，后生可畏。此辈除独步于女篮球界外，并擅长于田径赛。一年来，在沪上替我们闽南人增光不少，其中尤以陈白雪为最有希望，风头也最健。近曾以4.42米成绩得上海市中运会女跳远冠军，虽往年代表过中国出席远东运动会的吴梅仙，且望尘莫及（按吴成绩为4.26米）。记者以前与陈女士颇为接近，每于夕阳斜照中一起练习，近又得陈女士寄赠照片数张，是跳远练习法的姿势。现在将我个人对于"女跳远练习法"的管见，及陈女士年来在沪练习跳远方法生活等等，分志在下面，以供吾厦的女界健儿们作个借鉴。

二、未谈"跳"时先谈"跑"

跳远本应该称跑跳远才对的，因为该项运动确须先跑而后跳，这是大家知道的。但是要跳的好，跳得远，到底是在跑的功夫呢？或是在跳的功夫呢？练习不得法的人，总是斤斤于跳，只学跳的姿势，练习着跳的气力，以致终归于失败。要知跑跳远在跑时如果没有相等距离的跑步，跳时就不会有十足的弹力；跑时如果没有相当的跑程，跳时也就没有十足的气力发现出来。所以跑不但练习跳远的人所须注意的，而且还应该把它放在跳的前面来学。因此，我们就得把跑的练习法先来谈。

在上面已经说过了,跳远的跑第一须有相等距离的足步,第二须有适合的跑程。要适合这两个条件,就得先练习50米的短距离跑(按男子须练习100米),而注意于起跑和途中气力的辨别。前者可使足步的距离相等,后者可知个人气力十足发现时确在几米以外,如果是在25米时,那么她就应该在跳远时跑约25米而后跳。这一来,足步距离相等,信步跑来,准确地可以踏在踏板上而跳,弹力既足,也不致有过线或踏不到跳板的毛病;跑程适合,飞步向前冲,到足(触)踏板,正是气力十足发现的时,跨身过去,成绩定有可观。

三、跳的姿势和运用气力

跑的功夫研究完,我们才可进而谈到跳的姿势和(何)时如何运用着气力。这些大概是普通练习跳远的人所注意到的,但也常常发现着缺点。我们可把它分几层来说:(一)跳起时身手足的姿势,最适合的是身体略曲,两手散开,两足前后。所以要这样的,是预备凭空再运用气力向前弹着。(二)跳起在空中时的气力运用,就是把曲着的身体用力向前挺直,两手摆动,同时两足前后弹拍着空气,以助长向前的弹力。(三)将落地时的姿势,如经过以上两个步骤,落地时的姿势必美妙而适当。因身体必能略向前,两手举高,而两足也必定齐落着地。身体向前,可无臀部着地之虑,两足齐落也不致在量度的限定上吃亏,那么就可以得到好的成绩!

关于练习的时间问题,也不可不注意的,依法练习跳远,每星期最好定下3个时间(一三五或二四六),不能比3个更多。而每个练习时间中,跳的次数最多为七次,不能过多。而且每次的跳后,应当有数分钟的休息,对于腿上的肌肉才不致发生着损坏。总之,练习跳远在合法,在有恒心,而不在勤和多跳。虽然是单单的一样运动,却须处处留意,无微不至,才能得到好的结果。

四、名将略历值得宣传

陈女士年十七,现肄业于两江女子体专,曾在集美女小毕业,集美幼师肄业两年。当她在小学时候,对运动已具有兴趣。及入幼师,经相当练习,成绩渐著,技术与日俱进。民(国)二十年,她参加全闽运动会于福州,得女子田径分数独多,计50米、80米低栏及跳远、跳高等项。廿一年春,女篮球名将邵锦英任职集校,她因得好的训练,勤习篮球。廿一年秋,邵应聘赴沪,她也转学两江,与邵晨夕过从,技术大进。篮球任两江队后卫,亦为沪上万国篮球赛中华队的杰出人才,建功最伟。沪上的球迷以她短小精悍,活泼善战,绰号她为"小张飞"。田径赛方面更多成就,廿一年冬代表中华队出席沪万国运动会,成绩良好,虽长足丰臂的西妇,犹叹莫及。一月前上海市中运会举行,她又挥开群雄,一跃而以4.41米纪录得跳远冠军,造成上海市女跳远新纪录,素称独步的钱行素屈居第三。据说她平时练习的成绩常在4.51米以上,这次她还埋怨着她的失败呢!本届沪万国运动会将于6日初举行,不幸她现在因练习伤足颇剧,闻如在10日内不能痊愈,就不能参加,我们也未免替她可惜。可是来日方长,希望她此后再努力进取,在全运会及远东运动会显点颜色。这样的一位跳远名将,是值得我们在此地为她宣扬的。

《江声报》1933年6月1日

(第十届远东运动会我国选手名单)

▲足球

黄纪良、徐亨、谭江柏、李宁、刘茂、李天生、陈镇祥、李国威、黄美顺、梁荣熙、何佐贤、叶北华、李惠堂(队长)、冯景祥、陈家球、郑季良、曹桂成(17人)。

▲田径全能

张翰佳(队长)、刘长春、程金冠、董叔昭、罗庆隆、邱宗臣、柳英俊、陶英杰、陈宝球、冷培模、彭永馨、吴必显、王季淮、杨道贵、符保卢、赵秉衡、韩景麟、曾荣忠、郑森、陈树森、王精熹、刘静山、司徒光、郝春德、王士林、林绍周、戴淑国、王铭绅、王正林(29人)。

▲篮球

唐宝堃、刘振元、牟作云、张育才、李震中、王玉增、张景实、王锡良、尹鸿祥、王堪若、陈盛魁、于敬孝(12人)。

▲男子排球

陈锡炳、曾经全、徐亨、郑炳新、丘广夐、曹廷赞、莫锦盛、黎福俊、卢康元、林绍华、胡耀东、李沃林、李福申、黎连楹、陈宝球、谭永湛、黄英杰(17人)。

▲女子排球

黄杏芬、钱书仪、萧杰英、张双如、薛志洁、王金凤、关柳珠、罗月好、伍恩照、卢慧娴、萧惠灵、孙织、刘玉崧、马杏燕、颜秀容(15人)。

▲男子游泳

陈其松、王秀山、郭振恒、梅炽昌、刘宝希、石锦培、陈振南、曾何福、陈振兴(9人)。

▲女子游泳

杨秀琼、陈焕琼、刘桂珍、梁咏娴(4人)。

▲棒球

伍舜德、李□堃、高汉恩、程观洁、余伯惠、毛炳贵、黄兆熊、郑彪、温□东、顾德刚、吴振邦、贺□华、古廷昌、李贵贤、钟灿琛、郑庆扬(16人)。

▲男子网球

邱飞海(队长)、许承基、林望苏(3人)。

▲女子网球

王春萍、王春葳、黄淑懿、刘玉兰(4人)。

▲射击

杨文卿(队长)、吴寿文、周明、戴昌龄。

《第十届远东运动会特刊》1934年

(本校学生参加远东运动会)

民国十六年,刘领赐、陶文忠两君获选为本国选手,参加第八届远东运动会。成绩虽不能超出他国选手而得分归来,亦可见刘君等之体育技术有相当之贡献也。

《厦门私立双十中学十六周年纪念特刊》1936年

注:

刘领赐,厦门人,生长于菲律宾,弱冠回厦门求学,肄业于双十中学。爱好体育,屡次代表双十中学参加县、省和全国运动会,曾夺得闽南第一届运动会标枪冠军、福建省运会五大项冠军。1927年参加全国运动会,并录取为出席第八届远东运动会选手。后投身抗日,成为空军飞行员,屡建战功。

二、体育团体

厦门精武已有分会
设在鼓浪屿

厦门精武开办仅三阅月,会务已大有可观。刻下更以鼓浪屿地方有设立厦门精武分部之必要,于时厦会主任卢吉朋氏得会员林君来生介绍,得与鼓浪屿普育学校校长孙君印川晤谈。卢君将本会宗旨及拟在鼓设立分部之意向孙君说明,并恳假该校操场为本会会员练习国操之所。孙君慨诺,当举定钱咸昌君为分会主任。教授时间,每日上午7时至8时,下午7时至9时。教授由厦会教员刘金泉君及卢吉朋君轮班担任,开办经费由钱咸昌君垫支,并为引起当地人民注重体育起见,于9月21日下午1时,假座普育学校举行表演国操大会,以资号召。是日莅会者达2000人,至时摇铃开会,首由全体向国旗行三鞠躬礼,次主席孙印川宣布开会理由。次来宾乔君仲敏演说,略谓今日为精武表演国操之日,鄙人不禁为中华民国贺,更为在座诸君贺。今值干戈纷扰,何贺可言?夫中国之所以如此纷扰者,皆吾民萎靡不振之故。精武会以提倡体育为宗旨,体魄强健则萎靡不振之恶习自除,而中国之生机从此存矣。故吾为中国贺并为在座诸君贺也。次黄君百洲演说,略谓精武会之国操,为吾国国粹,学习之足以强健身体,语云:"健全之精神,寓于健全之体魄。"故身体强健者,方成为健全国民,而能为国家任事。次卢君吉朋演说,先向来宾致谢盛意,次述沪会成立以来之略史,并厦会设立之经过。本会成立仅三月,本无成绩之可言,今日所表演者,不过精武会之余绪耳,深望诸君原谅云云。次会员郭君文澜演幻术,次拍照,次茶会。国操节目如下:

一、潭腿(上六路)(团体);二、潭腿(上六路)(李慎余,年8岁,李宗明女公子);三、工力拳(刘庆昭,年7岁,刘少初长公子);四、青龙拳(教员刘金泉);五、八卦拳(来宾黄延德君);六、露花刀(卢吉朋);七、六家式(来宾苏行三君);八、工力拳(团体);九、行拳(来宾黄延辉);十、脱战(邓渭邻);十一、大战(刘少初);十二、(合战刘金泉、卢吉明);十三、八段锦(来宾沈醒愚君);十四、工力拳(黄汉石);十五、青龙刀(来宾苏行三君);十六、达摩剑(卢吉明);十七、八仙剑(教员刘金泉);十八、易筋经(十二势)(来宾沈醒愚君);十九、群羊棍(李宗明);二十、空手夺枪(教员刘金泉、黄汉石);二十一、硬搥(槌)(陈欣然);二十二、大战(刘庆昭);二十三、大刀(郭文澜);二十四、花拳(来宾黄恩君);二十五、八手(来宾乔仲敏君);二十六、双绥(来宾邱思吉);二十七、单绥(来宾黎炎生君);二十八、潭腿二路(宝善、大同二校学生团体合操);二十九、五虎枪(卢吉明);三十、地躺双刀(刘金泉)。

《精武杂志》第46期,1924年

如不下雨今日"工商"篮球赛下午四时半同文篮球场
"新的"对"商光"不收券资

厦门体育会发起举行全厦工商各界篮球比赛,并定9月5日起举行等情,曾载去月本报。兹查该会以时间过促,不及如期实现,现在报名参加比赛者只商光、商联、新的三队,已由谦顺马大庆君赠大银杯一座,以赠冠军队。如不下雨,今(8)日星期二起赛,星期四、星期六再赛,采用循环赛。地点在同文中学篮球场,时间下午4时半。今日为"新的"对"商光",查两队实力均极雄厚,届时当有一般(番)鏖战。不收券资云。

《江声报》1931年9月8日

国术研究会今日开成立会

禾山海军办事处处长谢镜波,兹为提倡国技起见,在美仁宫设立一"思明国术研究会"。内设正副会长各1人,坐办1人,及聘教习1人。昨已筹备就绪,并定今(6)日开成立会。闻昨日到会会员已达六千余名,会员所缴纳之会费,分甲乙丙丁四等。如志愿入该会研究国技,而乏资缴纳会费者,亦可酌量免费云。

《江声报》1932年3月6日

厦鼓足篮球公开大比赛　英华发起加入者已十九队
今日英华年会决赛　圣士提反足网球明后可到

鼓浪屿英华中学体育会,近举行春季运动会年会,由3月30日起至4月

1日止,计3天。前昨两日均系预赛,成绩颇佳,来宾参观者亦不少。今(1)日为各项决赛日期。

又该会为提倡体育起见,特发起厦鼓足、篮球公开大比赛。现加入者计女子篮球有双十、厦大、集侨、厦南等4队,男子篮球有双十、同文、厦大、白鹰、苦笑、健光、同友、白光、精武、英华等10队。足球有厦大、健群、集侨、鹭光、英华等5队。该会已函各评判员,定今日下午4时,在该校开会讨论,以便决定比赛程序及日期。至比赛冠军者,赠银杯一座,亚军赠银盾一座,以作纪念云。

《江声报》1932年4月1日

鹭光足球队冠者十三人　童子十一人　今日见个高下

鹭光体育会足球队,订今(27)日下午5时,在中山公园球场举行该会有妻队员与无妻队员足球友谊比赛。其队有妻者,张锡熙、林吉良、余逊生、庄有仁、林炳煌、陈万益、李应山、黄有道、林维祝、关国魁、王嘉珍、郭正春、张德祥。无妻者,陈世煌、李兆栋、郭金陵、吴义松、杨清波、陈珠瑞、蒋振良、孙晓生、陈庆和、叶福水、陈清棋。

《江声报》1933年6月27日

秋季篮球比赛简章　青天白日队概不得参加

精武体育会发起秋季篮球赛,已志本报。现该会已定有比赛简章:一、凡参加比赛者,须交报名费大洋5元。比赛结束,送还2元,如中途弃权,取消其报名费。二、比赛为欲普及体育精神计,凡经过为青天白日队者,概不得参加。每队队员以10人为限。三、规则采用本届全运会篮球规则为标准。四、9月23日起至28止,为报名日期。五、开赛日期,9月20日起,逐日下午4时20分。六、奖品,一、二、三各等,均有将品为纪念。七、比赛地点,中山公园。

《江声报》1933年9月23日

秋季篮球赛今日开始
严格取缔青天白日队　裁判有异议不得当场发表

精武会倡起秋季篮球比赛，昨开评判委员会议。议决，一、比赛时间除遇风雨外，不得变更；二、各队队员如有发现青天白日队队员，即取消其全队比赛之权；三、在场中比赛时，无论任何方面对裁判员之裁判有异议，不得当场发表，须于比赛后具函向本会解决之；四、各队如有中途停止比赛，即作弃权论；五、每场比赛以公正人1人，检察1人；六、评判员如有要事未能出场，由本会另派员代之；七、凡遇有特殊情形时，概由本委员会处理之；八、分配各评判员服务时间。比赛日程，9月30日，厦大对蓝队，裁判员吴义成、邱延坤。10月1日，美专对古怪，裁判员陈诗雍、徐克培。2日，良晨对英华，裁判员邱有光、邱延坤。3日，同文乙对健星，裁判员庄友人、林维爵。4日，同文丙对精武乙，裁判员刘有土、邱有光。5日，鼓精武对英南，（裁判员）陈诗雍、庄友人。6日，华星对青友，裁判员洪年炳、邱延坤。

《江声报》1933年9月30日

精武杯篮球比赛日程

精武杯篮球公开比赛，淘汰已告完竣，得循环队为厦大蓝队、同文乙队、同文丙队、古怪队、鼓精武队、良晨队、青友队、张后保队。定8日再行比赛，遇星期日比赛二场。时间改为4时起，至比赛时间，分配如下：8日第一场，厦大蓝队对古怪队；第二场，良晨队对同文乙队。9日，同文丙队对鼓精武队。10日，青友队对张后保队。

《江声报》1933年10月8日

精武杯球赛厦大未到　得改期举行　张后保一球有效

精武杯篮球公开比赛，昨开第二次会议。议案，一、本会会名改评判委员会为比赛委员会案，议决通过。二、张后保队来函交涉10月10日比赛一场，局终掷入之一球分数案，议决，该球当为有效。两队成平局，各得1分。三、10月8日厦大未到场案，议决，改期比赛。而厦大通知本会手续未完满，应负责该场车马费2元。

《江声报》1933年10月14日

精武杯篮球赛　鼓精武胜同文

　　昨日为精武杯篮球赛末第四日,对垒者为鼓精武与本市同文乙队。两军实力不相悬殊,计精武已压倒一队,同文乙打败两队。故昨日之战,倘同文乙队败精武,则亚军为谁,尚未可卜。是以两军莫不厉兵以待,动员令下后,先由同文第三号攻入一球,未几又得一球。精武遂励精战略,即由第12号攻入两球,首半时以23：14,精武后来居上。上下半时续战,同文乙努力反攻,无如精武戒备森严,未能得心应手,只以16：16打成平等。合计同文乙,以20：39败北而归云。

《江声报》1933年11月2日

厦门精武体育会第十届征求会员宣言

　　"东亚病夫"——这一个名称,是世界上一切帝国主义者所特创,以赐予我们同胞的。可是百数十年来,吾们日言雪耻,而病夫之体格固多数还是照旧,脸色苍白的男女青年触目皆然,手无缚鸡之力,而攘臂高呼奋斗者,随处多有。须知,照这个现象,连自己一身的健康还拿不稳,则求学、救国、雪耻、革命,不皆等诸空谈吗?

　　有志的朋友们!热心的青年们!现在不是我们努力革命的时代吗?精神的腐败,是应该革除的了!可是若没有康健完全的身体,简直就不配说清除腐败的精神!没有健康的身体的人,常是没有坚强的毅力,常是没有耐苦的性情,常是没有真确的判断力,常是易被一切坠落思想和行为所引诱的。即已不足言清除腐败的精神了,何况身体在不健康状态者,每以一身兼数种不良的性质呢?

　　但是世间上没有一种药能殼(够)令我们修成全钢不坏之形骸。世间上更没有一位医生能把我们治成水火不侵,忧虑不变,威武不屈的体力,只有百炼千锤之下才有坚强忍劲之美材。细琢精磨之后,乃成不锈不销的宝器。这种捶(锤)锅形骸的炉砧,磨琢意志的砥砧,就是精武体育会。

　　我们不用空吹什么"保存国粹"、"鼓吹尚武"的法螺罢!我们只自问:我们的身体够不够受世间一切劳碌的事故来磨折？我们的力量够不够革旧维新？"泰山崩于前"，我们能够不变容色吗？"弹雨枪林"里，我们能够行所无事吗？若我们自问没有把握，我们就非把此身改造过，实不配生在这努力革命的时代！

精武体育会在国中已有它相当的历史了，用不着我们来多事颂扬。就只说这厦门分会吧，这十年来，在社会上所贡献的也有目共见，无须我们做广告式的鼓吹。不过，精武会锤炼外表的形骸，磨琢内部的意志的功效，同人们却身受了一些。所以现在一方面我们自己誓愿修身如一日地锤炼此身，一方面又深愿精武的功用广被于一切有志的朋友们，热血的青年们身体上、灵魂里，使全国的分子都成了奋斗的实力，革命的利器。"病夫"之诮，将无复敢有加诸我们身上的了！

我们现在敬以十二分的诚意作第十届大规模的征求、普请：

凡不甘"病夫"之诮的人，快来加入！

凡准备以此身与一切恶环境奋斗的人，快来加入！

凡希望增加革命力量的志士，快来加入！

凡一切挣扎于苦痛中的人们，快来加入！

凡愿精武事业成为一切力的源泉的人，快来加入！

凡愿精武的精神蔚为国光的人，快来加入！

厦门精武体育会同人谨言

《精武》第1卷第2号，1934年5月15日

青年会组国术社　延高剑云教授拳术

青年会现组织国术研究社，教授太极、八卦两种拳术，延浙人高剑云主教。其学费亦分两种，每星期教授6小时，月收6元；每星期教授3小时，月收4元。不久即可成立招生。高剑云为山左孙德禄、河北汤士林之门徒，历任国术馆馆长，拳术研究社社长，军校各中学校国术教官、教员等职云。

《江声报》1934年10月17日

鼓精武发起各社团篮球比赛　同文昨胜港队

同文篮球队,昨在该校球场与香港队友赛。该校校友黄锡爵、黄宗标、黄慰庭亦参加助战,上半时 64∶7,同文胜;下半时 14∶19,香港队胜。结果 78∶26,同文胜利。

又查鼓浪屿精武体育会,乘兹寒假,发起各社团篮球赛,并备一鼓精武银杯,以奖与赛之冠军。其时间定于 24 年 1 月 15 日举行云。

《江声报》1934 年 12 月 24 日

(《厦门精武特刊》)本刊启事

本刊再版,本拟于去年 4 月出书。嗣因《思明报》为十九路军当局标封,本刊代印所明明艺术社一部分印刷品亦无端受累,致此出版愆期,实为始料所不及。诸希读者原谅为荷。

厦门精武体育会敬启

(民国)二十三年一月二十五日

《厦门精武特刊》1935 年 4 月 15 日

(《厦门精武特刊》)发刊词

黄寿源

夫力可拔山,项羽永留姓氏;勇能擒虎,下庄亦著声名。武术之重,自古然矣,况乃国势陵夷,中原板荡,困铜驼于荆棘,伤华夏之沦胥。欲图民族复兴,金瓯无缺,舍提倡体育而外,其道末由。我鹭江处华南冲要之区,为八闽咽喉之地,而声色欢娱,病夫贻诮,则国术之兴,又岂可缓?此精武体育分会之所由设也。

溯自缔造之初,几经艰巨,经费支绌,徒叹无米之炊;人才未充,时感薄力之苦。错节盘根,屡遭险阻。所幸办事者苦心孤诣,惨淡经营,各会员秉性急公，协力襄助，遂使头角崭露，耀声誉于岛中。会所巍峨，具规模于海国。抚今思昔，实拜各界人士之所赐也。

惟是社会演进，并无停息，疾轮驰影，未许勾留。矧自会所建筑而后，经济来源日陷枯竭，扩大组织，需款孔殷。用是游艺募捐，聊呼将旧，筹划经济，以供设施。兹当举行游艺之日，同人等爰就本会历史经过，与夫提倡国术之重要，□据纂辑，著之于篇。非敢谓广播声气，鼓舞群伦，亦聊以志既往而策将来云尔。

《厦门精武特刊》1935年4月15日

精武特刊再版序

苏警予

周子家森编成精武特刊，出示于余，并属余为序。余不文，乌能为此？顾精武会之在厦门，稗（裨）益于吾青年养成尚武精神，实亦不少，是则余不能无言以纪之也。

夫厦门有精武会之设，始于民国十三年秋，迄于今已九年余矣。由临时会所，进而自建会所，再进而有巍然耸立于中山公园之永远会所。会员亦由少数而进为多数，为厦门各社团中之巩固者。

即就厦门而论，未有精武会以前，则体育一道，无甚声息。既有精武会以后，则体育之进展，蒸蒸日上。从前青年既乏正当之娱乐，为不良社会之影响，而入于魔道。今后青年能以体育为急务而加入精武会，则非独锻炼健康体魄，养成尚武精神，为个人一生之幸福而已。盖合多数之个人成为社会、国家，社会国家之有赖于个人之健康精神，为不可少也。

总之，精武会之设立，与社会国家实有密切之关系。吾人于此，应当极力提倡，使之日益发达，为救国救民之利器。故于其再版之日重申一言，以为之序。

《厦门精武特刊》1935年4月15日

精武体育会发起闽南国术表演大会筹款
援助东北义勇军启事

各界诸君公鉴，敬启者，东三省为我国领土，东北义勇军为我国国民。东三省被暴日侵略，此我国同胞所同深义愤者也。以理而论，应当披发缨冠以救之。今为事势所拘，未能直接赴援，则东北义勇军际此严冬酷冷天气，饷械俱绝，犹复前仆后起，以保国土。若听其枵腹单衣，持短兵以与强日肉搏，不死于战争，亦死于冻馁。敝会同人不忍袖手旁观，爰发起闽南国术表演大会，捐款助饷。会场设在中山公园，日期订于新历元旦，连演三天，入场费小洋2角。以上凡我同胞，当仁不让，自必踊跃赞助。

惟敝会此次对于海内国术家凡所知者，无不函请参加，特恐见闻有限，遗漏尚多，希各界诸君若有知之者，通函敝会，以便邀请。如再挂漏，仍望原谅，俯赐莅临，以光敝会，而尽天职。是为至祷，谨布。

闽南国术联合表演大会职员

大会主席	邓世熙	陈李樑				
文书股	叶易山	陈清俊	周淑逊	周家森		
财政股	庄乃港	白标第				
庶务股	杨绪宝	郭金陵	洪作镇	陈德寿	杨兴隆	叶世常
	林毓麟	林国伟	张瑞添	林汝标		
招待股	汪嘉猷	周建魁	欧阳宝吉	沈惠然	陈瑞端	王栋梁
售票股	白格外	庄吉甫	李伯猷	庄乃基	陈住明	曾舜坚
纠察股	洪智慧	陈庆和	苏炳洋	张德祥	胡德开	陈炳煌
	杨水龙	曾华梓	蓝达嘏	邱延康	钟景耀	吴兆麟
	张秉奎	余鼎昌	陈颜宗	朱文俊	杨贻坤	周明寿
	李天炳	林炳煌	林 安	胡炳文		
国操股	刘金泉	林荣泰	陈敬连	刘福远	陈世煌	叶世平
	叶世丰	叶碧桐	李国华	林野鹤	杨青峰	张仲义

参加团体

十九路军国术团袁道先生等　　泉州国术馆吴鹏琦、林天恩等诸先生
新垵国术馆沈扬德师徒　　　　厦鼓鹤武馆杨捷玉（61岁）师徒
国术研究会萧国英师徒　　　　仁和堂国术部黄水成（70岁）师徒

刚柔社		侠义社	
各校国术班		本会男女会员	

个人参加及临场加入诸先生

妙月师	王凤仪	翁朝言	王侠女士
张乃便(74岁)	郑明(71岁)	杨吉狮(70岁)	黄治江
黄锡熹	李飞虎	张来诚	同安周履常
永定江得生	泉州施德元	永春陈少雄	陈金炳
江西刘育才	刘同溇	李道兰	朱开文
浙江何胜侯	李万和	广东吴惠廉	河北任书堂
王心安			

时间:民国廿二年1月1日至3日下午1时

地点:中山公园精武体育会会所前体育场

表演节目:(节目相同者不重录)

(空拳类)大战	结战	祖战	角战	独力拳
独脚鹤	头节	朕头	二节	二步半
二习拳	二斗	双绥	双飞	双飞鹤
三战	三战十字	三节	三盘十一法	三折十字
四节	四门	四门打角	四六拳	五虎拳
五打结	六四拳	七尺插四	八卦	九个连环
十字战	千日打	工力拳	佛家拳	少林拳
罗汉拳	太极拳	抱拳	伏虎拳	清风拳
严手拳	节拳	挑闸拳	鹤拳	居子手
左右探挑手	硬锤	奇虎	伏虎	打子
打角	川峰	梳妆	破势	地煞
连城	败马舍	玉步摇	云隔月	醉八仙
太子游宫	观音坐轮	倒插金钗	横曲横宰	乌鸦下田
白鹤出洞	落地连环			
(兵器类)太极剑		达摩剑	文剑	白蛇(单剑)
双龙戏水(双剑)		金鸡独立(单刀)		春秋大刀
六步大刀	八卦刀	朝阳刀	梅花刀	官刀
月眉刀	地统双刀	单刀	九节鞭	双鞭

古推鞭	钩镰枪	李家枪	双头枪	栏门枪
磨门枪	梅花枪	三节棍	九尺棍	二马棍
十六步齐眉	双头棍	子扬过江棍	恶蛇缠树棍	扁担拳
椅条拳	锄头拳	菜刀拳	川钯	舞旗
飞叉	双斧	藤牌刀		
(空拳对手类)	双爪	双绥	打角	四门
中管	接潭腿	截拳	连城	朕头
(兵器对手类)	单刀枪	三节棍对枪	套棍	空手夺枪
空手夺刀	匕首	齐眉套		

征　信

第一日　大洋 179 元 2 角　　小银 161 元 4 角　　铜片 355 枚

第二日　大洋 314 元 4 角　　小银 227 元 2 角　　铜片 422 枚

第三日　大洋 123 元 2 角　　小银 89 元 2 角　　铜片 156 枚

特别捐　大洋 19 元 4 角　　小银 20 元 5 角　　铜片 427 枚

共收入　大洋 636 元 2 角　　小银 499 元 3 角　　铜片 1360 枚

共收入来大洋 1070 元 2 角 6 分(贴水已扣)

支筑表演台工钱　大洋 30 元　　支西饼　大洋 9 元

支白布　　　　　大洋 16 元 7 角　　支租桌椅等费　大洋 9 元

支纸国旗　　　　大洋 1 元 4 角　　支登报费　大洋 10 元

支杂费 3 日　　　大洋 77 元 3 角 2 分

支汇东北义勇军大洋 1000 元(请参阅正收据第 6 号电版)

共 1153 元 4 角 2 分

本会垫出大洋 83 元 1 角 6 分

补白:在国术联合表演大会的第二日,台下有位长者喟然长叹道:"他们都已经七十多岁,尚能上台打拳和舞大关刀。我今年才四十五岁,已经终日骨酸腰痛,寸步艰难,每夜须婢女捶打手足二小时,方能睡隐。我明天起一定来这里练拳……"本会会员无论男女老幼,均可加入,尤欢迎这种高年人来此长寿之域。

《厦门精武特刊》1935 年 4 月 15 日

厦门精武体育会史略

邓世熙

精武体育会,为我国技击大家霍公元甲之所创。公鉴于中国民族之衰弱,国威之不振,恒引以为耻。爰于民国纪年前二年七月十七日(即逊清宣统二年六月初一日)创立精武体操会(原名)于上海闸北王家宅,授潭腿及练手拳。游其门者,为陈英士、徐振汉、黎惠生、邱亮、卢炜昌、陈公哲、刘宸臣、姚蟾伯、宁竹亭、卓仁机等数十人。殁后,群弟子卒能继公志,发扬而广大之,以有今日。

至民国十三年7月17日,吾厦爱国之士刘宸臣、卢吉明、苏行三、李宗明、温子明、黄福渠、邓毓生、郭文澜、曾荣光、徐炳勋、曾英痴、林来生、梁天养、吴海筠、刘沛棠、李立初诸君,不甘厦门体育之落后,亦起而组织精武体育会厦门分会。初假厦门大同学校及鼓浪屿普育学校为临时会所,推孙印川先生为本会会长。一时厦中人士,先后多赞成加入,以故会所几不能容,遂于民国十四年6月,开募捐游艺大会。赖诸热心家之赞助,得自建会所于厦门中山路黄厝河旧址。鄙人忝为本会会长,会所较前广大,会员数亦随之发达。民国十八年,中央政府极力提倡国术,既举行国术比赛,又通令全国学生民众,于课内工余须学习国技,俾将来我国同胞方有洗除东方病夫讥诮之一日,用意深长,良堪钦佩。厦门林向今司令、路政处周醒南会办一向提倡体育,不遗余力,于中山公园内赠建永远会所。巍峨大厦耸立于公共体育场之上,风景清幽,空气新鲜,修养身心,尤为得所。又蒙杨廷枢、林德耀、谢镜波、林振成、陈瑞清、林绍裘诸先生等,赞同本会宗旨,热心公益,时加指导本会一切发展事宜,使我厦青年知所景从。将来强种强国,造福人群,固不独本会之光荣已也。

本会历届董事及赞成人

(谨就文件中可稽考者录,出遗漏之处,后当补正)

林国庚	王君秀	刘光谦	吴循南	林焕章	高开霁	黄奕住
黄孟奎	马大庆	吴元直	余超	黄廷元	林文庆	郑柏年
杨景文	柯孝昌	许绍琪	卓全成	孙印川	郑健庐	

周殿薰(已故)		许卓然(已故)		卫伯芹(已故)		
邓少秋(已故)		何聘之	许若农	游德荣	苏云阶	黄世桐
何远屏	杨绪川	洪登堂	钱咸昌	苏行三	沈省愚	洪智慧
李道魁	林竹汀	梁文经	马康然	田百祥	陈涤虑	任活孙
蔡旭堂	张菘藩	王欣慕	叶元章	陈玉麟	潘子兆	赖咸甫
黄丽泉	杨若水	林景嵩	容麟生	陈金榜	胡明乞	何应圻
何伯绵	韦廷钧	蔡允升	雷文钦	陈腾芳	梁霭仁	白文江
杨蔚文	黄炳坤	林兆荣	唐　康	石永开	谢从周	廖贵楹
吴鼎三	郑思慧	张辉煌	汤沛霖	林全庆	李天柱	虞振镛
陈瑞端	谢运河	邓振业	李植青	林寻芳	许添州	戴宏源
鲁庆祥	潘文贵	陈福堂	龚森泉	刘贻钦	陈好礼	王少华
陈式鹅	杨绿夏	罗伟如	阮振良	林益生	黄有志	陈国祥
白庭前	林昌爱	郑紫东	陈天送	连路珊	陈在燮	王锡朋
张甫泉	冯子铨	纪天送	叶茂盛	黄超群	郭水生	邱文英
柯汉荣	陈友坤	杨绍庭	骆和兴	吕毓葭	李清梨	陈永木
马鸿升	陈应祥	陈诗雍	章家宝			

本会发起人

刘宸臣	卢吉明	苏行三	李宗明	郭文澜	曾荣光	徐炳勋
曾英痴	李立初	温子明	邓毓生	黄福渠	林来生	梁天养
吴海筠	刘沛棠					

本会名誉董事(廿一年度)

谢镜波	杨廷枢	周醒南	林振成	林绍裘	洪晓春	陈瑞清
陈清波						

本会永远董事　杨启泰

本会常年董事　邓世熙

本会名誉顾问(廿一年度)

林德耀	陈允彩	陈懋庵	黄寿源	周幼梅	曾醒我	俞秉钧
苏警予	谢云声	吴英鹤				

本会名誉法律顾问　潘嗣岳

本会名誉指导(廿一年度)

运动指导……陈掌谔　　运动指导……沈昆南　　田径指导……张世雄

篮球指导……林川泽　　排球指导……杨绪宝　　足球指导……陈庆和

足球指导……邱友光　网球指导……庄乃港　游泳指导……苏炳洋

本会职员（廿一年度）

国技教员……刘金泉　体育指导……杨绪宝　西乐教员……谢承派
名誉干事……庄乃港　监察委员……邓世熙　监察委员……叶易山
监察委员……黄福渠　监察委员……陈敬莲　监察委员……周家森
监察委员……陈清俊　监察委员……刘福远　总务主任……周建魁
文书主任……蔡志信　财政主任……白标第　游艺主任……周淑逊
宣传主任……洪作镇　交际主任……乔尚斋　图书主任……林国伟
田径主任……陈浪中　球艺主任……黄少仪　国操主任……杨青峰
国操主任……张仲义

厦门分会职员（廿一年度）

总务主任……白格外　国操主任……汪嘉猷　交际主任……黄蓉孙
交际主任……乔杰臣　文书主任……黄鸿祀　文书主任……庄吉甫
会计主任……洪锡勇　干事……王元明　　干事……林荣泰
干事……吴妙琼　　干事……黄启荣

《厦门精武特刊》1935年4月15日

大家要来认识厦门精武体育会

谢云声

在厦门的民众团体中，历史最悠久的，除了通俗教育社，要算是精武体育会了。他创设以来，已足足七八年了，在这七八年中，造成许多的东亚健儿，增加体育界不少的光荣。现在并且在全国最伟大的厦门中山公园，建立不朽之业，巍巍的高台和通俗教育社的赫赫大厦互相辉映。

我们明白，精武体育会是一个合于科学化的体育集团，他们的教师和会员都是合于科学化的体育者。他不是红莲寺中的腾云驾雾的妖道，也不是绿林中的飞檐走壁的怪杰，因为他是现代社会中的人物，而非荒唐说部中的脚色。他最值得我们尊贵的是一个个会员都是文质彬彬的君子，不像那抚剑疾视、对人说着"敢当我哉"的狂徒。

这回刘长春单人只影去赴世界运动会,虽然不能奏凯归来,可是我们中华民国的国旗已得飘扬于万国体育会场上了。我们希望四年后,有多数比刘长春更好的人才出现,替被称为东亚病夫的中国争一口气。我们再看每日报章的电报,日本兵还节节攻打东三省呢,我们应如何地操练身体去杀贼呀!

(民国)二十一年十月十日作于同文中学望海楼

《厦门精武特刊》1935年4月15日

厦门人应有辅助精武体育会之义务

杨绪宝

体育与人生有密切之关系,尽人皆知,既足以强健筋骨,发达肌肉,巩固心脏肺腑,养吾人之健康,亦能从道德上完成世人之人格。盖卑污狡诈之人,都由全身浊血所致,因之脑筋浑噩,作恶害人而不自知。精武会之拳术,能将污浊从毛管排除体外,所以能使人潜滋德性,修养有用身心,建立伟大事业,养成自尊、自制、谦让、大度、恒心、正直、慷慨诸德性,诚为良好子弟之养成所也。

《厦门精武特刊》1935年4月15日

厦门精武分会之缘起

曾醒我

《书》曰:"民为邦本,本固邦宁。"本固即民强之谓也。强民之道谓何?曰尚体育。团结而训练之,坚忍而揣摩之,朝夕不懈,始终如一,形式壮,精神健,此精武体育会所由兴也。霍元甲力士耻东方病夫之诮,知强国必先强种,于是于沪上创设精武会。斯时畏力士者有之,嫉力士者亦有之,百计图谋,陷力士于死,殊不知死一霍力士,即产生千百无数之霍力士也。然后有志之士闻风兴起,惨淡经营,不遗余力,继霍力士之志,更发扬而光大之,而精武会遂有今日,行见赳赳武夫,干城之选,遍国皆是也。吾厦精武分会设立于民国十三年年秋,由三五同志发起,又附设厦门分会于鼓浪屿普育学校。规模粗具,经济奇窘,卒赖热心者捐资补助,极力维持,于十四年租地中山路,自建会所。嗣因开辟马路,适当其冲,共图迁徙。经林向今司令力赞厥成,划地于中山公园内,作永远之会所。今则规模宏伟,成绩斐然,未始非三五同志提倡之力也。兹值新会所第一届游艺会印行精武特刊,爱缀数语,以表敬忱。幸勿斥为鄙人文弱书生,手无缚鸡之力,乌足以语此耶。

《厦门精武特刊》1935 年 4 月 15 日

杨秀琼允来厦参加全市游泳比赛　筹委竞委昨开联席会

本市竞强体育会所创办之游泳池,定于 8 月 10 日至 12 日开幕,及举行全市游泳比赛事,经载前报。兹查该会经聘请本地人士 30 余人为筹备委员及竞赛委员,于日昨(10 日)下午 4 时假国际联欢社开第一次联席会,主席丁锡荣,纪录陈掌谔。首由丁锡荣宣报开会宗旨,次由丁玉树报告组织经过。讨论事项如下:

一、分配筹委员各股工作案,公推沈觐骁、陈文麟、丁玉树、黄天恩、孙世缵、章淑淳、卓绵成、叶天送、沈志中、邓世熙、丁孙浦、陈掌谔等为常务委员,沈志中为文书股股长,陈掌谔为庶务股股长,黄天恩、章淑淳为会计股股长,□超群、傅薇阁为交通股股长,邓世熙、丁玉树为招待股股长,吴金声、章茂林为卫生股股长,叶天送、卓绵成为奖品股股长,刘德仁、林全恩为秩序股股长。

二、比赛项目应如何规定案? 议决,8 月 10 日游泳表演,11、12 两日游泳比赛。表演及比赛细目,由竞赛委员会拟定之。又该会敦请杨秀琼女士为该游泳池举行揭幕礼,并请香港游泳队前来表演一事,经杨女士等来,因允许依期参加。

《江声报》1935 年 7 月 11 日

竞强会聘俄人拉(啦)　六千金造凉台为美人鱼设榻

厦门竞强体育会游泳池,订期开幕,并举行游泳大会,曾志本报。查该竞强体育会,由丁玉树、陈文麟、黄天恩等组织,会址在胡里山,内分五部:

一、游泳池，设于海滨，外用水门汀建筑，内铺花砖。池深头段 3 尺 5 分，二段 5 尺 5 分，三段 11 尺 5 分。池水用铁管与海水相通，海潮大涨时为 2 丈 2 尺，中潮 18 尺，小潮 16 尺。每日池水更换 2 次。据云该池建筑费，计需 3 万余元。订 8 月 12 日开幕，请美人鱼杨秀琼参加揭幕典礼。

二、跑马场，设于车道边，长六百方丈，分足球场、赛跑道、跑马场等三部。跑马场边计划另设排球场、铁饼、铁枪、千秋场等，现尚未开始动工。

三、骑术会，筑一马槽，阔 32 尺，长 70 余尺，分 20 间。预备蓄马 30 只，聘俄罗斯人为马夫。辟马场一隅，长阔约 2 丈余，以便训练骑术。

四、茶楼，阔 10 余尺，长 60 余尺。分女更衣室 4 间，面积 2 丈余；男更衣室 4 间，面积 2 丈。贩卖各种食物。

五、凉台，筑于胡里山巅，面积十方丈。据云建筑费六千余元，内设酒部、凉台、旅社三部，下星期六可完工。预备将来为美人鱼下榻之所。

《江声报》1935 年 7 月 13 日

竞强体育会陈掌谔赴漳请蒋鼎文就名誉会长

漳州讯 厦门竞强体育会总干事陈掌谔，于 13 日偕同文中学教员曾玉林，由厦来漳。即赴绥署，拟晋谒蒋主任，并携有该会呈蒋主任函两通，一致谢蒋主任赞助之忱，并请准聘就该会名誉会长。一为恳赐题赞词及游泳赛纪念奖品，当由副官何国亮代为转达李参谋长，结果圆满。查陈等此来，并拟至各机关，请派代表参加盛典，以资普及云。

《江声报》1935 年 7 月 14 日

青年会组游泳团昨开第(一)次筹备会

厦门基督教青年会，本年对于习泳特别扩大提倡，除在鼓大德记安置游泳浮艇，开办会员游泳训练班，于 7 月 17 日于环鼓泳赛给奖式时，同时举行开幕式外，兹闻该会又从事组织游泳团，以为本市游泳队之大本营，兼于昨日在该会召集第一次筹委会。计出席者王鸿龙、马宗瑟、周应祥（记录）、叶华成、戚瑞刚（卢达仑代）、温曜，及该会体育干事卢达仑（主席），经通过所拟团章。嗣选出职员，团长卢达仑，游泳队长王鸿龙，水球队长未定。闻各界中凡赞成团章及对于游泳得有相当成绩者，经团长一人之介绍，于大会通过后,即得为团员。

《江声报》1935 年 7 月 14 日

迎接美人鱼　陈掌谔今日赴港

竞强会游泳池开幕,并举行全厦游泳赛大会。昨集各股长联席会议,到 12 人,主席沈志中,讨论:

一、刊发《竞强体育会游泳池落成典礼纪念刊》《全厦游泳竞赛大会专刊》案。议决由宣传股负责办理。

二、宣传股提出宣传计划大纲案。议决交丁委员玉树审查。

三、规定"欢迎香港游泳队大会"及全厦游泳竞赛大会闭幕礼游艺会开会日期案。议决欢迎会定 8 月 10 日,"闭幕礼游泳会"订 8 月 12 日。

四、秩序股提出本游泳池落成典礼,闭幕礼游艺及欢迎会秩序请通过案,议决通过。

又该会因游泳池距市稍远,为便利参加大会,特向公共汽车公司商洽,由中山路、大同路到游泳池,车资每次只收小洋一角。该会并派总干事陈掌谔赴港迎接杨秀琼,及香港游泳队,定今日乘轮赴香云。

《江声报》1935 年 7 月 19 日

竞强会买骏马　备国庆赛跑

本市竞强会体育会,前日派员赴香港,选买骏马 25 匹。据该员函告,现已办妥,不日即可回厦。该会经筹备,于国庆日举行跑马大会云。

《江声报》1935 年 9 月 9 日

竞强会购马十七匹昨日运厦

本市竞强体育会,准备国庆日举行跑马竞赛,经派员赴港选购骏马,决买 25 匹。嗣因所带款项不足,且以良马不易买得,故仅卖 17 匹,已于昨日由港附海阳轮到厦。即时马夫 18 名,带入马棚豢养。

《江声报》1935 年 9 月 17 日

竞强筹备赛马会　派员入内地登记马匹

竞强体育会定元旦日举行闽南赛马大会,经聘研究骑术之王守仁、林大弼、黄萃庭、吴瑞珍、杜沧、施江波、陈清溪、林天助、马育才等9人为大会筹备员。昨开一次会议,议决:

一、派吴瑞珍赴内地,登记参加竞赛马匹。二、设备宿舍、马棚、马粮,招待参加人员及马匹。三、前定报名费每人5元取消。四、竞赛项目,分甲乙两组。五、奖品,锦标每组第1名,奖金牌1枚,第二三名各奖银牌1枚,一二三四名各奖红缎金花。

《江声报》1935年12月17日

精武游艺售券队推人负责

厦门精武会定五月二三四等日举行征求会员及第四届游艺大会,于前晚开二次筹备会议,决定分七队售券,第一少林队,由叶元章、冯连科、陈诗雍负责;第二八卦队,由苏行三、汪嘉猷负责;第三太极队,由陈李梁负责;第四武当队,由庄乃港、白标第负责;第五螳螂队,由白格外、洪智慧负责;第六形意队,由李侠、廖秀芬负责;第七魔爪队,由刘金泉、吴剑影负责。并聘请南天剧社,在厦演《金宝》,在鼓演《号阀》。又有海关俱乐部演平剧,中华口琴队演口琴,及大同、励德两校之新式歌舞,并陈永命之双簧等云。

《江声报》1936年4月11日

闽南国术今联合表演下午2时在中山公园
节目应有尽有　卖券悉充援绥

厦门精武会发起闽南国术联合表演大会,卖券集款援绥,准定今(12)日下午2时开幕,场所在中山公园精武会前。其秩序:一、奏乐开会。二、向党国旗及总理遗像行礼。三、读总理遗嘱。四、宣布开会宗旨。五、长官训词。六、来宾演说。七、报告筹备经过。八、奏军乐。九、摄影。十、表演。其表演节目:(一)团体操:精武会。(二)太极拳:陈世难、陈世红。(三)沉头:邱思志。(四)玉步摇:沈秀叶。(五)罗汉跷(翘)脚:徐水员。(六)罗汉拳:徐莲蒲。(七)观音双剑:西藏活佛。(八)鹤拳:周明山。(九)鹤锦拳:陈一龙。(十)八仙掌:庄子琛。(十一)三战四门:张乃便。(十二)单剑:林家泉。(十三)九龙吐珠:傅点水。(十四)青萍剑:袁道。(十五)玄鹤拳:张来成。(十六)春秋刀:陈江池。(十七)三战:妙月。(十八)罗汉拳:王青田等。(十九)拳:江明山。(二十)拳:郭添丁。(二十一)双打:苏文来、苏文岭。(二十二)单剑:崔华。(二十三)九节鞭:黄云飞。(二十四)双刀:郑守文。(二十五)双叠拳:陈大猪。(二十六)龙拳:浒茂国术馆。(二十七)猴拳:浒茂龙武国术馆。(二十八)三节棍:曾翠珍、陈秀珍。(二十九)四门跳窜:白点春。(三十)四门大刀:陈宗海。(三十一)鹤门:陈昆山。(三十二)双刀:柯剑峰。(三十三)空拳:郑启明。(三十四)三战打肚:蒋辉云。(三十五)千日打:蔡良贵。(三十六)五虎四门:黄世培。(三十七)五行剑:高剑云。(三十八)梅花刀:蔡明潭。(三十九)形意拳:彭凌。(四十)四长长椅:李春荣。(四十一)单刀三才剑:林秀珍。(四十二)阴阳腿:陈天湖。(四十三)日月双刀:黄炎茂。(四十四)五虎枪:杨青峰。(四十五)大力士:李载銮。(四十六)弹弓:崔华。(四十七)临时表演。总上参加者,为金门、新江、龙溪、石码、浒茂、武陵、醒民、平民、泉州等国术馆,厦门仁和堂、捷英国术馆研究社、精武会等。

《江声报》1936年12月12日

厦市国术馆不日成立　市长杯球赛计七队参加

本报讯　厦市国民体育委员会,于本月17日假市府举行成立会。议决修改章程,增聘委员,扩展业务,并订下月1日举行市长杯篮排球比赛,各情经见报载。兹悉:报名时间照规定截至今日止,闻男子队参加者达7队之多,届时当有一番剧战。至女子队,则闻前参加青年杯篮球赛之厦大与毓德二队,无加入之意,而体委会规定须三队以上方举行比赛。如是则女子队届时能否举行比赛,尚(存)疑问。查福建全省第八届运动会,将于本年双(十)节举行。过去七届运动会,闽南健儿颇多建树,风头甚健。倘能乘此机会多多练习,将来在全省运动会场上,当可保持历届之光荣也。

本报讯　厦市人士严焰、丘启明、张锡九、丘国珍等12人,为提倡增强国民体格及保存国粹起见,曾发起组织厦门市国术馆。兹悉:业经市府批准,并延聘名拳师丘剑刚为馆长。馆址设思明南路中华巷11号,不日正式成立云。

《中央日报》1946年5月29日

中行体育会公开挑战　欢迎函约球类比赛

本市讯　厦门中国银行同仁体育会,经于日前成立。闻篮球、排球、乒乓球等队实力相当雄厚。该行为观摩球艺起见,欢迎各机关球队函约友谊比赛云。

《中央日报》1946年11月5日

青年杯篮排球赛

查青年体育会举办第二届青年杯篮球赛,比赛次序业经排定:29日,篮球第一场厦大对白宫,第二场大同对白星,排球大同对青年。30日,篮球群星对白宫,厦大对白星,排球厦大对厦友。31日,篮球大同对厦大,群星对白星,排球厦大对大同。2日,篮球白宫对大同,排球大同对厦友;3日,篮球厦大对群星,排球厦大对青年。每日比赛时间,排球3时开始,篮球第一场4时,第二场为5时云。

《江声报》1947年3月29日

青年赛定期给奖

本市各界庆祝第四届青年节举行青年健康比赛、自由车表演、童车技术表演、青年杯篮排球赛等活动,现经全部结束,各项优胜者如次:

青年健康比赛男青年组第一名蔡乃哲,二名吴荣福,三名丘书院,四名陈俊元,五名白启明;女青年组,第一名洪珍珍,二名白如羡,三名李永贞,四名林聿祥,五名陈幼治。青年自由车表演,计有大同中学、双十中学、英华中学、市立中学及青年团第七区队等单位;童车技术表演,市立中学。篮球比赛冠军群星队,亚军厦大队;排球比赛冠军青年队,亚军厦大队。

该会收到各项表演比赛奖品甚多,经定于本月11日(星期五)上午9时,假青年团分团部举行给奖典礼。凡参加表演或比赛者,均须出席领奖并摄影留念。

《江声报》1947年4月9日

青年节表演比赛　昨行给奖典礼　团员总甄核呈准限期补办

本报讯 市各界庆祝第四届青年节各项表演比赛，业已结束，经于本11日上午9时假青年团厦门分团部大礼堂举行给奖典礼。出席各校代表及各项表演比赛优胜者，暨党团军政等机关代表计200余人，主席郭干事长熏风，领导行礼致词后，旋即开始给奖。

青年健康比赛，男青年组第一名蔡乃哲，第二名吴荣福，第三名丘书院，第四名陈俊元，第五名月（白）启明；女青年组第一名洪珍珍，第二名白如羡，第三名李永贞，第四名杜聿祥，第五名陈幼治。自由车表演为大同中学、双十中学、市立中学、英华中学；童车技术表演，市立中学。篮球冠军群星队，亚军厦大队；排球冠军青年队，亚军厦大队。

奖品计有银杯、银盾、锦旗、镜框、纪念笺、胶鞋、毛巾等，总数达百余件，琳琅满目，美不胜收。会场充满欢欣气象，掌声不绝于耳。至10时许始告礼成，全体"健康青年"摄影留念云。

《星光日报》1947年4月12日

青赛给奖美不胜收

本市各界庆祝第四届青年节，各项表演比赛业已结束，经于本11日上午9时假青年团厦门分团部大礼堂举行给奖典礼。出席各校代表及各项表演比赛优胜者暨党团军政等机关代表计200余，主席郭干事长熏风领导行礼致词后，旋即开始给奖。奖品计有银杯、银盾、锦旗、镜框、纪念笺、胶鞋、毛巾等，总数达百余件，琳琅满目，美不胜收。会场充满欢欣气象，至10时许始告礼成，全体"健康青年"摄影留念云。

《江声报》1947年4月12日

市体育界新军突起白马体育会成立足球队昨已组织就绪

本报讯 本市自光复后，体育界除青年体育会及一二篮球队有正式之组织外,余者均忽隐忽现,未能扶助本市体育之改进。吾厦旅沪之东华体育会董事庄友仁氏,去岁还里,目睹体育界之日益消沉,颇多感慨。曾与厦地体育界诸名流言及筹组体育会事,声称自愿单独以资大支持,促其早日实现。近复派人在厦积极进行,并定名为白马体育会,已于昨日(16日)在其私邸虎园路15号碧玲小憩正式成立白马足球队。闻该队队员包括原有厦市足球健将及最近返国之菲岛名手多人,实力颇形坚强,不日即将邀约厦地名队比赛。

又该会对篮排田径人员,仍积极吸收,以便形成一组织严密、机构健全之体育会云。

又讯 吾闽南旅沪名商巨贾所组织之华侨联谊社,近又成立一厦声体育会,由闽籍名体育家庄友仁、沈昆南两氏领导训练。经常与沪各大学比赛,颇得好评。近拟于5月中旬,由庄氏率领足篮球队来厦远征,谅届时定必有一番盛况云。

《星光日报》1947年4月17日

体育会定五四举行解南杯篮球赛 在学中学生得组队夺标

本报讯 厦门青年体育会于第四届青年节时,举办第二届青年杯篮排球赛,惟因未有分组,故各中等学校球队咸以学生体格及技术与社会业余球队相差悬殊,致未能普遍参加。该会有鉴及此,为谋补救起见,特请厦门分团郭干事长薰风捐赠"解南杯"一座,并定于5月4日学生运动纪念日,举行"解南杯"男子篮球赛,惟限各中等学校球队参加。兹探志比赛简则如下:

厦门青年体育会举办"解南杯"中学组男女篮球锦标赛简则:

(一)定名:本球赛定名为"解南杯"中学组篮球锦标赛。

(二)宗旨:以提倡中学生运动,训练体魄为宗旨。

(三)项目:本球赛分男子、女子二组。

(四)报名日期:即日起至5月1日下午四时截止。

(五)报名地点:一、升平路青年团;二、中山路青年服务社。

(六)比赛日期:(民国)卅六年6月6日下午5时起。

(七)比赛地点:中山公园篮球场。

(八)报名人数:男子组每队限10人,女子组每队12人。

(九)参加资格:凡本市本学期在学学生均得参加(以学校为单位,每校每组最多得参加2队)。

(十)比赛规则:本球赛采用卅五年上海市体育协会审定最新篮球规则,及(民国)卅六年全国体育协进会审定女子篮球规则。

(十一)比赛方法:本球赛采用单循环制,其比赛秩序,由本委员会编配之。编配后不得更改。

(十二)保证金:凡参加本球赛者,每队须缴保证金国币1万元。至终赛时如无弃权,原款退回,如经弃权者,则予没收之。

(十三)改期:如遇雨大或特殊情形,不能举行比赛时,则由本会通知该队更换时间。

(十四)弃权:凡值比赛球队逾规定时间10分钟者,以弃权论。如双方均不到场,俱作弃权论。

(十五)取消赛权:凡球队经二次弃权者,则取消其比赛权及一切成绩。

(十六)抗权:凡球队如有抗议者,须当场先以口头向裁判员声明,并于24小时内具正式抗议书,并缴抗议保证金国币1万元,送交球赛委员会。如委员会认为抗议有效者,得将保证金发还,否则没收之。惟以球赛委员会之裁判为终结,不得异议。

《星光日报》1947年4月17日

本市体育会昨告成立市长杯篮排球赛定下月1日开始

本报讯 厦门市国民体育委员会成立大会,昨下午假市府会议厅举行。由叶书德主席,讨论事项如下:

一、关于本会组织章程修正通过。二、推选洪蒲苇任本会秘书,王悉荆、李如竹任总务,吴金声、陈洵阳任设计,庄文潮、叶维德任推行。三、增聘黄谦若、林素端等27人为本会委员。四、市长杯男女篮排球比赛应分开举行,报名时间5月25日起至29日止,30日、31日编队,1日开始比赛。报名地点,教育局及中山路新的书店。五、端午节举行厦鼓横渡龙舟比赛。六、本季各种运动经费数目,预定五万万元。推选黄市长天爵、吴主任秘书春熙、叶局长书德、张述等委员为筹募委员,叶局长为召集人,分别向各界筹募云。

《星光日报》1947年5月18日

"厦声"体育会领队沈昆南报告组织经过及发表谈话

又讯 厦声体育会领队沈昆南氏,兹向各报书面报告该会组织之经过及发表此次征厦谈话如下:本市旅沪同乡,以"强国必先强身",鉴于体育活动之需要,乃由服务商界之球员叶贻佳、张尚义、黄有志3人联合热心同乡陈鼎元、张昌明、叶向荣等,发起体育会之组织(该项组织,本人与陈掌谔君,曾于民国十八年间,作具体之计划,并曾各方奔走后,因物力、人力之缺乏,未能实现),一呼百应,乃于去年秋末成立,定名为厦声体育会。

赖各会员之同心协力,先组成有足球及篮球两队,按时练习,尤以庄友仁君之热诚推动,代租一大型足球场,以供业余练习。旅沪之华侨联谊社,鉴于敝会会所之缺乏,由庄君从中干(斡)旋,于今年春间,合并于该社体育组,而仍用"厦声"名义。盖同人等深具有挚诚希望,愿努力实行,以继承20年前吾厦同乡在全国运动界之光荣地位。

此次整队回乡,在求技术上之切磋及联络同乡感情,具抛砖引玉意义,望能实现同人组织之初衷。考之以往,吾厦运动史绩实可谓创举,吾国(等)深愿家乡父老兄弟,时予指导与督促,尤望热心人士,合作研究,与共趋光明大道迈进。又此次厦游之举,纯为庄友仁君一人努力,捐募筹备并得各同乡及诸球员之热心协助,始克成行。

《星光日报》1947年5月31日

青体会举办游泳网球赛

青年体育会,昨开六次会议,出席杨树宝等12人,主席杜申元。议决:

(一)厦鼓男女横渡游泳比赛,时间定7月14日上午12时(夏令时间)举行,起终点为鼓轮渡码头至厦海关码头,报名日期自7月1日起至10日止。报名地点:鹭江青年服务社、新的教育用品社。录取名额10名,均给予奖品。凡能到达终点者,亦给纪念品。

(二)7月9日团□举行网球赛,分单双打两类比赛,地点公园体育场。采取淘汰制,最后优胜4名时,再循环赛,名额单双打均录取冠亚军。报名地点同日期自即日起至7月5日止,手续须填具报名书,并缴费1000元。

《星光日报》1947年6月29日

白鹭游泳队昨首次下水

本报讯 厦市报人发起组织之白鹭游泳队昨已正式成立,举行首次练习。午前10时半,全体队员乘车出发海滨游泳场,摄影后,全体下水。近午复驱车往南普陀寺聚餐,并举行首次队员会议。主席庄春木报告筹备经过,林直平报告收支账目,其讨论事项计:(一)征求新队员,由林直平负责登记。(二)推许祖馨、曾子铭为白鹭队教练。(三)练习时间,每星期日以潮涨时决定。(四)公推庄春木为总领队。(五)公推林直平、郭亚友、王人言、王盛怡、吴在芬、李苏、杨明为干事,并推林直平为总干事。(六)白鹭队员未能按期练习,议决由干事会另拟办法,提交下会决定。(七)队员每年每人经常责12万元。会毕,仍乘原车返市云。(弹)

《江声报》1947年8月1日

体育协会开筹备会

本市体育协会筹备委员会29日开第一次筹备会议,议决事项:一、协会章程,仍推庄文潮拟草,提交下次筹备会审查;二、筹备会会址改移在中山公园南门入门左边原有房屋,并派员向管理处接洽;三、会员种类分团体会员、个人会员两种,个人会员分赞助会员、普通会员两种,团体会员会费每年10万元,赞助会员由个人随意乐捐,普通会员会费每年5万元;四、征求会员办法:团体会员由筹备会发函各学校体育团体加入,个人会员登报征求,赞助会员由会拟具名单函聘之;五、会员徽章,推举庄友让设计,提交下会决定;六、下会日期订12月3日(星期一)下午5时,仍在庄友让住宅举行。

《江声报》1947年10月31日

"市体育协会开筹备会"篮球联赛正筹备中

本市讯 本市体育协会筹备会,为举行中学篮球联赛,特于昨(10)日下午3时假虎园路15号召开体育座谈会。出席吴春熙、杨绪宝、钱一勤等10余人,主席吴春熙。经决议:一、比赛时间由12月20日开始。二、报名时间由即日起至12月17日。三、比赛地点,假同文中学球场。四、12月17日下午3时假虎园路15号召开各参加队领队或指导员座谈会,抽签次序,并排定日期。五、本联赛推举杨绪宝、杜申元、叶维德、陈昆山、刘如羲、陈洄阳、郭尚霖等负责主持。六、本联赛规程推举叶维德负责起草。七、组织本联赛裁判委员会,推举钱一勤为主席。八、奖品由体育协会备制大银杯一座,将每年度优胜队铸刻杯上。该杯由协会保存,并另备奖品奖给优胜队。推举叶维德、杜申元、陈昆山负责设计。九、本联赛完毕后,继举行公开男女篮球赛。十、推举庄友让负责筹备出版体育周刊。

《中央日报》1947年12月11日

厦市体育协会筹备举行中学篮球联赛

本市讯 本市体育协会筹备会为举行中学篮球联赛,特于昨(10)日下午3时假虎园路15号召开体育座谈会。出席吴春熙、杨绪宝、钱一勤等10余人,主席吴春熙。经决议:

一、比赛时间,由12月20日开始。二、报名时间,由即日起至12月17日。比赛地点,假同文中学球场。三、12月17日下午3时假虎园路15号召开各参加队领队,或指导员座谈会,抽签次序,并排定日期。四、本联赛推举杨绪宝、杜申元、叶维德、陈昆山、刘如羲、陈洄阳、郭尚霖等负责主持。五、联赛规程推举叶维德起草。六、组织联赛裁判委员会,推举钱一勤为主席。七、奖品由体育协会筹备大银杯一座,将每年度优胜队镌刻杯上。该杯由协会保存,并另备奖品,奖给优胜队。推举叶维德、杜申元、陈昆山负责设计。八、联赛完毕后,继举行公开男女篮球赛。九、推举庄友让负责筹备出版体育周刊。

又全国运动会经中央发表于明年5月5日在沪举行,该会为未雨绸缪,经决议,建议市政府:一、向省方电询全省运动会期间。二、本市运动会应在全省运动会前三星期举行。三、本市运动会势在(民国)卅七年度举行,唯运动场之设备修葺等费用,请由(民国)卅六年度有关款项拨项用。

《星光日报》1947年12月11日

厦棋友筹组象棋社

今江滨棋赛　看敌手相逢

江滨棋赛连日举行热烈，轰动遐迩棋迷，昨南安冠军黄龙眼，闻风亦来本市，与康启明对局，结果康胜。继则为康白比赛，白锦祥于掌声雷鸣中登坛，与康叙礼后，即开始第九局。白先手，康因所布阵势微有破绽，白乘机平炮侵入康阵，又用单马进四，一边吃车，一边吃马，使康迫不得已，非放弃一子不可。白为谨慎起见，不吃车而吃马，结果康作城下之盟。第十局康先，用强硬当头炮局进攻，大有直抵黄龙之概。白节节后退，采取迫战求和方法，最后以一车一炮一卒，和康车、炮、士、象全。第十一局白先，十数合后，竟成秋色平分，俟明（27）日续赛。

本日为蒋良德对康启明，查蒋君，于十年前，本市仅有吴在澳足与抗衡。其所用过宫炮，均独出心裁，梅花谱之破过宫炮着法，已成虚妄。故曾使中国棋王谢侠逊束手无策，叹为观止。

又虎将张金国身体已告痊愈，不日将再登台，与康白对弈云。

又讯　厦门棋友拟筹组象棋社，借以联络情感，提倡高尚娱乐。闻已由姚嘉松、朱甘卢（芦）、林捷星等发起筹组云。

《江声报》1948年1月26日

本市棋友开联谊会

市息　昨（31）日本市棋友姚嘉松、朱甘芦、庄春木等30余人，假江滨咖啡室开第一次联谊会。除请白锦祥、康启明对弈表演棋艺外，并推选庄春木为名誉社长，庄春木、施高尧、吴金竹、李自成、黄江溪、刘兴邦、吴道长等负责财务，姚嘉松、林捷升、朱甘芦、林朝庆等负责事务，姚嘉松、朱甘芦二人为常务理事。情况至热烈，至3时散会云云。

《立人日报》1948年2月1日

虎鲨队更名澎湃游泳队

本市虎鲨游泳队自短距离选手潘威廉及长距离选手黄运森离厦后，队务即告停顿,队员星散。闻有一部分队员鉴于游泳季节开始,且军民体育会主持之厦鼓横渡游泳赛定 25 日举行,经有热心体育菲侨捐资支持,即日重新组织,并更名为澎湃,昨已在鼓正式成立。

又潘威廉离厦后,即往台北执教。顷致函其友,拟于月间率领该地游泳健儿来厦比赛。(默)

《江声报》1948 年 7 月 19 日

体育协会登记会员　市长杯赛定期举行

本市体育协会 11 日下午 8 时假虎园路 15 号召开第四次筹备会议,出席郭尚霖、杜申元、叶维德、施维熊、庄友让、陈昆山、吴春熙、刘如羲等,主席吴春熙。议决事项如下:

(一)记者篮球队函以记者杯白联队与记者队比赛时,白联队员行为粗暴,请制裁一案。经本会派陈委员昆山、杜委员申元调查属实,白联队员刘仲鸿、陈剑传、王昭福、谢江水等 4 人行为粗暴,违背体育精神,应受停止出赛权 3 个月之处分(即日起至 12 月底止)。

(二)本会会员会费:1.会员入会时应缴纳入会金 2 圆。2.赞助会员年纳常年会费 100 圆以上。3.团体会员及个人会员年纳会费 6 圆,体育从业员减半。

(三)会员征求及登记期间,团体会员请陈委员昆山、刘委员如羲负责接洽。登记期间团体会员即日起至 20 日止,个人会员至 25 日截止。简章及入会志愿书可向中山路新的书店索取。

(四)建议市府设置市公共体育场管理员一人,并派吴委员春熙负责接洽。

(五)市府函托举办男子公开组市长杯篮、排、网球比赛。网球组 9 月 20 日,排球组 10 月 1 日,篮球组 10 月 3 日起,分别开始举行。报名日期,自即日起至各该组比赛前 2 日截止,报名地点中山路新的书店。(默)

《江声报》1948 年 9 月 13 日

市长杯篮排球赛　参加者将极踊跃　体育协会昨开筹委会

市体育协会昨下午 8 时召开第五次筹备会议,讨论事项:

（一）市长杯排球赛限 29 日下午 2 时截止报名，4 时在镇邦路 42 号友益行抽签，并编定赛程。篮球赛限 30 日下午 2 时截止报名，仍假友益行排定赛程（如参加十队以上，决分两组同时举行。每组各取优胜者两队，再行循环赛）。

（二）聘请马丕显、杜申元、叶维德、周马岱、田春澜、杨转乾、陈昆山、刘如羲、傅永吉、庄文潮、周鹏南、傅永信、钱一勤、刘有光等为市长杯裁判员，庄文潮为主任委员。定 29 日下午 3 时在友益行举行裁判员会议，陈百祥、郭金河、辛大赏、曾子铭等为计时记录员。

（三）推马丕显、叶维德、杜申元、庄有让、刘如羲负责分组，30 日下午 4 时在友益行编定之。

（四）本会订 10 月 1 日下午 1 时（中原时间）假市府会议厅举行成立典礼，推举吴春熙为大会主席，陈昆山司仪，刘如羲为记录，叶维德为事务。查排球决定报名参加者，有石码、同余、健群、市府、省中、侨师、法院等队，篮球有要塞、海军、菲华、同余、群星、中华、厦大、市府、起御（卸）、记者等十数队，破胜利后球赛参加最多纪录云。（默）

《江声报》1948 年 9 月 27 日

体协会昨成立

市讯 本市体育协会昨日下午 2 时假市府会议厅举行成立大会，出席团体及个人会员 20 余人。主席吴春熙报告一年来筹备经过，继通过章程，即选举理监事。结果陈昆山、吴春熙、郭尚霖、庄有让、刘如羲、叶维德、杜申元、马丕显、庄文潮等 9 人当选为理事，杨绪宝、曾子铭、周马岱为候补理事，叶书德、骆萍踪、施维熊等 3 人当选为监事。选举完毕，摄影散会。

《立人日报》1948 年 10 月 2 日

祝本市体育协会成立

本会监事叶书德

本市体育协会的成立，我想是光复后体育界最有意义的表现。体育活动虽素有合群性，但在体育团体之间，因为互相竞争的关系，彼此立场的不同，感情上或有不必要的离□，友谊上或有未能十分亲切的地方。所以常常只有小团体的结合，没有大团体的结合，形成一种美中不足的缺憾。体育协会成立之后，每一个缺憾便可弥补了。爱好体育的人士，对于厦门这次的体育界的结合，一定觉得兴奋的！

体育不是一个玩意儿，只跳高赛球给一般少爷、小姐及有闲阶级们欣赏而已，而是一种强种强国的重要手段。它对每个人的需要与穿衣、吃饭无异，这一点，我们要以一种严正的态度去认识，积极地提倡鼓吹，使朝野上下对国民体魂（魄）的锻炼，运动技术的修养（共）□最大的努力。至于以为体育是无足轻重之事，运动是粗鄙的娱乐，运动员是没有实用的人才，那完全是腐儒的见解。这种要不得的见解，在体育协会成立之后，亦非把它完全丢入鹭江，让海水洗净不可，这是厦门体育界应该肩起的重大任务！

厦门的国民体育，在战前拥有辉煌的光荣史。沦陷期间，虽然受到极大的摧残，但光复后短短三年间，体育团体成立，有如雨后春笋，其气象也似朝阳一样的蓬勃。而体育协会，因体育同人热心倡导，于此时成立，对本市体育重要组织均在积极筹划中，更显示本市体育特有凌驾往日的成就。此次为了纪念体育协会成立而举行的市长杯篮球比赛，参加的球队逾14个单位，造成三年来最大规模的球赛，而且有载誉归来的中国世运篮球选手李世国君参加菲华队，前来一显身手。我们（将）看秋高气爽、风景幽美之中山公园球场上，展开的一幕又一幕的精彩表演，不难看出厦门体育前途的光明！

《星光日报》1948年10月6日

厦门市体育协会之组织

本会总干事 庄文潮

厦门为五口通商大埠之一，亦南洋华侨聚散之处，隔江与鼓浪屿对峙，北面一衣带水□集美，西北渡五通至澳头，直通福厦公路要道，朝登夕至，体育风气鼎盛。自抗战沦陷八年，人才散居。收复以还，复员同庆，仅体育而言，已不若以往之兴盛，人才亦不前以往之杰出。但体育训练非仅为身心健康之训练，实为人格道德与人生幸福之根源。

世运会之主旨曰:"参加世运之目的不在求必胜,而在乎每种运动能互相合作,守运动君子之精神。运动会上不是生活之争夺,而要在精彩之努力,表演个人之特长能力,发展个性本能,借以互助观摩切磋,随时代巨轮而迈进。"本市热心体育人士本乎此旨及每感战后厦门体育之落后,亟应奋起直追。设徒作"打针刺激式"之提倡,非但无济于事,且将贻笑于人。遗憾殊殷,体育同志实(难)辞其咎。

惟每一事业之推动,应有重心与健全之组织,而后筹划设计,并规定中心工作,(后)按步就班,使事业有所成就。今日本市体育协会之产生,就是希望体育界人士在此健全之组织下团结一致,负起推动全市之体育而组织的。我们不但希望今后之学校体育能普及推行,甚至民众团体机关对体育亦能有深切的认识而日趋发达。

市体育协会之筹备,乃在(民国)三十六年秋,由体育先进与名流杨绪宝、吴春熙两位先生振臂一呼,召集体育界人士,共同组织。本会于是年冬成立,但在主持全厦中学杯篮球联赛后,杨先生赴台湾休养,吴先生政务繁忙,领导乏人,致工作无形中停顿。今秋乘市府庆祝光复三周之便,举行市长杯网排篮球赛,吴春熙先生二度号召,全市体育同志再接再厉,力促成立,果见成功。经于10月1日开成立大会,选举理监事。10月4日举行第一届第一次理监事联席会议,推举理事长及常务理监事,聘请总干事、干事及秘书。今后会务负责有人,并望全市各界热心人士共同扶植,使此刚在国中下种之苗能得培植生长。他日欣欣各(向)荣,结实开花,此非但本会之宗旨目的达到,且为全市体坛之幸!

《星光日报》1948年10月6日

厦门市体育协会第一届职员名单
(民国卅七年度)

理事长	庄友让
常务理事	吴春熙　杨绪宝
理事	马丕显　郭尚霖　庄文潮　杜申元　陈昆山　叶维德
常务监事	施维熊
监事	骆萍踪　叶书德

续表

总干事	庄文潮
干事	叶维德　陈昆山　郭尚霖(兼财政)　曾子铭　刘如羲

厦门市体育协会会员录

(A)个人会员

吴春熙　杨绪宝　叶书德　贺轶　吴贞　骆萍踪　马丕显
庄文潮　郭尚霖　田春澜　庄友让　叶维德　施维熊　刘如羲
陈昆山　杜申元　周马岱　周鹏南　曾子铭　郭会□　钱一勤

(B)团体会员

蓝燕篮球队——负责人洪远豪　　起卸篮球队——负责人林文龙
群星篮球队——负责人陈昆山　　海军篮球队——负责人□□□
菲华篮球队——负责人施维熊　　中华中学队——负责人王连元
大同中学队——负责人叶□□　　侨师篮球队——负责人朱昌汝
要塞篮球队——负责人□□□　　蓝星篮球队——负责人姚□□
青友篮球队——负责人张嘉熙　　健群排球队——负责人杜申裕
市　府　队——负责人吴春熙　　双十中学队——负责人吴厚沂
商友篮球队——负责人□□□　　英华中学队——负责人许扬三
同　余　队——责人国郭尚霖　　白马体育会——负责人庄友廉
全白篮球队——负责人李裕□　　记者篮球队——负责人许荣椿

《星光日报》1948年10月6日

起卸队的内幕

秦家

　　笔者对于体育颇有兴味,所以报上刊登的体育消息,特加注意,阅体育圈中的球队介绍,几乎都是为素在本市盛名的球队捧场与批评。以笔者的感觉,素负盛名的固然是要鼓励,而对于一般后起之秀,也应该加以提拔。"后生可畏"的这一句,我相信大家是不能否认的,好像这次菲华队的李世侨君,他今年才 22 岁,以其技术,举世所罕见。的确,后生可畏是毫无异议的。所以本人的感觉中,特藉贵报体育圈中之一角,把后起的起卸队内幕,露之于报端。

(一)起卸队组织的起因

起卸队的队员,是由于起卸工友中遴选出来的,他们的目的是在求提倡正当娱乐,却不在乎锦标不锦标,所以一个外人都不拉其参加。有些工友除工作时间外,其余的时间,我相信不是饮酒就是赌牌,或沉沦于其他不正当的事情。本人这一句话并不敢武断,工友们都是会过着这种生活。可是有些工友(们)总也脱不了有这些玩意,所以起卸队组织起因难免为着要摆脱不正当娱乐而组成的。

(二)起卸队的经济来源

他们的经济来源,都是由个人的血汗争取来的,他们以每人每日所得的工资,自愿捐献几分之几作为公费,其余的收入才以二一添作五的按数分发。队址是设在草仔鞍起卸工会内。起卸的范围颇广,所以收入的工资不致发生问题,历届所参加的费用,都是由起卸工会负责。因其经济之充裕,记者杯与市长杯各队制服,他们还是不落人后。

(三)起卸队的精神

起卸队的精神,可以说为历届球赛各队中之精神最健者,因为他们有胜不骄败不馁的风度。听说在沦陷期间,他们曾以海萍队出(之)名参加(据悉,海萍两字是表示他们在沦陷期间,在海上作起卸工作时,极端危险,仿如海上之浮萍,故名曰海萍),屡次都是名落孙山。但是他们毫不灰心,一而再,再而三,直至胜利后才变名为工联队。由记者杯时起,又改名为起卸队,他们为着要表现起卸队的精神和立场,所以用"起卸"以名副其实。

(四)起卸队阵容

他们这一队的实力,以我的估价,约在五六流之间。这并不是估价太轻了,当然瞒不过明眼的人,可是一般对于具有熟识的人,当其负某队责任时,常把该队自己估得太轻。因为如果看重自己,就会变成骄兵了。骄者必败,谁也可以相信的,倒不如还是估价轻一点,比较得便当。若论起卸队的油,可算十足令人满意,其所差者是乏人指导。我相信起卸队如果得着一个有经验的人在旁好好的指导,将来进步不可限量。起卸队队长林文龙,兼起卸领班,每日发放工资,由他主持,很少见下场,所以无从说起。中锋陈锡坤(12号),原白宫队之主将,体健而美,善跳跃,惯单手投篮,为全队最杰出人物。喜带球,而不传,致失却前锋投篮机会。这个缺点,如锡坤能除掉,将来的希望,未可限量。前锋林进兴(3号)绰号"鸡母"。因其在童年的时候,事事皆畏首畏尾,形同鸡母生蛋时之缩形,所以号之曰"鸡母",身虽矮小,但是跳跃颇高,投篮时须跳跃才有把握。全队之胜负,都是由他入篮多少定胜负,是全队之灵魂。前锋孙德成(5号),身材矮小,沛力充足,最会乘隙鼠窜,可是遇着高大的后卫,就大感头痛,如老鼠入牛角。所以笔者希望德成君如要继续玩球,那么在暇余的时间,多练些远射,以补不足。后卫蔡天赏,是后起球员,下场时过于慌张。大概是初出茅庐的关系,记得某名教授说一个运动员如要出场应赛,至少须经过百场以上战绩,才不致有慌场或慌恐的事态发生。所以本人愿蔡君以后还是多多练习,除了这几个较常出场应战的猛将外,还有刘文甫、林恶、吴维滨、江金龙等颇可造就之球员。

《厦门大报》1948年10月25日

体育协会拟定活动程序　泉中篮球队来厦作比赛

市体育协会于日昨举行第二次理监事联席会议,除报告财政收支状况外,讨论事项:

一、修建同文球场,经费由菲华义赛收入款项拨充,约需金圆3000余元。现已动工,计划于明年装设电灯。

二、聘请顾问,拟定名单,提下会通过。

三、订定冬季体育活动:甲、12月4日起举行第二届中学男子组及第一届学校女子组篮球联赛,即日起开始报名,12月1日截止,地点中山路新的书店;乙、12月15日起举行男子兵乓比赛,12月1日起开始报名,12月12日截止(概以个人为单位)。

四、拟定全年体育活动程序,元月份越野赛跑,2月份脚踏车比赛,3月份体育协会甲乙组篮球联赛,4、5月份田径赛及小足球比赛,6月份男女排球公开比赛,7月份游泳比赛,8月份网球比赛,9月份记者杯篮球比赛,10月份市长杯篮球比赛。11月份足球比赛,中学男子组、学校女子组篮球联赛。12月份兵乓比赛云。

《江声报》1948年11月17日

男女篮球联赛简则　市体育协会昨拟定

市讯　查市体育协会举办之第一届学校女子组及第二届中学男子组篮球联赛，经订于12月4日起举行，业志本报。现赛期迫届，各中学正在加紧训练中。又该联赛简则亦经市体育协会拟定，兹探录于下：

一、参加资格，本市中等学校而为本会团体会员，得参加中学男子组；本市中等以上学校而为本会团体会员，得参加学校女子组。本联赛以学校为单位，每单位每组得参加一队，队员以现在在校学生为限。

二、参加人数，男女各组每队为12人。

三、报名日期及地点，报名日期自即日起至12月1日截止，地点在中山路新的书店。

四、比赛日期及地点，男女两组均由12月4日起举行，地点中山公园。

五、报名时每单位应缴交保证金金券5圆，于比赛终了后发还。如有弃权者，该保证金没收。如非会员，报名时应办入会手续，并缴交会费。

六、男子组采用单循环制，女子组如参加三队以上，则采用单循环制，二队则以三赛两胜制。比赛秩序，于12月2日上午10时，假镇邦路友益行抽签决定，请各参加单位准时派员出席。不到者，赛程排定后，不得异议。

七、本联赛采用（民国）卅七年全国运动会颁布规则。

八、本联赛如有抗议，在比赛时即按裁判员之命令进行，不得中止，俟比赛完毕后，先以口头向裁判员声明，并于24小时内，补具正式抗议书，连同抗议金五圆，送交本会。如抗议成立，该抗议金退还，否则，予以没收。唯以本会之裁判为终决，不得异议。

九、凡比赛球队逾比赛规定时间10分钟者，以弃权论。如双方均不到场，俱作弃权论。

十、凡球队经二次弃权者，取消其比赛权及一切成绩。

《江声报》1948年11月27日

本年度中学组男女篮球联赛明起同文举行

市讯　本市体育协会主办卅七年度中学组男女篮球联赛，定明（4）日起在同文球场举行。参加女子组八队，突破历来女子球赛最高纪录。该会为节省时间起见,故分甲乙两组,每组录取两名,再行复赛。男子组6队,采用单循环赛。第一场下午3时开始,第二场下午4时,迟到10分钟,以弃权论。兹将赛程发表于后:12月4日,双十对省中(女子甲组),大同对省中(男子组)。5日,中华对市中(男子组),双十对英华(男子组)。6日,毓高对市中(女子乙组)。7日,省中对中华(男子组)。8日,毓初对怀仁(女子乙组)。9日,中华对大同(男子组)。10日,市中对英华(男子组)。11日,省中对怀德(女子甲组),省中对双十(男子组)。12日,大同对市中(男子组),中华对英华(男子组)。13日,怀德对厦大(女子甲组)。14日,大同对双十(男子组)。15日,毓初对市中(女子乙组)。16日,省中对英华(男子组)。17日,双十对厦大(女子甲组)。18日,毓高对怀仁(女子乙组),市中对省中(男子组)。19日,省中对厦大(男子组),中华对双十(男子组)。20日,怀仁对市中(女子乙组)。21日,毓高对毓初(女子乙组)。22日,双十对市中(男子组)。23日,大同对英华(男子组)。25日,双十对怀德(女子甲组)。(默)

《江声报》1948年12月3日

篮球联赛三日战斗

市讯 市体育协会主办之中学组男女篮球赛,于本(4)日下午在同文篮球场开始举行。是日现行对垒者为女子甲组,双十对省中。双十有省运选手谢锦銮,其他女将亦不弱,结果以26∶13获胜。第二场为男子组省中对大同。大同上半时领先,下半时竟气馁,结果反以38∶25被省中所败。

昨下午两场比赛均为男子组,首场为中华对市中,中华为本市各中学最强劲之师,有夺获此次冠军之望。市中非其所敌,结果中华以68∶31压倒市中。次场为英华对双十,上半时双方实力相去无几,下半时双十阵线纷乱,一败再败。结果,英华以31∶12奏凯。

今日首场为女子乙组,毓德高中对市中;第二场为男子组,省中对中华。(邵)

《江声报》1948年12月6日

昨篮球战胜败各有千秋

市讯 昨日下午篮球赛为毓德高中对市中,毓中篮球在战前名震厦鼓,本市收复之初,则大不如前。近经苏教练勤加训练,球艺渐进。市中系战后方开办者,以新练之军,抗老牌之士,结果以37∶2惨败。惟自始至终,气不稍馁,殊足赞许。至毓高之球员,甚少犯规,且虽大胜而无骄矜之态,亦有足取者。

今日为男子组,省中对中华,省中前日战胜大同,中华胜市中。今日两雄相遇,当有一场恶战。(邵)

《江声报》1948年12月7日

球　　讯

市讯　前日下午篮球赛为男子组省中对中华,中华有夺标希望,省中非其敌手。结果,41∶24,中华胜。

昨日为女子组毓德初中对怀仁,毓初后卫第4号与前锋第9号骁勇善战,怀仁无特出人才,结果怀仁以16∶4败北。本日为男子组,大同对中华。

《江声报》1948年12月9日

篮球赛今毓中对市中

市息　本(12)日篮球赛,计有两场,均为男子组。首场大同对市中,大同以54比30获胜。次场为中华对英华,中华以48∶14大捷。13日为厦大女生对怀德,两队实力伯仲,但怀德投篮欠准确,结果以7∶9受挫。昨日为大同对双十,双十去年获得中学组冠军,但本年球艺不见进步,昨日仅以20∶16小胜大同。今日为毓德初中对市中。

《江声报》1948年12月15日

球　　讯

市讯　昨下午篮球赛,为毓德初中对市中,市中队员远不若毓初之矫捷,结果以2∶16败北。然自始至终,各尽其力,抵抗到底,其体育道德颇为一部分人士所嘉许。昨北风凛冽,而毓初队员则短袖短裤应战,有人云:"谁谓女子弱不禁风耶?"本日为省中对英华。(邵)

《江声报》1948年12月16日

球　　讯

市息　前日省中对英华篮球赛，上半时，英华以 9∶6 占先。下半时或因取胜心切，阵容紊乱，省中乘机反攻，结果反以 17∶20 被省中所败。是日裁判员执法欠严，致两队越打越有近于野蛮举动，颇令观众留下不良印象。

昨日为厦大女生对双十，两队实力堪称半斤与八两。但双十投篮比较准确，结果 8∶7，以 1 分之差告捷。或谓昨日双十所以获得胜利，得力于该校董事长、校长、教务长均亲临前线督战，且该校学生到场摇旗呐喊者甚多，士气因而振作。其然耶，岂其然耶？

本日有两场比赛，首场为毓德高中对怀仁，次场为男子组，系市中对省中。（邵）

《江声报》1948 年 12 月 18 日

球　　讯

昨日篮球赛为怀仁对市中，怀仁虽败于毓初，但球艺强过市中，结果以 22∶3 奏凯回鼓。今日为毓德高中对毓德初中，可谓姐妹之战。闻阿姐不让阿妹，阿妹不伏（服）阿姐，届时当有一番大战。（邵）

《江声报》1948 年 12 月 21 日

市体育协会两项竞赛元旦后举行

市息　市体育协会昨下午 2 时，假友益行召开第三次理监事会议，讨论：

（一）定元月 10 日起，每晚 7 时至 10 时举行男女乒乓球比赛。报名日期由元月 1 日至 8 日下午 4 时截止，报名地点新的书店，报名费每人 15 圆，保证金 5 圆。比赛办法采分组循环制，初赛三局两胜，决赛循环五局三胜。

（二）越野赛跑，定元月 16 日下午 2 时开始，路线由江头街起，经厦禾路、船坞、鹭江道、轮渡码头、中山路、中华路，公园南门终点。报名日期，元月 1 日起至 10 日下午 4 时止。十一二两日检查体格，15 日领取号码布，报名地点新的书店。保证金每人 10 元，弃权没收。赛后凭号码布，于一星期内领回,过期没收。参加 20 名以上录取 6 名,30 名以上录取 10 名,每增 20 名多录取 5 名。到达终点均有奖品。秩序兼救护由陈昆山负责,交通由郭尚霖负责,检查体格由刘如羲负责接洽。(默)

《江声报》1948 年 12 月 22 日

球　　讯

前日篮球战为毓德高中对毓德初中,虽云内战,但亦打得煞有介事,各不相让。结果妹妹终因年纪较轻,气力较小,为姐姐所败。其战绩为毓高 12 分,毓初 8 分。昨日为市中对双十,上半时市中以 9:10 见挫于先,下半时猛力反攻,总结果反以 23:20 胜利。昨日之战,因裁判执法欠严,致双方时有越轨行动。

又今日为大同对英华。(邵)

《江声报》1948 年 12 月 23 日

男女组篮球赛　男子:中华荣获冠军　女子:鹿死谁手未知

市息　市体育协会举办中学男女篮球赛,于本月 4 日开始。参加男子组,计中华、省中、大同、英华、双十、市中等 6 校。男子组经连日比赛,已告结束,最后两场为 23 日之大同对英华,及 24 日之省中对市中,大同以 16:11 获胜,省中以 41:24 获胜。此次男子组比赛总结果,中华五战五胜,荣获冠军;省中五战四胜,获得亚军。大同与英华均五战两胜,双十与市中五战一胜。

25 日,女子组双十对怀德之战,可谓女子第一组争夺夺标赛权之生死战。盖怀德虽已 2 分之差败于厦大,但厦大以 1 分之差败于双十,设怀德能胜双十两分,双十将被淘汰。如打成平手,或仅胜一分,怀德将受淘汰。因此,双方均秣马厉兵,于圣诞节下午 4 时,各以雄姿出现于同文球场。论两队个人球艺,双十之第 3 号与怀德之第 1 号,可谓"球逢敌手,将遇良才"。但怀德尚有短小精悍之第 2 号先锋,严守阵地之第四、第八两处(人)之后卫,阵容雄壮。双十后卫较差,赖前锋战士,奋勇争先,第一、第二两节,以 6:6 秋色平分。但第三节竟阵容紊乱,连失数地。第四节虽力图挽回,无如大势已去,结局以 13:20 败于怀德,失去夺标赛权利,观众多为惋惜。

本日为毓德高中对怀仁,预料毓高可告胜利。如所预料者不错,则第二组毓高与毓初均将获得夺标赛之权利。至于第一、第二两组(每组两队)夺标赛日程,将另行编排,准备于元旦日作最后一场比赛,并当场举行给奖。(邵)

《江声报》1948年12月27日

球　　讯

昨日下午毓德高中对怀仁之篮球赛,毓德又获胜利。女子组初赛已告结束,第一组怀德虽三赛两胜,但积点得正5分,获得该组首名。第二名为厦大,积正1分。第二组首名为毓德高中,三赛三胜;第二名为毓德初中,三赛两胜。每组各取二名,进入决赛。本月31日下午3时,为怀德对毓初,四时为毓高对厦大;元旦日为毓高对毓初,怀德对厦大。元月3日厦大对毓初,毓高对怀德。男子组冠军中华,亚军省中,亦订于元月3日女子组决赛后,同时给奖。(邵)

《江声报》1948年12月28日

学校女子组篮球联赛　初赛课程结束　决赛秩序排定

本报讯　市体育协会举办之学校女子组篮球联赛,经20余日之分组战斗,全部初赛课程已告结束。兹将两组名次列后:

第一组:第一名怀德,三赛两胜一负,积点正5分。第二名厦大,三赛两胜一负,积点1分。第三名双十,三赛两胜一负,积点负6分。第四名省中,三赛二负。

第二组:第一名毓德高中,三赛三胜。第二名毓德初中,三赛二胜一负。第三名怀仁,三赛一胜二负。第四名市中,三赛二负。

依规定,每组取首2名进入决赛循环,第一组首二三名均两胜一负,获分相等。惜3名双十队因积点落后数分,致名落孙山,诚如我国参加世运篮球队之然厄运(按我世运队在乙组中曾与智利、朝鲜、比利时、菲律宾,均以三胜两负得分相等,即因积点落后而被列为第五名)。该队如能抽中第二组比赛,则可能获决赛权无疑。决赛循环排定秩序如下:

12月31日下午3时怀德对毓初,4时毓高对厦大。

元月1日下午3时毓初对毓高,4时怀德对厦大。

元月2日下午3时厦大对毓初,4时毓高对怀德。

又中学男子组冠军中华、亚军省中,亦订于元月3日俟女子组决赛完毕后,同时举行给奖并摄影纪念。

《星光日报》1948年12月28日

替"体协"打气

默军

时逢新年,体协曾带给体育界有两件礼物,一是今天下午举行的越野跑,二是明晚在银行公会的乒乓比赛。

越野跑,民国廿五年曾举行一次,参加者大半集美中学组织的"虎沙(鲨)队"。今天越野跑的举行,也是胜利后第一次。

体协此番的举行,是按照今年度的工作计划,因为春天举行越野跑比赛适合其他的运动。但是此次参加的人数却未达到理想,在拥有17万人口的小都市,只有20人参加,那不是使人太奇怪了吗?

其次是室内的乒乓球赛。说起乒乓球,胜利后似乎是一种新兴的"生理",大街小巷,到处尽是乒乓球室,而且雇佣"女郎"来吸引一般知识低落的小市民。当局看不惯,说是有伤风化,终于下令禁止雇佣"乒乓女郎",于是"生理"大见淡冷,逐渐关门。目前全市的乒乓球室,继续存在尚不上十间。

由于乒乓球的到处风行,几乎无论男妇老幼都懂得玩它几下,(民国)卅五年终,有人还在思明南路"南星"举行一次比赛,参观者还须购票始得其门而入。之后,则未见再有举行。体协今年的举行,无异为被人淡忘的乒乓球打了一气,给人再注意到这种室内的运动。

有人说厦门缺少正当的娱乐,所以社会风气日趋败坏,然而乒乓不是室内最好娱乐的一种吗?可是人们对于它却不感兴趣,认为它不够兴头,以致这种娱乐被人忽视。言之,殊堪应该嘉勉体协诸同人提倡的苦心!

日前笔者造访友让兄,打听此次参加越野跑和乒乓球赛的人数。我听到两种参加的人数平均不上廿名以后,不禁摇头叹息,庄君立刻开玩笑地责备我:"就是你常常说厦门体育淡冷,所以才会有今天的现象!"当时我听了也觉得自己的立论不对,体协是站在提倡的地位,如果尽了提倡的责任去做,则使"冷淡"了,也不能算是提倡者之罪。事实在目前这种恶劣的社会环境里,本来爱好体育的人,也被生活的不安而无心过问了!况且我们的国家,对于体育的提倡也不过是说说罢了,或者写篇皇堂的理论以塞责。检讨一下我们的毛病,是有"理论"而不能配合"实践"!咎在于此。

体协成立四月,举办的有市长杯各种赛,中学组男女篮球,今天的越野跑和乒乓球赛,及菲华的义赛。在这短短的期间,有这么多的表现,以我毫无犹豫写了这篇短文,来打打体协的气。

《厦门大报》1949 年 1 月 16 日

男篮联赛三月廿九日起举行

本市讯 市体育协会于昨(27)日举行第四次理监事联席会议,决议:一、男子甲、乙组篮球联赛,定于 3 月 27 日起举行,报名日期由 3 月 11 日至 25 日止,地点在中山路新的书店。分组办法,以去年记者杯及中学杯之冠亚军队,暨市长杯进入决赛循环之四队等,为当然甲组队。其余俟本会审查决定之。二、同文球场篮球架改制铁柱,并加制纪录牌 2 个,备联赛开赛时应用。三、加聘邵锦英先生为干事云。

《中央日报》1949 年 2 月 28 日

体协篮球联赛今日隆重揭幕

本报讯 市体育协会举办第一届男子甲乙组篮球联赛,报名参加者计甲组余余、厦大、海校、友流、记者、中华、要塞等七队,乙组双十、群策、白马、海校友队、白锚、中华乙队、白星、晨钟、蓝燕、海联等十队。久已寂寞之同文球场,又呈热烈景象。赛程业已排就,订本(29)日揭开战幕,适同文球场改建完竣。

下午 3 时半,举行隆重开幕礼,聘请李市长莅场揭幕,并主持第一场开球礼;聘请海军巡防处康处长主持第二场开球礼,并邀请海军军官学校军乐队到场演奏。赛前并请参加是赛 17 队队员穿整齐制服,集体摄影,以留纪念。

奖品方面:计有特勤学校校长明玨东捐赠大银杯一座(该杯须连三届冠

军得之),甲乙组冠军银杯,由海军巡防处康处长及要塞司令部史司令捐赠,亚军由市政府教育局戴局长及地政局苏局长捐赠,个人道德优胜银杯由警察局刘局长捐赠,团体道德优胜奖旗则由该会制赠。闻该联赛拟收门票,票资一律收金圆200元。兹录该联赛赛程于下:

比赛日程

3月29日　　一场:乙组双十对白马
　　　　　　二场:甲组海校对记者

3月30日　　一场:乙组中华B对海联
　　　　　　二场:乙组群策对白锚

3月31日　　一场:乙组晨钟对友队
　　　　　　二场:甲组余余对友流

4月1日　　　一场:乙组白马对蓝燕
　　　　　　二场:乙组双十对海联

4月2日　　　一场:乙组中华B对白锚
　　　　　　二场:甲组厦大对要塞
　　　　　　三场:乙组白星对友队

4月3日　　　一场:乙组晨钟对群策
　　　　　　二场:甲组记者对中华
　　　　　　三场:甲组余余对海校

4月4日　　　一场:乙组白马对白锚
　　　　　　二场:乙组中华B对蓝燕

4月5日　　　一场:乙组白星对群策
　　　　　　二场:甲组中华对友流

4月6日　　　一场:乙组晨钟对蓝燕
　　　　　　二场:乙组中华B对双十

4月7日　　　一场:乙组白马对友队
　　　　　　二场:甲组厦大对海校

4月8日　　　一场:乙组中华B对群策
　　　　　　二场:乙组白星对蓝燕

4月9日　　　一场:乙组晨钟对白锚
　　　　　　二场:甲组中华对要塞
　　　　　　三场:乙组海联对友队

4月10日　　一场:乙组白星对双十
　　　　　　二场:甲组记者对厦大
　　　　　　三场:甲组友流对海校

4月11日　　一场:乙组晨钟对海联
　　　　　　二场:乙组蓝燕对白锚

4月12日　　一场:乙组双十对友队
　　　　　　二场:甲组余余对要塞

4月13日　　一场:乙组白马对中华B
　　　　　　二场:乙组白星对海联

4月14日　　一场:乙组群策对友队
　　　　　　二场:甲组中华对厦大

4月15日　　一场:乙组中华B对晨钟
　　　　　　二场:乙组白马对白星

4月16日　　一场:乙组群策对蓝燕
　　　　　　二场:甲组海校对要塞
　　　　　　三场:乙组友队对白锚

4月17日　　一场:乙组白星对晨钟
　　　　　　二场:甲组余余对中华
　　　　　　三场:甲组记者对友流

4月18日　　一场:乙组蓝燕对海联
　　　　　　二场:乙组白马对群策

4月19日　　一场:乙组晨钟对双十
　　　　　　二场:甲组厦大对友流

4月20日　　一场:乙组白锚对海联
　　　　　　二场:乙组中华B对白星

4月21日　　一场:乙组蓝燕对友队
　　　　　　二场:甲组记者对要塞

4月22日　　一场:乙组白马对晨钟
　　　　　　二场:乙组白锚对双十

4月23日　　一场:乙组中华B对友队
　　　　　　二场:甲组中华对海校
　　　　　　三场:乙组群策对海联

4月24日　　一场：乙组蓝燕对双十
　　　　　　二场：甲组友流对要塞
　　　　　　三场：甲组记者对余余
4月25日　　一场：乙组白锚对白星
　　　　　　二场：乙组白马对海联
4月26日　　一场：乙组双十对群策
　　　　　　二场：甲组余余对厦大

庄友让发表三点希望

又讯　体协会理事长庄友让，以体协组织半年来，对厦市体育的推进，本着足踏实地的精神，不敷衍，不夸张。尽管环境条件如何不够，经济如何的困难，都能以最坚强的信心去克服一切，实干苦干地按着拟定的程序，步步推进，总算春季全市篮球联赛获得较高的成就。

昨特发表三点希望：

（一）希望藉着球赛提高健儿们的技术水准。另方面我们还希望在球赛中广泛的吸收与引进新的人才，在不断的竞赛中，努力地学习与获得经验。

（二）我们要更深一层的去要求着每一个健儿在球赛中有更崇高的道德观念，比赛的进行中应各尽所能去争取胜利。但胜利的获得"要机智"，"要合作"，"要守法"，而胜利在握的时候，"不松懈"，"不骄横"，"不自满"。万一处于失利的地位，"要坚韧"，"要耐心"，"要自强"，而失败后更"不怨抑"，"不气馁"，"不粗暴"，这样才是健儿们运动精神的最高成就。

（三）组织健全的裁判会，这一个组织，要发挥其最高的权力，不但单纯地执行着每次比赛裁判的任务，同时甚至能在任何比赛中，循着正确途径，去发挥他最优良的技术，最高超的本能，而很少有错误或不必要的纠纷发生。所以我深深地希望着健儿每次出场，要认识裁判的职责，了解裁判的地位，并绝对服从裁判的判断。假若其间有偶然的疏忽或错误发生，如有提出抗议的必要，亦依照着规则上的手续，慎重地向主办者声请，万勿轻举妄动，使每一次联赛留下任何污点，使全市的体坛蒙上不洁的暗雾。

《星光日报》1949年3月29日

篮球联赛首场双十胜白马　次场海校胜记者
今日余余队对友流　晨钟队对友队

本报讯　市体育协会首届筹办之篮球联赛,于前(29)日下午3时半举行,由海军巡防处康肇祥处长主持开幕礼。仪式隆重,海军军官学校军乐队亦义务到场助兴。4时正球赛开始,首场为乙组双十对白马队,结果34：24,双十队胜。次场为记者对海校,上半时比数22：15,海校占先。下半时因记者体力不支,分数节节落后,终场比数52：31,海校奏捷。昨日秩序因遇天雨,改由下月一日举行。今日甲乙组各一场,抗衡者为甲组余余对友流,乙组晨钟对友队。

《星光日报》1949年3月31日

篮球联赛　晨钟中华奏捷　余余痛败海校

本报讯　篮球赛昨(3)日三场战果如此:第一场乙组晨钟胜群策,33比26。第二场甲组中华雪耻克记者,31：13。第3场海校对余余,开赛5分钟后,海校竟赫然以9：0领前。11：1时,海校积分即停滞不进,而余余则急超疾追,蔡文章连连报喜,未几即以12：11后来居上。前半时终,余余已以19：14领前2只半。

下半场开始,海校27号因犯规过多换出,替补者无法看牢文章,未数分钟即连失四城。记分牌高悬27：14之后,海校阵营渐见紊乱,余余积分直线上升。最末数分钟,海校演出益呈慌张,屡投不中,场终卒以19：39大败。是赛海校受挫主因,可说是未能看煞蔡文章而任其以假动作蹦场,以致摇动军心。另方面过分冀望于篮下球获分,对中距离投篮无甚把握,致有此惨败。

今(4)日秩序为乙组两场,第一场白马对白锚,第二场中华B对蓝燕。

《星光日报》1949年4月4日

篮球联赛今日一场好戏　海校对抗厦大

本报讯　篮球联赛,今(7)日一场甲组精彩节目,抗衡者为厦大对海校。

按该两队均为1至3名争夺者,尤以厦大可谓本届最有得标希望的一队。海校日前虽负于余余,然实力也不弱。者番遭遇,当有恶战。另一场为乙组白马对友队。

又前昨两日战果,5日首场乙组白星胜群策,42∶31。第二场甲组中华对友流,因遇天雨,改期比赛。昨(6)日乙组两场,蓝燕胜晨钟,40∶28;双十胜中华B,24∶23。

《星光日报》1949年4月7日

篮球联赛 白锚击破晨钟 中华吓倒要塞

本报讯 篮球联赛今(10)日有三场,第一场乙组白星对双十,第二场甲组记者对厦大。闻今日之记者已非昔日阵容,异军突出,可能是三场中最精彩而又刺激的一幕。第三场甲组友流对海校,兄弟阋墙,当仁不让。昨日三场战果如此,首场乙组白锚大破晨钟,74∶16。次场甲组中华对要塞,要塞临阵退却,中华2∶0,不劳而获。后由中华大演其军,作表演赛半场以偿观众。第三场乙组海联对友队,上半时海联一路领先。迨下半时,因后力不继,卒以38∶42败于友队。

《星光日报》1949年4月10日

篮球联赛厦大海校奏捷 明友谊赛裁判会对记者

本报讯 昨(10)篮联赛三场,战果如次:第一场乙组双十胜白星,35∶21。第二场甲组记者对厦大,上半场记者先声夺人,一路领前。嗣因厦大穷追,笛声响处,厦大已反以19∶18超出。下半场开赛,记者后劲不继,遂为厦大所乘,积分直线上升。场终,记者以36∶61败北。第3场甲组海校对友流,上半场13∶8,海校占先。两队人马均体力充沛,传劫亦不差,惜投篮欠准,由两队积分即可看出一般(斑)。下半场,阿弟虽力图反扑,奈老大不肯相让,结果,海校以38∶27制服友流。

今(11)日程序,乙组两场,晨钟对海联,蓝燕对白锚。

又明(12)日除照排定秩序两场外,前奏曲由裁判会对记者友谊赛,就请黄少良充太上法官。两队阵容如后:裁判会领队吴春熙,队员叶文炳、叶维德、马丕显、周鹏南、杨绪志、庄文潮、罗经龙、郭会鉴、蔡笃志、杜申元、周马岱、秦宗泽;记者领队施维熊,队员许荣椿、胡资仲、林辉明、吴在芬、曾子铭、张穹。

《星光日报》1949年4月11日

篮球联赛今甲乙组各一场　昨日晨钟胜海联　白锚不劳克蓝燕

本报讯　篮球联赛今(12)日秩序,除原有甲乙组各一场,双十对友队,余余对要塞外,3时起有"裁判会"对"记者"友谊赛一场作插曲。"法官""记者"俱知理知法,惜体力较差。想皆有心余力竭之感,两者相遇,将有一场混战。

昨(11)日乙组两场,战果如此:第一场晨钟胜海联,27:22。第二场蓝燕对白锚,蓝燕弃权,白锚不劳而胜。

《星光日报》1949年4月12日

篮球联赛　群策先强后弱　厦大力克中华

本报讯　篮球联赛,昨(14)日甲乙组各一场,战果如此:第一场乙组友队对群策,上半时群策以12:9占先。易篮后,节节反攻,结果竟以25:17反败为胜。第二场甲组,厦大对中华,裁判由王少良先生出任,由此即可看出这场的重要性。开赛未几,厦大先声夺人,赫然以11:1领交。嗣中华即渐入佳境,双方各有所获,不再有一面倒的状态下演出。上半场完,中华仍以16:27负开赛时所失的11分。

下半时起,厦大大意,中华顿形活跃,连连破篮。在混乱声中,而厦大竟一筹莫展,最接近比数为27:29,中华落后一球,斯时情绪愈形紧张。迨双方各调换人马后,厦大又渐恢复常态,积分(大)增,终场为42:29,厦大力克中华。

今(15)日程序有乙组两场,首场中华B对晨钟,次场白马对白星。

《星光日报》1949年4月15日

篮球联赛昨因天雨未赛　今日三场激战

本报讯　篮球联赛,昨(15)日因遇天雨未曾举行。今(16)日程序:第一场乙组白星对晨钟,第二场甲组余余对中华,第三场记者对友流。

篮球怪杰李世侨抵厦后,市体协原拟邀请李君组队作表演赛数场。嗣因渠返菲在即,未克如愿,殊使一般球迷大失所望。

《星光日报》1949年4月17日

篮球联赛 友流先声夺人 厦大险遭不测

本报讯 篮球联赛,昨(19)日厦大对友流一场,险出冷门。开赛之初,厦大似存轻敌意,友流于乘其不备,猛力进攻,在球运亨通下,分数竟一路领前,距离最远时为20∶6。厦大其时心慌意乱,屡攻不入,上半场结束20∶8,友流以6球遥领。易篮再战,厦大重振军声,极力追赶,时间尚差5分钟时,厦大已以各28平手迎头赶上。后友流技术犯规,厦大罚入1分,反以29∶28超前。嗣后双方争夺甚烈,仅余二三分钟之鏖斗下,两方犯规屡屡。锣声响后,厦大以33∶31险胜。又前场乙组赛双十胜晨钟,31∶14。今(20)日秩序,乙组两场,白锚对海联,中华B对白星。

《星光日报》1949年4月20日

篮球联赛 海联弃权白锚胜 中华B队胜白星

本报讯 篮球联赛,今(21)日两场,对垒者为乙组蓝燕对友队,甲组记者对要塞。昨(20)日两场,乙组战果:第一场白锚对海联,海联弃权,白锚不劳获胜。第二场中华B对白星,30∶22,中华B胜。

《星光日报》1949年4月21日

篮球联赛 蓝燕克友队 记者胜要塞

本报讯 篮球联赛,昨(21)日两场战果如次:第一场蓝燕胜友队,44∶30。第二场甲组记者对要塞,要塞弃权,2∶0记者胜。今(22)日乙组两场,一般推测第二场白锚对双十,可能系冠亚军之争夺。盖该两队自入赛以来,均未曾败过。第一场为白马对晨钟。

《星光日报》1949年4月22日

篮球联赛中华胜友流

本报讯 篮球联赛,昨(28)日一场甲组战果,中华胜友流,26：20。中华联络较佳,全赛自始至终,均一路领前。上半场结果14：10,友流落后2球。下半场中华仍甚活跃,分数曾一度超前10分,终场前友流竭力报回2球,卒以20：26败北。今(29)日两场乙组秩序如此,第一场白锚对友队,第二场群策对白马。

《星光日报》1949年4月29日

争夺亚军一场苦战　篮球联赛昨告结束

市息 篮球联赛昨为最后,甲乙两组争夺亚军赛,未赛前记者曾预先为两组打下胜负,预测果不幸而猜中。赛开场之际,天空突然撒下毛雨,球迷担心无缘看完球赛,结果仍冒微雨举行。

首场乙组双十对蓝燕,开赛后即一路领先,终场31：20打败双十,而获乙组亚军。压台戏开锣,观众鸣掌催场。裁判黄少良、叶文炳,阵地择好,吹笛肉博。海校曹福华首中红心,记录打破,续而厦大犯规,福华两投两中,4：0厦大呼停,海校再得1分。厦大于召开军事会议之后,吕基渊即为厦大争得2分。海校贾华昌大展威风,连中2球。基渊报李,海校停战。福华再来一次两罚两中好戏,各投1球。厦大述影、基渊各有所获,海校连中三元,厦大二度求停,商讨战略。大势果然好转,基渊得心应手,而海校竟于此时自起内哄,传球失其联络。厦大即乘虚而入,分数节节迫近。锣声响起,21：18海校小胜。

休息时间过后,战事重开,厦大连得4球,海校仅李笑石得1球,又罚进2分。6分钟后,厦大26：25反败为胜,观众掌声四起,为厦大加油。海校呼停调整阵容,双方反成拉锯战,一来一往,分数相差在二三分之内。海校于领前之后,竟势如破竹,争取最后胜利。鸣锣收兵赛,45：38海校苦胜,得亚军。昨战两队布阵如下：

海校：贾华昌、崔熙询、曹福华、李笑石、张祖恩。

厦大：洪在今、方文辉、吕基渊、林述影、卢善忠。

球赛完毕,体协会特请康处长莅场给奖。甲组冠军余余,亚军海校;乙组冠军白锚(海军),亚军蓝燕。各奖银杯一座。甲组冠军另得特勤校长明

玕东大银杯一座,惟保持联赛三年锦标,始能永为该杯主人云。(默)

《江声报》1949 年 5 月 1 日

厦体育协会挑选市代表队　本月举行男子公开田径赛

市息　本市体育协会为提倡运动员道德精神,拟于篮球联赛中挑选道德、技术均佳运动员,一运动道德精神均佳球队,并挑选本市代表队加以训练,使成为强有力篮球劲旅,以备迎战外队,或远征外埠。当经推举黄少良、叶文炳、庄友让、杜申元、叶维德等为挑选委员,现联赛业告结束。该挑选会即于 1 日下午 2 时假镇邦路友益行开会讨论,结果挑选厦大队 3 号林述鼎为道德技术均佳运动员,中华队为运动道德精神均佳球队。至本市代表队,经票选,吕基渊、林述鼎、洪在今(厦大)、郭允仁、林有诗、叶振佳(余余)、张祖恩、崔熙询、李笑石、曹福华(海校)、郑德南、白玉翔(中华)等,并加选同余队洪永祥、谢宏梧 2 人,共 14 人(为)代表队。

又该会续挑选会后,举行第五次理监事联席会议,讨论事项,一、接裁判会函,以 4 月 30 日下午 5 时系甲组海校对厦大一场,本会经派黄少良、叶文炳二君出任裁判。据该报告以是场比赛进行至下半时时,因有一球系触及海校球员足踝出界,经宣判违例,给与厦大队掷界外球。是时竟有穿着制服整齐之海校学生起而辱骂,声色俱厉。为维比赛秩序,当不与计较,经报请察查等情。查该校学生此种举动,实属有辱裁判尊严,且妨碍比赛秩序,请转函海校当局纠正等由。经决议,转函该校严予纠正,共维体育风气。二、5 月份体育活动,举行全市男子公开田径竞赛会,并组织田径赛筹备委员令(会),以该会理事为筹备委员,理事长为主任委员,增聘钱一勤、罗经龙、刘有光、廖永明、邵友云等为筹备委员。甲、通过竞赛规程。乙、竞赛会日期定 5 月 21 日下午 3 时起至 22 日下午止。丙、聘请黄少良为总裁判,钱一勤为总干事,庄文潮为副总干事。丁、报名日期,即日起至 5 月 15 日截止。戊、报名地点,中山路新的书店。己、报名费,每人 5 万元(弃权者没收)。庚、5 月 8 日下午 3 时举行第二次筹备会议云。(默)

《江声报》1949 年 5 月 3 日

第六章

体育纪闻

体育部

　　本校位处鹭岛之东,背山面水,空气新鲜,风景佳丽,为江东练习运动最适宜之所。学校当局,能利用此优越之环境,对于体育方面,颇为注意,凡游泳池、球场、跑道以及各种运动应用器具,莫不应有尽有。师生方面,亦颇能融洽,故于指导训练之事,颇著成效。每次对外比赛,得获上风者,盖有由来也。在各项运动中,尤以球队及田径赛,久为社会人士所称誉。在(民国)十六年冬,曾派篮、足两球队赴沪,与东方诸有名大学比赛,藉资切磋,虽不获全胜,但成绩均有可观。第八届远东运动大会在沪举行,我校学生余怀安、吴再兴二君,亦均被选,与诸健儿角逐,颇多建树。去秋季香港公开运动会开幕,福建体育会久慕我校运动精神,特派专员来厦,聘请我校篮球及田径赛队前往,代表该会参加比赛,结果为该会争光不少。去年青年会举行网球公开比赛,单双两组冠军,均为本校夺得。倘非平素训练有方,曷克臻此?上年暑假招生,四方慕厦大之名而来学者倍增。每日课毕,运动场上热闹异常,大有人满之患。最近计划,拟添建体育馆一座,庶本校练习运动者,遇天雨时,亦能继续努力,不致有中辍虞焉。

《厦门大学十周年纪念刊》1931年4月

体育周刊第一期——厦门体育之回顾

邓世熙

《江声报》于本月7日起增设《体育周刊》,专载关于体育之文字与消息,征予为该刊特约撰述者。予不文,焉敢任此?然予对于厦门体育之经过,知之较详,当此发刊之始,自不得无文以纪之。惟事务纠缠,无暇执笔,只略述过去之情状,为周刊之补白。倘得余咎,自当纪以长篇,为厦门30年来体育之史实,兹篇特其引子耳。

回顾厦门之体育,其萌芽乃在30年前,为前清末季,学校初兴。予时尚在学生时代,而学校对于体育,亦无常课。所谓常课者,只有每星期一二时兵式体操,徒手体操而已,无所谓运动也。

最初运动之发端,皆出一般学生之自动。其先则仅足球一项,其集合运动,殊甚简单,无所谓设备,仅随身带一皮球,择空旷之地而踢之。拾砖石以作城门之标识,无分界线,无限时间,无限人数,随意分两队,以角雌雄而已。以今观之,特儿戏耳。

再进,则为田径运动。此项之练习,并无遵守任何规则,率性而为之。其时亦只有跳高、竞走二类,此二类之运动,皆由个人之练习,无团体之比赛。即比赛,亦仅争个人之高低与速缓,为一时之适兴。此30年前厦门运动之雏形也。

民国以来,潮流所及,始逐渐进步,由局部而进团体,由少项而进多项,种种运动之设备,略趋完善。球类则增有网球、排球、篮球等,田径则种种具备。中小学联合运动,已举行四次,两次为闽南运动大会,两次为厦门运动大会。其加入之学校,亦之种类,亦由少项而进为多项。至设备上及规则上,颇觉井然。今者,体育一项,尤为社会所注目,故由学校而推及社会团体,不可谓教育之进步也。

由此以观,厦门体育萌芽于30年前,而发达于今日。其所造就之体育人才,堪为全闽冠。故历次由省教育厅主持之全闽运动会,均获有荣誉,他各(如)球队之出发远征,及与外来之客队,亦得周旋裕如,无虑张皇失措矣。至于个人之赴远东运动大会者,则有陈掌谔、沈昆南、黄祯元、郑享绶、余怀安等,为吾厦增光不少。长此以往,予甚望关心体育者,继续努力,则将来体育之成绩,当不止此耳。

(民国)二十一年十二月六日
写于同文中学

《江声报》1932 年 12 月 7 日

搜集厦门体育界史实刍议

蔚蓝

忆在学校修业时,对于球类及田径赛嗜之若命。当日于短距赛跑及急行跳远两项曾有一点成绩。(即百码 10 秒五分四,跳远 19 尺,在 15 年前有如斯成绩,也觉可以自慰)从离开学校到现在整整 14 年了,在此 14 年中,也曾打过几次排球,年久月深,手足渐渐不灵。如今已废置多时,无暇顾及,每每引为憾事。

江声报今日增设《体育周刊》,来函嘱我充特约撰述员。受命之余,真觉有多少"却之不恭,受之有愧"之苦衷在,以儿女绕膝、课务(堆)积的百忙之身,而欲侈谈体育,真有类于白头宫女谈天宝遗事,"哑然失笑",的确是难逃的事实了。不过,历年来于每次本地有何种球赛或开运动会时,非有特别事故相阻,定(会)拨(冗)前往观光。见猎心喜,往往回想到"当原初",而抚髀兴嗟。可见食色性也,好(运)动亦性也,并不因行年长大而衰替。在此《体育周刊》发刊伊始,不得不倚老卖老,写成本篇,聊以塞责。厦中不少体育专家、运动健儿,若能匡我不逮,则体育增光,功德无量!

闽南人,尤其是厦门人——对于语言、音乐、运动有其特赋的天才,所以闽南旅外的学生到处对于音乐、运动两事都是出人头地的。这并不是我在后台里喝彩,其实事实上是如此,终不能加以否认的。话虽是如是说,单举体育一事谈之,我们也该先追溯此地对于体育怎样提倡的史实,方能由回忆过去,而低徊现在,推想到将来。

厦门体育界的史实,应有 20 年以上的过程,历年来很少有系统的搜集与记载,又没有一个固定的体育机关做中心。于是 20 余年来体育界的史实便七零八落,无从着手了。

现在《江声报》既发刊《体育周刊》，则对于这层重大的工作——搜集本地体育史料的工作,当然是要放在肩膀上的。而厦中体育界老前辈,如邓世熙先生等及当日曾主持过闽南运动会的机关——厦门基督教青年会,应不惮举手一投足之劳,采集历届闽南运动中的种种材料,分类整理,俾呈蔚然大观,为厦门体育界增光彩。

关于厦门体育界的史实,应该怎样搜集,怎样分类编制,我毕竟不是什么专家,究要从何说起？可是短刀也有一割之能,谨就管见所及,聊陪末议,挂一漏百,在所难免。补充之责,则有待大贤者。兹略举大纲如下：

一、运动会

(a)闽南运动会。

(b)全闽运动会(包括去年全国运动会本省选手预赛会)。

附注：以上二者应再分别(1)项目,(2)参加团体,(3)各项成绩,(4)优胜者姓名,(5)筹备经过。

(c)各校运动会。

附注：以上再分：(1)项目,(2)成绩。

二、球类比赛

(a)篮球比赛。

(b)排球比赛。

(c)足球比赛。

(d)网球比赛。

附注：以上各类应分：(1)发起者,(2)参加团体,(3)优胜者,(4)纪录。

三、游泳比赛

附注：以上应分：(1)届别,(2)项目,(3)成绩,(4)优胜者姓名,(5)发起者。

四、越野赛跑

附注：本项应分别：(一)地点,(二)距离,(三)参加之姓名,(四)成绩。按：此类赛跑于当年(约1918年)美人孟列绰先生来厦鼓指导体育事宜时,曾举行为绕鼓屿(一)周接力赛跑一次,余亦跑员之一。去年慈勤女中学生,亦曾在原地点举行一次。

五、派遣选手赴远东运动会

附注：(一)姓名,(二)加入项目,(三)成绩。

六、照片

附注：(一)历届运动会之参加团体或优胜者，(二)竞赛时之速摄像，(三)赴远东运动会之选手，(四)历次球类比赛优胜队，(五)其他。

七、纪录及图表

(a)每届运动会之议决案及会场纪录。

(b)每次球类比赛之□时规约及裁判。

(c)每届运动会之成绩(制成图表，以知进退)。

(d)每次球类比赛之优胜保持者(制成图表，以便□按)。

以上七端，就能力所及，表而出之，尚有其他种种史实，一时想不出，且留待他日补足，亦渴望体育专家能加以修正。我自信如果能先从以上七项着手搜集，加以编制，则厦门体育史实，应能略有头绪，不至于长此湮没无闻。我又希望厦门能从速成立一个如体育协会之类，总本地——或关于闽南——体育事业的大成。则本地所有公共体育的一切事宜，庶不(至)于七零八落，无归宿处。在今日社会上，各种善举而欲依赖政府，简直绝望！政府一道煌煌(皇皇)官样大文章，于"实贴"之后，便仁尽义，一了百了。至于□力如何，毫不过问，还是民众自理身边事，来得敏捷干脆些。所以教育部尽管召集体育会议，尽管"训"他提倡注重体育的"切切此令"，毕究画饼充饥，无补时艰。所以只有引为切身关系的民众，才能顾念到体育，才能实行去提倡，而至于去实行体育的大计。如今江声报已发行《体育周刊》，作文字上的鼓吹，希望本国体育家及对于体育有兴趣的加以精神上及物质上的援助。到他日，本埠体育史必能在国中大放光彩，那么我这一篇外行话，便可权当一块敲门砖了。

(民国)二十一年十二月五日晚

《江声报》1932年12月7日

厦门体育史(一)

蔡镜波

溯自科举废除，学校肇兴，体育(一项)，遂渐提倡。然当时学校中，除军事操及柔软操外，尚少其他运动，而社会民众方面，则专以国术为主体。迨欧风东渐，美雨西来，吾厦鼓浪屿英国教会，即设中西书院于鼓屿(即今英华中学)。课余由英人金乃□□□□□球类运动,于以开始。按足球一项,为英人最普通之团体运动,是以金氏提倡趣味津津。

此后,厦埠商民合办之同文书院及美教会于鼓屿之寻源书院,先后创立,对于足球运动提倡盛极一时。但校际及公开比赛,则尚罕觏。至西人方面,则以建球场而为工余之运动,尤以网球为常。当时厦人学习网球者,殆为凤毛麟角。

民元后,厦门基督教青年会,设会于鼓,以德智体(三)育为阐扬。于体育设备,特辟网球场一所。各界尚少注意,惟留学外埠之学生于暑期返埠时,于该会内练习身手耳。该会乘此机缘,即发起网球比赛,以资引起民众之观感。嗣此各界前往练习者,与日俱增。

至民(国)三(年)3月,上海全国青年协会特调香港伊理雅(美国人)来厦主持会务。伊氏在美青年会曾任体育干事之职,对体育识验蜚声一时。自就任厦会总干后,对于体育兴趣并不少减,除极力鼓吹外,并请青年协会体育干事柯乐凯氏来厦讲演田径运动规法,及球队运动必要等等。对于该会会员及各校学生之指导,极为热毅,社会上体育空气渐见紧张。(未完)

《江声报》1932年12月14日

厦门体育史(二)

蔡镜波

此后数月间,各校对于体育设置,渐见进行,学生参加亦饶兴趣。于是青年会伊理雅君即乘时订邀各校校长,在该会联席计议第一届厦门运动会之筹备,各校长踊跃赞成,经议决,于民国四年11月27日,假演武场举行。一面由伊君专函订邀青年协会柯乐凯氏再度来厦,担任大会总监察,以利进行。是为厦埠破天荒之运动会。兹列该大会职员如下:

名誉会长汪寰远(道尹),总干事伊理雅,总监察柯乐凯,时令员苏为霖、伊文士,号令员洪显理,评判员万多马、白罗,丈量员洪清波、郑培敏,登录员马大庆、练欣万,报告员苑礼文。干事部:马大庆、洪清波、邓世熙、□酣和、王宗仁。

运动员:中学部(94人),思明中学、同文书院、寻源中学、英华书院、青年

□□。小学部(128人),养元学校、竞存学校、崇实学校、福民学校、吉祥学校、通育学校、鸿麓学校、荣康学校。

运动会项目:(一)百码赛跑,(二)二百廿码赛跑,(三)四百四十码赛跑,(四)跳高,(五)竞远跳远,(六)立定跳远,(七)掷铁球(八磅),(八)英里递换赛跑,(九)投棒赛远,(十)三足赛跑,(十一)非球比赛。

附注:每运动员不得加入4项以上。每运(动)员报赛1项,纳费1角,多者每项加费五仙。(未完)

《江声报》1932年12月21日

训练警察体育　陈掌谔被聘为总教练
林鸿飞要打破饭桶口号　陈任事伊始有许多献议

市公安局对警察体育颇为重视,经先后开第一、第二两次警界田径预赛会。定10月间,开全市警界运动会。兹查该局近聘前暨南大学体育主任陈掌谔为总教练,训练全市警察体育事宜。

按,陈前曾留学美国,现任教部体育委员会课程委员。据谈,本人承林局长敦请,为警察体育总教练,余历各地多年,提倡警察体育尚属创见。此后能再扩大组织,实可作全国之模范。林局长曾发表意见,谓我们第一要打破"饭桶"口号,每一警察都加以体育训练,则其精神体魄于任事上当裨益不少云云。本人以为德、美两国警察体育,组织最为完善,其成绩亦特佳。故本市警察体育,亦应有整个之计划组织,若仅注重选手制,则与提倡之旨趣不甚相称。其次应建设警察陆上体育场及水上体育场,俾公余之暇,有适当之练习。同时并设警察体育训讲班,俾全市警察皆能明了体育常识云云。

《江声报》1933年9月11日

为厦门体育进一言

旭

体育为强国之本,但在这物价高涨之下,衣、食、住均无法解决的今天,谁还能注意到体育上呢?所以体育在厦门,也跟着生活的压迫而日非一日,虽然市区有国民、青年等体育会之设立，(国民体育会是市府所组织)但是今年来的体育活动毫无动静，元旦杯篮球赛已无形取消。区区的一个球赛，已经无法进行，其他从何说起。中山公园的两个篮球场，早经风雨吹坏了，负责的市府国民体育会巧妇难为无米之炊，也只好置之度外。一般球将，既无英雄用武之地，只有背地里咀骂着负责的体育诸公跑到哪里去？似此有名无实，挂着一面空招牌，究竟有何裨补。同时，据查市府唯一负责着体育专责的人员刘如曦，也经裁员裁掉了，怪不得唯一公众的体育场，几成废墟。幸而尚有一个华侨施维熊，眼看着复员三年来厦门的体育这样零落不振，连仅有的两个篮球场也听其毁灭下去，未免太不成样了。所以他本着以前在菲律宾的热心体育，就自己花了几十万元的工料费，将两个损坏的篮球场全部修理好了，一般(班)被窒息已久的球英、球杰，现在又滔滔滚滚的跑上球场上了。他们还希望着市府能言能行，将元旦杯改期实现。其次是全国运动会订10月10日开幕，省运会定4月间开幕，各县健儿们都在热烈地锻炼着。远如菲律宾的篮球代表队，不久将有来厦之消息，时到今日，厦门还是鸦雀无声，不知负责领导的当局，有没有准备。总而言之，统而言之，临渴始掘井，何如未雨(而)绸缪。

《厦门大报》1948年2月20日

从"选拔赛"看本市体育

默军

　　第七届的全国运动大会"5.5"要在上海举行，而省运会也定下月在榕选拔。本市为了参加12年后的这次盛典，也就在前天先行篮球选拔，原定今天选拔田径，非常凑巧，天公突然下了一阵春雨，竟扫了选手和观众的兴！

　　从这次选拔赛冷静的情形，不禁给记者想起本市10年前的体育空气。提起10年前本市的体育历史，再看今年的选拔，真有不堪回首话前情。

　　本市的体育，素冠全省，其间尤以篮、足、田径等项为优，女篮球更名震海内外。看了今年举行的情形，似乎成历史遗迹之感，令人不敢相信本市体育会在全运会上出过不少风头。

　　据说这次的选拔会，是临急抱佛脚，教育科召集了体育教师和几位"财神"而充数的。选拔会开了会后,就在3天之内报名开赛,可说主办人已经做到迅速的科学化,但是在非钱莫举之下,市府竟由本年度体育费7500万元拨出2500万元为选拔会的费用。可是这2500万元到了田径选拔的前一天还搁在市银行,在此情形之下,最后终于向委员借了500万元布置场地。而场地的布置,并不是一刻就好,所以延了期。

委员会的委员产生以后,有不少的委员是空挂招牌,自球赛开始后,未曾到过球场一趟。所以时常发生开赛时间已届,还见不到裁判或选拔委员,这种徒负其名的委员,给人的印象是深刻的。而且减低选手的情绪,同时可以看出本市体育前途的悲哀。这正是说无人有心提倡,不过是凑凑热闹罢了。

为了田径赛,无款布置场地而延期,致一切原定日期举行的项目,也就全部翻了案。由这再说明了只是500万元的小数目,市府也无法应付。其实市库支绌绝不会到这么凄凄的地步。须知体育对于整个民族的健康,是有着密切的联系的,西人有句格言:"要有健全的身体,才有健全的事业。"由这再证之整个民族的日渐退化,并不是没有原因的。要体育的进步,需要热心的人士经常的提倡,也不是一时为了要他的钱而拉来当一名委员。相反,不是委员,就不会捐钱提倡吗?这种估价也是错误。

就使选拔完事,赴省需用一笔相当可观的旅费,这笔旅费临时要从哪里想办法呢?就使男女篮球队有人负责,但是其他项目的选手和职员并不会生翅飞省。到了那个时候,记者相信会像布置场地一样,摸不着头绪。因此有人提议,以黑白篮球队这次在菲为了选拔的国籍问题,愤而退出,本市何不乘此机会,请其为本市争光,一来该队可以负责全部旅费。二来菲岛华侨组织的群声球员,有三数位要为晋江效劳,这一点我们也可说出其他省市拉人的事。三来也可给后起的球员一个球艺观摩的机会,真是一举数得,何乐而不为呢?

其次本省莆田、福州、晋江、南平等县本届参加的实力而论,本市恐怕在省运选拔时,会不会花了巨金,买一个鸭蛋回来呀?

为了本市的体育前途,记者希望从今而后,会产生许多热心提倡体育的人士,把本市过去在海内外光荣的历史,继续创造出来。提倡者更应明白体育的要义,则本文就非多余之谈了。

《厦门大报》1948年3月22日

后　　记

　　旧报刊年代久远，字迹模糊，繁体竖排字，且部分文字稿没有断句、标点，造成录入、点校工作量巨大，耗时耗力。近代厦门旧报刊数量庞大，报道内容繁多，其体育的相关资料亦十分丰富。限于篇幅，在收集整理资料时，不求全贪多，面面俱到。只求真实地选择有价值的报道内容，编辑成书。

　　《厦门体育资料选编(1909—1949)》主要内容分为：一、体育管理；二、运动会；三、单项体育运动；四、体育交流；五、体育人才和团体；六、体育纪闻。每部分又分若干类，各章节内容再以时间先后为序。这些资料客观反映了当时体育情况，对研究近代厦门体育的发展状况，具有参考利用价值，对今天的厦门体育也有历史借鉴意义。

　　《厦门体育资料选编(1909—1949)》能够顺利出版，得到了厦门市委、市政府的关心支持，厦门市委宣传部以及市文化广电新闻出版局领导的重视和指导。在前期整理收集旧报刊材料过程中，得到厦门日报社叶胜伟对本书提出宝贵的建议；厦门大学出版社编辑薛鹏志等为本书的出版付出了辛勤的劳动。谨此向以上单位和个人一并致以衷心的感谢！

　　由于旧报刊年代久远，字迹难以辨认，虽经反复校对，限于编纂水平，疏漏和差错之处在所难免，我们恳请读者给予斧正指导，不胜感激。

编　者

2017 年 12 月